权威·前沿·原创

皮书系列为
"十二五""十三五""十四五"时期国家重点出版物出版专项规划项目

B

BLUE BOOK

智库成果出版与传播平台

甘肃蓝皮书

BLUE BOOK OF GANSU

甘肃县域和农村高质量发展报告

（2024）

COUNTY AND RURAL HIGH-QUALITY DEVELOPMENT REPORT

OF GANSU (2024)

主　编／李兴华　王　琦　王建兵

社会科学文献出版社

SOCIAL SCIENCES ACADEMIC PRESS（CHINA）

图书在版编目（CIP）数据

甘肃县域和农村高质量发展报告 . 2024／李兴华，
王琦，王建兵主编 . --北京：社会科学文献出版社，
2024. 10. --（甘肃蓝皮书）. --ISBN 978-7-5228
-4305-6

Ⅰ. F127. 42

中国国家版本馆 CIP 数据核字第 2024BB7145 号

甘肃蓝皮书

甘肃县域和农村高质量发展报告（2024）

主　　编／李兴华　王　琦　王建兵

出 版 人／冀祥德
责任编辑／吴云岑
责任印制／王京美

出　　版／社会科学文献出版社·皮书分社（010）59367127
　　　　　地址：北京市北三环中路甲 29 号院华龙大厦　邮编：100029
　　　　　网址：www.ssap.com.cn
发　　行／社会科学文献出版社（010）59367028
印　　装／天津千鹤文化传播有限公司

规　　格／开 本：787mm×1092mm　1/16
　　　　　印 张：24.75　字 数：368 千字
版　　次／2024 年 10 月第 1 版　2024 年 10 月第 1 次印刷
书　　号／ISBN 978-7-5228-4305-6
定　　价／158.00 元

读者服务电话：4008918866

《甘肃县域和农村高质量发展报告（2024）》
编辑委员会

主 编 简 介

李兴华 甘肃省统计局党组书记、局长，经济师。历任甘肃省统计局副处长、处长，中共通渭县委副书记，陇南市人民政府副市长，陇南市委常委、宣传部部长（其间，2018年4月至2019年2月挂任中宣部宣教局副局长），甘肃省科技厅党组成员、副厅长。毕业于中国人民大学统计学专业，研究生学历，工程硕士学位，长期在基层一线分管经济等工作，在统计、经济领域有着丰富的理论和实践经验。

王 琦 甘肃省社会科学院党委委员、纪委书记。历任甘肃省医药管理局医药总公司经贸处副处长、行业管理处副处长、市场营销处副处长，甘肃岷县副县长，甘肃省医药行业管理办公室规划发展处处长，甘肃省精神文明建设指导委员会办公室秘书处处长、协调处处长、副主任。先后主持完成中央文明办和甘肃省文明委关于农村精神文明建设工作调研、志愿服务工作调研、甘肃省治理高价彩礼专项调研等多项重点课题，多项研究被中央文明办和省文明委采用。在《甘肃日报》发表多篇评论员文章、甘肃省精神文明建设工作实践和典型宣传文章，推出了一批在全国有影响力的先进典型。

王建兵 甘肃省社会科学院农村发展研究所所长，二级研究员，农学博士。主要从事县域经济、农村发展和贫困问题领域的研究工作。社会主要兼职有甘肃省政协农业委委员、甘肃农业大学硕士研究生导师、中国农村发展学会理事、中国劳动经济学会理事、中国农经学会理事、甘肃省"四个一批"理论人才，甘肃省委讲师团成员、甘肃省政协智库专家、甘肃省政府参事室特约研究员。第一主持国家社会科学基金项目 3 项，主持或参与完成国家自然科学基金项目、世界银行项目、联合国环境署项目、甘肃省科技厅软科学项目、省级部门规划和专题调研项目近百个。出版专著 10 余部。在国家级、省级刊物上发表学术论文数十篇。连续 10 年作为首席专家主编甘肃蓝皮书·县域；主编完成的专著《与农民朋友谈旱作农业》，2010 年获西部优秀科技图书二等奖和甘肃省社科优秀成果二等奖。主编的专著《甘肃省水利与经济社会协同发展研究》，2018 年获甘肃省社科优秀成果三等奖。

总　序

2024 年 7 月 18 日，中国共产党第二十届中央委员会第三次全体会议在北京召开。全会审议通过的《中共中央关于进一步全面深化改革　推进中国式现代化的决定》深刻阐述了进一步全面深化改革、推进中国式现代化的重大意义和总体要求，擘画了以中国式现代化全面推进中华民族伟大复兴的战略举措。我们高举中国特色社会主义伟大旗帜，全面贯彻习近平新时代中国特色社会主义思想，弘扬伟大建党精神，自信自强、守正创新，踔厉奋发、勇毅前行，在省委省政府的正确领导和有关部门、单位的大力支持下，倾全院之力研究编撰出版甘肃各行业各领域系列蓝皮书，经过多年的不懈努力，"甘肃蓝皮书"已成为著名的智库品牌。

"甘肃蓝皮书"作为甘肃经济社会各领域发展的年度性智库成果，从研究的角度记录了甘肃经济社会的巨大变迁和发展历程。2006 年《甘肃经济社会发展分析与预测》《甘肃舆情分析与预测》面世，标志着"甘肃蓝皮书"正式诞生。至"十一五"末，《甘肃社会发展分析与预测》《甘肃县域和农村发展报告》《甘肃文化发展分析与预测》相继面世，"甘肃蓝皮书"由原来的 2 种增加到 5 种。2011 年，我院首倡由陕西、甘肃、宁夏、青海、新疆西北五省区社科院联合编研出版《中国西北发展报告》。从 2014 年起，我院加强与省直部门和市州合作，先后与省住房和城乡建设厅、省民族事务委员会、省商务厅、省统计局、酒泉市合作编研出版《甘肃住房和城乡建设发展分析与预测》《甘肃民族地区发展报告》《甘肃商贸流通发展报告》《甘肃酒泉经济社会发展报告》。2018 年，与省精神文明办、平凉市合作编研出版《甘肃精神文明发展报告》《甘肃平凉经济社会发展报告》。2019年，与省文化和旅游厅、临夏回族自治州合作编研出版《甘肃旅游业发展报告》《临夏回族自治州经济社会发展形势分析与预测》。2020年，与兰州市社会科学院合作编研出版《兰州市经济社会发展形势分析与预测》，与沿黄九省区（青海、四川、甘肃、宁夏、内蒙古、陕西、山西、河南、山东）社科院合作编研《黄河流域蓝皮书：黄河流域生态保护和高质量发展报告》。2021年，与省人力资源和社会保障厅合作编研出版《甘肃人力资源和社会保障发展报告》。2022年，与武威市、肃北蒙古族自治县合作编研出版《武威市文化与旅游发展报告》《肃北蒙古族自治县经济社会发展报告》。2023年，与国网甘肃省电力公司合作编研出版《甘肃能源发展报告（2024）》。2024年，与甘肃省广播电视局合作编研出版《甘肃广播电视和网络视听发展报告》，与兰州城市学院合作编研出版《甘肃城市发展报告》。至此"甘肃蓝皮书"的编研出版规模发展到22种，形成"5+2+N"的格局，涵盖了经济、社会、文化、生态、舆情、住建、商贸、旅游、民族、能源、广播电视、城市发展、人力资源和社会保障等领域，地域范围从酒泉、武威、临夏、平凉、兰州等省内市州拓展到"丝绸之路经济带"、黄河流域以及西北五省区等相关区域。

十九年筚路蓝缕，十九年开拓耕耘。如今"甘肃蓝皮书"编研种类不断拓展，社会影响力逐渐扩大，品牌效应日益凸显，已由院内科研平台，发展成为众多省内智库专家学者集聚的学术共享交流平台和省内外智库研究成果传播转化平台，成为社会各界全面系统了解甘肃推进"一带一路"建设、西部大开发形成新格局、黄河流域生态保护和高质量发展等国家战略实施，以及甘肃经济发展、生态保护、乡村振兴、文化强省等领域生动实践和发展成就的重要窗口，成为凝结甘肃哲学社会科学最新成果的学术品牌，体现甘肃思想文化创新发展的标志品牌，展示甘肃有关部门、行业和市州崭新成就的工作品牌，在服务省委省政府重大决策和全省经济社会高质量发展中发挥着越来越突出的重要作用。

2024年"甘肃蓝皮书"秉持稳定规模、完善机制、提升质量、扩大影响的编研理念，始终融入大局、服务大局，始终服务党委政府决策，始终坚持目标导向和问题导向，坚定不移走高质量编研之路。在编研过程中遵循原创性、实证性和专业性要求，聚焦省委省政府中心工作和全省经济社会发展中的热点难点问题，充分运用科学方法，深入分析研判全省经济建设、社会建设、生态建设、文化建设总体趋势、进展成效和存在的问题，提出具有前瞻性、针对性的研究结论和政策建议，以便更好地为党委政府决策提供事实依据充分、分析深入准确、结论科学可靠、对策具体可行的参考。

2025 年，甘肃省社会科学院以习近平新时代中国特色社会主义思想为指导，认真贯彻落实《中共中央关于进一步全面深化改革　推进中国式现代化的决定》和习近平总书记对甘肃重要讲话和指示精神，坚持为人民做学问，以社科之长和智库之为，积极围绕国家发展大局和省委省政府中心工作，进一步厚植"甘肃蓝皮书"沃土，展现陇原特色新型智库新风貌，书写好甘肃高质量发展新篇章，为加快建设幸福美好新甘肃、不断开创富民兴陇新局面贡献智慧和力量。

此为序。

2024 年 8 月 26 日

摘　要

《甘肃蓝皮书：甘肃县域和农村高质量发展报告（2024）》，是甘肃省社会科学院和甘肃省统计局共同合作编写的甘肃县域经济社会分析的年度报告，由社会科学文献出版社出版。本书由四部分组成。一是总报告，即甘肃县域经济社会发展报告，分析了甘肃省86个县（市、区）县域经济社会发展情况。二是评价篇，结合构建的县域竞争力评价指标体系，将甘肃省86个县（区、市）分为67个县（市）和19个市辖区分类进行评价。三是专题篇，选择"千万工程"经验助力甘肃乡村振兴、甘肃农业科技创新支撑特色农业产业发展、甘肃农村基层党建引领乡村治理现代化、甘肃农村劳动力现状及充分就业等，通过专题研究，以期为甘肃县域和农村发展提出可参考的建议与对策。四是调研篇，按照甘肃省四强行动中"强县域"的要求，选择具有典型示范意义的县域为调查对象，从发展历程、主要经验和做法、发展启示几个方面进行分析。

课题组构建县域竞争力评价指标体系，并对2023年甘肃省86个县（市）和14个市（州）经济社会发展数据进行分析计算，总结出2023年甘肃省县域竞争力发展特征及面临的问题：一是经济总量稳步扩大，但县域间差异明显，二产占比依旧较低；二是城乡融合进程不断推进，但城乡收入差距较大；三是财政收支状况改善，财政赤字有所缩减，县域金融趋于稳定；四是县域居民消费升级，资源分布格局不均；五是人居环境不断改善，部分地区配套基础设施有待完善；六是各县域对教育的重视程度及资金投入逐年增加，乡村从业人员素质有明显提升，但科技投入占比过低，远远低于国内平均水平。针对以上问题，课题组结合甘肃省实际，从深化县域改革，激发县域发展活力；健全全产业链，提升县域产业发展质量；强化科技创新，引领县域新质生产力提升；健全民生保障，加快县域城乡融合发展；绿色低碳发展，大力发展县域特色产业；推进社会治理现代化，营造和谐稳定的县域社会环境等六个方面，提出促进甘肃县域经济社会发展的对策与建议。

深入贯彻习近平总书记对甘肃重要讲话重要指示批示精神，全面落实省委省政府重大决策部署，深刻认识强县域行动的现实意义，坚定不移深化改革开放、深入转变发展方式，以效率变革、动力变革促进质量变革，加快形成可持续的高质量发展体制机制，有力有效推动强县域行动落到实处，以县域高质量突破助力全省经济社会高质量发展。

关键词： 县域经济　竞争力评价　农村发展　高质量发展　甘肃

Abstract

Blue Book of Gansu: County and Rural High-Quality Development Report of Gansu (2024) is an annual publication that provides an in-depth economic and social analysis of the counties within Gansu Province. Authored by the Gansu Academy of Social Sciences in collaboration with the Gansu Province Bureau of Statistics, it is published by the Social Science Academic Press in China.

This report is structured into four main sections. The first section offers a comprehensive report and evaluation of all counties in Gansu, focusing on their economic and social development. Utilizing a specially designed competitiveness evaluation index, the secend section analyzes the progress of 86 counties (cities and districts) in the province. For the purpose of this study, these have been further categorized into 67 counties and 19 municipal districts.

In the third chapter, the spotlight is on agriculture and rural areas, with a focus on key topics such as "The practice of learning from the 'ten million project' to facilitate rural revitalization in Gansu," "Agricultural technology innovation and its role in promoting the development of characteristic agricultural industries," "Research on the modernization of rural governance led by rural grassroots party building," and "The study of the employment situation of rural labor in Gansu." These topics are explored to provide actionable recommendations and strategies for rural development in the province.

The forth section delves into a special investigation, aligning with Gansu Province's "four strengthening actions" initiative, which emphasizes the development of counties. Counties of typical significance have been selected for this investigation, examining their developmental procedures, essential experiences, practices, and the revelations of their growth.

By developing a county competitiveness evaluation index and analyzing the economic and social development data of 86 counties (cities) and 14 cities (prefectures) in Gansu Province for the year 2023, the research team has identified several key characteristics and issues. These include steady expansion of the economic aggregate with noticeable disparities between counties, a low proportion of the secondary industry, ongoing urban-rural integration together with a significant income gap, improved fiscal health with reduced deficits, upgraded consumption among county residents coupled with uneven resource distribution, continuous improvement in the living environment with the need for infrastructure enhancement in certain areas, and a growing emphasis on education with increased capital investment, despite a disproportionately low investment in science and technology compared to the national average.

In response to these findings, the research group has proposed a set of strategies aimed at enhancing the economic and social development of Gansu's counties across six key areas. These include deepening county reforms to stimulate development vitality, strengthening scientific and technological innovation to improve productivity quality, enhancing livelihoods and accelerating the integration of urban and rural development, promoting green and low-carbon growth to bolster county-specific industries, and advancing the modernization of social governance to foster a harmonious and stable social environment. The goal is to effectively contributing to the province's high-quality economic and social development through breakthroughs in county development.

Thoroughly implement the spirit of the important speeches, instructions, and directives of General Secretary Xi Jinping to Gansu, fully carry out the major decisions and deployments of the provincial party committee and the provincial government, deeply understand the practical significance of the strong county action, unswervingly deepen reform and opening up, deeply transform the mode of development, promote quality change through efficiency transformation and power transformation, and accelerate the formation of a sustainable high-quality development system and mechanism. Vigorously and effectively promote the implementation of the strong county action to the ground, and contribute to the high-quality economic and social development of the whole province with the high-quality breakthrough of the county.

Keywords: County Economic; Competitiveness Evaluation; Rural development; High-Quality Development; Gansu

目 录 ⏎

Ⅰ 总报告

Ⅱ 评价篇

Ⅲ 专题篇

Ⅳ 调研篇

皮书数据库阅读**使用指南**

CONTENTS ⟫

I General Report

II Eveluation Reports

III Special Topics

Ⅳ Research Reports

总 报 告

B.1

甘肃县域经济社会发展报告（2023年）

王建兵*

摘 要： 为深入学习贯彻党的二十届三中全会精神，以全局观念和系统思维推进甘肃县域经济高质量发展，实现《甘肃省国民经济和社会发展第十四个五年规划和二〇三五年远景目标纲要》提出的一系列重大目标，课题组通过构建县域竞争力评价指标体系并对2023年甘肃省86个县（市、区）和14个市（州）经济社会发展数据进行分析计算，总结提出2023年甘肃县域竞争力发展特征及面临的问题：一是经济总量稳步扩大，但县域间差异明显，二产占比依旧较低；二是城乡融合进程不断推进，但城乡收入差距较大；三是财政收支状况改善，财政赤字有所缩减，县域金融趋于稳定；四是县域居民消费升级，资源分布格局不均；五是人居环境不断改善，部分地区配套基础设施有待完善；六是各县域对教育的重视程度及资金投入逐年提高，乡村从业人员素质有明显提升，但科技投入占比过低，

---

* 王建兵，博士，研究员，甘肃省社会科学院农村发展研究所所长，研究领域为生态经济和农村发展。

远远低于国内平均水平。针对以上问题，课题组结合甘肃省实际，从深化县域改革，激发县域发展活力；健全全产业链，提升县域产业发展质量；强化科技创新，引领县域新质生产力提升；健全民生保障，加快县域城乡融合发展；推动绿色低碳发展，大力发展县域特色产业；推进社会治理现代化，营造和谐稳定的县域社会环境等六个方面，提出促进甘肃县域经济社会发展的对策与建议。

关键词： 县域经济　社会发展　甘肃省

县域是连接城市、服务乡村的载体。习近平总书记在 2022 年中央农村工作会议上，要求"率先在县域内破除城乡二元结构"，在二十届中共中央政治局第二次集体学习时强调"全面推进乡村振兴，推进以县城为重要载体的城镇化建设，推动城乡融合发展，增强城乡经济联系，畅通城乡经济循环"。甘肃省第十四次党代会强调，要把实施"四强"行动作为主要抓手，以重点地区和关键领域为突破口，推动全省综合实力和发展质量整体跃升。为实施好强县域行动，甘肃省政府制定出台《甘肃省强县域行动实施方案（2022—2025 年）》，并将相关工作任务细化实化。2023 年，全省上下坚持以习近平新时代中国特色社会主义思想为指导，抢抓国家重大战略部署和自身势能增强的交汇叠加期，立足省情县域实际，完整、准确、全面贯彻新发展理念，持续推进以县域为重要载体的城镇化建设，切实把握县域治理特点和规律，强化县域人口集聚功能，不断取得县域事业发展新突破。

甘肃省现设 14 个市州，包括 12 个地级市（兰州、嘉峪关①、金昌、白银、武威、酒泉、张掖、天水、定西、平凉、庆阳、陇南）和 2 个自治州

---

① 嘉峪关市是全国几个不设市辖区的地级市之一，下辖 7 个街道办事处、3 个建制镇、61 个居民委员会、17 个村民委员会。

(临夏回族自治州和甘南藏族自治州)，下辖 86 个县（市、区）。根据国家统计局农村调查有关全国县域竞争力所作的测评范围及甘肃省统计局相关要求，课题组以甘肃省财政厅和甘肃省统计局提供的各县域 2023 年度统计数据①为依据，对甘肃省 86 个县（市、区）② 和 14 个市（州）进行了经济社会发展的评价与分析。

一 甘肃县域经济社会发展基本情况

（一）宏观经济竞争力

1. 经济均量

2023 年甘肃县域人均地区生产总值为 46230.22 元，与上年相比增长了 20.21%。人均地方财政收入 1719.75 元，城镇居民人均可支配收入 39825.03 元，农村居民人均可支配收入 13442.37 元，人均社会消费品零售额 17425.40 元。人均地方财政收入与上年相比提升了 30.74%，城镇居民人均可支配收入较上年增长了 4.81%，农村居民人均可支配收入较上年增长了 7.53%，人均社会消费品零售额比上年增长了 24.71%。

2. 经济总量

2023 年甘肃县域地区生产总值为 11106.71 亿元，比上年增长 5.68%；全省县域一般公共预算收入 413.17 亿元，比上年增长 14.93%；社会消费品零售总额 4186.42 亿元，与上年相比上升了 8.79%；一般公共预算支出 2948.40 亿元，与上年相比增长了 6.93%。

3. 金融资本

2023 年甘肃县域金融机构存款余额 24949.09 亿元，金融机构贷款余额 21979.34 亿元，住户存款余额 11721.58 亿元。金融机构存款余额较上年增

---

① 市（州）各指标数据为所辖县域合计，不含市本级数据（除嘉峪关市外）。
② 将 86 个县（市、区）分为 67 个县（市）（含华亭市、玉门市、敦煌市 3 个县级市）和 19 个市辖区（含临夏市和合作市 2 个自治州州政府所在县级市）进行分类评价。

长 7.17%，金融机构贷款余额较上年增长 9.36%，住户存款余额与上一年相比，下降了 18.14%。

（二）产业发展竞争力

1. 产业总量

2023 年甘肃县域地区生产总值为 11106.71 亿元，同比增加了 596.54 亿元，同比增长率为 5.68%；第一产业、第二产业和第三产业的增加值分别为 1626.65 亿元、3649.84 亿元、5830.21 亿元，同比分别增长了 8.02%、3.08%、6.71%。2023 年甘肃县域规模以上工业企业数量为 2504 个，规模以上工业企业利润总额达 395.64 亿元。

2. 产业结构

2023 年甘肃县域第一产业增加值占 GDP 的比重为 14.65%，较上年增加 0.32 个百分点；第二产业增加值占 GDP 的比重为 32.86%，较上年下降了 0.83 个百分点；第三产业增加值占 GDP 的比重为 52.49%，比上年上升 0.51 个百分点。

3. 产业效率

2019~2023 年甘肃县域第二产业平均增长速度为 7.73%，第三产业平均增长速度为 8.66%。

4. 农业产业化

2023 年甘肃县域设施农业面积为 79.76 千公顷，占耕地面积的比重为 1.61%，较上年比重下降 0.10 个百分点；耕地灌溉面积占耕地面积的比重为 27.74%，较上年下降了 2.22 个百分点；2023 年甘肃县域农田灌溉有效利用系数均值为 0.57，农作物耕种收综合平均机械化率为 67.31%。2023 年甘肃县域共有涉农产业园区 368 个，比上年减少 60 个，机耕面积为 366.50 万公顷，比 2022 年减少了 2.47 万公顷。县域农业总产值占第一产业的比重为 66.89%，比 2022 年的比重下降 0.5 个百分点；2023 年甘肃县域农业机械总动力均值为 29.84 万千瓦，比上一年增加 0.58 万千瓦，农村用电量均值为 8401.46 万千瓦时，比 2022 年增加 49.21 万千瓦时。

（三）基础设施竞争力

1. 生活条件

2023年甘肃县域城乡住房砖木结构以上的比例为74.40%，较上年增加0.90个百分点；农村自来水受益村15686个，占比为99.45%，比上年增加0.71个百分点；农村通有线电视的村12946个，占比为99.43%；通宽带的村及村庄15671个，占比为99.45%，比上年增加3.33个百分点。

2. 互联通信

2023年甘肃县域固定电话用户数2699776户，占总户数比重为31.26%，较上一年提升1.48个百分点；移动电话用户数26799747户，占总户数比重为314.85%，较2022年上升45.57个百分点；固定互联网宽带接入用户10164569户，占比为119.84%，较上一年提升15个百分点。

3. 公路交通

2023年甘肃县域境内公路里程为175275公里，公路密度为39.37公里/百平方公里。2023年省内县域较大人口规模自然村（组）通硬化路比例为94.15%。

（四）社会保障竞争力

1. 医疗保险

2023年甘肃县域城乡基本医疗保险参保总人数为2284.64万人，参保率达95.10%，比上年增加了4.82个百分点。

2. 养老保险

2023年甘肃县域城乡居民基本养老保险参保率为57.23%，城乡居民基本养老保险参保人数总计1375.05万人，城镇职工基本养老保险参保人数合计219.62万人。

3. 基本生活保障

2023年甘肃县域城镇最低生活保障人口占城镇人口比重（逆指标）为2.26%，比2022年下降0.70个百分点；农村最低生活保障人口占农村人口比重（逆指标）为14.58%，比上年增加6.89个百分点；2023年社会保障和就业支出占一般公共预算支出比重为14.82%，比上年提升了0.96个百分点。

（五）公共服务竞争力

1. 科技文化

2023年甘肃县域每万人专利授权数7.08个，比上年多1.38个；每十万人拥有体育场馆数2.40个；每百万人拥有文化和旅游部门所属艺术表演场馆3.29个；人均拥有公共图书馆图书数0.78册；2023年文化旅游体育与传媒支出为47.59亿元，占一般公共预算支出的比重为1.61%，较上年下降了0.11个百分点。

2. 医疗卫生

2023年甘肃县域每万人拥有医疗卫生机构专业技术人员数83人，比2022年多12人；医院、卫生院床位数78张，比上一年多7张；拥有执业（助理）医师数31人；医院总卫生技术人员数200097人；医院总床位数187662张。

（六）人居环境竞争力

1. 生活环境

人居环境与人类生活密切相关，2023年甘肃县域森林面积为604.56万公顷；农村生活污水治理管控率为39.96%。

2. 农业环境

2023年甘肃县域畜禽粪污综合利用率为85.34%，较2022年增加1.25个百分点；单位第一产业增加值使用农用化肥施用折纯量445.35吨/亿元（逆指标），单位第一产业增加值使用农药消耗量15.39吨/亿元（逆指标），2023年甘肃县域农膜回收率均值为84.56%。

（七）城乡融合竞争力

1. 人口结构

2023年甘肃县域非农人口占总人口的比重为54.98%，比上年增加了

5.38 个百分点。

2. 城乡融合

2023 年甘肃县域农村从事非农产业的劳动力占农村总劳动力的比重为 47.53%，比上年增加了 4.78 个百分点。

（八）科学教育竞争力

1. 科教支出

2023 年甘肃县域科学技术支出 26.82 亿元，占 GDP 的比重为 0.24%；教育支出 520.62 亿元，较上年增加 7.94 亿元。

2. 科教资源

2023 年甘肃县域每万人普通中学在校生拥有专任中学教师 941 人；每万人小学在校生拥有专任小学教师 744 人；2023 年甘肃县域乡村义务教育专任教师本科及以上学历比例为 78.13%。甘肃县域每千户居民拥有普通中学 0.21 所，每千户居民拥有小学 0.79 所，乡村从业人员中高中以上文化程度所占比重平均为 23.50%。

二 甘肃县域竞争力比较分析

2023 年甘肃县域竞争力评价指标体系共包括 8 个一级指标，分别为产业发展竞争力、城乡融合竞争力、宏观经济竞争力、基础设施竞争力、公共服务竞争力、科学教育竞争力、人居环境竞争力、社会保障竞争力。一级指标对应的二级指标有 20 个，其中：产业发展竞争力包含产业总量、产业结构、产业效率、农业产业化 4 个二级指标；城乡融合竞争力包含人口结构、城乡融合 2 个二级指标；宏观经济竞争力包含经济均量、经济总量、金融资本 3 个二级指标；基础设施竞争力包含生活条件、互联通信、公路交通 3 个二级指标；公共服务竞争力包含科技文化、医疗卫生 2 个二级指标；科学教育竞争力包含科教支出、科教资源 2 个二级指标；人居环境竞争力包含生活环境、农业环境 2 个二级指标；社会保障竞争力包含保险、保障 2 个二级指标。与二级指标相对应的三级指标86个，部分指标在构建时基于2022年的体系作了适当调整：变更一级指标1个、二级指标1个，三级指标新增22个，删除3个，变更9个。通过对8个一级指标进行计算和分析，分别得出2023年甘肃67个县（市）及19个市辖区的各项竞争力得分，排名前十位的情况分别如表1及表2所示。

表1 2023年甘肃67个县（市）县域竞争力十强

指标名称	十强名单
综合竞争力	玉门市、永登县、敦煌市、华亭市、高台县、崇信县、瓜州县、临泽县、山丹县、榆中县
产业发展竞争力	永登县、瓜州县、玉门市、金塔县、古浪县、高台县、敦煌市、民勤县、靖远县、临泽县
城乡融合竞争力	榆中县、永登县、华亭市、崇信县、皋兰县、临夏县、泾川县、庄浪县、敦煌市、永昌县
宏观经济竞争力	玉门市、瓜州县、敦煌市、肃北蒙古族自治县、金塔县、永昌县、民勤县、山丹县、永登县、华亭市
基础设施竞争力	榆中县、皋兰县、崇信县、华亭市、广河县、成县、高台县、民乐县、永靖县、玉门市
公共服务竞争力	敦煌市、肃南裕固族自治县、高台县、民乐县、灵台县、永昌县、天祝藏族自治县、山丹县、成县、静宁县
科学教育竞争力	通渭县、渭源县、临洮县、静宁县、会宁县、民勤县、靖远县、肃南裕固族自治县、天祝藏族自治县、陇西县
人居环境竞争力	迭部县、碌曲县、夏河县、和政县、两当县、卓尼县、舟曲县、华池县、临潭县、阿克塞哈萨克族自治县
社会保障竞争力	永登县、玉门市、康县、临夏县、泾川县、阿克塞哈萨克族自治县、秦安县、徽县、宁县、华亭市

2023年甘肃67个县（市）县域竞争力综合得分均值为79.48，较2022年上升2.77，但整体仍处于中势；极差为19.98，在最大赋值范围内偏离79.91%，反映了县域竞争力得分最高县域与得分最低县域存在较大差异；方差为11.03，比上一年增加0.31，标准差为3.32，较上一年高0.05，反映了甘肃省67个非市辖县域间竞争力的差异在逐渐扩大。结合均值、极差、方差及标准差，2023年甘肃非市辖县域竞争力整体发展仍处于较低水平，且区域不均衡性有一定范围的扩大。

表 2　2023 年甘肃 19 个市辖区竞争力十强

指标名称	十强名单
综合竞争力	兰州市城关区、酒泉市肃州区、张掖市甘州区、兰州市七里河区、武威市凉州区、庆阳市西峰区、兰州市西固区、金昌市金川区、平凉市崆峒区、临夏市
产业发展竞争力	武威市凉州区、酒泉市肃州区、张掖市甘州区、金昌市金川区、天水市麦积区、庆阳市西峰区、白银市白银区、陇南市武都区、兰州市七里河区、定西市安定区
城乡融合竞争力	兰州市城关区、武威市凉州区、临夏市、平凉市崆峒区、白银市白银区、兰州市红古区、陇南市武都区、金昌市金川区、天水市秦州区、兰州市西固区
宏观经济竞争力	兰州市城关区、兰州市七里河区、兰州市西固区、金昌市金川区、酒泉市肃州区、兰州市安宁区、白银市白银区、武威市凉州区、张掖市甘州区、庆阳市西峰区
基础设施竞争力	临夏市、兰州市城关区、兰州市七里河区、兰州市西固区、兰州市安宁区、酒泉市肃州区、庆阳市西峰区、金昌市金川区、张掖市甘州区、天水市麦积区
公共服务竞争力	兰州市城关区、张掖市甘州区、平凉市崆峒区、庆阳市西峰区、武威市凉州区、兰州市七里河区、酒泉市肃州区、白银市白银区、金昌市金川区、定西市安定区
科学教育竞争力	定西市安定区、白银市平川区、武威市凉州区、张掖市甘州区、白银市白银区、平凉市崆峒区、庆阳市西峰区、陇南市武都区、兰州市七里河区、兰州市红古区
人居环境竞争力	兰州市七里河区、临夏市、张掖市甘州区、合作市、天水市麦积区、天水市秦州区、平凉市崆峒区、兰州市西固区、兰州市城关区、庆阳市西峰区
社会保障竞争力	酒泉市肃州区、张掖市甘州区、天水市麦积区、陇南市武都区、武威市凉州区、平凉市崆峒区、定西市安定区、兰州市七里河区、兰州市红古区、白银市平川区

2023 年甘肃 19 个市辖区县域竞争力综合得分均值为 83.73，较上年提升 1.39，比非市辖县域均值高 4.25 分，整体处于一般优势；极差为 12.87，比上年减少 3.55，反映了市辖县域竞争力得分最高者与得分最低者仍存在着一定差异，但较 2022 年差距有所减小；方差为 10.04，比上一年降低 5.62，标准差为 3.17，较上一年降低 0.79，方差及标准差相对 2022 年有一定幅度的减少，反映了甘肃 19 个市辖区县域竞争力之间的差异减小。结合均值、极差、方差及标准差，2023 年甘肃 19 个市辖区县域的竞争力整体情况优于非市辖县域，但县域间不均衡性比非市辖县域大。

依据各县（市、区）对应的综合得分，可将 2023 年非市辖及市辖县域的竞争力水平分类，处于绝对优势（X≥85）的，无非市辖县域，市辖区的有 6 个，按照分值高低排序依次为：兰州市城关区、酒泉市肃州区、张掖市甘州区、兰州市七里河区、武威市凉州区、庆阳市西峰区。处于一般优势（80≤X<85）的共 42 个，其中非市辖县域有 30 个——玉门市、永登县、敦煌市、华亭市、高台县、崇信县、瓜州县、临泽县、山丹县、榆中县、成县、静宁县、临洮县、景泰县、金塔县、庄浪县、皋兰县、陇西县、古浪县、永昌县、民乐县、靖远县、肃南裕固族自治县、徽县、天祝藏族自治县、民勤县、肃北蒙古族自治县、永靖县、阿克塞哈萨克族自治县、宁县；市辖县域有 12 个：兰州市西固区、金昌市金川区、平凉市崆峒区、临夏市、白银市白银区、天水市麦积区、兰州市红古区、兰州市安宁区、白银市平川区、天水市秦州区、陇南市武都区、定西市安定区。处于中势（75≤X<80）的有 34 个，其中大多数为非市辖县（市、区），共 33 个——甘谷县、合水县、泾川县、临夏县、灵台县、岷县、文县、镇原县、渭源县、秦安县、正宁县、武山县、华池县、庆城县、礼县、宕昌县、清水县、西和县、环县、会宁县、康县、张家川回族自治县、康乐县、临潭县、碌曲县、两当县、卓尼县、迭部县、通渭县、舟曲县、和政县、广河县、漳县，市辖县（市、区）仅有 1 个——合作市。处于一般劣势（70≤X<75）的有 2 个，均为非市辖县（市、区）：东乡族自治县、积石山保安族东乡族撒拉族自治县。处于绝对劣势（X<70）的 2 个均为非市辖县域（夏河县、玛曲县）。甘肃省县域竞争力与各县（市、区）地域分布关联性强，19 个市辖区依靠城市中心辐射带动，在提升县域经济、推动城乡融合、发展科教创新等方面有一定的优势，促进了农业人口的转移，提高了政策的执行效率，整体竞争力优于非市辖县域。

从 8 个一级指标的得分来看，2023 年甘肃 67 个县（市）的竞争力均值从高到低依次排序可得，社会保障竞争力（81.44）、产业发展竞争力（80.83），为一般优势；基础设施竞争力（78.88）、宏观经济竞争力（77.59）、人居环境竞争力（76.94）、公共服务竞争力（76.53）、科学教育竞争力（76.26），处于中势；城乡融合竞争力（73.74）处于一般劣势，其中产业发展竞争力、宏观经济竞争力、基础设施竞争力和社会保障竞争力 4 项与 2022 年得分相比，均值都实现了上升，说明 67 个县（市）在这

4 项竞争力上实力在逐渐增强。其中，宏观经济竞争力的方差和标准差与 2022 年相比有所减小，说明不同县域间的宏观经济竞争力的差距和波动性在缩小。

19 个市辖区的 8 个一级指标得分情况：产业发展竞争力（83.73）、宏观经济竞争力（82.92）、基础设施竞争力（82.22）、公共服务竞争力（80.00），处于一般优势；城乡融合竞争力（79.89）、人居环境竞争力（77.54）、社会保障竞争力（75.87），处于中势；仅科学教育竞争力（73.41）处于一般劣势。从极差、方差、标准差来看，甘肃省 19 个市辖区县域竞争力中宏观经济竞争力、城乡融合竞争力、基础设施竞争力 3 个一级指标的均值较 2022 年有所提升，其中宏观经济竞争力的方差和标准差减小，说明 19 个市辖区的经济在波动中逐渐缓慢提升，且不同县域间的经济差距在逐渐缩小，同时基础设施保障力及城乡融合竞争力在不断增强。

2023 年甘肃 14 个市州竞争力综合得分与其对应的县域竞争力较为一致：兰州市（90.00）处于绝对优势；酒泉市（84.88）、张掖市（83.02）、平凉市（80.95）、嘉峪关市（80.75），处于一般优势；武威市（79.10）、天水市（77.60）、庆阳市（77.41）、陇南市（77.15）、白银市（76.18），均处于中势；定西市（74.92）、临夏回族自治州（72.98）、金昌市（72.59），均处于一般劣势；甘南藏族自治州（65.00）处于绝对劣势。

综合各市州的竞争力水平可得出以下结论。一是 2023 年甘肃县域竞争力整体水平较低，但较 2022 年有所提升。67 个县（市）综合竞争力得分均值及 4 个一级指标（产业发展竞争力、宏观经济竞争力、基础设施竞争力和社会保障竞争力）得分均值高于 2022 年，19 个市辖区综合竞争力与 2022 年相同，3 个一级指标（宏观经济竞争力、基础设施竞争力、城乡融合竞争力）得分均值高于 2022 年；非市辖县域及市辖县域宏观经济竞争力及公共服务竞争力的方差、标准差均相对 2022 年缩小，县域间的差距及不均衡性呈减弱趋势。二是 2023 年甘肃县域综合竞争力各县（市、区）排序上下波动幅度略大于 2022 年，8 个一级指标中产业发展竞争力、社会保障竞争力、人居环境竞争力和科学教育竞争力排序与2022年相比变化波幅较大，有关竞争力稳定性有待加强；宏观经济竞争力、城乡融合竞争力和公共服务竞争力排序变化波幅与2022年相当，县域竞争力可持续性需要提升。三是2023年甘肃各市（州）及各市（州）所辖县域之间综合竞争力在提升，差距在逐渐减小，但县域间发展不均衡问题仍然存在，竞争力要素配置不均衡且差异性较大。四是2023年甘肃县域竞争力具有一定的空间位置、区域划分、经济结构等因素制约下的分布特征。2023年甘肃县域综合竞争力各县（市、区）排序上下波动幅度与2022年相当，8个一级指标中，科学教育竞争力、公共服务竞争力、基础设施竞争力排序变化波幅较2022年小，城乡融合竞争力、产业发展竞争力、人居环境竞争力和宏观经济竞争力排序变化波幅与2022年相当，社会保障竞争力排名变化波动幅度较大。

三　甘肃县域经济社会发展特点与存在的问题

（一）经济稳定提升，二产占比较低

从县域经济整体情况来看，2023年甘肃县域地区生产总值为11106.71亿元，比2022年增加了596.54亿元，同比增长率为5.68%。2023年甘肃县域地区生产总值超过100亿元的有36个，比上一年多5个。超1000万亿元的只有1个——城关区（2023年GDP为1190.93亿元）；低于20亿元的有3个——碌曲县、两当县、阿克塞哈萨克族自治县，其中阿克塞哈萨克族自治县GDP最低，为12.82亿元。

2023年甘肃县域发展现状与国内发达地区强县相比，差距仍然较大。2023年我国GDP千亿县（市、区）达57个，全国GDP十强县（市、区）依次为：昆山、江阴、张家港、晋江、常熟、慈溪、神木、宜兴、长沙县和义乌。居全国县域竞争力第一名的昆山2023年GDP为5140.6亿元，比上年增长了5%，是我国首个GDP突破5000亿元的县级市，完善的产业链、强大的工业制造业是昆山领跑的关键。同处苏南的江阴 2023 年 GDP 达 4960.51 亿元，紧随昆山之后位居第二，与 5000 亿元近在咫尺。甘肃县域间由于区位、资源等制约因素，经济发展存在落差，如县域 GDP 第一名（兰州市城关区）是最后一名（阿克塞哈萨克族自治县）的 92.89 倍，两地差距较 2022 年的 96.29 倍有一定程度的缩小。

2023 年甘肃 86 个县（市、区）GDP 均值为 129.15 亿元，其中 67 个非市辖县（市、区）GDP 均值为 75.59 亿元，较 2022 年增加 4.52 亿元，19 个市辖县（市、区）的 GDP 均值为 318.02 亿元，较 2022 年增加 15.46 亿元，市辖县域是非市辖县域的 4.21 倍，县域行政区划影响了各地 GDP 的高低，由图 1 可知，非市辖县域的 GDP 大多数不超过 200 亿元。

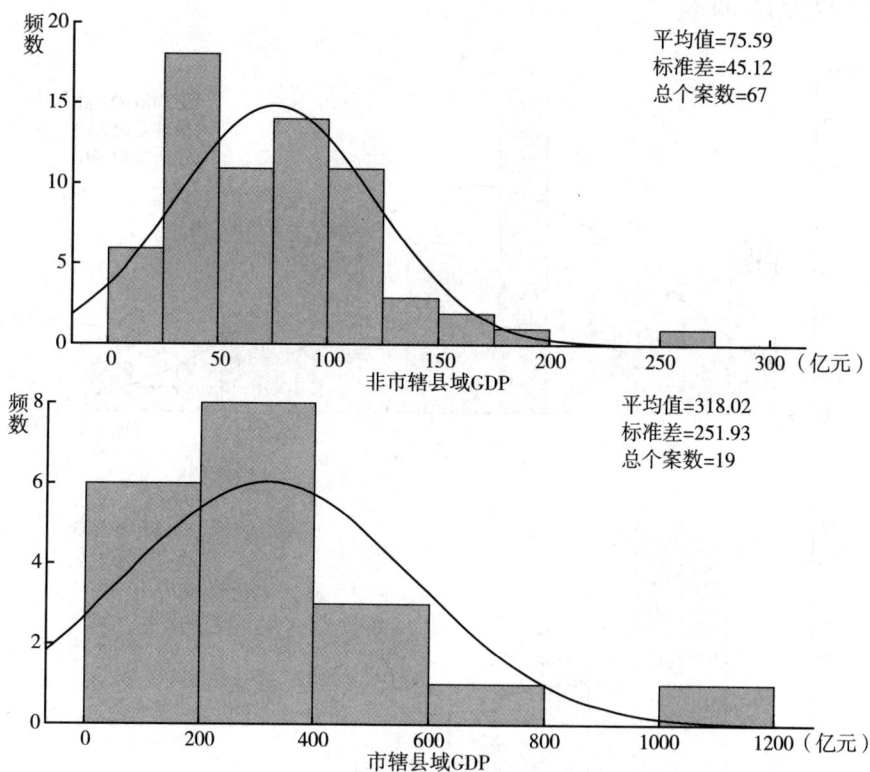

平均值=75.59
标准差=45.12
总个案数=67

平均值=318.02
标准差=251.93
总个案数=19

图 1　2023 年甘肃不同 GDP 段市辖及非市辖县域分布

从产业效率来看，甘肃县域第二产业 2019～2023 年平均增长速度为 7.73%；第三产业 2019～2023 年平均增长速度为 8.66%。产业结构是一个国家或地区经济发展水平、经济发展阶段和方向的标志。从产业结构来看，三产占比在一定程度上反映经济发展和社会进步程度，2023 年甘肃县域各产业增加值结构比重约为 14：34：52，与 2022 年相同，说明 2023 年甘肃县域产业分布情况变化不大，第一产业占比依旧过重，产业结构不合理，甘肃省县域经济发展滞后，二产占比较低（见图 2）。在 86 个县（市、区）中，三产占比超过 80% 的有 2 个（城关区 87.34%、合作市 80.08%），70%～80% 的有 6 个，60%～70% 的有 17 个，50%～60% 的有 20 个，40%～50% 的有 23 个，30%～40% 的有 9 个，30% 以下的有 9 个，其中华池县三产占比最低，仅为 11.35%。

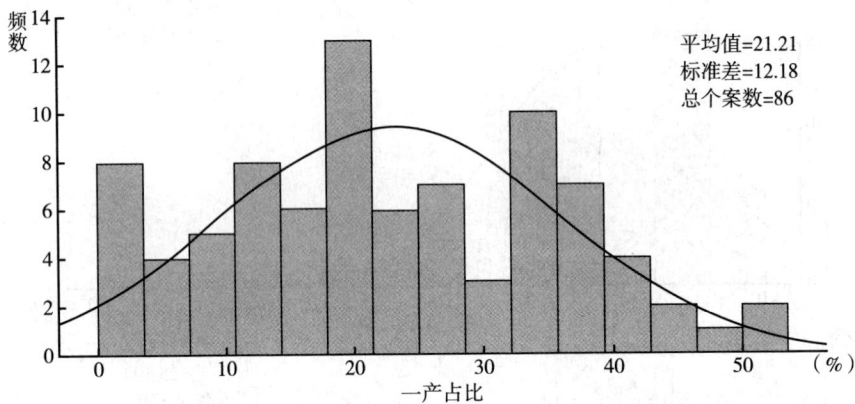

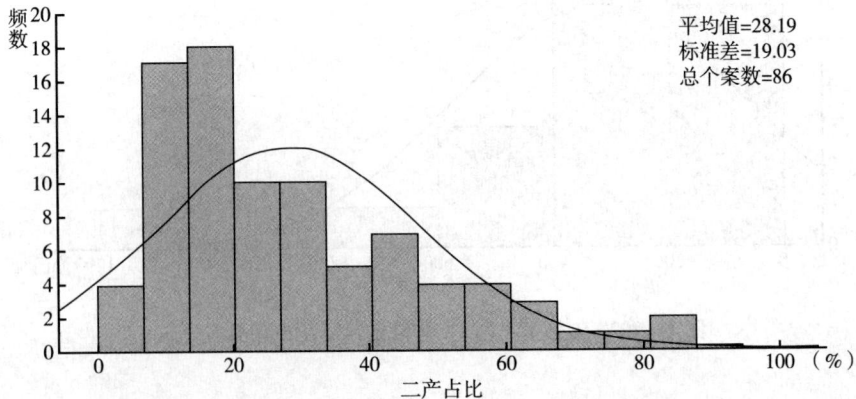

平均值=21.21
标准差=12.18
总个案数=86

一产占比

平均值=28.19
标准差=19.03
总个案数=86

二产占比

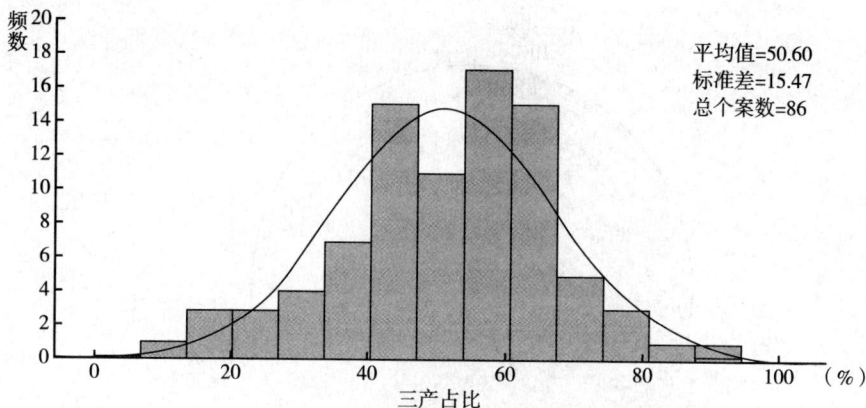

图2 2023年甘肃县域三次产业各比重组段县域分布

2023年全省县域二产占比严重不足，低于全国平均水平38.30%（如图3所示），第二产业始终在经济中占据最重要的地位，是县域经济发展的"发动机"，二产占比低造成县域经济发展的动力严重不足。2023年甘肃县域中二产占比超过38.30%的仅有23个且大多数为市辖县（市、区），30%~38.30%的有6个，20%~30%有18个，10%~20%有31个，不足10%的有8个。

2023年甘肃县域宏观经济竞争力67个县（市）得分均值为77.59，较2022年得分增长5.64，处于中势，极差（18.82）、方差（9.21）、标准差（3.03）均相对较大，表明县域间宏观经济竞争力差异性较大；67个县（市）中无处于绝对优势的，处于一般优势的新增玉门市、瓜州县、敦煌市等13个。处于中势的由2022年的12个增加到环县、天祝藏族自治县、临泽县等40个。处于一般劣势的由2022年的34个下降为13个。处于绝对劣势的由2022年的21个减少到夏河县1个，非市辖县域的宏观经济状况较上年有较大改善，但部分地区进步缓慢，经济提升空间大。

相对应的，2023年甘肃19个市辖区宏观经济竞争力综合得分的均值为82.92，较2022年提升3.08，比非市辖区得分高了5.33分，宏观经济竞争力整体处于一般优势，二级指标经济均量竞争力、经济总量竞争力和金融资

第一产业
7.10%

第二产业
38.30%

第三产业
54.60%

第一产业
14.56%

第二产业
32.86%

第三产业
52.49%

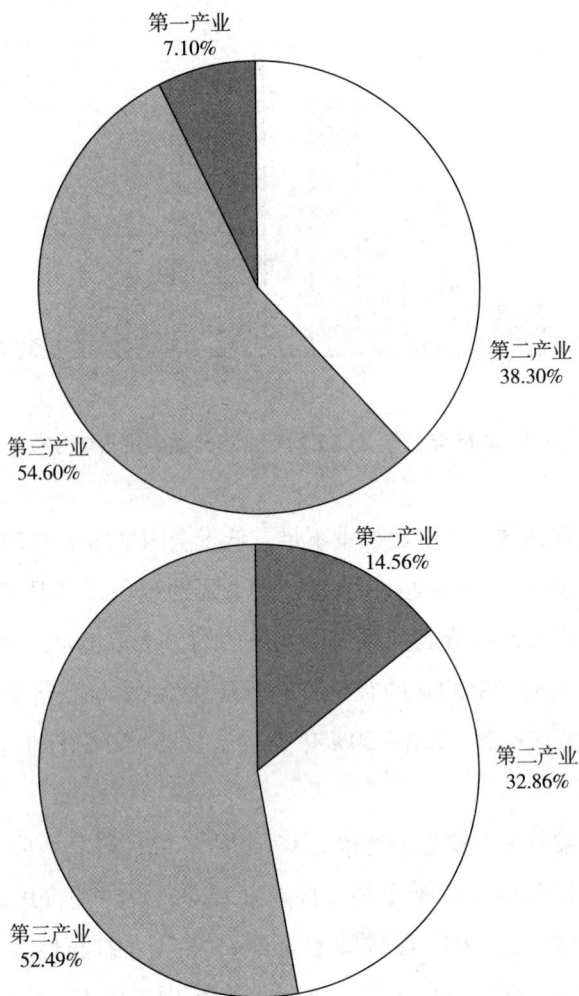

图 3 2023 年全国产业结构（上）与甘肃县域产业结构（下）对比

本竞争力得分均值分别为 79.25、80.73 和 87.84，金融资本竞争力已达到绝对优势；3 个二级指标的极差、方差、标准差相对 2022 年略有下降，反映出甘肃省 19 个市辖区相关竞争力差异在缩小；市辖县（市、区）中处于绝对优势的有 3 个：兰州市城关区、兰州市七里河区、兰州市西固区；处于一般优势的由 2022 年的 8 个增加到 15 个。处于中势的由 2022 年的 9 个减少到只有合作市 1 个。处于一般劣势的 2022 年有 1 个到 2023 年清零；没有绝对劣势的。

（二）城乡融合不断推进，城乡收入差距较大

2023 年甘肃县域经济社会发展不均衡，县域各子系统发展程度差异性较大。67 个县（市）综合竞争力得分均值为 79.48，方差为 11.03，标准差为 3.32，方差和标准差较 2022 年均略有上升，反映了甘肃 67 个县（市）综合竞争力差异略有扩大。19 个市辖区综合竞争力得分均值为 83.73，比非市辖县域均值高 4.25，说明市辖县域的综合实力远远强于非市辖县域；市辖县域极差、方差和标准差分别为 12.87、10.04 和 3.17，相对 2022 年均有下降，但极差比非市辖县域高，反映了甘肃市辖县域竞争力差异在缩小，但极值县（市、区）间差距比非市辖大。

2023 年甘肃县域宏观经济竞争力（3.68）、产业发展竞争力（3.78）、基础设施竞争力（3.50）、社会保障竞争力（5.61）、公共服务竞争力（4.91）、人居环境竞争力（4.79）、城乡融合竞争力（4.60）和科学教育竞争力（4.98）8 项指标的标准差均超过 3，有 5 项超过 4；与上年各个子系统得分相比，宏观经济竞争力、产业发展竞争力、基础设施竞争力、公共服务竞争力的标准差减小，其他三个子系统（社会保障竞争力、人居环境竞争力、科学教育竞争力）的标准差有所增大，表明社会保障、人居环境、科学教育方面甘肃各县域地区发展不平衡趋势进一步上升，差距在逐渐拉大。

从 2023 年甘肃县域人均可支配情况来看，城镇居民人均可支配收入 39825.03 元，占全国城镇居民人均可支配收入（51821 元）的 76.85%，该比重较 2022 年下降 0.25 个百分点，只有 3 个县（市、区）的城镇居民可支配收入超过全国平均水平：金川区（55656.00 元）、城关区（54475.00 元）、西固区 53374.00 元。甘肃县域农村居民人均可支配收入 13442.37 元，占全国农村居民人均可支配收入（21691 元）的 61.97%，比 2022 年的比重低 0.12 个百分点，仅有 15 个县（市、区）的农村人均可支配收入超过全国平均水平。

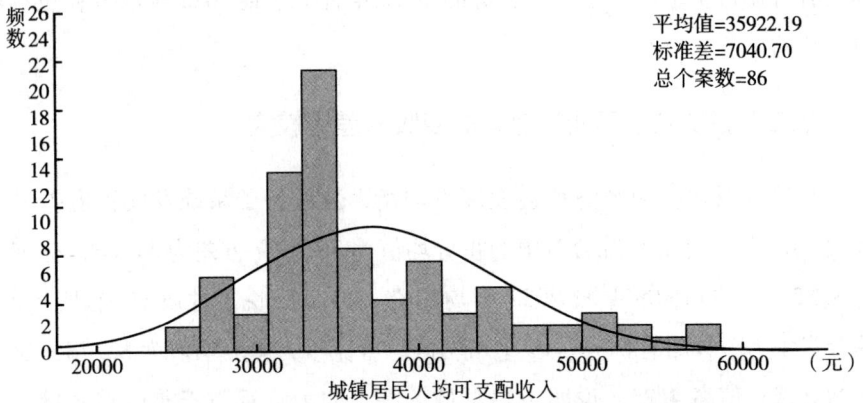

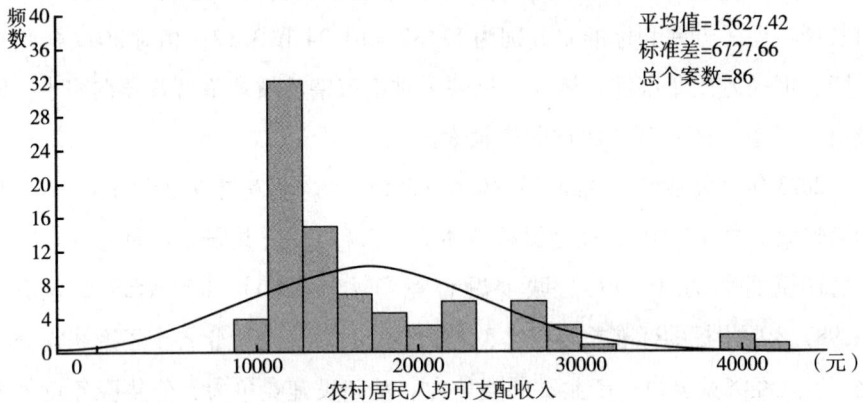

图4 2023年甘肃县域城镇及农村居民人均可支配收入分布

2023年甘肃县域城镇居民人均可支配收入最大值是金川区（55656.00元），最小值是会宁县（24794.00元），中位数为33560.50元。2023年甘肃县域农村居民人均可支配收入最高的是阿克塞县，其对应的收入值为39406.00元，最低的是东乡县（8388.00元），收入最高值是最低值的4.70倍，86个县（市、区）农村人均可支配收入的中位数为12868.00元。

甘肃县域居民生活及生产水平在逐渐提升，非农人口占比在逐年增加。从横向比较来看，2023年甘肃县域非农人口占总人口的比重平均为54.73%，比2022年的比重高5.13个百分点。2023年甘肃县域人口城镇化率分布如图5所示。非农人口占总人口的比重不足30%的由2022年的9个减少为 5 个，比重在 30%～40% 的有 26 个，比重在 40%～50% 的有 17 个，50% 以上有 38 个。

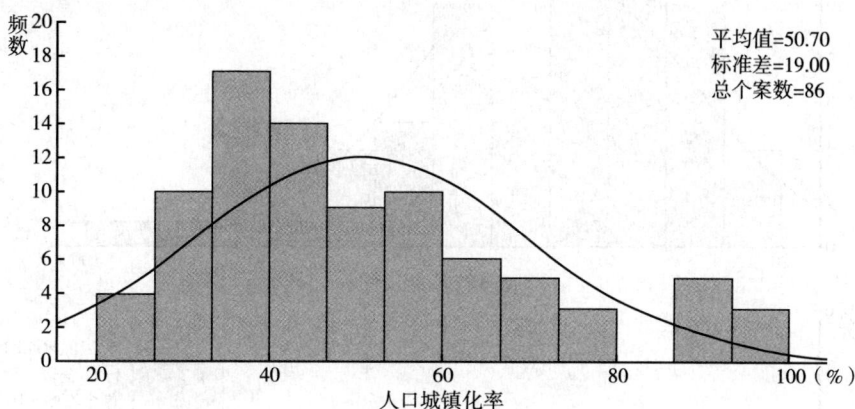

图 5 2023 年甘肃县域人口城镇化率分布

2023 年甘肃县域常住人口城镇化率为 54.73%，远远低于 2023 年末全国常住人口城镇化率 66.16% 的水平，超过全国平均水平的有 18 个县（市、区），分别为：安宁区、城关区、金川区、宁县、西固区、甘州区、秦州区、和政县、七里河区、凉州区、庄浪县、武山县、肃北县、武都区、秦安县、会宁县、永靖县、景泰县。2023 年甘肃省 77.91% 的县（市、区）城镇化率低于全国水平，其中城镇化率为 50%～66.16% 的有 20 个，35%～50% 的有 31 个，35% 以下的有 17 个。城镇化水平是区域经济发展程度的重要标志，城镇化也是人口向城镇集聚的过程，甘肃 55.81% 的县（市、区）城镇化水平低于 50%，不利于发展城乡协同的双赢模式。2023 年甘肃非市辖县域及市辖县域人口城镇化率分布如图 6 所示，非市辖县域中有 26 个县（市、区）城镇化率高于 50%，而市辖县域里城镇化率高于 50% 的有 12 个，市辖县域城乡融合程度更高，更易受到市中心经济辐射带动。

（三）财政收支状况改善，县域金融趋于稳定

从县域财政收支情况看，2023 年甘肃县域一般公共预算收入 413.17 亿

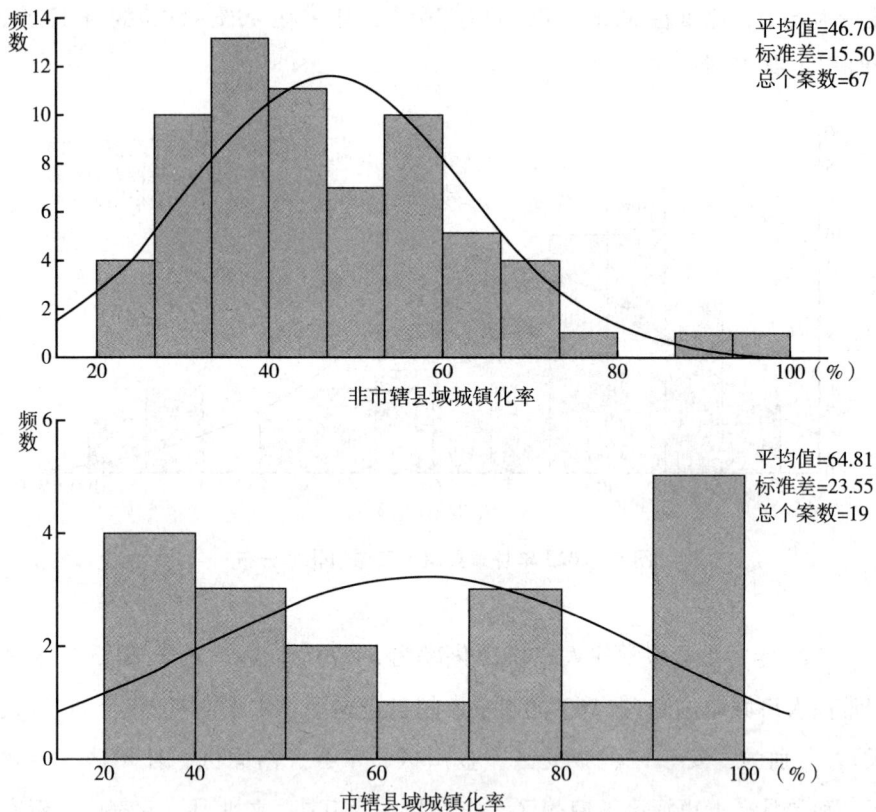

图 6 2023 年甘肃非市辖县域及市辖县域人口城镇化率分布

元，一般公共预算支出 2948.40 亿元，财政自给率 14.01%，比上年上升 0.97 个百分点。如图 7 所示，2023 年甘肃县域财政自给率 50% 以上的有 3 个区：安宁区（62.68%）、城关区（60.77%）、西固区（50.89%）；40%~50% 的仅 1 个县（市、区），30%~40% 有 2 个县（市、区），20%~30% 有 13 个县（市、区），10%~20% 有 31 个县（市、区），10% 以下有 36 个县（市、区）。县域一般公共预算收入过 10 亿元的，由 2022 年的 4 个县（市、区）增加为 7 个县（市、区）：城关区、七里河区、凉州区、安宁区、甘州区、西固区、西峰区。有 5 个县（市、区）不足亿元：临潭县、两当县、迭部县、碌曲县、玛曲县。公共预算支出严重超出公共预算收入，大多数县（市、区）承受着巨大的财政压力。

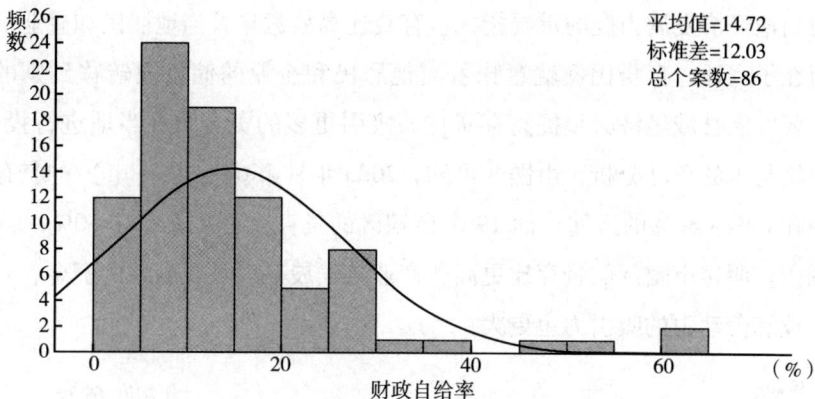

图7　2023年甘肃省县域财政自给率分布

县域金融以农村金融为主体却又不等同于农村金融，是一个包括商业性、政策性、合作性金融机构在内，以正规金融机构为主导、农村信用合作社为核心、非正规金融为补充的金融体系。金融作为现代经济的核心，是产业发展和实体经济增长的关键环节，县域金融则主要通过存款、贷款、存贷比例、贷款质量等影响经济发展。① 县域的第一产业占据重要地位，近年来非农产业在吸纳就业、增加居民收入方面也发挥着日益重要的作用，农村居民的工资性收入占比逐渐超过经营性收入占比，且"兼业收入"特征明显。2023年甘肃县域金融机构存款余额总额为24949.09亿元，各县域平均值为290.11亿元，中位数为148.85亿元，86个县（市、区）金融机构存款余额超过平均值的有18个。2023年甘肃县域金融机构贷款余额总额为21979.34亿元，各县域平均值为255.57亿元，中位数为108.81亿元，金融机构贷款余额超过平均值的有18个。金融机构存款及贷款的平均值均高于中位数，县域之间存在较大差距，发展不均衡。

存贷比也称为贷存比，即银行贷款总额与存款总额的比值。一般来说，存贷比是一个地区经济发展的风向标，被地方政府广泛应用于衡量银行机构

① 郭艳玲：《县域金融发展、金融体系效率与县域经济增长》，山东大学硕士学位论文，2012。

支持当地经济发展力度的重要指标。存贷比高就意味着当地居民和企业的储蓄留在了当地；存贷比低就意味着当地居民和企业的储蓄被转移到别的地方。要发展县域经济必须提高存贷比，吸引更多的资金留在当地进行投资。从市辖与否的角度分析，由图8可知，2023年甘肃67个县（市）的贷存比集中在60%~80%的区间，而19个市辖区的贷存比更多集中在60%~100%范围内。明显市辖区的贷存比更高，产业的发展足以吸收当地的资金，对外来企业和劳动力的吸引力也更大。

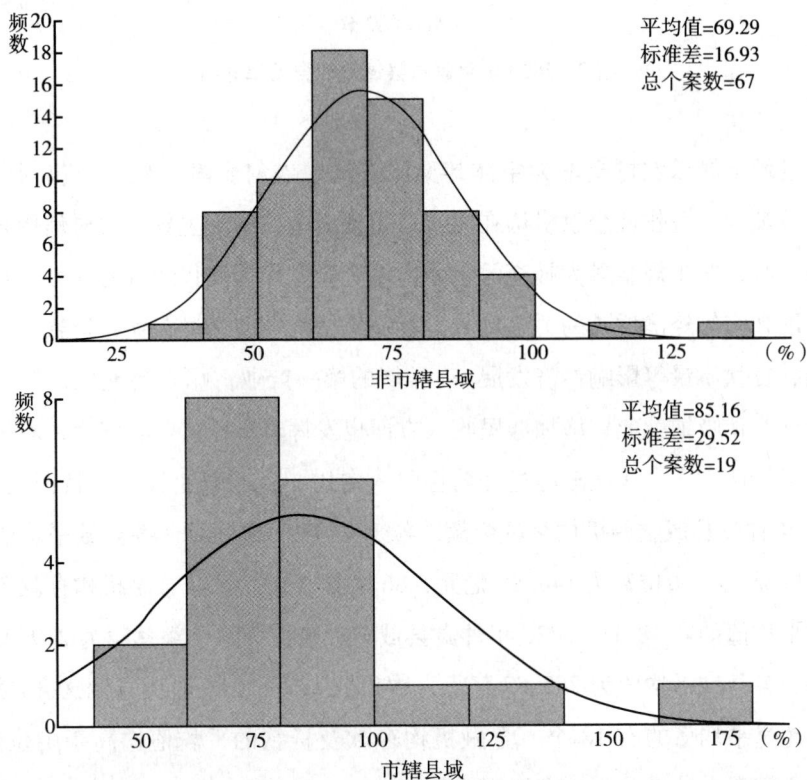

图8 2023年甘肃非市辖及市辖县域贷存比分布

2023年甘肃县域存贷比均值为72.84%。存贷比例大于125%的只有3个（安宁区178.55%、成县131.35%、城关区128.99%），100%~125%的有2个县（市、区），75%~100%的有26个，50%~75%的有44个，50%以下的有 11 个。存贷比超过 75% 的有 31 个县（市、区），集中分布在兰州市周边县（区）、河西地区以及定西市周边县（区）。上述地区存贷比较高，金融机构可以更好实现对信贷资源的优化配置，提高盈利能力，具有一定的资金潜力。

（四）县域居民消费升级，资源分布格局不均

甘肃县域居民生活水平不断提升，截至 2023 年底，甘肃县域拥有汽车的户数为 152.14 户。从农村居民消费支出角度来看，2023 年甘肃县域农村居民人均消费支出占农村居民人均可支配收入的 90.20%，食品烟酒消费支出及教育文化娱乐消费支出分别占人均消费支出的 14.21% 和 5.61%，农村居民人均消费支出中食品烟酒消费支出所占比重超过平均值的有 17 个县（市、区），教育文化娱乐消费支出所占比重超过平均值的有 17 个。从 86 个县（市、区）食品烟酒消费支出和教育文化娱乐消费支出占农村居民人均消费支出比重的地区分布来看，兰州市及下属的县（区）、河西等地区经济发展较好，教育文化娱乐消费支出相对较大，而定西市、陇南市、甘南州等经济相对落后地区，食品烟酒消费支出相对较大。

表 3 及表 4 以综合得分及 8 个一级指标得分的均值、极差、方差、标准差展示非市辖县域及市辖县域的竞争力强弱及波动情况。由表中数据可知，市辖县域综合竞争力、产业发展竞争力、宏观经济竞争力、基础设施竞争力、科学教育竞争力及人居环境竞争力得分的极差小于非市辖县域，产业发展竞争力、城乡融合竞争力、基础设施竞争力、公共服务竞争力、社会保障竞争力得分的方差、标准差大于非市辖县域。整体上看，市辖县域综合得分更高、极差小且不同县（市、区）间得分在均值附近的波动程度小。除社会保障及科学教育外，其余指标非市辖县域的得分均值都不超过市辖县域的得分均值，这一定程度上说明市辖县域在经济发展、社会稳定、设施建设、服务能力提升等多方面都更有优势，环境状况、科学教育水平等与各县（市、区）的政策侧重及产业类型有关。

表3 2023年甘肃67个县（市）县域综合竞争力及子系统比较

指标	综合得分	得分							
		产业发展竞争力	城乡融合竞争力	宏观经济竞争力	基础设施竞争力	公共服务竞争力	科学教育竞争力	人居环境竞争力	社会保障竞争力
均值	79.48	80.83	73.74	77.59	78.88	76.53	76.26	76.94	81.44
极差	19.98	23.47	19.49	18.82	21.34	20.05	25.00	25.00	22.50
方差	11.03	12.91	12.93	9.21	9.53	18.68	24.69	26.29	23.66
标准差	3.32	3.59	3.60	3.03	3.09	4.32	4.97	5.13	4.86

表4 2023年甘肃19个市辖区县域综合竞争力及子系统比较

指标	综合得分	得分							
		产业发展竞争力	城乡融合竞争力	宏观经济竞争力	基础设施竞争力	公共服务竞争力	科学教育竞争力	人居环境竞争力	社会保障竞争力
均值	83.73	83.66	79.89	82.92	82.22	80.00	73.41	77.54	75.87
极差	12.87	12.73	23.08	11.20	14.30	22.54	15.14	13.69	23.25
方差	10.04	13.35	21.14	6.87	13.77	35.54	19.90	11.69	36.14
标准差	3.17	3.65	4.60	2.62	3.71	5.96	4.46	3.42	6.01

　　2023年甘肃县域一级指标公共服务竞争力86个县（市、区）得分均值为77.29，处于中势，其极差、方差、标准差均相对较大，差异性较大，86个县（市、区）之间发展不均衡；二级指标医疗卫生竞争力均值为76.03，处于中势；科技文化竞争力均值为75.96，处于中势；从2个二级指标的极差、方差、标准差来看，都存在较大差异，86个县（市、区）之间两个要素配置失衡。从86个县（市、区）公共服务竞争力水平归类分布来看，地理位置特征及贫困特征均较为明显，公共服务竞争力强的集中分布在河西地区等经济发展较好的区域。2023年甘肃县域每万人拥有执业（助理）医师数约31人，比上年增加3人。最高为城关区（55人），最低为武都区（11人）；每万人拥有医疗卫生机构专业技术人员数平均值为83人，最高为兰州市城关区（151人），最低为秦州区（16人）；每万人的医院、卫生院床位数平均值为78张，最高为兰州市城关区（110张），最低为秦州区（38

张）。甘肃省曾提出多项工作建议和实施方案，包括深化体制改革，健全完善县域公共卫生服务体系；加强疾控中心应急处置能力建设，提升监测预警和应急反应能力等，旨在提高公共服务的可及性、公平性和便利性。县域作为连接城乡的核心载体，是推动各项服务措施落实提升、推进乡村振兴的关键支撑。聚焦县域产业配套、公共服务、治理能力、营商环境、城乡融合等方面，实事求是补短板，对构建新型工农城乡关系、实现共同富裕具有重要意义。

从市辖与否的视角分析可得，2023年甘肃67个县（市）平均户籍人口数量为247117人，19个市辖区平均户籍人口数为393050人，市辖区为非市辖区的1.59倍（见图9）。2023年甘肃67个县（市）的公共服务竞争力得分均值为76.53，处于中势，其极差为20.05、方差为16.68、标准差为4.32；二级指标科技文化竞争力得分均值为76.16，处于中势，医疗卫生竞争力得分均值为74.91，处于一般劣势；19个市辖区公共服务竞争力得分均值为80.00，处于一般优势，比非市辖县域得分均值高了3.47，其极差（22.54）大于非市辖区，方差（35.54）、标准差（5.96）均比非市辖县域大，说明市辖县域之间的不均衡性更强；市辖县域二级指标医疗卫生竞争力得分均值为75.24，处于中势，科技文化竞争力得分均值为80.00，处于一般优势。两种类型县域的医疗卫生和科技文化2个二级指标的极差、方差、标准差都比较大，说明县域间的医疗与科技水平存在差距且波动性较大。

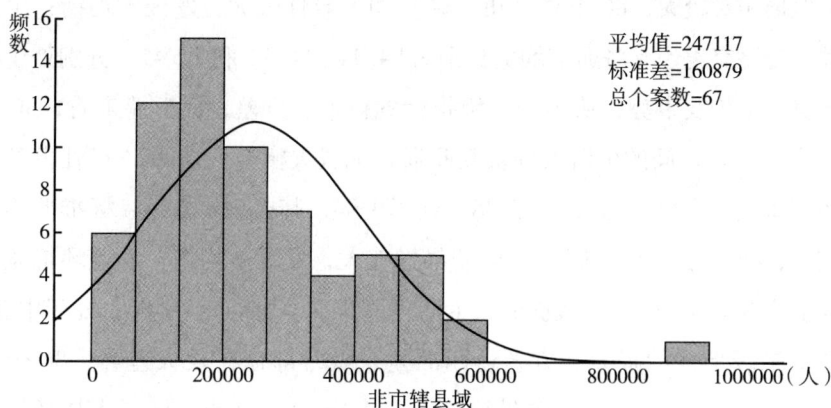

平均值=247117
标准差=160879
总个案数=67

非市辖县域

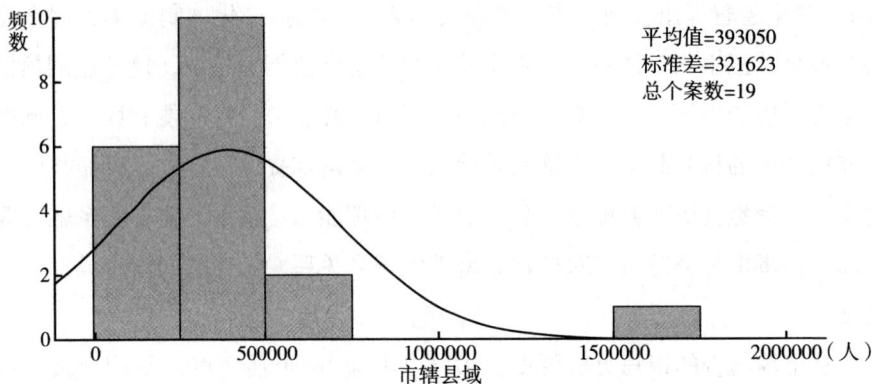

图9　2023年非市辖及市辖县域人口数量分布情况

（五）人居环境不断改善，配套基础设施仍不完善

基础设施直接影响着县域及农村地区居民的生活质量，而且对于提高生产效率、降低物流成本、促进经济发展有重要作用。为贯彻落实建设美丽乡村重大任务，甘肃县域地区创新思路，求真务实，积极推进农村人居环境整治、美丽乡村建设等各项工作，全面推进农村人居环境改革重大工程，全省部分地区村庄环境已明显改善。2023年甘肃县域基础设施竞争力得分均值为79.66，与2022年的77.68分相比，提升了1.98分，保持在中势，其极差为25.00、方差为12.24、标准差为3.50，方差和标准差较2022年均有所减小但仍相对较大，86个县（市、区）间差异性较大，发展不均衡；生活条件、公路交通、互联通信均值分别为84.44、80.96和76.41，分别处于一般优势、中势及中势，从3个二级指标的极差、方差、标准差来看，86个县（市、区）之间的生活条件及互联通信配置失衡较大。2023年甘肃县域人居环境竞争力得分均值为77.08，处于中势，其极差、方差、标准差均相对较大，86个县（市、区）之间差异性较大，发展不均衡；农业环境竞争力均值为81.35，处于一般优势；生活环境竞争力均值为76.06，处于中势；从2个二级指标的极差、方差、标准差来看，都存在较大差异，86个县（市、区）之间两个要素配置失衡较大。从86个县（市、区）人居环境竞

争力水平归类分布来看，经济结构特征均较为明显，工业化发展较快的区域人居环境竞争力水平相对较低，而产业单一或以农业和旅游业发展为主的区域人居环境竞争力水平相对较高。

从生活条件来看，2023年甘肃县域城乡住房砖木结构以上比重为74.34%（见图10），比2022年提升0.9个百分点；县域自来水受益村比重均值为99.45%，有32个县（市、区）农村自来水普及率达到了100%；县域固定互联网宽带接入用户占比达到123.48%。

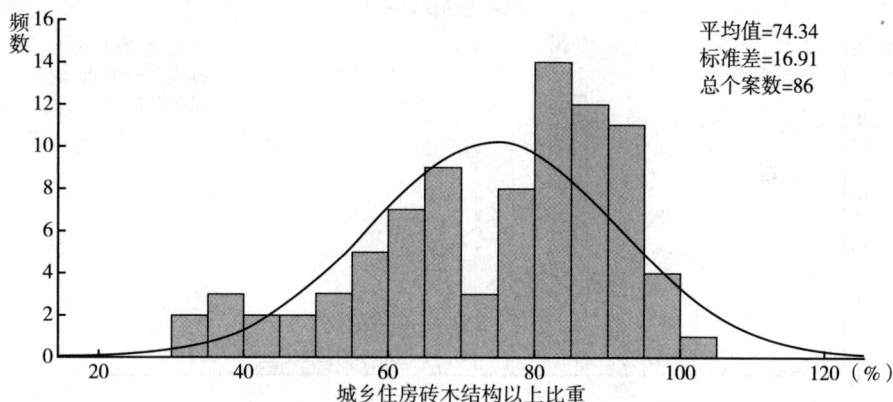

图10　2023年甘肃城乡住房结构情况分布

互联网在县域及农村的迅速普及，提高了信息传播的速度，也促进了资源要素的重新配置，电子商务随之逐渐兴起并蓬勃发展，为县域经济的创新发展带来新路径，提升了地方的开放程度及产业的创新程度。网络购物消费因其便捷性和信息的易获得性日益成为县域消费的新增长点。2023年国民经济和社会发展统计公报显示，2023年我国实物商品网上零售额130174亿元，按可比口径计算，比上年增长8.4%，占社会消费品零售总额比重为27.6%，网购占消费比重在逐年稳步提升，跨境电商等业态模式也在保持较快增长。图11以电话用户占比及互联网用户分布情况，展示2023年甘肃互联网及移动通信的发展状况：2023年甘肃县域固定电话用户占总户数的比重均值为31.26%，中位数为26.47%，占比在10%以下的有13个县（市、区）；

频数

平均值=31.26
标准差=21.83
总个案数=86

固定电话用户占比

频数

平均值=314.85
标准差=109.20
总个案数=86

移动电话用户占比

频数

平均值=119.84
标准差=61.02
总个案数=86

宽带接入用户占比

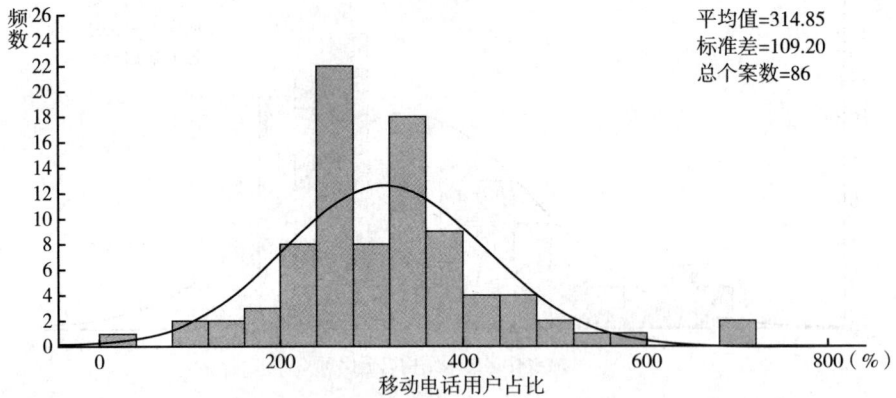

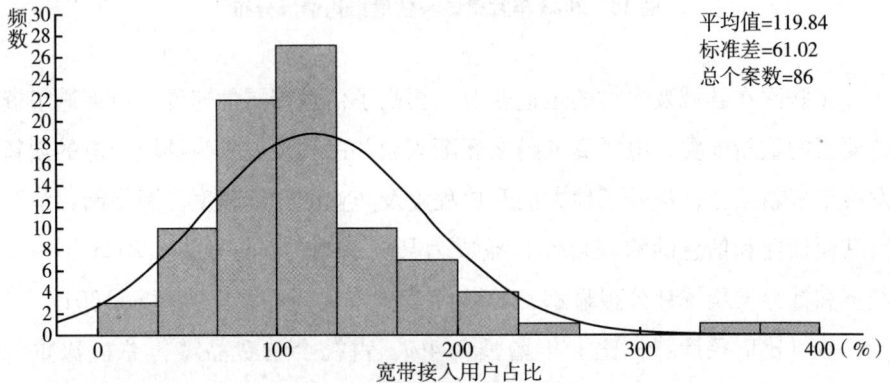

图11 2023年甘肃城乡通信情况

移动电话用户占总户数的比重均值为315%，中位数为301%，只有3个县（市、区）没有超过100%——武都区、东乡县、夏河县，其中比重最小的是东乡县（33.48%）；宽带接入用户占总户数的比重均值为120%，中位数为110%。整体上看，甘肃县域网络通信发展迅速，但部分县（市、区）移动网络及互联网使用率仍有较大发展空间，这与当地人口分布情况有一定关系。

从公路交通来看，2023年甘肃县域境内公路里程为175275公里，公路密度为39.37公里/百平方公里。2023年甘肃67个县（市）县域基础设施竞争力得分均值为78.93，处于中势，其极差为21.34、方差为9.59、标准差为3.10，非市辖县域之间发展不均衡；二级指标生活条件竞争力得分均值为83.91，处于一般优势；互联通信竞争力得分均值为75.34，处于中势；公路交通竞争力得分均值为80.59，处于一般优势。2023年甘肃19个市辖县（市、区）得分均值为82.22，处于一般优势，其极差为14.30、方差为13.77、标准差为3.71，市辖县域间比非市辖县域间的基础设施竞争力差异大；二级指标生活条件竞争力得分均值为86.28，处于绝对优势；互联通信竞争力得分均值为80.16，处于一般优势；公路交通竞争力得分均值为82.28，处于一般优势。

2023年甘肃县域平均拥有森林面积70297.29公顷，中位数为47723.20公顷；2023年甘肃县域平均拥有自然保护区面积90823.81公顷，中位数为10527.40公顷，最大为肃北县（1927.00千公顷），有14个县（市、区）自然保护区面积超过平均值。2023年甘肃县域畜禽粪污综合利用率为85.34%，有16个县（市、区）畜禽粪污综合利用率在90%以上。

（六）县域教育汇聚活力，科技投入占比过低

2023年甘肃县域科学教育竞争力得分均值为75.63，处于中势，其极差（25.00）、方差（24.80）、标准差（4.98）均相对较大，说明县域间科学教育水平差异较大；科教支出竞争力和科教资源竞争力均值分别为77.34和77.81，均处于中势。从2个二级指标的极差、方差、标准差来看，86个县（市、区）之间科教支出和科教资源配置不均衡。从86个县（市、区）科学教育竞争力水平归类分布来看，行政区域分布特征、地理位置特征及贫困

特征均不太明显。

2023年甘肃86个县（市、区）教育支出总计520.62亿元，较上年增加7.94亿元，增长率为1.55%；教育支出最高的三个是凉州区（14.76亿元）、会宁县（11.74亿元）和城关区（11.47亿元）；由图12可知，2023年甘肃各县（市、区）教育支出主要分布在3亿~9亿元。每万人普通中学在校生拥有专任中学教师数居前三位的是肃南县（1623人）、肃北县（1610人）、民勤县（1599人）；每万人小学在校生拥有专任小学教师数居前三位的是碌曲县（1627人）、肃南县（1365人）、永登县（1272人）；县域每千户居民拥有普通中学数0.21所，肃南县排在第一位（0.4所），之后为通渭县（0.38所）和两当县（0.37所）；县域每千户居民拥有中学0.21所，拥有小学0.79所，每千户居民拥有普通中学数居前三位的是肃南县、肃北县和两当县；每千户居民拥有普通小学数居前三位的是和政县、东乡县和临潭县。

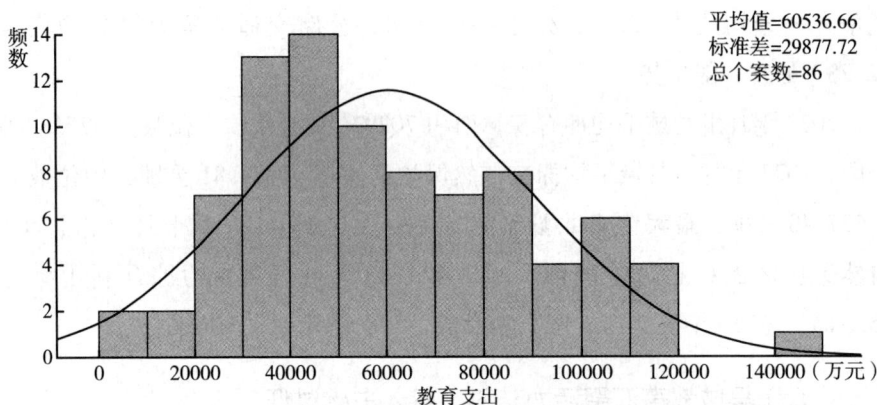

图12　2023年甘肃教育支出各组段对应县区分布

从中小学学生人数看，2023年甘肃县域普通中学学生人数为1464782人，小学在校学生人数为219968人，中位数分别为15312人和20351人。县域普通中学学生人数和小学在校学生人数最高值均为城关区，分别为54164人和93704人，最低值均为肃北县，分别为559人和636人。中小学学生人数可以反映一个地区吸引人口的能力以及人口聚集程度。城关区中小学学生人数最多，表明城关区吸引人口的能力较强，肃北县受经济、产业、地理位置等因素的影响，人口的集聚能力处于弱势地位，人口相对较少。

从乡村从业人员文化素养看，2023年甘肃县域内乡村从业人员总计1105.09万人，较2022年减少了约7.83万人；高中及以上文化程度占比为23.50%，比2022年提升0.76个百分点，占比最高的三个县（市、区）是白银区（45.87%）、平川区（39.39%）和金川区（35.17%）。2023年甘肃乡村从业人员高中学历占比如图13所示。占比20%以上的有58个县（市、区），15%~20%的有17个，剩余11个占比在5%~15%。从整体看，乡村从业人员高中及以上文化程度占比整体较低，乡村从业人员文化程度为小学、文盲以及半文盲占比较高的主要集中在天水、陇南、临夏、甘南地区。

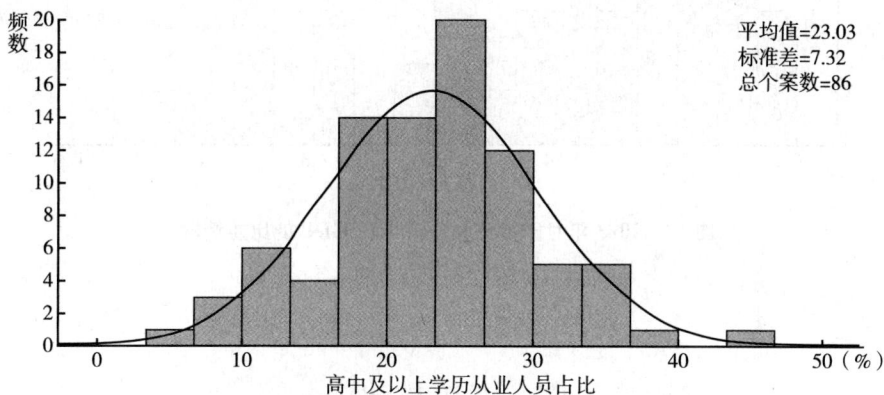

图13　2023年甘肃乡村从业人员高中学历占比情况

按照市辖与非市辖的区别分析可得，2023年甘肃非市辖县域科学教育竞争力得分均值为76.26，处于中势，其极差（25.00）、方差（24.69）、标准差（4.97）均相对较大，表明非市辖县域间科教实力差异较大。2023年甘肃市辖县域科学教育竞争力得分均值为73.41，处于中势，其极差为15.14、方差为19.90、标准差为4.46，方差和标准差比非市辖县域的小，表明市辖县域间科教竞争力波动小于非市辖县域。科技经费投入占地区生产总值的比重表示一个地区科技支出在整个经济中所占的比重及其在社会再生产过程中的地位。2023 年甘肃科技支出最高的 3 个县（市、区）是嘉峪关市（8207 万元）、临洮县（7928 万元）、通渭县（7821 万元）；县域科技支出占 GDP 的比重最高的三个县是通渭县、渭源县、广河县。2023 年甘肃县域科技支出 26.82 亿元，较上年增长 54.85%；科技支出占 GDP 的比重为 0.42%（见图 14），比 2022 年减少了 0.39 个百分点。2023 年甘肃各县域科技支出占 GDP 比重均远低于全国水平（2.64%）。

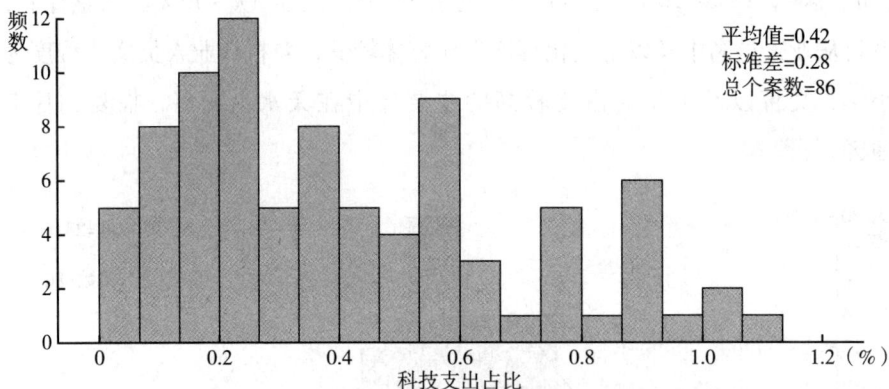

图 14　2023 年甘肃县域科技支出占 GDP 的比重情况

四　对策与建议

（一）深化县域改革，激发县域发展活力

一是深化体制机制改革。重点以新发展理念引领改革，立足新发展阶段，深化供给侧结构性改革，进一步转变政府职能，持续推进简政放权、放管结合，优化服务，优化营商环境，扎实推进优化营商环境专项行动，通过简化审批流程、提高审批效率、降低企业成本等措施，打造区域最优营商环境，吸引更多企业和项目落地。创新政府服务模式，利用大数据、云计算等

现代信息技术，推进数字政府建设，提升政务服务效能，为企业提供更加便捷、高效的服务。

二是激发市场活力。出台支持民营经济发展的优惠政策，加大对民营企业的扶持力度，激发民间投资活力，让民营企业成为县域经济发展的主力军。全面落实先进制造业企业增值税加计抵减政策，及时足额兑现减税降费政策。培育壮大经营主体，支持中小企业和个体工商户发展，通过提供融资支持、税收优惠、市场开拓等措施，帮助它们解决经营中的实际问题、实现快速成长。

三是加强政策引导。制定县域经济发展规划，结合各县（市、区）实际情况，制定具有前瞻性和可操作性的县域经济发展规划，明确发展目标、发展路径和重点任务。落实配套政策，加强与上级部门的沟通协调，争取更多的政策支持和项目资金，确保各项政策措施落地见效。全面提升供地保障质效，合理合法用好建设用地审批权，加快处置低效无效用地和闲置土地。加大力度协作区域产业合作技术创新支持，充分发挥科技创新在县域经济高质量发展的重要作用。

四是优化县域人才结构、提升人才质量和效能，制定具有竞争力的人才引进政策，在住房补贴、子女教育、税收减免等方面出台优惠政策，吸引外部人才，为各类人才打造良好的工作和生活环境，建设适宜的居住区、文化休闲设施等，引进和培育一批拥有自主知识产权、掌握核心技术的顶尖人才，提升县域对人才的吸引力。

（二）健全全产业链，提升县域产业发展质量

一是加快农业现代化建设。推进现代农业产业园建设，建设一批集生产、加工、销售于一体的现代农业产业园，提升农业生产效率和产品附加值。培育特色农产品品牌，立足县域资源禀赋，培育一批具有地方特色的农产品品牌，提升市场竞争力。

二是推进新型工业化。优化工业结构，加快传统产业升级改造，推动新兴产业发展，形成多元化、高附加值的工业经济体系。支持园区发展，加大

对开发区和园区的投入力度，完善基础设施和配套服务，吸引更多企业入驻，促进产业集群化发展。

三是培育现代服务业。大力发展旅游业，依托县域丰富的自然和人文资源，大力发展旅游业，推动旅游与文化、农业等产业融合发展。推进县域内乡村旅游集聚区（村）建设，培育生态旅游、森林康养、休闲露营等新业态，推进民宿规范发展，提升旅游服务品质，优化实施农业、服务业与旅游业相融合的发展项目，培育多产业联合体。

四是发展现代物流业。完善仓储、运输、配送等物流配套体系，推动物流园区融合发展，提升县域物流水平。通过数字赋能县域产业，打造全产业链条与数字化一体的产业发展模式，依托园区、大数据平台及物流公司，开展县域内交易结算、分拣包装、仓储保鲜、物流配送等一体化服务，推进农产品批发市场转型升级，优化农产品冷链物流体系建设，加快骨干冷链物流基地建设。深入推进县域商业体系建设，健全县乡物流配送体系，促进客货邮融合发展，大力发展共同配送。

（三）强化科技创新，引领县域新质生产力提升

一是加大科技投入。增加科研经费。加大政府对科技创新的投入力度，鼓励企业增加研发投入，提升自主创新能力。建设科技创新平台。建设一批高水平的科技创新平台，为县域企业提供技术研发、成果转化等服务。

二是培育创新主体。支持高新技术企业。加大对高新技术企业的支持力度，鼓励企业加强技术研发和创新能力建设。培育科技人才。通过引进和培养相结合的方式，打造一支高素质的科技人才队伍，为县域经济发展提供人才保障。

三是推动产学研合作。建立产学研合作机制，推动高校、科研院所和企业之间的合作，促进科技成果转化和产业化应用。开展科技创新活动，组织各类科技创新活动和赛事，激发全社会的创新活力，营造浓厚的创新氛围。

四是加快成果转化。深化科技体制改革，加快构建和完善科技成果转化体系，强化技术、人才、服务等要素资源的有机融合与优化配置，畅通创新

资源与技术需求对接渠道，创新科技成果转化模式，赋予科研人员职务科技成果所有权或长期使用权，促进科技成果快速转化为现实生产力。

（四）健全民生保障，加快城乡融合发展

一是完善公共服务体系。提升教育水平，加大教育投入力度，改善办学条件，提高教育质量，让每个孩子都能享受到优质的教育资源。完善医疗卫生体系，加强基层医疗卫生服务体系建设，提升乡镇卫生院和村卫生室的服务能力，推进医疗资源下沉，通过远程医疗等方式，将优质医疗资源扩展到县乡村，并提高医保报销比例，减轻群众就医负担。鼓励多元主体参与公共服务供给，引入市场竞争机制，提高服务效率和质量，鼓励公民直接参与社会治理和民生服务，增强公民的社会责任感和参与意识。

二是促进就业创业。扩大就业渠道，通过发展产业、扶持创业等措施，拓宽就业渠道，提高就业水平。加强技能培训，加大职业技能培训力度，提高劳动者的技能水平和就业竞争力。通过鼓励发展多元化经济，特别是发展本地特色产业和乡村旅游，为县域劳动力创造更多就业机会。强化产业发展联农带农，健全新型农业经营主体和涉农企业扶持政策与带动农户增收挂钩机制。促进农村劳动力多渠道就业，健全跨区域的信息共享和有组织的劳务输出机制，培育壮大劳务品牌。

三是加快城乡融合发展。推进新型城镇化，大力实施城市更新行动，健全完善公共服务体系，提升城市承载力和吸引力。推进城乡基本公共服务均等化和城乡融合发展，更重要的是缩小县（市、区）间差距，有效防范和化解社会矛盾，接续推动县域经济高质量发展与乡村全面振兴有机统一。加强基础设施建设，提升县域内交通、水利、能源等基础设施水平，改善公共服务设施，着重加强农村基础设施建设，提高农村生活水平，加强网络基础设施建设，缩小数字鸿沟。

（五）推动绿色低碳发展，大力发展县域特色产业

一是推广绿色生产方式。牢固树立绿水青山就是金山银山的理念，把绿

色理念贯穿推动县域经济高质量发展各方面、全过程，健全绿色低碳循环发展的县域现代产业体系，发展绿色农业，推广节水农业、生态农业等绿色农业模式，减少化肥农药使用量，保护生态环境。发展循环经济，推动资源循环利用和再生利用，减少废弃物排放和环境污染。

二是培育绿色产业。积极推进传统产业绿色转型和优化升级，培育县域数字经济、新能源、生活性服务业等绿色经济增长点，大力推广绿色清洁能源使用，坚定走生产发展、生活富裕、生态良好的县域文明发展道路，实现县域发展生态效益和经济效益协调共进。发展新能源产业，依托县域资源禀赋，大力发展风能、太阳能等新能源产业，推动能源结构优化升级。发展节能环保产业，引进和培育节能环保企业，推动节能环保技术和产品的应用和推广。

三是保护生态环境。加强生态治理，对县域内的山水林田湖草沙进行系统化治理，有效保护自然生态系统多样性、完整性。践行绿色发展理念，将绿色发展理念贯穿于县域经济社会发展的全过程和各方面，推动形成绿色发展方式和生活方式。

（六）推进社会治理现代化，营造和谐稳定的县域社会环境

一是加强社会治理体系建设。完善社会治理格局，构建党委领导、政府负责、社会协同、公众参与、法治保障的社会治理格局。推进智慧治理，运用大数据、云计算等现代信息技术手段，提升社会治理智能化水平。提高政务透明度，公开政府决策、执行、管理、服务等信息，增强政府工作的透明性和公信力，并鼓励和保障公民参与社会治理，建立民意反馈和社会监督机制，形成政府与社会的良性互动，从根本上促进经济社会全面协调可持续发展。

二是维护社会稳定。加强矛盾纠纷排查化解，建立健全矛盾纠纷排查化解机制，及时化解社会矛盾和不稳定因素。加强社会治安防控，加强公安、司法等部门的协作配合，提高社会治安防控能力，保障人民群众生命财产安全。健全稳定风险防控体系和公共安全治理体系，形成点线面、网上网下、

人防技防物防相结合的风险防控和妨害公共安全行为依法打击机制。

三是推进社区管理网格化。要注重弘扬社会主义核心价值观，并切实运用于县域社会治理具体实践，培育自尊自信、理性平和的社会心态，实现县域政府治理、社会自我调节、居民自治良性互动。推进县域社区网格化管理服务，不断强化县乡村社区管理，实行一网多格、一格多员、定位联系。坚持党员直接联系群众制度，将党支部建在网格，把党员干部下沉到基础网格里定位联系具体住户，破解服务群众"最后一公里"问题。

评 价 篇

B.2
甘肃县域竞争力评价指标体系的
设计与评价标准

李振东　王建兵　张福昌*

摘　要：　本报告简要介绍了甘肃县域竞争力评价指标体系的设计思路。延续"2013年甘肃县域社会发展水平评价指标体系"设计思路，针对指标数据的调整范围，制定了2023年度评价指标体系，包括产业发展竞争力、城乡融合竞争力、宏观经济竞争力、基础设施竞争力、公共服务竞争力、科学教育竞争力、人居环境竞争力、社会保障竞争力8个一级指标，以及二级指标20个、三级指标86个，并系统地描述了计算方法与评判标准。

关键词：　县域竞争力　评价标准　甘肃

* 李振东，博士，甘肃省社会科学院农业农村发展研究所副所长，研究员，主要从事生态经济方面的研究；王建兵，博士，甘肃省社会科学院农业农村发展研究所所长，二级研究员，主要研究方向为生态经济和农村发展；张福昌，甘肃省统计局农村统计处处长，主要研究方向为农业经济学。

甘肃县域竞争力评价研究是将甘肃省经济社会发展各个方面的指标数据分类汇总，并通过计量统计学的方法量化打分、排序和比较，定量分析甘肃县域经济社会发展的程度和现状，以期发现甘肃县域经济社会发展的瓶颈和短板，为甘肃县域社会经济的发展提供理论依据和实践借鉴。本书县域竞争力评价指标体系是在"2013年甘肃县域社会发展水平评价指标体系"的基础上由甘肃省统计局专家与甘肃蓝皮书·县域课题组共同设计，并在9本《甘肃蓝皮书：甘肃县域和农村发展报告》（2016~2024年）编著中不断完善形成的。

一 2013年甘肃县域社会发展水平评价指标体系情况

2013年甘肃县域社会发展水平评价指标体系根据2013年甘肃县域经济社会发展的特征和历年研究的经验修改完善，由社会结构、教育发展、经济效益、生活质量、基础设施、社会保障、公共服务和生活环境8个一级指标，以及25个二级指标、47个三级指标构成，如表1所示。

表1　2013年甘肃县域社会发展水平评价指标体系

一级指标(8个)	二级指标(25个)	三级指标(47个)
社会结构子系统	人口结构	①非农人口占总人口的比重(%)
		②县域人口占全省人口比重(%)
	农村结构	③农村从事非农产业的劳动力占农村总劳动力的比重(%)
教育发展子系统	教育支出	①在校学生人均教育经费(元)
	师资力量	②每万普通中学在校生拥有专任中学教师数(人)
		③每万小学在校生拥有专任小学教师数(人)
	教育设施	④每千户居民拥有普通中学数(所)
		⑤每千户居民拥有小学数(所)

续表

一级指标（8个）	二级指标（25个）	三级指标（47个）
经济效益子系统	收入状况	①人均地区生产总值（元）
		②人均地方财政收入（元）
	社会投资	③人均固定资产完成额（元）
	消费情况	④人均社会消费品零售额（元）
	经济总量	⑤地区生产总值（万元）
		⑥社会消费品零售总额（万元）
生活质量子系统	农村生活	①农村居民人均纯收入（元）
	城镇生活	②城镇居民人均可支配收入（元）
	居住条件	③城乡住房砖木结构以上比重（%）
基础设施子系统	饮用水	①自来水受益村比重（%）
	广播电视	②农村彩电普及率（%）
	交通	③境内公路密度（公路里程数/百平方公里）
		④每百人民用汽车车辆数（辆）
	通信	⑤国际互联网用户占总户数比重（%）
		⑥住宅电话用户占总户数比重（%）
		⑦移动电话用户占总人口比重（%）
社会保障子系统	医疗保险	①参加城镇基本医疗保险人数占城镇人口比重（%）
		②参加农村合作医疗人数占农村人口的比重（%）
	养老保险	③参加城镇基本养老保险人数占城镇人口比重（%）
		④参加农村养老保险人数占农村人口比重（%）
	基本生活保障	⑤城镇最低生活保障人口占城镇人口比重（逆指标）（%）
		⑥农村最低生活保障人口占农村人口比重（逆指标）（%）
公共服务子系统	科技服务	①每万人拥有专业技术人员数（人）
		②每万人专利授权数（个）
	文化娱乐	③每十万人拥有体育场馆数（个）
		④每十万人拥有剧场、影剧院数（个）
		⑤人均拥有公共图书馆图书数（册）
	医疗卫生	⑥每万人拥有医院、卫生院医生数（人）
		⑦每万人的医院、卫生院床位数（张）
		⑧每万人拥有执业（助理）医师数（人）

续表

一级指标(8个)	二级指标(25个)	三级指标(47个)
生活环境子系统	生活环境	①森林覆盖率(%)
		②每十万人口拥有垃圾处理站数(个)
		③污水处理厂集中处理率(%)
	环境保护	④每万元 GDP 工业二氧化硫排放量(公斤)(逆指标)
		⑤每万元 GDP 氮氧化物排放量(公斤)(逆指标)
		⑥每万元 GDP 烟(粉)尘排放量(公斤)(逆指标)
	农村环境	⑦单位第一产业增加值使用化肥量(吨/万元)(逆指标)
		⑧单位第一产业增加值使用农药量(吨/万元)(逆指标)
		⑨单位第一产业增加值使用地膜量(吨/万元)(逆指标)

注：该指标体系见《甘肃县域社会发展评价报告（2015）》，社会科学文献出版社，2015。

二 2014年甘肃县域竞争力评价指标体系完善情况

2016 年，依据甘肃县域经济社会发展的状况，对比 2014 年的数据测算与实际发展情况，并结合层次分析法（AHP）的特征，吸纳、综合了学术界、各级管理层面、统计系统等相关人员的意见和建议，在"2013 年甘肃县域社会发展水平评价指标体系"基础上对评价体系进行了一定的修改。2014 年甘肃县域竞争力评价指标体系（见表 2）共包括宏观经济竞争力、产业发展竞争力、基础设施竞争力、社会保障竞争力、公共服务竞争力、生活环境竞争力、社会结构竞争力、科学教育竞争力 8 个一级指标，以及二级指标 21 个、三级指标 64 个，较 2013 年主要修订如下。

一是一级指标修订——变更 2 个一级指标、新增 1 个一级指标、剔除 1 个一级指标。经济效益子系统变更为宏观经济竞争力，教育发展子系统变更为科学教育竞争力；新增产业发展竞争力；剔除生活质量子系统，将其所含三级指标①农村居民人均纯收入（元）、②城镇居民人均可支配收入（元）并入宏观经济竞争力、③城乡住房砖木结构以上比重（%）并入基础设施竞争力。

二是二级指标修订——变更2个、合并9个、新增4个、剔除2个。农村结构变更为城乡结构，教育支出变更为科教支出；师资力量和教育设施合并为科教资源，交通和通信合并为交通通信，收入状况、社会投资和消费情况合并为经济均量；饮用水和广播电视并入居住条件；新增金融资本、产业总量、产业结构、产业效率4个二级指标；剔除农村生活和城镇生活2个二级指标。

三是三级指标修订——变更1个指标、新增17个指标。变更1个指标，即将每万人拥有医院、卫生院医生数（人）变更为每万人拥有医疗卫生机构专业技术人员数（人）。新增17个指标——地方财政收入（万元）、金融机构存款余额（万元）、金融机构贷款余额（万元）、城镇固定资产投资完成额（万元）、城镇新增固定资产（万元）、第二产业增加值（万元）、第三产业增加值（万元）、规模以上工业总产值（万元）、第二产业占GDP的比重（%）、第三产业占GDP的比重（%）、第二产业近5年平均增长速度（%）、第三产业近5年平均增长速度（%）、医院总卫生技术人员数（人）、医院总床位数（张）、科技支出（万元）、教育支出（万元）、科技支出占GDP的比重（%）。

表2　2014年甘肃县域竞争力评价指标体系

一级指标(8个)	二级指标(21个)	三级指标(64个)
宏观经济竞争力	经济均量	①人均地区生产总值(元)
		②人均地方财政收入(元)
		③人均固定资产完成额(元)
		④城镇居民人均可支配收入(元)
		⑤农村居民人均纯收入(元)
		⑥人均社会消费品零售额(元)
	经济总量	⑦地区生产总值(万元)
		⑧地方财政收入(万元)
		⑨社会消费品零售总额(万元)
	金融资本	⑩金融机构存款余额(万元)
		⑪金融机构贷款余额(万元)
		⑫城镇固定资产投资完成额(万元)
		⑬城镇新增固定资产(万元)

续表

一级指标(8个)	二级指标(21个)	三级指标(64个)
产业发展竞争力	产业总量	①第二产业增加值(万元)
		②第三产业增加值(万元)
		③规模以上工业总产值(万元)
	产业结构	④第二产业占GDP的比重(%)
		⑤第三产业占GDP的比重(%)
	产业效率	⑥第二产业近5年平均增长速度(%)
		⑦第三产业近5年平均增长速度(%)
基础设施竞争力	居住条件	①城乡住房砖木结构以上比重(%)
		②自来水受益村比重(%)
		③农村有线电视普及村庄比例(%)
	交通通信	④每百人公共汽车营运车辆数(辆)
		⑤国际互联网用户占总户数比重(%)
		⑥固定电话用户占总户数比重(%)
		⑦移动电话用户占总人口比重(%)
		⑧境内公路密度(公路里程数/百平方公里)
社会保障竞争力	医疗保险	①参加城镇基本医疗保险人数占城镇人口比重(%)
		②参加农村合作医疗人数占农村人口的比重(%)
	养老保险	③参加城镇基本养老保险人数占城镇人口比重(%)
		④参加农村养老保险人数占农村人口比重(%)
	基本生活保障	⑤城镇最低生活保障人口占城镇人口比重(逆指标)(%)
		⑥农村最低生活保障人口占农村人口比重(逆指标)(%)
公共服务竞争力	科技服务	①每万人拥有专业技术人员数(人)
		②每万人专利授权数(个)
	文化娱乐	③每十万人拥有体育场馆数(个)
		④每十万人拥有剧场、影剧院数(个)
		⑤人均拥有公共图书馆图书数(册)
	医疗卫生	⑥每万人拥有医疗卫生机构专业技术人员数(人)
		⑦每万人的医院、卫生院床位数(张)
		⑧每万人拥有执业(助理)医师数(人)
		⑨医院总卫生技术人员数(人)
		⑩医院总床位数(张)

续表

一级指标(8个)	二级指标(21个)	三级指标(64个)
生活环境竞争力	生活环境	①森林覆盖率(%)
		②每十万人口拥有垃圾处理站数(个)
		③污水处理厂集中处理率(%)
	环境保护	④每万元 GDP 工业二氧化硫排放量(吨)(逆指标)
		⑤每万元 GDP 氮氧化物排放量(吨)(逆指标)
		⑥每万元 GDP 烟(粉)尘排放量(吨)(逆指标)
	农业环境	⑦单位第一产业增加值使用化肥量(吨/万元)(逆指标)
		⑧单位第一产业增加值使用农药量(公斤/万元)(逆指标)
		⑨单位第一产业增加值使用地膜量(吨/万元)(逆指标)
社会结构竞争力	人口结构	①非农人口占总人口的比重(%)
		②县域人口占全省人口比重(%)
	城乡结构	③农村从事非农产业的劳动力占农村总劳动力的比重(%)
科学教育竞争力	科教支出	①科技支出(万元)
		②教育支出(万元)
	科教资源	③科技支出占 GDP 的比重(%)
		④在校学生人均教育经费(元)
		⑤每万普通中学在校生拥有专任中学教师数(人)
		⑥每万小学在校生拥有专任小学教师数(人)
		⑦每千户居民拥有普通中学数(所)
		⑧每千户居民拥有小学数(所)

注：该指标体系见《甘肃县域和农村发展报告（2016）》，社会科学文献出版社，2016。

三 2018年甘肃县域竞争力评价
指标体系完善情况

2020 年，根据甘肃县域经济社会发展的状况，对比 2018 年的统计数据与实际发展情况，并结合层次分析法（AHP）的特征，吸纳、综合了学术界、各级管理层面、统计系统等相关人员的意见和建议，在"2017 年甘肃县域竞争力发展水平评价指标体系"基础上对评价体系进行了一定的修改。2018 年甘肃县域竞争力评价指标体系（见表 3）共包括宏观经济竞争力、产业发展竞争力、基础设施竞争力、社会保障竞争力、公共服务竞争力、人居环境竞争力、社会结构竞争力、科学教育竞争力8个一级指标，二级指标21个，以及与二级指标相对应的三级指标65个，较2017年主要修订如下。

一是二级指标修订——合并4个指标、拆分1个指标、新增1个指标。将科技服务和文化娱乐合并为科技文化，生活环境和环境保护合并为生活环境，交通通信分解为互联通信和公路交通，新增农业产业化。

二是三级指标修订——变更2个指标、新增10个指标、剔除9个指标。变更2个指标，即将污水处理厂集中处理率变更为污水处理厂数（座），水土流失综合治理面积（千公顷）变更为草原综合植被覆盖度（%）；新增10个指标——设施农业面积占耕地面积的比重（%）、耕地灌溉面积占耕地面积的比重（%）、"三品一标"农产品基地面积（公顷）、一般公共预算收入（万元）、一般公共预算支出（万元）、居民人民币储蓄存款余额（万元）、公路里程数（公里）、垃圾处理站数（个）、畜禽粪污综合利用率（%）、乡村从业人员高中以上文化程度所占比重（%）；剔除9个指标——每万人拥有专业技术人员数（人）、每万元GDP工业二氧化硫排放量（吨）（逆指标）、每万元GDP氮氧化物排放量（吨）（逆指标）、每万元GDP烟（粉）尘排放量（吨）（逆指标）、人均固定资产完成额（元）、地方财政收入（万元）、固定资产投资完成额（万元）、新增固定资产（万元）、每百人公共汽车营运车辆数（辆）。

表3　2018年甘肃县域竞争力评价指标体系

一级指标(8个)	二级指标(21个)	三级指标(65个)
宏观经济竞争力	经济均量	①人均地区生产总值(元)
		②人均地方财政收入(元)
		③城镇居民人均可支配收入(元)
		④农村居民人均纯收入(元)
		⑤人均社会消费品零售额(元)
	经济总量	⑥地区生产总值(万元)
		⑦一般公共预算收入(万元)
		⑧一般公共预算支出(万元)
		⑨社会消费品零售总额(万元)

续表

一级指标(8个)	二级指标(21个)	三级指标(65个)
宏观经济竞争力	金融资本	⑩居民人民币储蓄存款余额(万元)
		⑪金融机构存款余额(万元)
		⑫金融机构贷款余额(万元)
产业发展竞争力	产业总量	①第二产业增加值(万元)
		②第三产业增加值(万元)
		③规模以上工业总产值(万元)
	产业结构	④第二产业占GDP的比重(%)
		⑤第三产业占GDP的比重(%)
	产业效率	⑥第二产业近5年平均增长速度(%)
		⑦第三产业近5年平均增长速度(%)
	农业产业化	⑧设施农业面积占耕地面积的比重(%)
		⑨耕地灌溉面积占耕地面积的比重(%)
		⑩"三品一标"农产品基地面积(公顷)
基础设施竞争力	生活条件	①城乡住房砖木结构以上比重(%)
		②自来水受益村比重(%)
		③农村有线电视普及村庄比例(%)
	互联通信	(4)国际互联网用户占总户数比重(%)
		⑤固定电话用户占总户数比重(%)
		⑥移动电话用户占总户数比重(%)
	公路交通	⑦境内公路密度(公路里程数/百平方公里)
		⑧公路里程数(公里)
社会保障竞争力	医疗保险	①参加城乡基本医疗保险人数占人口比重(%)
	养老保险	②参加农村合作医疗人数占农村人口的比重(%)
		③参加城镇基本养老保险人数占城镇人口比重(%)
	基本生活保障	④参加农村养老保险人数占农村人口比重(%)
		⑤城镇最低生活保障人口占城镇人口比重(逆指标)(%)
		⑥农村最低生活保障人口占农村人口比重(逆指标)(%)
公共服务竞争力	科技文化	①每万人专利授权数(个)
		②每十万人拥有体育场馆数(个)
		③每十万人拥有剧场、影剧院数(个)
		④人均拥有公共图书馆图书数(册)
	医疗卫生	⑤每万人拥有医疗卫生机构专业技术人员数(人)
		⑥每万人的医院、卫生院床位数(张)
		⑦每万人拥有执业(助理)医师数(人)
		⑧医院总卫生技术人员数(人)
		⑨医院总床位数(张)

一级指标(8个)	二级指标(21个)	三级指标(65个)
人居环境竞争力	生活环境	①森林覆盖率(%)
		②污水处理厂数(座)
		③垃圾处理站数(个)
		⑤畜禽粪污综合利用率(%)
		④草原综合植被覆盖度(%)
	农业环境	⑥单位第一产业增加值使用化肥量(吨/万元)(逆指标)
		⑦单位第一产业增加值使用农药量(公斤/万元)(逆指标)
		⑧单位第一产业增加值使用地膜量(吨/万元)(逆指标)
社会结构竞争力	人口结构	①非农人口占总人口的比重(%)
		②县域人口占全省人口的比重(%)
	城乡结构	③农村从事非农产业的劳动力占农村总劳动力的比重(%)
科学教育竞争力	科教支出	①科技支出(万元)
		②教育支出(万元)
		③科技支出占GDP的比重(%)
		④在校学生人均教育经费(元)
	科教资源	⑤每万普通中学在校生拥有专任中学教师数(人)
		⑥每万小学在校生拥有专任小学教师数(人)
		⑦每千户居民拥有普通中学数(所)
		⑧每千户居民拥有小学数(所)
		⑨乡村从业人员高中以上文化程度所占比重(%)

注：该指标体系见《甘肃县域和农村发展报告（2020）》，社会科学文献出版社，2020。

四　2021年甘肃县域竞争力评价指标体系完善情况

2023年，甘肃省脱贫攻坚任务圆满完成，根据脱贫攻坚与乡村振兴转换时期甘肃省域经济社会发展状况，对比2021年的统计数据与实际发展情况，并结合层次分析法（AHP）的特征，吸纳、综合了学术研究、行政管理、统计系统等相关人员的意见和建议，在"2020年甘肃县域竞争力发展水平评价指标体系"基础上对评价体系进行了一定的修改。2021年甘肃县域竞争力评价指标体系（见表4）共包括宏观经济竞争力、产业发展竞争力、基础设施竞争力、社会保障竞争力、公共服务竞争力、人居环境竞争力、社会结构竞争力、科学教育竞争力8个一级指标，以及二级指标20个、三级指标71个。较2020年，指标体系作如下调整。

一是二级指标调整——合并2个指标、变更1个指标。将医疗保险和养老保险合并为社会保险，基本生活保障变更为社会保障。

二是三级指标调整——变更7个指标、新增7个指标。变更7个三级指标——居民人民币储蓄存款余额（万元）变更为住户存款余额（万元），"三品一标"农产品基地面积（公顷）变更为"两品一标"农产品基地面积（公顷），污水处理厂数（座）变更为污水处理率（%），垃圾处理站数（个）变更为生活垃圾无害化处理率（%），参加城乡基本医疗保险人数占人口比重（%）变更为基本医疗保险参保率（%），参加城镇基本养老保险人数占城镇人口比重（%）变更为城镇基本养老保险参保率（%），参加农村养老保险人数占农村人口比重（%）变更为新型农村社会养老保险参保率（%）。新增7个三级指标——机耕水平（%）、农产品加工业产值占农业总产值的比重（%）、农业机械总动力（千瓦）、农村用电量（万千瓦时）、社会保障和就业支出占一般公共预算支出比重（%）、文化旅游体育与传媒支出占一般公共预算支出比重（%）、污水处理厂集中处理率（%）。

表4　2021年甘肃县域竞争力评价指标体系

一级指标（8个）	二级指标（20个）	三级指标（71个）
宏观经济竞争力	经济均量	①人均地区生产总值（元）
		②人均地方财政收入（元）
		③城镇居民人均可支配收入（元）
		④农村居民人均可支配收入（元）
		⑤人均社会消费品零售额（元）
	经济总量	⑥地区生产总值（万元）
		⑦一般公共预算收入（万元）
		⑧一般公共预算支出（万元）
		⑨社会消费品零售总额（万元）
	金融资本	⑩住户存款余额（万元）
		⑪金融机构存款余额（万元）
		⑫金融机构贷款余额（万元）

一级指标(8个)	二级指标(20个)	三级指标(71个)
产业发展竞争力	产业总量	①第二产业增加值(万元)
		②第三产业增加值(万元)
		③规模以上工业总产值(万元)
	产业结构	④第二产业占GDP的比重(%)
		⑤第三产业占GDP的比重(%)
	产业效率	⑥第二产业近5年平均增长速度(%)
		⑦第三产业近5年平均增长速度(%)
	农业产业化	⑧设施农业面积占耕地面积的比重(%)
		⑨耕地灌溉面积占耕地面积的比重(%)
		⑩"两品一标"农产品基地面积(公顷)
		⑪机耕水平(%)
		⑫农产品加工业产值占农业总产值的比重(%)
		⑬农业机械总动力(千瓦)
		⑭农村用电量(万千瓦时)
基础设施竞争力	生活条件	①城乡住房砖木结构以上比重(%)
		②自来水受益村比重(%)
		③农村通宽带的村及村庄比例(%)
	互联通信	④国际互联网用户占总户数比重(%)
		⑤固定电话用户占总户数比重(%)
		⑥移动电话用户占总户数比重(%)
	公路交通	⑦境内公路密度(公路里程数/百平方公里)
		⑧公路里程数(公里)
社会保障竞争力	社会保险	①基本医疗保险参保率(%)
		②城镇基本养老保险参保率(%)
		③新型农村社会养老保险参保率(%)
	社会保障	④城镇最低生活保障人口占城镇人口比重(逆指标)(%)
		⑤农村最低生活保障人口占农村人口比重(逆指标)(%)
		⑥社会保障和就业支出占一般公共预算支出比重(%)

续表

一级指标（8个）	二级指标（20个）	三级指标（71个）
公共服务竞争力	科技文化	①每万人专利授权数（个）
		②每十万人拥有体育场馆数（个）
		③每十万人拥有剧场、影剧院数（个）
		④人均拥有公共图书馆图书数（册）
		⑩文化旅游体育与传媒支出占一般公共预算支出比重（%）
	医疗卫生	⑤每万人拥有医疗卫生机构专业技术人员数（人）
		⑥每万人的医院、卫生院床位数（张）
		⑦每万人拥有执业（助理）医师数（人）
		⑧医院总卫生技术人员数（人）
		⑨医院总床位数（张）
人居环境竞争力	生活环境	①森林覆盖率（%）
		②污水处理率（%）
		⑨污水处理厂集中处理率（%）
		③生活垃圾无害化处理率（%）
		④畜禽粪污综合利用率（%）
		⑤草原综合植被覆盖度（%）
	农业环境	⑥单位第一产业增加值使用化肥量（吨/万元）（逆指标）
		⑦单位第一产业增加值使用农药量（公斤/万元）（逆指标）
		⑧单位第一产业增加值使用地膜量（吨/万元）（逆指标）
社会结构竞争力	人口结构	①非农人口占总人口的比重（%）
		②县域人口占全省人口比重（%）
	城乡结构	③农村从事非农产业的劳动力占农村总劳动力的比重（%）
科学教育竞争力	科教支出	①科技支出（万元）
		②教育支出（万元）
		③科技支出占GDP的比重（%）
		④在校学生人均教育经费（元）
	科教资源	⑤每万普通中学在校生拥有专任中学教师数（人）
		⑥每万小学在校生拥有专任小学教师数（人）
		⑦每千户居民拥有普通中学数（所）
		⑧每千户居民拥有小学数（所）
		⑨乡村从业人员高中以上文化程度所占比重（%）

五 2023年甘肃县域竞争力评价
指标体系完善情况

2024年，根据甘肃县域经济社会发展的状况，对比2023年的统计数据与实际发展情况，并结合层次分析法（AHP）的特征，吸纳、综合了学术研究、行政管理、统计系统等相关人员的意见和建议，结合专家学者对2022年甘肃县域竞争力评价指标体系提出的意见和建议，在2022年甘肃县域竞争力发展水平评价指标体系基础上对评价体系进行了一定的修订。

2023年甘肃县域竞争力评价指标体系（见表5）共包括产业发展竞争力、城乡融合竞争力、宏观经济竞争力、基础设施竞争力、公共服务竞争力、科学教育竞争力、人居环境竞争力、社会保障竞争力8个一级指标。二级指标为20个，其中：产业发展竞争力包含产业总量、产业结构、产业效率、农业产业化4个二级指标；城乡融合竞争力包含人口结构、城乡融合2个二级指标；宏观经济竞争力包含经济均量、经济总量、金融资本3个二级指标；基础设施竞争力包含生活条件、互联通信、公路交通3个二级指标；公共服务竞争力包含科技文化、医疗卫生2个二级指标；科学教育竞争力包含科教支出、科教资源2个二级指标；人居环境竞争力包含生活环境、农业环境2个二级指标；社会保障竞争力包含保险、保障2个二级指标。与20个二级指标相对应的三级指标共计86个。

2023年指标体系在2022年指标体系基础上做了如下调整。①一级指标调整——变更1个一级指标，即将一级指标社会结构竞争力变更为城乡融合竞争力。②二级指标调整——变更1个二级指标，即将二级指标城乡结构变更为城乡融合。③三级指标调整——三级指标新增22个、删除7个、变更11个。

新增三级指标如下：①第一产业增加值（万元）、②秸秆综合利用率（％）、③水土保持率（％）、④农膜回收率（％）、⑤第一产业占GDP的比重（％）、⑥城乡居民人均可支配收入增速差、⑦城乡居民人均可支配收入差、⑧地区生产总值增速（％）、⑨第一产业增长速度（％）、⑩规模以上工业增加值增速（％）、⑪固定资产投资增速（％）、⑫社会消费品零售总额增速（％）、⑬出口总额（万美元）、⑭当年实际使用外资额（万美元）、⑮百户拥有家用汽车数（辆）、⑯农业科技进步贡献率（％）⑰农业技术推广人员数、⑱农业生产信息化率（％）、⑲科技特派员数、⑳高标准农田面积占耕地面积的比重（％）、㉑农田灌溉水有效利用系数、㉒较大人口规模自然村（组）通硬化路比例（％）。

删除三级指标如下：①固定电话用户占总户数比重（％）、②生活垃圾无害化处理率（％）、③污水处理厂集中处理率（％）、④农产品加工业产值占农业总产值的比重（％）、⑤公路里程数（公里）、⑥新型农村社会养老保险参保率（％）、⑦草原综合植被覆盖度（％）。

变更 11 个三级指标，将规模以上工业总产值（万元）变更为规模以上工业企业利润总额（万元），国际互联网用户占总户数比重（％）变更为互联网用户占总户数比重（％），城镇基本养老保险参保率（％）变更为城乡居民基本养老保险参保率（％），第二产业近 5 年平均增长速度（％）变更为第二产业增长速度（％），第三产业近 5 年平均增长速度（％）变更为第三产业增长速度（％），"两品一标"农产品基地面积（公顷）变更为"绿色有机地理标志"农产品数（个），机耕水平（％）变更为农作物耕种收综合机械化率（％），非农人口占总人口的比重（％）变更为常住人口城镇化率（％），自来水受益村比重（％）变更为农村自来水普及率（％），每十万人拥有体育场馆数（个）变更为每十万人拥有体育场地数（个），污水处理率（％）变更为农村生活污水治理管控率（％）。

表 5　2023 年甘肃县域竞争力评价指标体系

一级指标(8个)	二级指标(20个)	三级指标(86个)
产业发展竞争力	产业总量	①第一产业增加值(万元)
		②第二产业增加值(万元)
		③第三产业增加值(万元)
		④规模以上工业企业利润总额(万元)

一级指标（8个）	二级指标（20个）	三级指标（86个）
产业发展竞争力	产业结构	⑤第一产业占 GDP 的比重（%）
		⑥第二产业占 GDP 的比重（%）
		⑦第三产业占 GDP 的比重（%）
	产业效率	⑧地区生产总值增速（%）
		⑨第一产业增长速度（%）
		⑩第二产业增长速度（%）
		⑪第三产业增长速度（%）
		⑫规模以上工业增加值增速（%）
		⑫固定资产投资增速（%）
		⑭社会消费品零售总额增速（%）
		⑮出口总额（万美元）
		⑯当年实际使用外资额（万美元）
	农业产业化	⑰设施农业面积占耕地面积的比重（%）
		⑱耕地灌溉面积占耕地面积的比重（%）
		⑲"绿色有机地理标志"农产品数（个）
		⑳农作物耕种收综合机械化率（%）
		㉑农业机械总动力（千瓦）
		㉒农村用电量（万千瓦时）
		㉓高标准农田面积占耕地面积的比重（%）
		㉔农业生产信息化率（%）
		㉕农田灌溉水有效利用系数
城乡融合竞争力	人口结构	①常住人口城镇化率（%）
		②县域人口占全省人口比重（%）
	城乡融合	③农村从事非农产业的劳动力占农村总劳动力的比重（%）
		④城乡居民人均可支配收入增速差
		⑤城乡居民人均可支配收入差
宏观经济竞争力	经济均量	①人均地区生产总值（元）
		②人均地方财政收入（元）
		③城镇居民人均可支配收入（元）
		④农村居民人均可支配收入（元）
		⑤人均社会消费品零售额（元）
	经济总量	⑥地区生产总值 GDP（万元）
		⑦一般公共预算收入（万元）
		⑧一般公共预算支出（万元）
		⑨社会消费品零售总额（万元）

续表

一级指标(8个)	二级指标(20个)	三级指标(86个)
宏观经济竞争力	金融资本	⑩住户存款余额(万元)
		⑪金融机构存款余额(万元)
		⑫金融机构贷款余额(万元)
基础设施竞争力	生活条件	①城乡住房砖木结构以上比重(%)
		②农村自来水普及率(%)
		③农村通宽带的村及村庄比例(%)
	互联通信	④互联网用户占总户数比重(%)
		⑥移动电话用户占总户数比重(%)
		⑦境内公路密度(公路里程数/百平方公里)
	公路交通	⑧百户拥有家用汽车数(辆)
		⑨较大人口规模自然村(组)通硬化路比例(%)
公共服务竞争力	科技文化	⑪科技特派员数(人)
		⑫农业技术推广人员数(人)
		⑬农业科技进步贡献率(%)
		①每万人专利授权数(个)
		②每十万人拥有体育场地数(个)
		③每十万人拥有艺术表演场馆数(个)
		④人均拥有公共图书馆图书数(册)
		⑤文化旅游体育与传媒支出占一般公共预算支出比重(%)
	医疗卫生	⑥每万人拥有医疗卫生机构专业技术人员数(人)
		⑦每万人的医院、卫生院床位数(张)
		⑧每万人拥有执业(助理)医师数(人)
		⑨医院总卫生技术人员数(人)
		⑩医院总床位数(张)
科学教育竞争力	科教支出	①科技支出(万元)
		②教育支出(万元)
		③科技支出占 GDP 的比重(%)
		④在校学生人均教育经费(元)
	科教资源	⑤每万普通中学在校生拥有专任中学教师数(人)
		⑥每万小学在校生拥有专任小学教师数(人)
		⑦每千户居民拥有普通中学数(所)
		⑧每千户居民拥有小学数(所)
		⑨乡村从业人员高中以上文化程度所占比重(%)

一级指标(8个)	二级指标(20个)	三级指标(86个)
人居环境竞争力	生活环境	①森林覆盖率(%)
		②农村生活污水治理管控率(%)
		③水土保持率(%)
	农业环境	④农膜回收率(%)
		⑤畜禽粪污综合利用率(%)
		⑥单位第一产业增加值使用化肥量(吨/万元)(逆指标)
		⑦单位第一产业增加值使用农药量(公斤/万元)(逆指标)
		⑧单位第一产业增加值使用地膜量(吨/万元)(逆指标)
		⑨秸秆综合利用率(%)
社会保障竞争力	保险	①基本医疗保险参保率(%)
		②城乡居民基本养老保险参保率(%)
	保障	③城镇最低生活保障人口占城镇人口比重(逆指标)(%)
		④农村最低生活保障人口占农村人口比重(逆指标)(%)
		⑤社会保障和就业支出占一般公共预算支出比重(%)

六 2023年甘肃县域竞争力评价方法及评价标准

(一)评价时间与地域范围

2023年甘肃县域竞争力评价以甘肃省统计局和甘肃省财政厅提供的各县域2023年度统计数据为依据,市(州)各指标数据为所辖县域合计、不含市本级数据(除嘉峪关市外),评价基准年份为2023年。

根据国家统计局农村调查有关全国县域竞争力所作测评范围,结合甘肃省统计局的具体要求,课题组对甘肃省除兰州新区之外的86个县(市、区)和14个市(州)进行县域竞争力的评价与分析。

县域经济是以县级行政区划为地理空间,以县级政权为调控主体,以市场为导向优化配置资源,具有地域特色、功能完备的区域经济。市辖县域在空间管控、发展规划等方面的权限已经让渡或部分让渡给了所属城市,与中心城区的一体化程度日益加深，经济社会发展和治理模式日益中心城市化，发展机遇更丰富，但发展的独立性相对较弱。因此，2023 年甘肃县域竞争力评价将甘肃省 86 个县（市、区）分为 67 个县（市）（含华亭市、玉门市、敦煌市 3 个县级市）和 19 个市辖区（含临夏市和合作市 2 个自治州州政府所在县级市）进行分类评价。

（二）评价方法

1. 数据的处理

在认真核对原始数据无误的情况下，对每一指标列数据进行标准化处理，使得各指标列数据形成无差异的标准化矩阵；在对数据进行标准化处理的基础上，分别以三级指标列为单位进行分值赋值，再进行加权加总得一、二级指标分值。

2. 指标权重的确定

对于指标权重的确定，在 2022 年指标体系权重基础上，结合专家打分，运用层次分析法（AHP）进行指标权重确定。

（三）评价标准

甘肃县域竞争力评价标准为 5 级划分，即绝对优势、一般优势、中势、一般劣势和绝对劣势，评价的方法是根据 67 个县（市）、19 个市辖区和 14 个市（州）对应指标的分值进行评价，具体标准如表 6 所示。

表 6　2023 年甘肃县域竞争力评价标准

评价标准	分值（X）
绝对优势	X≥85
一般优势	80≤X<85
中势	75≤X<80
一般劣势	70≤X<75
绝对劣势	X<70

B.3
2023年甘肃县域竞争力综合评价

李振东　张福昌*

摘　要： 本报告利用构建的县域竞争力评价指标体系和评价方法，依据2023年甘肃省86个县（市、区）统计数据分析2023年甘肃县域竞争力，并与2022年做比较分析，得出以下结论。①2023年甘肃省67个县（市）县域竞争力整体水平较低，但较2022年有所提升；县域综合竞争力仍处于中势，一级指标社会保障竞争力和产业发展竞争力由2022年处于中势上升到一般优势，宏观经济竞争力上升到中势，基础设施竞争力、人居环境竞争力、公共服务竞争力和科学教育竞争力均处于中势，城乡融合竞争力（社会结构竞争力）处于一般劣势。②2023年甘肃省19个市辖区县域竞争力整体水平较高，较2022年略有所提升；县域综合竞争力仍处于一般优势，一级指标宏观经济竞争力上升为一般优势，产业发展竞争力、公共服务竞争力和基础设施竞争力均处于一般优势，城乡融合竞争力（社会结构竞争力）、人居环境竞争力和社会保障竞争力均处于中势，科学教育竞争力下降为一般劣势。③2023年甘肃省14个市（州）县域竞争力较2022年有所提升；县域综合竞争力仍处于中势，一级指标人居环境竞争力上升为一般优势，宏观经济竞争力上升为中势，科学教育竞争力、公共服务竞争力、产业发展竞争力、城乡融合竞争力（社会结构竞争力）和基础设施竞争力均处于中势，社会保障竞争力下降为一般劣势。

关键词： 县域　竞争力评价　甘肃

---

* 李振东，博士，甘肃省社会科学院农村发展研究所副所长，研究员，主要从事生态经济方面的研究；张福昌，甘肃省统计局农村统计处处长，主要研究方向为农业经济学。

一 甘肃县域竞争力综合评价

（一）甘肃67个县（市）县域竞争力综合评价结果

1. 评价结果

通过对2023年甘肃67个县（市）县域综合竞争力8个一级指标产业发展竞争力、城乡融合竞争力、宏观经济竞争力、基础设施竞争力、公共服务竞争力、科学教育竞争力、人居环境竞争力、社会保障竞争力的计算和分析，得到67个县（市）县域竞争力评价情况，如表1所示。

表1 2023年甘肃67个县（市）县域竞争力评价情况

县（市）	综合竞争力		一级指标得分							
	排序	得分	产业发展竞争力	城乡融合竞争力	宏观经济竞争力	基础设施竞争力	公共服务竞争力	科学教育竞争力	人居环境竞争力	社会保障竞争力
玉门市	1	84.98	86.65	73.84	83.82	81.18	79.95	74.66	72.08	89.33
永登县	2	84.75	88.47	82.43	80.56	79.62	79.07	77.32	76.56	90.00
敦煌市	3	84.00	85.13	77.61	82.66	81.07	85.05	70.79	69.61	86.21
华亭市	4	83.42	81.83	80.03	80.43	83.13	80.56	71.81	78.32	86.50
高台县	5	83.26	85.56	74.48	79.40	81.62	83.91	76.79	77.62	80.16
崇信县	6	82.96	81.83	79.68	78.87	83.27	78.57	79.54	78.95	82.16
瓜州县	7	82.89	88.34	71.43	83.22	79.75	76.71	70.06	72.99	80.81
临泽县	8	82.84	84.31	74.77	79.72	80.24	80.58	78.28	77.98	83.86
山丹县	9	82.63	84.10	75.08	80.58	80.27	81.50	72.16	77.37	84.00
榆中县	10	82.45	78.85	84.49	80.01	86.34	76.00	69.52	73.56	85.59
成县	11	82.43	82.91	75.98	78.51	81.78	81.36	74.56	78.24	85.87
静宁县	12	82.37	83.06	73.93	78.79	80.54	81.36	83.81	76.25	80.77
临洮县	13	82.15	83.50	73.81	78.67	80.18	79.99	83.96	71.34	85.87
景泰县	14	81.82	84.27	73.93	79.72	80.05	75.70	82.49	74.21	80.00
金塔县	15	81.75	85.77	72.22	81.89	77.41	78.08	72.33	72.38	85.07
庄浪县	16	81.57	82.10	78.52	77.49	81.06	78.57	82.17	74.87	82.81

县(市)	综合竞争力		一级指标得分							
	排序	得分	产业发展竞争力	城乡融合竞争力	宏观经济竞争力	基础设施竞争力	公共服务竞争力	科学教育竞争力	人居环境竞争力	社会保障竞争力
皋兰县	17	81.54	79.78	79.38	79.15	85.08	75.15	75.76	72.45	80.88
陇西县	18	81.46	81.79	74.37	79.18	79.83	80.57	82.59	71.23	82.11
古浪县	19	81.38	85.63	72.95	78.43	78.36	78.91	82.05	75.59	79.16
民乐县	20	81.33	80.51	73.68	79.05	81.38	82.66	75.21	79.58	77.04
靖远县	21	81.31	84.45	72.91	78.88	78.57	76.58	82.89	75.37	80.99
肃南裕固族自治县	22	81.31	78.86	70.59	80.30	78.56	84.22	82.65	78.47	77.19
徽县	23	81.28	83.46	73.18	77.86	79.23	78.85	75.31	79.19	87.38
天祝藏族自治县	24	81.24	81.90	71.82	79.78	77.60	81.60	82.60	76.65	78.84
永昌县	25	81.20	82.58	76.77	81.46	77.83	81.76	67.59	76.80	80.52
民勤县	26	81.21	85.10	73.61	80.87	78.14	77.64	83.36	70.76	72.43
肃北蒙古族自治县	27	80.85	75.63	72.03	81.97	77.87	80.14	75.79	81.38	83.79
永靖县	28	80.29	81.35	76.31	77.29	81.21	77.79	76.11	75.69	80.38
阿克塞哈萨克族自治县	29	80.24	77.53	74.59	79.24	80.92	77.82	65.62	81.97	87.63
宁县	30	80.15	81.29	72.00	78.33	77.47	74.44	77.31	81.33	86.59
甘谷县	31	79.95	83.24	76.41	78.35	77.56	73.62	77.55	74.35	83.81
合水县	32	79.93	80.87	72.49	78.20	80.22	76.48	70.92	80.11	82.48
泾川县	33	79.91	81.24	78.67	76.49	78.05	77.96	77.37	75.03	87.91
临夏县	34	79.85	81.58	79.04	75.44	80.69	73.21	75.30	78.05	88.09
灵台县	35	79.82	79.90	72.16	77.56	77.96	82.43	78.55	76.44	81.94
岷县	36	79.54	80.43	72.32	77.13	79.19	78.31	81.21	71.90	82.67
文县	37	79.46	80.92	73.18	76.27	77.78	77.54	78.84	80.76	83.18
镇原县	38	79.46	80.57	72.27	78.81	77.30	74.73	79.00	73.18	85.37
渭源县	39	79.36	80.09	66.82	76.05	79.28	79.64	84.44	73.97	83.20
秦安县	40	79.29	81.82	75.09	78.30	78.02	72.16	76.24	70.67	87.46
正宁县	41	79.21	83.15	70.92	77.52	79.28	72.63	74.17	74.26	84.00
武山县	42	79.08	79.70	74.44	77.48	79.02	75.68	74.29	77.00	82.82
华池县	43	78.80	79.49	69.83	80.02	71.15	81.10	78.39	83.04	79.21
庆城县	44	78.76	82.14	73.69	79.56	73.97	74.33	75.07	75.32	82.83
礼县	45	78.65	80.94	76.24	76.15	77.99	75.17	78.74	74.48	81.80
宕昌县	46	78.47	78.57	75.13	75.44	79.59	76.70	76.69	74.96	84.95

续表

县（市）	综合竞争力		一级指标得分							
	排序	得分	产业发展竞争力	城乡融合竞争力	宏观经济竞争力	基础设施竞争力	公共服务竞争力	科学教育竞争力	人居环境竞争力	社会保障竞争力
清水县	47	78.32	78.93	71.07	75.56	79.26	77.83	74.09	78.14	84.09
西和县	48	78.27	79.83	72.95	75.44	80.95	73.40	75.32	75.24	82.38
环县	49	78.19	82.88	73.16	79.88	73.91	72.88	79.97	67.14	78.82
会宁县	50	78.18	80.93	73.75	76.82	76.55	72.92	83.52	75.22	77.02
康县	51	78.11	77.72	71.93	74.57	79.86	74.88	73.77	81.14	88.18
张家川回族自治县	52	78.02	79.06	72.63	75.16	79.32	78.13	75.93	80.42	76.34
康乐县	53	77.21	79.77	73.04	74.07	81.11	73.33	72.61	77.39	78.32
临潭县	54	77.20	76.32	70.15	74.08	80.74	73.43	76.30	82.77	80.41
碌曲县	55	77.10	75.94	65.00	74.71	78.63	73.96	75.89	89.25	81.05
两当县	56	77.02	74.93	75.55	73.17	78.49	76.29	72.73	86.32	86.27
卓尼县	57	76.97	78.86	67.66	74.89	77.78	70.08	75.73	85.01	81.75
迭部县	58	76.93	77.59	71.09	74.49	77.74	70.25	76.26	90.00	78.07
通渭县	59	76.92	80.12	69.12	76.79	76.11	75.57	90.00	65.83	69.84
舟曲县	60	76.85	76.70	70.04	74.94	78.40	76.02	72.49	83.61	79.24
和政县	61	76.75	78.26	76.15	73.73	79.54	69.89	75.68	86.91	72.75
广河县	62	75.92	79.83	73.32	73.43	82.02	70.33	68.31	79.22	71.29
漳县	63	75.88	78.03	72.57	74.59	79.19	73.04	73.55	72.50	77.17
东乡族自治县	64	73.92	81.28	76.75	75.16	75.13	65.00	70.32	74.53	67.50
积石山保安族东乡族撒拉族自治县	65	73.39	76.89	76.15	73.42	77.55	65.68	66.29	79.19	72.82
夏河县	66	68.70	75.37	65.12	65.00	71.25	70.64	73.49	87.52	73.47
玛曲县	67	65.00	65.00	68.03	73.77	65.00	66.97	65.00	65.00	74.39
均值		79.48	80.83	73.74	77.59	78.88	76.53	76.26	76.94	81.44
极差		19.98	23.47	19.49	18.82	21.34	20.05	25.00	25.00	22.50
方差		11.03	12.91	12.93	9.21	9.53	18.68	24.69	26.29	23.66
标准差		3.32	3.59	3.60	3.03	3.09	4.32	4.97	5.13	4.86

资料来源：根据《甘肃发展年鉴（2023）》、《甘肃统计提要（2024）》、甘肃省统计局和甘肃省财政厅提供的数据计算所得。

根据 2023 年甘肃省 67 个县（市）县域综合竞争力得分，67 个县（市）中没有处于绝对优势的县（市），同 2022 年。处于一般优势的县（市）有玉门市、永登县、敦煌市等 30 个。处于中势的县（市）有甘谷县、合水县、泾川县等 33 个。处于一般劣势有东乡族自治县和积石山保安族东乡族撒拉族自治县 2 个。处于绝对劣势的有夏河县和玛曲县 2 个（见表 2）。

表 2   2023 年甘肃省 67 个县（市）县域竞争力水平归类分布一览

评价标准	县域名称	个数
绝对优势	—	0
一般优势	玉门市、永登县、敦煌市、华亭市、高台县、崇信县、瓜州县、临泽县、山丹县、榆中县、成县、静宁县、临洮县、景泰县、金塔县、庄浪县、皋兰县、陇西县、古浪县、永昌县、民乐县、靖远县、肃南裕固族自治县、徽县、天祝藏族自治县、民勤县、肃北蒙古族自治县、永靖县、阿克塞哈萨克族自治县、宁县	30
中势	甘谷县、合水县、泾川县、临夏县、灵台县、岷县、文县、镇原县、渭源县、秦安县、正宁县、武山县、华池县、庆城县、礼县、宕昌县、清水县、西和县、环县、会宁县、康县、张家川回族自治县、康乐县、临潭县、碌曲县、两当县、卓尼县、迭部县、通渭县、舟曲县、和政县、广河县、漳县	33
一般劣势	东乡族自治县、积石山保安族东乡族撒拉族自治县	2
绝对劣势	夏河县、玛曲县	2

2. 结果分析

从 2023 年甘肃省 67 个县（市）县域综合竞争力得分较 2022 年变化来看，得分均值为 79.48，较 2022 年上升 2.77，县域综合竞争力整体处于中势；极差为 19.98，较 2022 年略有上升，在最大赋值范围内偏离 79.91%，反映了县域综合竞争力得分最高者与得分最低者存在较大差异，发展不均衡；方差为 11.03，标准差为 3.32，方差和标准差较 2022 年均略有上升，反映了甘肃省 67 个县（市）综合竞争力差异略有扩大。结合均值、极差、方差及标准差，2023 年甘肃省 67 个县（市）综合竞争力的不均衡性呈增强态势。

从 2023 年甘肃省 67 个县（市）县域竞争力水平归类分布较 2022 年变化来看，没有处于绝对优势的县（市），同 2022 年。处于一般优势的县（市）有 30 个，较 2022 年新增 22 个县，分别是高台县、瓜州县、临泽县、崇信县、临洮县、金塔县、景泰县、陇西县、天祝藏族自治县、徽县、民乐县、古浪县、庄浪县、肃南裕固族自治县、靖远县、民勤县、皋兰县、永昌县、肃北蒙古族自治县、永靖县、阿克塞哈萨克族自治县、宁县。处于中势的县（市）有 33 个，较 2022 年新增的 14 个县分别是临夏县、宕昌县、清水县、张家川回族自治县、临潭县、碌曲县、卓尼县、舟曲县、通渭县、迭部县、康乐县、两当县、漳县、广河县；减少的 22 个县均上升为一般优势，分别是高台县、瓜州县、临泽县、崇信县、临洮县、金塔县、景泰县、陇西县、天祝藏族自治县、徽县、民乐县、古浪县、庄浪县、肃南裕固族自治县、靖远县、民勤县、皋兰县、永昌县、肃北蒙古族自治县、永靖县、阿克塞哈萨克族自治县、宁县。处于一般劣势的县（市）有 2 个，较 2022 年减少 15 个，其中 14 个均上升为中势，分别是临夏县、宕昌县、清水县、张家川回族自治县、临潭县、碌曲县、卓尼县、舟曲县、通渭县、迭部县、康乐县、两当县、漳县、广河县，1 个（夏河县）下降为绝对劣势。处于绝对劣势的较 2022 年新增 1 个夏河县。

一级指标分析。从 2023 年甘肃县域竞争力一级指标得分均值来看，产业发展竞争力和社会保障竞争力得分均值分别为 80.83 和 81.44，较 2022 年分别提高了 1.34 和 2.22，均由 2022 年的中势上升到一般优势，产业发展竞争力得分方差和标准差分别下降 3.21 和 0.42，社会保障竞争力得分方差和标准差分别上升 0.87 和 0.09。宏观经济竞争力得分均值为 77.59，较 2022 年上升 5.64，由一般劣势上升为中势，极差上升 5.07，方差和标准差分别下降 3.54 和 0.54；基础设施竞争力得分均值为 78.88，较 2022 年上升 2.01，处于中势，极差上升 2.26，方差和标准差分别下降 7.70 和 1.06；公共服务竞争力、人居环境竞争力和科学教育竞争力得分均值分别为 76.53、76.94 和 76.26，较 2022 年分别下降 1.18、1.75 和

2.16，处于中势，公共服务竞争力极差、方差和标准差分别下降 1.44、7.87 和 0.83，人居环境竞争力极差、方差和标准差分别上升 2.54、13.00 和 1.48；科学教育竞争力方差和标准差分别上升 7.72 和 0.85；城乡融合竞争力得分均值为 73.74，较 2022 年（社会结构竞争力）下降 0.04，处于一般劣势，极差、方差和标准差分别上升 4.21、3.95 和 0.60。从极差、方差和标准差来看，甘肃县域竞争力的宏观经济竞争力、产业发展竞争力、基础设施竞争力和公共服务竞争力 4 个一级指标的差异较 2022 年呈缩小态势，人居环境竞争力、科学教育竞争力和城乡融合竞争力（社会结构竞争力）3 个较 2022 年呈扩大态势，社会保障竞争力与 2022 年相当（略有扩大）。

从甘肃省 67 个县（市）县域综合竞争力排序较 2022 年变化来看，排序未变的有西和县、临潭县、迭部县、玛曲县 4 个县，排序上升的有阿克塞哈萨克族自治县、临夏县、高台县等 29 个县（市），排序下降的有永昌县、泾川县、和政县等 34 个县（市）。

（二）甘肃19个市辖区竞争力综合评价结果

1. 评价结果

2023 年甘肃省 19 个市辖区县域竞争力评价情况如表 3 所示。根据 2023 年甘肃省 19 个市辖区县域综合竞争力得分，19 个市辖区中处于绝对优势的有兰州市城关区、酒泉市肃州区、张掖市甘州区等 6 个。处于一般优势的有兰州市西固区、金昌市金川区等 12 个。处于中势的只有合作市，没有处于一般劣势和绝对劣势的市辖区（见表 4）。

2. 结果分析

从 2023 年甘肃省 19 个市辖区县域综合竞争力得分较 2022 年变化来看，得分均值为 83.73，较 2022 年上升 1.39，处于一般优势；极差、方差和标准差分别为 12.87、10.04 和 3.17，较 2022 年分别下降 3.55、5.62 和 0.79，反映了甘肃省 19 个市辖区县域竞争力差异在缩小。

表3　2023年甘肃省19个市辖区县域竞争力评价情况

市辖区	综合竞争力		一级指标得分							
	排序	得分	产业发展竞争力	城乡融合竞争力	宏观经济竞争力	基础设施竞争力	公共服务竞争力	科学教育竞争力	人居环境竞争力	社会保障竞争力
兰州市城关区	1	90.00	81.96	90.00	90.00	88.74	90.00	72.41	78.08	70.81
酒泉市肃州区	2	87.70	89.45	80.32	84.54	83.98	83.95	70.69	76.33	88.25
张掖市甘州区	3	87.49	88.95	80.02	83.52	82.66	86.97	76.04	80.83	82.11
兰州市七里河区	4	87.38	83.38	79.65	85.51	85.87	84.45	73.73	84.10	77.90
武威市凉州区	5	87.00	90.00	84.23	83.96	79.81	84.82	80.64	75.79	81.00
庆阳市西峰区	6	85.12	84.87	78.56	82.81	83.79	85.40	74.10	77.85	75.75
兰州市西固区	7	84.55	81.55	80.63	85.22	85.28	78.01	69.99	78.61	73.70
金昌市金川区	8	84.31	88.55	80.82	84.69	82.75	80.85	68.56	73.84	66.70
平凉市崆峒区	9	83.59	83.14	82.64	81.34	79.78	86.41	74.50	78.74	78.22
临夏市	10	83.36	82.58	83.43	80.12	90.00	73.45	67.82	83.77	68.72
白银市白银区	11	83.03	84.43	81.10	84.06	80.14	82.87	74.93	74.09	65.00
天水市麦积区	12	82.97	85.08	77.48	80.90	81.48	77.32	71.48	79.32	81.99
兰州市红古区	13	82.00	80.89	81.06	81.94	80.56	78.64	73.41	75.91	77.30
兰州市安宁区	14	81.65	77.57	80.11	84.41	84.92	73.17	66.91	77.07	69.99
白银市平川区	15	81.47	79.72	75.64	80.40	80.81	79.72	81.95	73.43	76.99
天水市秦州区	16	81.09	83.06	80.72	82.10	79.78	67.46	73.26	79.04	75.73
陇南市武都区	17	80.59	83.93	81.00	80.61	76.63	71.85	74.04	76.04	81.93
定西市安定区	18	80.48	83.20	73.64	80.47	75.70	79.92	82.05	70.41	78.21
合作市	19	77.13	77.27	66.92	78.80	79.43	74.81	68.31	80.08	71.26
均值		83.73	83.66	79.89	82.92	82.22	80.00	73.41	77.54	75.87
极差		12.87	12.73	23.08	11.20	14.30	22.54	15.14	13.69	23.25
方差		10.04	13.35	21.14	6.87	13.77	35.54	19.90	11.69	36.14
标准差		3.17	3.65	4.60	2.62	3.71	5.96	4.46	3.42	6.01

资料来源：根据《甘肃发展年鉴（2023）》《甘肃统计提要（2024）》、甘肃省统计局和甘肃省财政厅提供的数据计算所得。

表4　2023年甘肃省19个市辖区县域竞争力水平归类分布一览

评价标准	县域名称	个数
绝对优势	兰州市城关区、酒泉市肃州区、张掖市甘州区、兰州市七里河区、武威市凉州区、庆阳市西峰区	6

续表

评价标准	县域名称	个数
一般优势	兰州市西固区、金昌市金川区、平凉市崆峒区、临夏市、白银市白银区、天水市麦积区、兰州市红古区、兰州市安宁区、白银市平川区、天水市秦州区、陇南市武都区、定西市安定区	12
中势	合作市	1
一般劣势	—	0
绝对劣势	—	0

从 2023 年甘肃省 19 个市辖区县域综合竞争力水平归类分布较 2022 年变化来看，处于绝对优势的较 2022 年新增 1 个——张掖市甘州区。处于一般优势的较 2022 年减少 1 个——张掖市甘州区，上升为绝对优势，新增 5 个——天水市麦积区、兰州市红古区、白银市平川区、陇南市武都区、定西市安定区。处于中势的较 2022 年新增 1 个，减少的 5 个均上升为一般优势，分别是天水市麦积区、兰州市红古区、白银市平川区、陇南市武都区、定西市安定区；处于一般劣势的较 2022 年减少 1 个（合作市）——上升为中势；没有处于绝对劣势的。

一级指标分析。从 2023 年甘肃省 19 个市辖区县域竞争力一级指标得分来看，宏观经济竞争力得分均值为 82.92，较 2022 年上升 3.07，由 2022 年的中势上升为一般优势，极差、方差和标准差分别下降 5.19、6.62 和 1.05；产业发展竞争力得分均值为 83.66，较 2022 年下降 1.16，处于一般优势，极差、方差和标准差分别上升 1.29、4.43 和 0.67；基础设施竞争力得分均值为 82.22，较 2022 年上升 1.72，处于一般优势，极差、方差和标准差分别下降 3.78、6.83 和 0.83；公共服务竞争力得分均值为 80.00，较 2022 年下降 1.40，处于一般优势，极差上升 2.89，方差和标准差分别下降 0.96 和 0.08；社会保障竞争力和人居环境竞争力得分均值分别为 75.87 和 77.54，较 2022 年分别下降 3.35 和 0.34，均处于中势，社会保障竞争力极差、方差和标准差分别上升 10.49、19.46 和 1.93，人居环境竞争力极差、方差和标准差分别下降 5.52、8.16 和 1.04；城乡融合竞争力得分均值为

79.89，较 2022 年上升 0.35，处于中势，极差上升 1.42，方差和标准差分别下降 0.86 和 0.09；科学教育竞争力得分均值为 73.41，由 2022 年的中势下降为一般劣势，得分均值下降 2.14，极差下降 1.31，方差和标准差分别上升 0.35 和 0.04。从极差、方差和标准差来看，甘肃省 19 个市辖区宏观经济竞争力、基础设施竞争力、人居环境竞争力 3 个一级指标的差异较 2022 年呈明显缩小态势，公共服务竞争力和城乡融合竞争力（社会结构竞争力）较 2022 年略有缩小，科学教育竞争力与 2022 年相当（略有扩大），产业发展竞争力、社会保障竞争力 2 个较 2022 年呈扩大态势。

从甘肃省 19 个市辖区县域综合竞争力排序较 2022 年变化来看，排序上升的有天水市麦积区、张掖市甘州区、白银市平川区等 9 个；排序下降的有天水市秦州区、临夏市、定西市安定区等 7 个；排序未变的有兰州市城关区、白银市白银区、合作市 3 个。

（三）甘肃省各市（州）县域竞争力综合评价结果

1. 评价结果

2023 年甘肃省 14 个市（州）县域竞争力评价情况如表 5 所示。

表5　2023 年甘肃省 14 个市（州）县域竞争力评价情况

市（州）	综合竞争力		一级指标得分							
	排序	得分	产业发展竞争力	城乡融合竞争力	宏观经济竞争力	基础设施竞争力	公共服务竞争力	科学教育竞争力	人居环境竞争力	社会保障竞争力
兰州市	1	90.00	82.11	90.00	90.00	86.67	90.00	76.17	78.50	70.62
酒泉市	2	84.88	90.00	76.71	83.99	74.38	87.33	76.57	77.48	76.48
张掖市	3	83.02	81.90	77.01	77.62	78.41	89.31	80.35	88.62	72.51
平凉市	4	80.95	79.60	79.51	75.67	76.12	85.69	85.84	77.89	74.26
嘉峪关市	5	80.75	73.56	79.80	69.02	90.00	78.80	67.15	90.00	90.00
武威市	6	79.10	83.64	77.85	74.22	73.12	83.22	84.72	78.82	69.77

市（州）	综合竞争力		一级指标得分							
	排序	得分	产业发展竞争力	城乡融合竞争力	宏观经济竞争力	基础设施竞争力	公共服务竞争力	科学教育竞争力	人居环境竞争力	社会保障竞争力
天水市	7	77.60	76.62	78.81	76.62	74.98	72.02	80.09	81.94	74.10
庆阳市	8	77.41	79.76	75.87	78.78	66.09	77.82	83.30	80.48	74.19
陇南市	9	77.15	77.32	78.70	74.23	73.42	73.47	81.24	82.80	75.94
白银市	10	76.18	79.02	73.81	74.45	73.06	76.26	87.90	73.28	67.37
定西市	11	74.92	75.36	70.48	73.28	71.95	79.02	90.00	65.00	72.74
临夏回族自治州	12	72.98	74.36	81.91	69.69	78.28	65.00	76.21	85.89	65.00
金昌市	13	72.59	80.46	80.48	68.98	74.05	78.88	65.00	82.22	65.44
甘南藏族自治州	14	65.00	65.00	65.00	65.00	65.00	70.06	82.61	85.92	67.15
均值		78.04	78.48	77.57	75.11	75.39	79.06	79.80	80.63	72.54
极差		25.00	25.00	25.00	25.00	25.00	25.00	25.00	25.00	25.00
方差		36.26	32.99	32.29	41.13	44.80	55.64	51.42	41.53	39.58
标准差		6.02	5.74	5.68	6.41	6.69	7.46	7.17	6.44	6.29

资料来源：根据《甘肃发展年鉴（2023）》、《甘肃统计提要（2024）》、甘肃省统计局和甘肃省财政厅提供的数据计算所得。

2023年甘肃省14个市（州）县域竞争力评价情况如下：兰州市90.00，处于绝对优势；酒泉市84.88、张掖市83.02、平凉市80.95、嘉峪关市80.75，均处于一般优势；武威市79.10、天水市77.60、庆阳市77.41、陇南市77.15、白银市76.18，均处于中势；定西市74.92、临夏回族自治州72.98、金昌市72.59，均处于一般劣势；甘南藏族自治州65.00，处于绝对劣势（见表6）。

2.结果分析

各市（州）县域综合竞争力分析。14个市（州）县域综合竞争力得分均值为78.04，较2022年上升0.18，处于中势，较86个县（市、区）综合竞争力均值低2.50，低于86个县（市、区）平均水平一个等级；方差和标准差明显增大，说明14个市（州）综合竞争力差异呈扩大态势。

表6 2023年甘肃省14个市（州）县域竞争力水平归类分布一览

评价标准	市（州）名称	个数
绝对优势	兰州市	1
一般优势	酒泉市、张掖市、平凉市、嘉峪关市	4
中势	武威市、天水市、庆阳市、陇南市、白银市	5
一般劣势	定西市、临夏回族自治州、金昌市	3
绝对劣势	甘南藏族自治州	1

各市（州）竞争力一级指标分析。14个市（州）8个一级指标中，人居环境竞争力得分均值为80.63，较2022年上升1.10，由中势上升为一般优势，方差和标准差分别下降5.34和0.40；宏观经济竞争力得分均值为75.11，较2022年上升1.01，处于中势，方差和标准差分别上升2.93和0.23；产业发展竞争力、公共服务竞争力和科学教育竞争力得分均值分别为78.48、79.06和79.80，较2022年分别上升0.08、0.48和1.26，均处于中势，方差分别下降19.07、8.57和0.14，标准差分别下降1.47、0.55和0.01；基础设施竞争力得分均值为75.39，较2022年下降1.82，处于中势，方差和标准差分别下降6.74和0.49；城乡融合竞争力（社会结构竞争力）得分均值为77.57，较2022年下降1.42，处于中势，方差和标准差分别上升1.09和0.10；社会保障竞争力得分均值为72.54，较2022年下降2.77，处于一般劣势，方差和标准差分别上升1.10和0.09。宏观经济竞争力、产业发展竞争力、基础设施竞争力和社会保障竞争力得分均值分别比86个县（市、区）平均水平低3.66、2.97、4.26和7.67，公共服务竞争力、人居环境竞争力、城乡融合竞争力和科学教育竞争力得分均值分别较86个县（市、区）平均水平高1.77、3.55、2.47和4.17；8个一级指标的方差和标准差较86个县（市、区）平均水平明显偏大；结合86个县（市、区）评价结果（见表7），也说明各市（州）所辖县域之间存在较大差异。

表7　2023年甘肃省86个县（市、区）县域竞争力评价情况

综合竞争力		一级指标							
		宏观经济竞争力	产业发展竞争力	基础设施竞争力	社会保障竞争力	公共服务竞争力	人居环境竞争力	城乡融合竞争力	科学教育竞争力
均值	80.44	78.77	81.45	79.66	80.21	77.29	77.08	75.10	75.63
极差	25.00	25.00	25.00	25.00	25.00	25.00	25.00	25.00	25.00
方差	13.84	13.54	14.25	12.24	31.44	24.14	22.96	21.12	24.80
标准差	3.72	3.68	3.78	3.50	5.61	4.91	4.79	4.60	4.98

从甘肃省14个市（州）县域综合竞争力排序较2022年变化来看，排序未变的有兰州市、定西市、甘南藏族自治州3个市（州），排序下降的有金昌市、白银市、平凉市等5个市（州），排序上升的有嘉峪关市、天水市、陇南市等6个市（州）。

二　甘肃县域竞争力子系统评价分析

（一）甘肃县域产业发展竞争力子系统评价分析

1.甘肃省67个县（市）产业发展竞争力子系统评价分析

（1）评价结果

通过对2023年甘肃省67个县（市）产业发展竞争力4个二级指标产业总量竞争力、产业结构竞争力、产业效率竞争力、农业产业化竞争力进行计算和分析，得出67个县（市）产业发展竞争力评价情况，如表8所示。

根据2023年甘肃省67个县（市）产业发展竞争力得分，67个县（市）中处于绝对优势的有永登县、瓜州县、玉门市等8个。处于一般优势的有靖远县、临泽县、景泰县等33个。处于中势的有灵台县、西和县、广河县等24个。处于一般劣势的有两当县1个。处于绝对劣势的有玛曲县1个（见表9）。

表8 2023年甘肃省67个县（市）产业发展竞争力评价情况

县（市）	产业发展竞争力		二级指标得分			
	排序	得分	产业总量竞争力	产业结构竞争力	产业效率竞争力	农业产业化竞争力
永登县	1	88.47	83.23	79.16	90.00	85.65
瓜州县	2	88.34	84.45	72.32	78.89	89.71
玉门市	3	86.65	85.16	69.34	80.95	85.58
金塔县	4	85.77	80.16	66.61	80.46	87.73
古浪县	5	85.63	79.32	66.69	81.13	87.76
高台县	6	85.56	77.80	70.42	77.96	89.81
敦煌市	7	85.13	79.75	81.48	83.40	84.86
民勤县	8	85.10	81.54	65.00	76.13	87.57
靖远县	9	84.45	81.69	66.31	77.24	85.80
临泽县	10	84.31	78.24	71.68	79.70	86.54
景泰县	11	84.27	79.02	71.00	76.12	87.50
山丹县	12	84.10	79.88	72.33	76.06	86.59
临洮县	13	83.50	80.58	78.54	76.12	84.71
徽县	14	83.46	78.84	74.47	78.31	85.09
甘谷县	15	83.24	80.21	73.80	75.47	85.04
正宁县	16	83.15	76.54	73.63	88.90	81.64
静宁县	17	83.06	80.22	68.98	77.31	84.19
成县	18	82.91	79.82	74.72	76.96	84.05
环县	19	82.88	82.60	71.93	74.16	83.47
永昌县	20	82.58	75.97	74.45	76.18	86.39
庆城县	21	82.14	80.29	70.69	79.91	81.35
庄浪县	22	82.10	78.89	71.24	76.20	83.76
天祝藏族自治县	23	81.90	78.80	73.93	78.83	82.21
华亭市	24	81.83	81.38	72.35	72.25	83.25
崇信县	25	81.83	77.42	69.97	78.72	83.28
秦安县	26	81.82	79.83	75.47	76.46	82.31
陇西县	27	81.79	80.18	78.48	73.67	83.06
临夏县	28	81.58	76.61	77.11	77.99	83.31

县(市)	产业发展竞争力		二级指标得分			
	排序	得分	产业总量竞争力	产业结构竞争力	产业效率竞争力	农业产业化竞争力
永靖县	29	81.35	79.33	69.76	74.84	82.83
宁县	30	81.29	79.20	72.80	75.82	82.23
东乡族自治县	31	81.28	74.92	77.27	78.73	83.59
泾川县	32	81.24	75.85	74.58	74.60	84.81
礼县	33	80.94	77.42	76.09	77.36	81.98
会宁县	34	80.93	78.38	68.02	72.27	83.91
文县	35	80.92	77.76	72.75	75.37	82.75
合水县	36	80.87	77.77	70.12	77.27	81.99
镇原县	37	80.57	78.94	68.91	74.64	81.86
民乐县	38	80.51	78.42	71.10	67.92	84.84
岷县	39	80.43	77.25	79.57	77.37	81.02
通渭县	40	80.12	77.61	80.09	73.85	81.70
渭源县	41	80.09	75.82	73.01	77.69	81.59
灵台县	42	79.90	75.32	72.08	73.37	83.48
西和县	43	79.83	75.55	77.05	77.25	81.29
广河县	44	79.83	70.91	76.84	81.36	82.65
皋兰县	45	79.78	77.03	76.49	72.08	82.45
康乐县	46	79.77	72.50	71.84	80.72	82.02
武山县	47	79.70	78.36	71.12	71.51	81.94
华池县	48	79.49	78.38	69.59	73.96	80.61
张家川回族自治县	49	79.06	73.21	74.09	76.68	81.92
清水县	50	78.93	73.75	73.10	76.75	81.36
肃南裕固族自治县	51	78.86	74.44	71.54	77.44	80.56
卓尼县	52	78.86	72.69	80.14	76.58	81.63
榆中县	53	78.85	72.13	76.79	73.26	83.58
宕昌县	54	78.57	71.90	79.81	78.64	80.80
和政县	55	78.26	73.67	78.00	77.78	79.54
漳县	56	78.03	73.62	75.31	74.17	80.85
康县	57	77.72	72.11	79.91	75.69	80.43
迭部县	58	77.59	70.08	78.96	75.43	81.73
阿克塞哈萨克族自治县	59	77.53	66.15	80.60	79.16	82.57

续表

| 县（市） | 产业发展竞争力 | | 二级指标得分 | | | |
	排序	得分	产业总量竞争力	产业结构竞争力	产业效率竞争力	农业产业化竞争力
积石山保安族东乡族撒拉族自治县	60	76.89	72.17	81.31	73.90	79.64
舟曲县	61	76.70	71.92	82.88	67.83	81.98
临潭县	62	76.32	70.55	83.55	70.77	80.94
碌曲县	63	75.94	67.71	77.97	79.37	78.82
肃北蒙古族自治县	64	75.63	70.47	76.95	71.14	79.98
夏河县	65	75.37	70.79	74.88	77.25	76.84
两当县	66	74.93	65.00	76.11	74.77	80.93
玛曲县	67	65.00	69.18	76.24	65.00	65.00
均值	80.83		76.52	74.32	76.49	82.85
极差	23.47		20.16	18.55	25.00	24.81
方差	12.91		18.58	18.41	16.08	11.22
标准差	3.59		4.31	4.29	4.01	3.35

资料来源：根据《甘肃发展年鉴（2023）》、《甘肃统计提要（2024）》、甘肃省统计局和甘肃省财政厅提供的数据计算所得。

表9 2023年甘肃省67个县（市）产业发展竞争力水平归类分布一览

评价标准	县域名称	个数
绝对优势	永登县、瓜州县、玉门市、金塔县、古浪县、高台县、敦煌市、民勤县	8
一般优势	靖远县、临泽县、景泰县、山丹县、临洮县、徽县、甘谷县、正宁县、静宁县、成县、环县、永昌县、庆城县、庄浪县、天祝藏族自治县、华亭市、崇信县、秦安县、陇西县、临夏县、永靖县、宁县、东乡族自治县、泾川县、礼县、会宁县、文县、合水县、镇原县、民乐县、岷县、通渭县、渭源县	33
中势	灵台县、西和县、广河县、皋兰县、康乐县、武山县、华池县、张家川回族自治县、清水县、肃南裕固族自治县、卓尼县、榆中县、宕昌县、和政县、漳县、康县、迭部县、阿克塞哈萨克族自治县、积石山保安族东乡族撒拉族自治县、舟曲县、临潭县、碌曲县、肃北蒙古族自治县、夏河县	24
一般劣势	两当县	1
绝对劣势	玛曲县	1

（2）结果分析

2023 年甘肃省 67 个县（市）产业发展竞争力得分均值为 80.83，较 2022 年上升 1.34，由中势上升为一般优势，其方差和标准差均有所下降，极差略有上升。从产业发展竞争力二级指标看，农业产业化竞争力得分均值为 82.85，较 2022 年上升 2.39，处于一般优势；产业效率竞争力得分均值为 76.49，较 2022 年上升 2.00，由一般劣势上升中势；产业总量竞争力得分均值为 76.52，较 2022 年下降 0.20，处于中势；以上 3 个二级指标的极差、方差和标准差均呈扩大态势；产业结构竞争力得分均值为 74.32，较 2022 年下降 1.47，由中势下降到一般劣势，其极差略有扩大，方差和标准差呈缩小态势。

从 2023 年甘肃省 67 个县（市）产业发展竞争力水平归类分布较 2022 年变化来看，处于绝对优势的较 2022 年减少 3 个县——永昌县、泾川县、文县，下降为一般优势；新增 6 个县，分别是永登县、金塔县、古浪县、高台县、敦煌市、民勤县。处于一般优势的较 2022 年减少 10 个，其中，6 个上升为绝对优势，分别是永登县、金塔县、古浪县、高台县、敦煌市、民勤县，4 个下降为中势，分别是皋兰县、榆中县、和政县、肃北蒙古族自治县；新增 11 个——永昌县、秦安县、临夏县、宁县、东乡族自治县、泾川县、会宁县、文县、岷县、通渭县、渭源县。处于中势的较 2022 年减少 7 个县（市），上升为一般优势，分别为秦安县、临夏县、宁县、东乡族自治县、会宁县、岷县、渭源县；新增 9 个县——广河县、皋兰县、清水县、榆中县、宕昌县、和政县、碌曲县、肃北蒙古族自治县、夏河县。处于一般劣势的只有 1 个两当县，较 2022 年减少 6 个县，其中，通渭县上升为一般优势，广河县、清水县、宕昌县、碌曲县、夏河县 5 个县上升为中势；新增 1 个两当县。处于绝对劣势的只有 1 个玛曲县，较 2022 年减少 1 个县（两当县），上升为一般劣势。

从甘肃省 67 个县（市）产业发展竞争力排序较 2022 年变化来看，排序未变的有瓜州县、民勤县、镇原县、卓尼县、迭部县、两当县、玛曲县 7 个县（市）；排序上升的有古浪县、高台县、通渭县等 31 个县（市）；排序下降的有榆中县、肃北蒙古族自治县、文县等 29 个县（市）。

2. 甘肃省19个市辖区产业发展竞争力子系统评价分析

（1）评价结果

通过对 2023 年甘肃省 19 个市辖区产业发展竞争力 4 个二级指标产业总量竞争力、产业结构竞争力、产业效率竞争力、农业产业化竞争力进行计算和分析，得出 19 个市辖区产业发展竞争力评价情况，如表 10 所示。

表 10　2023 年甘肃省 19 个市辖区产业发展竞争力评价情况

市辖区	产业发展竞争力		二级指标得分			
	排序	得分	产业总量竞争力	产业结构竞争力	产业效率竞争力	农业产业化竞争力
武威市凉州区	1	90.00	89.88	75.52	76.55	89.79
酒泉市肃州区	2	89.45	86.66	77.91	79.98	89.38
张掖市甘州区	3	88.95	86.91	76.93	76.25	90.00
金昌市金川区	4	88.55	89.92	71.61	81.21	85.45
天水市麦积区	5	85.08	85.22	77.65	75.86	84.52
庆阳市西峰区	6	84.87	86.35	79.92	76.76	82.89
白银市白银区	7	84.43	85.16	79.42	74.42	83.95
陇南市武都区	8	83.93	83.29	80.61	77.64	82.89
兰州市七里河区	9	83.38	90.00	83.51	75.28	78.30
定西市安定区	10	83.20	82.91	80.47	73.95	83.46
平凉市崆峒区	11	83.14	83.12	80.03	72.18	83.98
天水市秦州区	12	83.06	86.50	80.96	70.03	82.45
临夏市	13	82.58	77.26	87.49	75.92	84.94
兰州市城关区	14	81.96	88.32	90.00	71.91	78.04
兰州市西固区	15	81.55	84.61	79.71	71.06	80.72
兰州市红古区	16	80.89	82.02	76.17	69.29	82.24
白银市平川区	17	79.72	79.82	75.13	72.37	80.42
兰州市安宁区	18	77.57	82.51	86.05	67.72	76.28
合作市	19	77.27	76.16	87.14	74.01	77.26
均值		83.66	84.56	80.33	74.34	83.00

市辖区	产业发展竞争力		二级指标得分			
	排序	得分	产业总量竞争力	产业结构竞争力	产业效率竞争力	农业产业化竞争力
极差		12.73	13.84	18.39	13.49	13.72
方差		13.35	15.65	22.45	12.41	15.97
标准差		3.65	3.96	4.74	3.52	4.00

资料来源：根据《甘肃发展年鉴（2023）》、《甘肃统计提要（2024）》、甘肃省统计局和甘肃省财政厅提供的数据计算所得。

　　根据2023年甘肃省19个市辖区产业发展竞争力得分，19个市辖区中处于绝对优势的有武威市凉州区、酒泉市肃州区、张掖市甘州区等5个。处于一般优势的有庆阳市西峰区、白银市白银区、陇南市武都区等11个。处于中势的有白银市平川区、兰州市安宁区、合作市3个；没有处于一般劣势和绝对劣势的（见表11）。

表11　2023年甘肃省19个市辖区产业发展竞争力水平归类分布一览

评价标准	县域名称	个数
绝对优势	武威市凉州区、酒泉市肃州区、张掖市甘州区、金昌市金川区、天水市麦积区	5
一般优势	庆阳市西峰区、白银市白银区、陇南市武都区、兰州市七里河区、定西市安定区、平凉市崆峒区、天水市秦州区、临夏市、兰州市城关区、兰州市西固区、兰州市红古区	11
中势	白银市平川区、兰州市安宁区、合作市	3
一般劣势	—	0
绝对劣势	—	0

（2）结果分析

　　2023年甘肃省19个市辖区产业发展竞争力得分均值为83.66，较2022年下降1.16，处于一般优势，其极差、方差和标准差均较2022年略有上升；从产业发展竞争力二级指标看，产业总量竞争力得分均值为84.56，上升1.20，产业结构竞争力得分均值为80.33，下降2.90，两者均处于一般优势，产业效率竞争力得分均值为74.34，上升1.00，处于一般劣势；以上3个二级指标的极差、方差和标准差较2022年均呈增长态势；农业产业化竞争力得分均值为83.00，较2022年上升1.37，处于一般优势，其极差、方差和标准差均呈下降态势。

从2023年甘肃省19个市辖区产业发展竞争力水平归类分布较2022年变化来看，处于绝对优势的较2022年减少5个，下降为一般优势，分别是庆阳市西峰区、白银市白银区、兰州市七里河区、临夏市、兰州市红古区；新增1个天水市麦积区。处于一般优势的较2022年减少2个——天水市麦积区（上升为绝对优势）和白银市平川区（下降为中势）；新增5个——庆阳市西峰区、白银市白银区、兰州市七里河区、临夏市、兰州市红古区。处于中势的较2022年新增1个白银市平川区。与2022年相同，没有处于一般劣势和绝对劣势的。

从2023年甘肃省19个市辖区产业发展竞争力排序较2022年变化来看，排序未变的有天水市秦州区、兰州市城关区2个，排序下降的有临夏市、兰州市红古区、兰州市西固区等7个，排序上升有天水市麦积区、陇南市武都区、武威市凉州区等10个。

3. 甘肃省各市（州）产业发展竞争力子系统评价分析

（1）评价结果

2023年甘肃省14个市（州）产业发展竞争力评价情况如表12所示。

2023年甘肃省14个市（州）产业发展竞争力得分：酒泉市90.00，处于绝对优势；武威市83.64、兰州市82.11、张掖市81.90、金昌市80.46，均处于一般优势；庆阳市79.76、平凉市79.60、白银市79.02、陇南市77.32、天水市76.62、定西市75.36，均处于中势；临夏回族自治州74.36、嘉峪关市73.56，均处于一般劣势；甘南藏族自治州65.00，处于绝对劣势（见表13）。

表12　2023年甘肃省14个市（州）产业发展竞争力评价情况

市（州）	产业发展竞争力		二级指标得分			
	排序	得分	产业总量 竞争力	产业结构 竞争力	产业效率 竞争力	农业产业 化竞争力
酒泉市	1	90.00	82.17	73.52	90.00	89.70
武威市	2	83.64	75.97	79.04	77.98	89.35
兰州市	3	82.11	90.00	88.34	65.00	71.46
张掖市	4	81.90	74.68	79.97	72.38	90.00
金昌市	5	80.46	76.66	65.00	84.06	78.37
庆阳市	6	79.76	80.77	70.68	78.92	72.97
平凉市	7	79.60	78.78	77.78	67.90	81.04
白银市	8	79.02	77.29	75.21	72.93	79.20
陇南市	9	77.32	77.01	81.74	77.43	72.28
天水市	10	76.62	77.85	81.65	68.68	74.25
定西市	11	75.36	73.30	85.45	73.72	74.62
临夏回族自治州	12	74.36	70.18	84.49	76.69	75.15
嘉峪关市	13	73.56	68.42	70.39	85.50	72.08
甘南藏族自治州	14	65.00	65.00	90.00	66.22	65.00
均值		78.48	76.29	78.80	75.53	77.53
极差		25.00	25.00	25.00	25.00	25.00
方差		32.99	37.79	52.31	55.89	58.14
标准差		5.74	6.15	7.23	7.48	7.63

资料来源：根据《甘肃发展年鉴（2023）》、《甘肃统计提要（2024）》、甘肃省统计局和甘肃省财政厅提供的数据计算所得。

表13　2023年甘肃省14个市（州）产业发展竞争力水平归类分布一览

评价标准	市（州）名称	个数
绝对优势	酒泉市	1
一般优势	武威市、兰州市、张掖市、金昌市	4
中势	庆阳市、平凉市、白银市、陇南市、天水市、定西市	6
一般劣势	临夏回族自治州、嘉峪关市	2
绝对劣势	甘南藏族自治州	1

从甘肃省 14 个市（州）产业发展竞争力排序较 2022 年变化来看，排序未变的有嘉峪关市、甘南藏族自治州 2 个市（州），排序上升的有武威市、白银市、张掖市等 5 个，排序下降的有平凉市、兰州市、定西市等 7 个。

（2）结果分析

从产业发展竞争力总体看，14 个市（州）产业发展竞争力得分均值为 78.48，较 2022 年上升 0.08，处于中势，方差和标准差较 2022 年呈下降态势，与同期 86 个县（市、区）相比明显扩大。从产业发展竞争力二级指标看，14 个市（州）产业总量竞争力、产业结构竞争力、产业效率竞争力和农业产业化竞争力得分均值分别为 76.29、78.80、75.53 和 77.53，均处于中势。产业效率竞争力、产业总量竞争力和农业产业化竞争力得分均值较 2022 年分别上升 0.90、3.00 和 0.34，3 个二级指标的方差和标准差均呈增长态势，产业结构竞争力得分均值较 2022 年下降 1.01，方差和标准差均呈下降态势；4 个二级指标的方差和标准差与 86 个县（市、区）相比明显偏大（表 14）。

表 14　2023 年甘肃省 86 个县（市、区）产业发展竞争力分析

综合竞争力		二级指标			
		产业总量竞争力	产业结构竞争力	产业效率竞争力	农业产业化竞争力
均值	81.45	78.29	75.65	76.02	82.88
极差	25.00	25.00	25.00	25.00	25.00
方差	14.25	29.00	25.34	15.93	12.10
标准差	3.78	5.39	5.03	3.99	3.48

（二）甘肃县域城乡融合竞争力子系统评价分析

1.甘肃省 67 个县（市）城乡融合竞争力子系统评价结果

（1）评价结果

通过对 2023 年甘肃省 67 个县（市）城乡融合竞争力 2 个二级指标人口

结构竞争力和城乡融合竞争力进行计算和分析，得出 67 个县（市）城乡融合竞争力评价情况，如表 15 所示。

表 15　2023 年甘肃省 67 个县（市）城乡融合竞争力评价情况

县（市）	城乡融合竞争力		二级指标得分	
	排序	得分	人口结构竞争力	城乡融合竞争力
榆中县	1	84.49	71.89	89.43
永登县	2	82.43	69.17	90.00
华亭市	3	80.03	69.91	85.27
崇信县	4	79.68	66.30	89.72
皋兰县	5	79.38	68.46	86.27
临夏县	6	79.04	66.03	89.08
泾川县	7	78.67	67.42	86.60
庄浪县	8	78.52	67.16	86.74
敦煌市	9	77.61	71.10	79.89
永昌县	10	76.77	69.50	80.81
东乡族自治县	11	76.75	65.69	86.03
甘谷县	12	76.41	70.25	79.22
永靖县	13	76.31	68.55	81.41
礼县	14	76.24	68.64	81.18
和政县	15	76.15	65.72	85.06
积石山保安族东乡族撒拉族自治县	16	76.15	65.28	85.66
成县	17	75.98	69.27	79.91
两当县	18	75.55	66.36	83.26
宕昌县	19	75.13	66.25	82.76
秦安县	20	75.09	68.94	78.98
山丹县	21	75.08	68.78	79.20
临泽县	22	74.77	67.33	80.72
阿克塞哈萨克族自治县	23	74.59	72.08	73.89
高台县	24	74.48	68.00	79.35
武山县	25	74.44	68.66	78.38
陇西县	26	74.37	71.31	74.60
景泰县	27	73.93	69.35	76.63
静宁县	28	73.93	68.16	78.28

县（市）	城乡融合竞争力		二级指标得分	
	排序	得分	人口结构竞争力	城乡融合竞争力
玉门市	29	73.84	69.71	76.01
临洮县	30	73.81	70.40	75.00
会宁县	31	73.75	69.19	76.57
庆城县	32	73.69	67.78	78.42
民乐县	33	73.68	68.25	77.76
民勤县	34	73.61	67.17	79.15
广河县	35	73.32	67.37	78.42
文县	36	73.18	66.28	79.71
徽县	37	73.18	67.43	78.12
环县	38	73.16	68.05	77.24
康乐县	39	73.04	65.72	80.26
西和县	40	72.95	67.59	77.55
古浪县	41	72.95	66.80	78.64
靖远县	42	72.91	69.45	74.92
张家川回族自治县	43	72.63	66.41	78.68
漳县	44	72.57	66.10	79.02
合水县	45	72.49	66.60	78.20
岷县	46	72.32	68.66	75.10
镇原县	47	72.27	67.62	76.46
金塔县	48	72.22	67.68	76.31
灵台县	49	72.16	65.97	78.56
肃北蒙古族自治县	50	72.03	68.34	75.09
宁县	51	72.00	67.75	75.87
康县	52	71.93	65.61	78.71
天祝藏族自治县	53	71.82	67.66	75.71
瓜州县	54	71.43	66.93	76.12
迭部县	55	71.09	65.57	77.46
清水县	56	71.07	66.81	75.73
正宁县	57	70.92	67.21	74.94
肃南裕固族自治县	58	70.59	65.22	77.18
临潭县	59	70.15	66.14	75.23
舟曲县	60	70.04	65.28	76.24

续表

县（市）	城乡融合竞争力		二级指标得分	
	排序	得分	人口结构竞争力	城乡融合竞争力
华池县	61	69.83	66.71	73.94
通渭县	62	69.12	66.94	72.53
玛曲县	63	68.03	67.90	69.53
卓尼县	64	67.66	65.32	72.52
渭源县	65	66.82	66.70	69.32
夏河县	66	65.12	65.00	69.04
碌曲县	67	65.00	65.99	67.48
均值		73.74	67.65	78.67
极差		19.49	7.08	22.52
方差		12.93	2.88	24.16
标准差		3.60	1.70	4.91

资料来源：根据《甘肃发展年鉴（2023）》、《甘肃统计提要（2024）》、甘肃省统计局和甘肃省财政厅提供的数据计算所得。

根据 2023 年甘肃省 67 个县（市）城乡融合竞争力得分，67 个县（市）中没有处于绝对优势的（同 2022 年）。处于一般优势的有榆中县、永登县、华亭市 3 个。处于中势的有崇信县、皋兰县、临夏县等 18 个。处于一般劣势的有临泽县、阿克塞哈萨克族自治县、高台县等 39 个。处于绝对劣势的有华池县、通渭县、玛曲县等 7 个（见表 16）。

表16　2023 年甘肃省 67 个县（市）城乡融合竞争力水平归类分布一览

评价标准	县域名称	个数
绝对优势	—	0
一般优势	榆中县、永登县、华亭市	3
中势	崇信县、皋兰县、临夏县、泾川县、庄浪县、敦煌市、永昌县、东乡族自治县、甘谷县、永靖县、礼县、和政县、积石山保安族东乡族撒拉族自治县、成县、两当县、宕昌县、秦安县、山丹县	18

评价标准	县域名称	个数
一般劣势	临泽县、阿克塞哈萨克族自治县、高台县、武山县、陇西县、景泰县、静宁县、玉门市、临洮县、会宁县、庆城县、民乐县、民勤县、广河县、文县、徽县、环县、康乐县、西和县、古浪县、靖远县、张家川回族自治县、漳县、合水县、岷县、镇原县、金塔县、灵台县、肃北蒙古族自治县、宁县、康县、天祝藏族自治县、瓜州县、迭部县、清水县、正宁县、肃南裕固族自治县、临潭县、舟曲县	39
绝对劣势	华池县、通渭县、玛曲县、卓尼县、渭源县、夏河县、碌曲县	7

（2）结果分析

2023年甘肃省67个县（市）城乡融合竞争力得分均值为73.74，较2022年下降0.04，处于一般劣势，其极差、方差和标准差均呈上升态势。从城乡融合竞争力二级指标看，城乡融合竞争力得分均值为78.67，较2022年上升0.60，处于中势，其极差略有下降，方差和标准差均呈上升态势；人口结构竞争力得分均值为67.65，较2022年下降0.04，处于绝对劣势，其极差、方差和标准差均呈上升态势。

从2023年甘肃省67个县（市）城乡融合竞争力水平归类分布较2022年变化看，没有处于绝对优势的县（市），与2022年相同。处于一般优势的较2022年新增榆中县、永登县2个县。处于中势的较2022年减少11个县（市），其中2个（榆中县、永登县）上升为一般优势，9个下降为一般劣势，分别是临泽县、高台县、武山县、陇西县、徽县、环县、漳县、镇原县、舟曲县；新增8个——泾川县、东乡族自治县、永靖县、礼县、积石山保安族东乡族撒拉族自治县、两当县、宕昌县、秦安县。处于一般劣势的较2022年减少11个县（市），其中8个上升为中势，分别是泾川县、东乡族自治县、永靖县、礼县、积石山保安族东乡族撒拉族自治县、两当县、宕昌县、秦安县，3个（通渭县、卓尼县、渭源县）下降为绝对劣势；新增10个县：临泽县、高台县、武山县、陇西县、徽县、环县、漳县、镇原县、肃南裕固族自治县、舟曲县。处于绝对劣势的较2022年减少肃南裕固族自治县1个——上升为一般劣势；新增3个县（通渭县、卓尼县、渭源县）。

从甘肃省67个县（市）城乡融合竞争力排序较2022年变化来看，排序未变的只有岷县1个县，排序上升的有东乡族自治县、积石山保安族东乡族撒拉族自治县、阿克塞哈萨克族自治县等33个县（市），排序下降的有舟曲县、正宁县、徽县等33个县（市）。

2.甘肃省19个市辖区城乡融合竞争力子系统评价结果

（1）评价结果

通过对2023年甘肃省19个市辖区城乡融合竞争力2个二级指标人口结构竞争力和城乡融合竞争力进行计算和分析，得出19个市辖区城乡融合竞争力评价情况，如表17所示。

表17　2023年甘肃省19个市辖区城乡融合竞争力评价情况

市辖区	城乡融合竞争力		二级指标得分	
	排序	得分	人口结构竞争力	城乡融合竞争力
兰州市城关区	1	90.00	90.00	72.97
武威市凉州区	2	84.23	77.04	81.92
临夏市	3	83.43	75.60	82.69
平凉市崆峒区	4	82.64	74.23	83.36
白银市白银区	5	81.10	75.29	79.52
兰州市红古区	6	81.06	71.28	84.98
陇南市武都区	7	81.00	72.13	83.71
金昌市金川区	8	80.82	74.49	80.18
天水市秦州区	9	80.72	76.11	77.79
兰州市西固区	10	80.63	76.31	77.38
酒泉市肃州区	11	80.32	74.41	79.53
兰州市安宁区	12	80.11	77.83	74.48
张掖市甘州区	13	80.02	72.85	81.21
兰州市七里河区	14	79.65	79.43	71.57
庆阳市西峰区	15	78.56	74.04	77.32
天水市麦积区	16	77.48	73.88	75.88
白银市平川区	17	75.64	71.86	75.81
定西市安定区	18	73.64	71.47	73.26

续表

市辖区	城乡融合竞争力		二级指标得分	
	排序	得分	人口结构竞争力	城乡融合竞争力
合作市	19	66.92	69.94	65.00
均值		79.89	75.17	77.82
极差		23.08	20.06	19.98
方差		21.14	18.76	24.84
标准差		4.60	4.33	4.98

资料来源：根据《甘肃发展年鉴（2023）》、《甘肃统计提要（2024）》、甘肃省统计局和甘肃省财政厅提供的数据计算所得。

根据 2023 年甘肃省 19 个市辖区城乡融合竞争力得分，19 个市辖区中处于绝对优势的有兰州市城关区 1 个。处于一般优势的有武威市凉州区、临夏市、平凉市崆峒区等 12 个。处于中势的有兰州市七里河区、庆阳市西峰区、天水市麦积区等 4 个。处于一般劣势的有定西市安定区 1 个。处于绝对劣势的只有合作市 1 个（同 2022 年）（见表 18）。

表 18 2023 年甘肃省 19 个市辖区城乡融合竞争力水平归类分布一览

评价标准	县域名称	个数
绝对优势	兰州市城关区	1
一般优势	武威市凉州区、临夏市、平凉市崆峒区、白银市白银区、兰州市红古区、陇南市武都区、金昌市金川区、天水市秦州区、兰州市西固区、酒泉市肃州区、兰州市安宁区、张掖市甘州区	12
中势	兰州市七里河区、庆阳市西峰区、天水市麦积区、白银市平川区	4
一般劣势	定西市安定区	1
绝对劣势	合作市	1

（2）结果分析

2023 年甘肃省 19 个市辖区城乡融合竞争力得分均值为 79.89，较 2022 年上升 0.35，处于中势，其极差略有增长，方差和标准差均略有下降。从城乡融合竞争力二级指标看，城乡融合竞争力得分均值为77.82，较2022年下降2.35，由一般优势下降为中势，其极差略有下降，方差和标准差均呈增长态势；人口结构竞争力得分均值为75.17，较2022年上升0.08，处于中势，其极差略有增长，方差和标准差均略有下降。

从甘肃省19个市辖区城乡融合竞争力排序较2022年变化来看，排序未变的有兰州市城关区、酒泉市肃州区、合作市3个，排序上升的有兰州市红古区、金昌市金川区、平凉市崆峒区等7个，排序下降的有兰州市西固区、天水市秦州区、兰州市安宁区等9个。

从2023年甘肃省19个市辖区城乡融合竞争力水平归类分布较2022年变化看，处于绝对优势的较2022年减少1个——临夏市，下降为一般优势。处于一般优势的较2022年减少1个——兰州市七里河区，下降为中势；新增5个——临夏市、兰州市红古区、金昌市金川区、酒泉市肃州区、张掖市甘州区。处于中势的较2022年减少3个，上升为一般优势，分别是金昌市金川区、酒泉市肃州区、张掖市甘州区；新增1个兰州市七里河区。处于一般劣势的较2022年减少1个兰州市红古区，上升为一般优势。处于绝对劣势的与2022年相同，只有合作市。

3.甘肃省各市（州）城乡融合竞争力子系统评价分析

（1）评价结果

2023年甘肃省14个市（州）城乡融合竞争力评价情况如表19所示。

表19　2023年甘肃省14个市（州）城乡融合竞争力评价

市（州）	城乡融合竞争力		二级指标得分	
	排序	得分	人口结构竞争力	城乡融合竞争力
兰州市	1	90.00	90.00	86.73
临夏回族自治州	2	81.91	69.64	90.00
金昌市	3	80.48	72.54	85.13
嘉峪关市	4	79.80	77.05	80.18
平凉市	5	79.51	70.37	85.29
天水市	6	78.81	75.30	79.96

续表

市（州）	城乡融合竞争力		二级指标得分	
	排序	得分	人口结构竞争力	城乡融合竞争力
陇南市	7	78.70	71.34	83.10
武威市	8	77.85	68.74	83.81
张掖市	9	77.01	68.84	82.30
酒泉市	10	76.71	72.91	78.37
庆阳市	11	75.87	71.24	78.34
白银市	12	73.81	73.42	73.00
定西市	13	70.48	71.92	68.55
甘南藏族自治州	14	65.00	65.00	65.00
均值		77.57	72.73	79.98
极差		25.00	25.00	25.00
方差		32.29	33.44	49.21
标准差		5.68	5.78	7.01

资料来源：根据《甘肃发展年鉴（2023）》、《甘肃统计提要（2024）》、甘肃省统计局和甘肃省财政厅提供的数据计算所得。

2023年甘肃省14个市（州）城乡融合竞争力得分：兰州市90.00，处于绝对优势；临夏回族自治州81.91、金昌市80.48，均处于一般优势；嘉峪关市79.80、平凉市79.51、天水市78.81、陇南市78.70、武威市77.85、张掖市77.01、酒泉市76.71、庆阳市75.87，均处于中势；白银市73.81、定西市70.48，均处于一般劣势；甘南藏族自治州65.00，处于绝对劣势（见表20）。

（2）结果分析

从14个市（州）城乡融合竞争力总体来看，得分均值为77.57，较2022年下降1.42，处于中势；方差和标准差均呈增长态势，与86个县（市、区）结果一致。从城乡融合竞争力二级指标看，城乡融合竞争力得分均值为79.98，较2022年下降2.02，由一般优势下降为中势，方差和标准差均呈增长态势，与86个县（市、区）结果一致；人口结构竞争力得分均值为 72.73，较 2022 年下降 0.02，处于一般劣势，高于 86 个县（市、区）1 个等级，方差和标准差均略有下降，与 86 个县（市、区）结果相反。

表 20　2023 年甘肃省 14 个市（州）城乡融合竞争力水平归类分布一览

评价标准	市（州）名称	个数
绝对优势	兰州市	1
一般优势	临夏回族自治州、金昌市	2
中势	嘉峪关市、平凉市、天水市、陇南市、武威市、张掖市、酒泉市、庆阳市	8
一般劣势	白银市、定西市	2
绝对劣势	甘南藏族自治州	1

表 21　2023 年甘肃省 86 个县（市、区）城乡融合竞争力分析

综合竞争力		二级指标	
		人口结构竞争力	城乡融合竞争力
均值	71.52	69.31	77.11
极差	25.00	25.00	25.00
方差	17.36	16.03	33.83
标准差	4.17	4.00	5.82

从甘肃省 14 个市（州）城乡融合竞争力排序较 2022 年变化来看，排序未变的有兰州市、临夏回族自治州、武威市、定西市、甘南藏族自治州 5 个市（州），排序上升的有嘉峪关市、金昌市、张掖市等 4 个市（州），排序下降的有白银市、平凉市、天水市等 5 个市（州）。

（三）甘肃县域宏观经济竞争力子系统评价分析

1. 甘肃省67个县（市）宏观经济竞争力子系统评价结果

（1）评价结果

通过对 2023 年甘肃省 67 个县（市）宏观经济竞争力 3 个二级指标经济

均量、经济总量、金融资本的综合计算，得出 2023 年甘肃省 67 个县（市）宏观经济竞争力评价情况，如表 22 所示。

表 22　2023 年甘肃省 67 个县（市）宏观经济竞争力评价情况

县（市）	宏观经济竞争力		二级指标得分		
	排序	得分	经济均量竞争力	经济总量竞争力	金融资本竞争力
玉门市	1	83.82	84.90	78.92	86.62
瓜州县	2	83.22	83.99	78.30	86.56
敦煌市	3	82.66	82.05	77.52	87.39
肃北蒙古族自治县	4	81.97	90.00	70.74	84.73
金塔县	5	81.89	82.62	76.28	86.37
永昌县	6	81.46	79.65	77.52	86.91
民勤县	7	80.87	77.48	78.10	87.02
山丹县	8	80.58	78.82	76.28	86.67
永登县	9	80.56	76.14	78.59	87.10
华亭市	10	80.43	78.34	76.44	86.64
肃南裕固族自治县	11	80.30	84.61	71.61	84.98
华池县	12	80.02	78.46	76.06	86.06
榆中县	13	80.01	73.53	79.20	87.56
环县	14	79.88	74.56	79.02	86.73
天祝藏族自治县	15	79.78	75.91	77.47	86.55
临泽县	16	79.72	78.84	74.00	86.52
景泰县	17	79.72	76.07	76.95	86.66
庆城县	18	79.56	75.64	76.59	86.88
高台县	19	79.40	77.82	74.25	86.49
阿克塞哈萨克族自治县	20	79.24	88.19	65.00	84.59
陇西县	21	79.18	72.13	78.93	87.24
皋兰县	22	79.15	76.97	73.55	87.07
民乐县	23	79.05	75.57	75.68	86.57
靖远县	24	78.88	72.60	78.09	86.87
崇信县	25	78.87	78.56	72.75	85.93
镇原县	26	78.81	72.60	77.74	86.96
静宁县	27	78.79	72.07	78.34	86.94

续表

县（市）	宏观经济竞争力		二级指标得分		
	排序	得分	经济均量竞争力	经济总量竞争力	金融资本竞争力
临洮县	28	78.67	70.96	78.80	87.21
成县	29	78.51	73.20	76.29	86.88
古浪县	30	78.43	72.01	77.61	86.78
甘谷县	31	78.35	70.84	78.32	87.02
宁县	32	78.33	72.90	76.46	86.67
秦安县	33	78.30	71.55	77.26	87.07
合水县	34	78.20	75.73	73.59	86.20
徽县	35	77.86	73.35	74.78	86.53
灵台县	36	77.56	73.19	74.31	86.40
正宁县	37	77.52	74.04	73.17	86.43
庄浪县	38	77.49	70.91	76.16	86.74
武山县	39	77.48	70.76	76.18	86.82
永靖县	40	77.29	71.38	75.30	86.58
岷县	41	77.13	69.10	76.75	86.99
会宁县	42	76.82	67.92	77.40	86.87
通渭县	43	76.79	69.07	76.38	86.64
泾川县	44	76.49	71.34	72.72	86.75
文县	45	76.27	70.08	74.00	86.45
礼县	46	76.15	67.16	76.26	86.91
渭源县	47	76.05	69.09	74.50	86.45
清水县	48	75.56	69.19	73.05	86.38
临夏县	49	75.44	67.18	75.24	86.24
西和县	50	75.44	66.97	74.63	86.75
宕昌县	51	75.44	68.33	73.60	86.42
张家川回族自治县	52	75.16	68.00	73.19	86.41
东乡族自治县	53	75.16	67.14	75.28	85.74
舟曲县	54	74.94	70.06	70.82	86.03
卓尼县	55	74.89	70.92	70.55	85.49
碌曲县	56	74.71	74.59	67.19	84.66
漳县	57	74.59	69.22	70.76	86.02
康县	58	74.57	68.79	71.16	86.03

县（市）	宏观经济竞争力		二级指标得分		
	排序	得分	经济均量竞争力	经济总量竞争力	金融资本竞争力
迭部县	59	74.49	72.35	68.19	85.21
临潭县	60	74.08	68.68	70.35	85.72
康乐县	61	74.07	66.06	72.67	86.14
玛曲县	62	73.77	72.00	67.48	84.60
和政县	63	73.73	65.80	71.92	86.15
广河县	64	73.43	65.59	71.68	85.92
积石山保安族东乡族撒拉族自治县	65	73.42	65.00	72.32	85.92
两当县	66	73.17	71.61	65.15	85.22
夏河县	67	65.00	73.79	71.93	65.00
均值		77.59	73.49	74.59	86.08
极差		18.82	25.00	14.20	22.56
方差		9.21	30.10	11.49	7.28
标准差		3.03	5.49	3.39	2.70

资料来源：根据《甘肃发展年鉴（2023）》、《甘肃统计提要（2024）》、甘肃省统计局和甘肃省财政厅提供的数据计算所得。

根据 2023 年甘肃省 67 个县（市）宏观经济竞争力得分，67 个县（市）中无处于绝对优势的，同 2022 年。处于一般优势的有玉门市、瓜州县、敦煌市等 13 个。处于中势的有环县、天祝藏族自治县、临泽县等 40 个。处于一般劣势的有舟曲县、卓尼县、碌曲县等 13 个。处于绝对劣势的有夏河县 1 个（见表 23）。

（2）结果分析

2023 年甘肃县域宏观经济竞争力 67 个县（市）得分均值为 77.59，较 2022 年上升 5.64，由 2022 年的一般劣势上升为中势，其极差较 2022 年上升 5.07，方差和标准差相较 2022 年分别下降 3.54 和 0.54。从宏观经济竞

表23　2023年甘肃省67个县（市）宏观经济竞争力水平归类分布一览

评价标准	县域名称	个数
绝对优势	—	0
一般优势	玉门市、瓜州县、敦煌市、肃北蒙古族自治县、金塔县、永昌县、民勤县、山丹县、永登县、华亭市、肃南裕固族自治县、华池县、榆中县	13
中势	环县、天祝藏族自治县、临泽县、景泰县、庆城县、高台县、阿克塞哈萨克族自治县、陇西县、皋兰县、民乐县、靖远县、崇信县、镇原县、静宁县、临洮县、成县、古浪县、甘谷县、宁县、秦安县、合水县、徽县、灵台县、正宁县、庄浪县、武山县、永靖县、岷县、会宁县、通渭县、泾川县、文县、礼县、渭源县、清水县、临夏县、西和县、宕昌县、张家川回族自治县、东乡族自治县	40
一般劣势	舟曲县、卓尼县、碌曲县、漳县、康县、迭部县、临潭县、康乐县、玛曲县、和政县、广河县、积石山保安族东乡族撒拉族自治县、两当县	13
绝对劣势	夏河县	1

争力二级指标看，经济均量竞争力和经济总量竞争力得分均值分别为73.49和74.59，均处于一般劣势；金融资本竞争力得分均值为86.08，较2022年上升12.82，由2022年的一般劣势上升到绝对优势；3个二级指标的极差只有金融资本竞争力较2022年上升8.63，经济均量竞争力没有变化，经济总量竞争力下降1.55；3个二级指标的方差和标准差只有经济均量竞争力较2022年有所上升，其余2个均在下降，总体而言差异在缩小。

从2023年甘肃省67个县（市）宏观经济竞争力水平分布较2022年变化来看，没有处于绝对优势的，同2022年。处于一般优势的13个县（市）均为2023年新增。处于中势的较2022年减少10个县（市），均上升为一般优势，分别是玉门市、瓜州县、敦煌市、金塔县、永昌县、民勤县、山丹县、永登县、华亭市、榆中县；新增38个县（市），分别是天祝藏族自治县、临泽县、景泰县、庆城县、高台县、阿克塞哈萨克族自治县、陇西县、民乐县、靖远县、崇信县、镇原县、静宁县、临洮县、成县、古浪县、甘谷县、宁县、秦安县、合水县、徽县、灵台县、正宁县、庄浪县、武山县、永靖县、岷县、会宁县、通渭县、泾川县、文县、礼县、渭源县、清水县、临夏县、西和县、宕昌县、张家川回族自治县、东乡族自治县。处于一般劣势的较 2022 年减少 34 个县（市），其中，3 个上升为一般优势，分别是肃北蒙古族自治县、肃南裕固族自治县、华池县，31 个上升为中势，分别是天祝藏族自治县、临泽县、景泰县、庆城县、高台县、阿克塞哈萨克族自治县、陇西县、民乐县、靖远县、崇信县、镇原县、静宁县、临洮县、成县、古浪县、甘谷县、宁县、秦安县、合水县、徽县、灵台县、正宁县、庄浪县、武山县、永靖县、岷县、会宁县、通渭县、泾川县、文县、礼县。处于绝对劣势的只有 1 个夏河县，较 2022 年减少 20 个，其中，7 个上升为中势，分别是渭源县、清水县、临夏县、西和县、宕昌县、张家川回族自治县、东乡族自治县，13 个上升为一般劣势，分别是舟曲县、卓尼县、碌曲县、漳县、康县、迭部县、临潭县、康乐县、玛曲县、和政县、广河县、积石山保安族东乡族撒拉族自治县、两当县。

从甘肃省 67 个县（市）宏观经济竞争力排序较 2022 年变化来看，排序上升的有阿克塞哈萨克族自治县、肃南裕固族自治县东乡族自治县等 30 个县（市）；玉门市、景泰县、静宁县、合水县、永靖县、渭源县等 6 个县（市）排序未变；排序下降的有皋兰县、秦安县、夏河县等 31 个县（市）。

2. 甘肃省19个市辖区宏观经济竞争力子系统评价分析

（1）评价结果

2023 年甘肃省 19 个市辖区宏观经济竞争力评价情况如表 24 所示。

表 24　2023 年甘肃省 19 个市辖区宏观经济竞争力评价情况

市辖区	宏观经济竞争力		二级指标得分		
	排序	得分	经济均量竞争力	经济总量竞争力	金融资本竞争力
兰州市城关区	1	90.00	86.24	90.00	90.00
兰州市七里河区	2	85.51	82.81	83.25	88.47
兰州市西固区	3	85.22	84.87	80.94	87.91

市辖区	宏观经济竞争力		二级指标得分		
	排序	得分	经济均量竞争力	经济总量竞争力	金融资本竞争力
金昌市金川区	4	84.69	85.12	79.33	87.77
酒泉市肃州区	5	84.54	82.51	81.32	88.13
兰州市安宁区	6	84.41	83.14	80.49	87.95
白银市白银区	7	84.06	82.63	80.33	87.77
武威市凉州区	8	83.96	77.35	85.09	88.39
张掖市甘州区	9	83.52	78.88	82.63	88.03
庆阳市西峰区	10	82.81	78.02	81.59	87.99
天水市秦州区	11	82.10	75.37	82.10	88.26
兰州市红古区	12	81.94	82.75	75.72	86.70
平凉市崆峒区	13	81.34	75.63	80.28	87.83
天水市麦积区	14	80.90	73.93	81.00	87.79
陇南市武都区	15	80.61	73.24	81.14	87.66
定西市安定区	16	80.47	74.10	79.96	87.54
白银市平川区	17	80.40	78.06	76.19	86.93
临夏市	18	80.12	74.66	78.23	87.56
合作市	19	78.80	76.41	74.33	86.36
均值		82.92	79.25	80.73	87.84
极差		11.20	13.00	15.67	3.64
方差		6.87	18.44	11.89	0.57
标准差		2.62	4.29	3.45	0.75

资料来源：根据《甘肃发展年鉴（2023）》、《甘肃统计提要（2024）》、甘肃省统计局和甘肃省财政厅提供的数据计算所得。

    根据2023年甘肃省19个市辖区宏观经济竞争力得分，19个市辖区中处于绝对优势的有兰州市城关区、兰州市七里河区、兰州市西固区3个。处于一般优势的有金昌市金川区、酒泉市肃州区、兰州市安宁区等15个。处于中势的只有合作市1个。没有处于一般劣势的和绝对劣势的（见表25）。

表 25　2023 年甘肃省 19 个市辖区宏观经济竞争力水平归类分布一览

评价标准	县域名称	个数
绝对优势	兰州市城关区、兰州市七里河区、兰州市西固区	3
一般优势	金昌市金川区、酒泉市肃州区、兰州市安宁区、白银市白银区、武威市凉州区、张掖市甘州区、庆阳市西峰区、天水市秦州区、兰州市红古区、平凉市崆峒区、天水市麦积区、陇南市武都区、定西市安定区、白银市平川区、临夏市	15
中势	合作市	1
一般劣势	—	0
绝对劣势	—	0

（2）结果分析

从 2023 年甘肃省 19 个市辖区宏观经济竞争力得分来看，得分均值为 82.92，较 2022 年上升 3.07，由中势上升为一般优势，极差、方差和标准差分别下降 5.19、6.62 和 1.05。从宏观经济竞争力二级指标看，金融资本竞争力得分均值为 87.84，较 2022 年上升 7.81，由一般优势上升为绝对优势，极差、方差和标准差分别下降 12.37、10.94 和 2.64；经济总量竞争力得分均值为 80.73，较 2022 年下降 0.94，处于一般优势，极差、方差和标准差分别上升 1.06、1.01 和 0.15；经济均量竞争力得分均值为 79.25，较 2022 年下降 0.69，处于中势，极差、方差和标准差分别上升 1.05、2.97 和 0.36，反映了甘肃省 19 个市辖区宏观经济竞争力差异总体呈缩小态势。

从 2023 年甘肃省 19 个市辖区宏观经济竞争力水平归类分布较 2022 年变化来看，处于绝对优势的由 2022 年只有 1 个兰州市城关区增加到兰州市城关区、兰州市七里河区、兰州市西固区 3 个。处于一般优势的较 2022 年减少 2 个，均上升为绝对优势，分别是兰州市七里河区和兰州市西固区；新增 9 个，分别是庆阳市西峰区、天水市秦州区、兰州市红古区、平凉市崆峒区、天水市麦积区、陇南市武都区、定西市安定区、白银市平川区、临夏市。处于中势的较 2022 年减少 9 个，均上升为一般优势，分别是庆阳市西峰区、天水市秦州区、兰州市红古区、平凉市崆峒区、天水市麦积区、陇南市武都区、定西市安定区、白银市平川区、临夏市；没有处于一般劣势的，较 2022 年减少 1 个合作市，上升为中势；没有绝对劣势的。

从甘肃省 19 个市辖区宏观经济竞争力排序较 2022 年变化来看，排序未变的有兰州市城关区、兰州市七里河区、白银市白银区等 8 个；排序上升的有金昌市金川区、兰州市安宁区、陇南市武都区等 6 个；排序下降的有武威市凉州区、酒泉市肃州区、临夏市等 5 个。

3. 甘肃省各市（州）宏观经济竞争力子系统评价分析

（1）评价结果

2023 年甘肃省 14 个市（州）宏观经济竞争力评价情况如表 26 所示。

表 26　2023 年甘肃省 14 个市（州）宏观经济竞争力评价情况

市(州)	宏观经济竞争力		二级指标得分		
	排序	得分	经济均量竞争力	经济总量竞争力	金融资本竞争力
兰州市	1	90.00	87.49	90.00	89.36
酒泉市	2	83.99	90.00	77.72	84.53
庆阳市	3	78.78	75.32	78.55	86.05
张掖市	4	77.62	80.20	74.26	81.93
天水市	5	76.62	68.25	77.66	90.00
平凉市	6	75.67	72.92	75.37	83.75
白银市	7	74.45	72.43	74.27	81.98
陇南市	8	74.23	68.93	75.28	84.57
武威市	9	74.22	69.70	74.53	84.64
定西市	10	73.28	66.42	75.33	84.77
临夏回族自治州	11	69.69	65.00	72.32	79.20
嘉峪关市	12	69.02	75.37	65.82	72.47
金昌市	13	68.98	74.89	65.17	74.04
甘南藏族自治州	14	65.00	71.81	65.00	65.00
均值		75.11	74.20	74.38	81.59

续表

市(州)	宏观经济竞争力		二级指标得分		
	排序	得分	经济均量 竞争力	经济总量 竞争力	金融资本 竞争力
极差		25.00	25.00	25.00	25.00
方差		41.13	54.20	41.25	47.22
标准差		6.41	7.36	6.42	6.87

资料来源：根据《甘肃发展年鉴（2023）》、《甘肃统计提要（2024）》、甘肃省统计局和甘肃省财政厅提供的数据计算所得。

2023年甘肃省14个市（州）宏观经济竞争力得分：兰州市90.00，处于绝对优势，酒泉市83.99，处于一般优势；庆阳市78.78、张掖市77.62、天水市76.62、平凉市75.67，均处于中势；白银市74.45、陇南市74.23、武威市74.22、定西市73.28，均处于一般劣势；临夏回族自治州69.69、嘉峪关市69.02、金昌市68.98、甘南藏族自治州65.00，均处于绝对劣势（见表27）。

表27　2023年甘肃省14个市（州）宏观经济竞争力水平归类分布一览

评价标准	市(州)名称	个数
绝对优势	兰州市	1
一般优势	酒泉市	1
中势	庆阳市、张掖市、天水市、平凉市	4
一般劣势	白银市、陇南市、武威市、定西市	4
绝对劣势	临夏回族自治州、嘉峪关市、金昌市、甘南藏族自治州	4

（2）结果分析

从宏观经济竞争力总体看，14个市（州）宏观经济竞争力得分均值为75.11，较2022年上升1.01，由一般劣势上升为中势，与86个县（市、区）结果一致（见表28），方差和标准差相对2022年略有上升，与86个县（市、区）变化趋势相反；说明宏观经济竞争力在14个市（州）之间差异略有扩大，86个县（市、区）间差异略有缩小。

表28　2023年甘肃省86个县（市、区）宏观经济竞争力分析

宏观经济综合竞争力		二级指标		
		经济均量竞争力	经济总量竞争力	金融资本竞争力
均值	78.77	74.76	75.94	86.47
极差	25.00	25.00	25.00	25.00
方差	13.54	33.05	18.02	6.32
标准差	3.68	5.75	4.24	2.51

从宏观经济竞争力二级指标看，14个市（州）金融资本竞争力得分均值为81.59，较2022年上升6.26，由中势上升为一般优势，方差和标准差较2022年均明显扩大；经济均量竞争力和经济总量竞争力得分均值分别为74.20和74.38，较2022年分别减少0.52和0.59，均处于一般劣势；经济均量竞争力的方差和标准差均较2022年略有扩大，经济总量竞争力的方差和标准差较2022年均略有缩小。经济均量竞争力和经济总量竞争力的方差和标准差年度变化与86个县（市、区）一致，金融资本竞争力方差和标准差年度变化与86个县（市、区）相反，略有扩大，存在一定差异。

从甘肃省14个市（州）宏观经济竞争力排序较2022年变化来看，排序未变的有兰州市、酒泉市、庆阳市等9个市（州）；排序下降的有武威市、定西市、嘉峪关市3个市，排序上升的有白银市和临夏回族自治州2个市（州）。

（四）甘肃县域基础设施竞争力子系统评价分析

1. 甘肃省67个县（市）基础设施竞争力子系统评价结果

（1）评价结果

通过对2023年甘肃省67个县（市）基础设施竞争力3个二级指标生活条件竞争力、互联通信竞争力、公路交通竞争力进行计算和分析，得出67个县（市）基础设施竞争力评价情况，如表29所示。

表29　2023年甘肃省67个县（市）基础设施竞争力评价情况

县（市）	基础设施竞争力		二级指标得分		
	排序	得分	生活条件竞争力	互联通信竞争力	公路交通竞争力
榆中县	1	86.32	84.60	87.14	86.33
皋兰县	2	85.06	89.20	83.12	84.14
崇信县	3	83.24	89.13	80.71	82.29
华亭市	4	83.10	88.76	81.35	81.73
广河县	5	81.99	86.49	76.21	84.74
成县	6	81.75	87.91	78.77	81.44
高台县	7	81.57	85.09	81.01	81.00
民乐县	8	81.33	87.63	75.27	83.44
永靖县	9	81.16	89.14	74.97	82.44
玉门市	10	81.13	87.59	78.48	80.58
康乐县	11	81.06	86.97	76.44	82.36
庄浪县	12	81.02	88.40	74.40	83.03
敦煌市	13	81.02	83.38	82.50	79.70
阿克塞哈萨克族自治县	14	80.93	90.00	83.67	74.75
西和县	15	80.92	87.15	77.22	81.36
临潭县	16	80.69	82.75	75.67	84.66
临夏县	17	80.64	88.58	72.76	83.39
静宁县	18	80.50	85.59	74.58	83.46
山丹县	19	80.22	88.43	75.69	80.36
临泽县	20	80.18	87.21	75.81	80.90
合水县	21	80.16	86.13	74.91	82.19
临洮县	22	80.14	86.69	75.26	81.54
景泰县	23	80.01	86.27	76.50	80.57
康县	24	79.81	86.70	73.79	82.00
陇西县	25	79.79	82.52	76.07	82.64
瓜州县	26	79.70	81.30	81.61	78.89
永登县	27	79.57	86.84	75.13	80.38
宕昌县	28	79.54	87.45	75.35	79.79
和政县	29	79.48	82.80	75.19	82.51
张家川回族自治县	30	79.27	86.68	74.07	80.68

续表

县（市）	基础设施竞争力		二级指标得分		
	排序	得分	生活条件竞争力	互联通信竞争力	公路交通竞争力
正宁县	31	79.23	86.57	73.97	80.73
渭源县	32	79.22	84.14	74.28	81.91
清水县	33	79.21	83.79	74.86	81.63
徽县	34	79.19	86.11	75.40	79.81
岷县	35	79.13	85.37	74.90	80.52
漳县	36	79.13	85.37	74.07	81.14
武山县	37	78.97	85.70	73.17	81.32
碌曲县	38	78.56	80.44	77.99	79.85
靖远县	39	78.52	84.26	73.96	80.62
肃南裕固族自治县	40	78.49	85.66	75.12	78.87
两当县	41	78.44	85.51	73.79	79.87
舟曲县	42	78.33	80.84	76.60	80.21
古浪县	43	78.31	84.39	73.06	80.83
民勤县	44	78.08	84.05	73.51	80.18
泾川县	45	78.05	87.71	76.33	75.82
秦安县	46	77.97	83.92	72.70	80.66
礼县	47	77.93	79.01	76.26	80.72
灵台县	48	77.91	87.93	71.90	78.82
永昌县	49	77.83	85.54	73.44	78.86
肃北蒙古族自治县	50	77.79	74.66	80.96	79.34
文县	51	77.73	85.21	73.97	78.43
卓尼县	52	77.70	79.90	73.80	81.62
迭部县	53	77.67	84.24	71.49	80.78
天祝藏族自治县	54	77.55	83.52	72.97	79.82
甘谷县	55	77.49	84.28	69.58	81.88
积石山保安族东乡族撒拉族自治县	56	77.48	82.37	71.15	81.76
宁县	57	77.43	85.94	71.72	79.13
金塔县	58	77.33	79.85	75.53	79.56
镇原县	59	77.26	83.18	72.77	79.59
会宁县	60	76.48	75.81	75.75	80.01

续表

县(市)	基础设施竞争力		二级指标得分		
	排序	得分	生活条件竞争力	互联通信竞争力	公路交通竞争力
通渭县	61	76.06	79.56	73.80	78.45
东乡族自治县	62	75.05	81.40	65.00	82.06
庆城县	63	73.94	79.02	69.88	77.42
环县	64	73.90	74.13	75.88	75.56
夏河县	65	71.13	72.08	66.36	78.40
华池县	66	71.13	68.34	75.27	73.71
玛曲县	67	65.00	65.00	72.74	65.00
均值		78.83	83.91	75.34	80.42
极差		21.32	25.00	22.14	21.33
方差		9.55	23.32	13.76	8.52
标准差		3.09	4.83	3.71	2.92

资料来源：根据《甘肃发展年鉴（2023）》、《甘肃统计提要（2024）》、甘肃省统计局和甘肃省财政厅提供的数据计算所得。

根据 2023 年甘肃省 67 个县（市）基础设施竞争力得分，67 个县（市）中处于绝对优势的有 2 个。处于一般优势的有崇信县、华亭市、广河县等 21 个。处于中势的有康县、陇西县、瓜州县等 39 个。处于一般劣势的有庆城县、环县、夏河县等 4 个。处于绝对劣势的有玛曲县 1 个（见表 30）。

（2）结果分析

2023 年甘肃省 67 个县（市）基础设施竞争力得分均值为 78.83，较 2022 年上升 1.96，处于中势，其极差略有上升，方差和标准差均呈下降态势。从基础设施竞争力二级指标看，生活条件竞争力得分均值为 83.91，较 2022 年下降 0.51，处于一般优势，方差和标准差均略有上升；公路交通竞争力得分均值为 80.42，较 2022 年上升 1.02，由中势上升到一般优势；互联通信竞争力得分均值为 75.34，较 2022 年上升 0.98，由一般劣势上升到中势；互联通信竞争力和公路交通竞争力2个二级指标的极差、方差和标准差均呈下降态势。

表30 2023年甘肃省67个县（市）基础设施竞争力水平归类分布一览

评价标准	县域名称	个数
绝对优势	榆中县、皋兰县	2
一般优势	崇信县、华亭市、广河县、成县、高台县、民乐县、永靖县、玉门市、康乐县、庄浪县、敦煌市、阿克塞哈萨克族自治县、西和县、临潭县、临夏县、静宁县、山丹县、临泽县、合水县、临洮县、景泰县	21
中势	康县、陇西县、瓜州县、永登县、宕昌县、和政县、张家川回族自治县、正宁县、渭源县、清水县、徽县、岷县、漳县、武山县、碌曲县、靖远县、肃南裕固族自治县、两当县、舟曲县、古浪县、民勤县、泾川县、秦安县、礼县、灵台县、永昌县、肃北蒙古族自治县、文县、卓尼县、迭部县、天祝藏族自治县、甘谷县、积石山保安族东乡族撒拉族自治县、宁县、金塔县、镇原县、会宁县、通渭县、东乡族自治县	39
一般劣势	庆城县、环县、夏河县、华池县	4
绝对劣势	玛曲县	1

从2023年甘肃省67个县（市）基础设施竞争力水平归类分布较2022年变化来看，处于绝对优势的较2022年新增2个县——榆中县、皋兰县。处于一般优势的较2022年减少5个县（市），其中1个县（榆中县）上升为绝对优势，4个县下降为中势，分别是陇西县、和政县、武山县、甘谷县；新增14个县（市）：高台县、民乐县、玉门市、康乐县、敦煌市、西和县、阿克塞哈萨克族自治县、临潭县、临夏县、山丹县、临泽县、合水县、临洮县、景泰县。处于中势的较2022年减少15个县（市），其中1个县（皋兰县）上升为绝对优势，13个县（市）上升为一般优势，分别是高台县、民乐县、玉门市、康乐县、西和县、阿克塞哈萨克族自治县、临潭县、临夏县、山丹县、临泽县、合水县、临洮县、景泰县，1个县（庆城县）下降为一般劣势；新增16个县（市）：陇西县、瓜州县、宕昌县、和政县、武山县、碌曲县、肃南裕固族自治县、民勤县、永昌县、肃北蒙古族

自治县、卓尼县、迭部县、天祝藏族自治县、甘谷县、金塔县、通渭县。处于一般劣势的较2022年减少11个，其中1个敦煌市上升为一般优势，10个上升为中势，分别是瓜州县、宕昌县、碌曲县、民勤县、永昌县、卓尼县、迭部县、天祝藏族自治县、金塔县、通渭县；新增4个县（市）——庆城县、环县、夏河县、华池县。处于绝对劣势的只有玛曲县1个，较2022年减少5个，其中，2个上升为中势——肃南裕固族自治县和肃北蒙古族自治县，3个上升为一般劣势——环县、夏河县和华池县。

从甘肃省67个县（市）基础设施竞争力排序较2022年变化来看，排序上升的有玉门市、敦煌市、高台县等33个县（市）；排序下降的有甘谷县、镇原县、宁县等34个县（市）。

2.甘肃省19个市辖区基础设施竞争力子系统评价结果

（1）评价结果

通过对2023年甘肃省19个市辖区基础设施竞争力3个二级指标生活条件竞争力、互联通信竞争力、公路交通竞争力进行计算和分析，得出2023年甘肃省19个市辖区基础设施竞争力评价情况，如表31所示。

表31　2023年甘肃省19个市辖区基础设施竞争力评价情况

市辖区	基础设施竞争力		二级指标得分		
	排序	得分	生活条件竞争力	互联通信竞争力	公路交通竞争力
临夏市	1	90.00	88.88	88.96	90.00
兰州市城关区	2	88.74	89.86	90.00	86.07
兰州市七里河区	3	85.87	87.94	85.40	84.81
兰州市西固区	4	85.28	88.15	82.59	85.61
兰州市安宁区	5	84.92	89.43	84.09	83.01
酒泉市肃州区	6	83.98	84.56	83.76	84.14
庆阳市西峰区	7	83.79	88.46	76.19	87.25
金昌市金川区	8	82.75	89.36	82.78	79.61
张掖市甘州区	9	82.66	85.50	78.68	84.76
天水市麦积区	10	81.48	85.79	80.30	80.94

续表

市辖区	基础设施竞争力		二级指标得分		
	排序	得分	生活条件竞争力	互联通信竞争力	公路交通竞争力
白银市平川区	11	80.81	87.43	79.10	79.55
兰州市红古区	12	80.56	87.91	77.51	79.97
白银市白银区	13	80.14	85.12	78.49	79.97
武威市凉州区	14	79.81	83.80	77.46	80.84
平凉市崆峒区	15	79.78	85.92	76.71	80.13
天水市秦州区	16	79.78	87.20	74.16	81.33
合作市	17	79.43	75.79	82.88	80.55
陇南市武都区	18	76.63	86.23	68.02	80.13
定西市安定区	19	75.70	82.08	75.87	74.65
均值		82.22	86.28	80.16	82.28
极差		14.30	14.07	21.98	15.35
方差		13.77	10.77	27.80	12.60
标准差		3.71	3.28	5.27	3.55

资料来源：根据《甘肃发展年鉴（2023）》、《甘肃统计提要（2024）》、甘肃省统计局和甘肃省财政厅提供的数据计算所得。

根据2023年甘肃省19个市辖区基础设施竞争力得分，19个市辖区中处于绝对优势的有临夏市、兰州市城关区、兰州市七里河区等4个。处于一般优势的有兰州市安宁区、酒泉市肃州区、庆阳市西峰区等9个。处于中势的有武威市凉州区、平凉市崆峒区、天水市秦州区等6个，数量与2022年相同。没有处于一般劣势和绝对劣势的（见表32）。

（2）结果分析

2023年甘肃省19个市辖区基础设施竞争力得分均值为82.22，较2022年上升1.72，处于一般优势，其极差、方差和标准差均呈下降态势。从基础设施竞争力二级指标看，生活条件竞争力得分均值为86.28，较2022年上升0.25，处于绝对优势；公路交通竞争力得分均值为82.28，较2022

上升 2.01，处于一般优势；互联通信竞争力得分均值为 80.16，较 2022 年上升 0.86，由中势上升为一般优势；从生活条件竞争力、公路交通竞争力和互联通信竞争力 3 个二级指标的极差、方差和标准差来看，19 个市辖区基础设施竞争力差异呈缩小态势。

从 2023 年甘肃省 19 个市辖区基础设施竞争力水平归类分布较 2022 年变化来看，处于绝对优势的较 2022 年增加 1 个兰州市西固区。处于一般优势的较 2022 年减少 3 个，其中 1 个（兰州市西固区）上升为绝对优势，2 个（平凉市崆峒区、天水市秦州区）下降为中势；新增 4 个——兰州市安宁区、天水市麦积区、白银市平川区、兰州市红古区。处于中势的较 2022 年减少 3 个——兰州市安宁区、天水市麦积区、白银市平川区，上升为一般优势；新增 3 个——平凉市崆峒区、天水市秦州区、合作市。一般劣势的较 2022 年减少 2 个，其中 1 个（兰州市红古区）上升为一般优势，1 个（合作市）上升为中势；同 2022 年一样没有处于绝对劣势的。

表 32　2023 年甘肃省 19 个市辖区基础设施竞争力水平归类分布一览

评价标准	县域名称	个数
绝对优势	临夏市、兰州市城关区、兰州市七里河区、兰州市西固区	4
一般优势	兰州市安宁区、酒泉市肃州区、庆阳市西峰区、金昌市金川区、张掖市甘州区、天水市麦积区、白银市平川区、兰州市红古区、白银市白银区	9
中势	武威市凉州区、平凉市崆峒区、天水市秦州区、合作市、陇南市武都区、定西市安定区	6
一般劣势	—	0
绝对劣势	—	0

从甘肃省 19 个市辖区基础设施竞争力排序较 2022 年变化来看，排序未变的有临夏市、酒泉市肃州区、金昌市金川区、武威市凉州区 4 个；排序上升的有兰州市安宁区、兰州市红古区、白银市平川区等 7 个；排序下降的有天水市秦州区、平凉市崆峒区、定西市安定区等 8 个。

3. 甘肃省14个市（州）基础设施竞争力子系统评价分析

（1）评价结果

2023年甘肃省14个市（州）基础设施竞争力评价情况如表33所示。

表33　2023年甘肃省14个市（州）基础设施竞争力评价情况

市(州)	基础设施竞争力		二级指标得分		
	排序	得分	生活条件竞争力	互联通信竞争力	公路交通竞争力
嘉峪关市	1	90.00	87.19	90.00	90.00
兰州市	2	86.67	89.08	82.06	88.84
张掖市	3	78.41	87.05	70.76	81.45
临夏回族自治州	4	78.28	86.02	67.26	87.12
平凉市	5	76.12	90.00	67.37	75.91
天水市	6	74.98	85.30	65.87	79.66
酒泉市	7	74.38	77.78	76.60	70.86
金昌市	8	74.05	83.40	71.66	70.68
陇南市	9	73.42	85.14	65.79	75.12
武威市	10	73.12	81.62	67.96	74.97
白银市	11	73.06	80.43	69.13	74.46
定西市	12	71.95	80.88	67.13	73.33
庆阳市	13	66.09	74.68	65.00	65.00
甘南藏族自治州	14	65.00	65.00	67.21	69.11
均值		75.39	82.40	70.99	76.89
极差		25.00	25.00	25.00	25.00
方差		44.80	43.64	51.83	57.76
标准差		6.69	6.61	7.20	7.60

资料来源：根据《甘肃发展年鉴（2023）》、《甘肃统计提要（2024）》、甘肃省统计局和甘肃省财政厅提供的数据计算所得。

2023年甘肃省14个市（州）基础设施竞争力得分：嘉峪关市90.00、兰州市86.67，均处于绝对优势；没有处于一般优势的市（州）；张掖市

78.41、临夏回族自治州78.28、平凉市76.12,均处于中势;天水市74.98、酒泉市74.38、金昌市74.05、陇南市73.42、武威市73.12、白银市73.06、定西市71.95,均处于一般劣势;庆阳市66.09、甘南藏族自治州65.00,均处于绝对劣势(见表34)。

表34　2023年甘肃省14个市(州)基础设施竞争力水平归类分布一览

评价标准	市(州)名称	个数
绝对优势	嘉峪关市、兰州市	2
一般优势	—	0
中势	张掖市、临夏回族自治州、平凉市	3
一般劣势	天水市、酒泉市、金昌市、陇南市、武威市、白银市、定西市	7
绝对劣势	庆阳市、甘南藏族自治州	2

(2)结果分析

从基础设施竞争力总体看,2023年甘肃省14个市(州)基础设施竞争力得分均值为75.39,较2022年下降1.82,处在中势,方差和标准差均呈下降态势,与86个县(市、区)结果一致。从基础设施竞争力二级指标看,生活条件竞争力得分均值为82.40,较2022年上升0.75,处于一般优势,方差和标准差均呈下降态势,与86个县(市、区)结果相反;公路交通竞争力得分均值为76.89,较2022年下降3.44,由一般优势下降到中势;互联通信竞争力得分均值为70.99,较2022年下降0.04,处于一般劣势;公路交通竞争力和互联通信竞争力2个二级指标的方差和标准差均呈上升态势,与86个县(市、区)结果相反。

从甘肃省14个市(州)基础设施竞争力排序较2022年变化来看,只有嘉峪关市排序未变,张掖市、酒泉市、兰州市、金昌市、武威市5个市排序上升,白银市、定西市、平凉市、临夏回族自治州、天水市、陇南市、庆阳市、甘南藏族自治州8个市(州)排序下降。

表35　2023年甘肃省86个县（市、区）基础设施竞争力分析

综合竞争力		二级指标		
		生活条件竞争力	互联通信竞争力	公路交通竞争力
均值	79.66	84.44	76.41	80.96
极差	25.00	25.00	25.00	25.00
方差	12.24	21.36	20.61	9.55
标准差	3.50	4.62	4.54	3.09

（五）甘肃县域公共服务竞争力子系统评价分析

1. 甘肃省67个县（市）公共服务竞争力子系统评价结果

（1）评价结果

通过对2023年甘肃省67个县（市）公共服务竞争力2个二级指标科技文化竞争力、医疗卫生竞争力进行分析计算，得出67个县（市）公共服务竞争力评价情况，如表36所示。

表36　2023年甘肃省67个县（市）公共服务竞争力评价情况

县（市）	公共服务竞争力		二级指标得分	
	排序	得分	科技文化竞争力	医疗卫生竞争力
敦煌市	1	85.05	90.00	72.58
肃南裕固族自治县	2	84.22	83.47	77.57
高台县	3	83.91	81.43	79.06
民乐县	4	82.66	78.15	80.56
灵台县	5	82.43	79.80	78.77
永昌县	6	81.76	79.10	78.58
天祝藏族自治县	7	81.60	79.61	77.93
山丹县	8	81.50	77.93	79.35
成县	9	81.36	77.93	79.18
静宁县	10	81.36	78.04	79.08
华池县	11	81.10	78.38	78.45
临泽县	12	80.58	78.63	77.58
陇西县	13	80.57	77.40	78.70

续表

县（市）	公共服务竞争力		二级指标得分	
	排序	得分	科技文化竞争力	医疗卫生竞争力
华亭市	14	80.56	77.74	78.37
肃北蒙古族自治县	15	80.14	80.21	75.59
临洮县	16	79.99	77.40	78.00
玉门市	17	79.95	77.42	77.92
渭源县	18	79.64	77.89	77.11
永登县	19	79.07	76.62	77.59
古浪县	20	78.91	76.38	77.61
徽县	21	78.85	76.44	77.49
崇信县	22	78.57	77.95	75.77
庄浪县	23	78.57	75.69	77.84
岷县	24	78.31	74.43	78.68
张家川回族自治县	25	78.13	81.25	72.18
金塔县	26	78.08	77.46	75.60
泾川县	27	77.96	74.64	78.05
清水县	28	77.83	77.44	75.32
阿克塞哈萨克族自治县	29	77.82	80.58	72.42
永靖县	30	77.79	73.20	79.18
民勤县	31	77.64	75.84	76.57
文县	32	77.54	76.11	76.19
瓜州县	33	76.71	78.33	73.14
宕昌县	34	76.70	74.64	76.52
靖远县	35	76.58	75.93	75.19
合水县	36	76.48	76.31	74.72
两当县	37	76.29	79.00	72.02
舟曲县	38	76.02	77.30	73.25
榆中县	39	76.00	73.43	76.78
景泰县	40	75.70	77.62	72.57
武山县	41	75.68	75.79	74.23
通渭县	42	75.57	75.73	74.15
礼县	43	75.17	75.72	73.66
皋兰县	44	75.15	77.00	72.47
康县	45	74.88	76.53	72.57

续表

县(市)	公共服务竞争力		二级指标得分	
	排序	得分	科技文化竞争力	医疗卫生竞争力
镇原县	46	74.73	75.13	73.67
宁县	47	74.44	74.29	74.09
庆城县	48	74.33	76.65	71.79
碌曲县	49	73.96	73.49	74.24
甘谷县	50	73.62	73.92	73.43
临潭县	51	73.43	77.65	69.77
西和县	52	73.40	74.96	72.20
康乐县	53	73.33	72.27	74.59
临夏县	54	73.21	74.21	72.66
漳县	55	73.04	77.27	69.65
会宁县	56	72.92	73.47	72.99
环县	57	72.88	74.80	71.73
正宁县	58	72.63	74.55	71.65
秦安县	59	72.16	74.14	71.46
夏河县	60	70.64	71.97	71.60
广河县	61	70.33	69.96	73.07
迭部县	62	70.25	73.56	69.66
卓尼县	63	70.08	73.05	69.92
和政县	64	69.89	66.77	75.46
玛曲县	65	66.97	69.76	69.15
积石山保安族东乡族撒拉族自治县	66	65.68	65.00	71.95
东乡族自治县	67	65.00	68.28	68.12
均值		76.53	76.16	74.91
极差		20.05	25.00	12.44
方差		18.68	13.59	9.52
标准差		4.32	3.69	3.09

资料来源：根据《甘肃发展年鉴（2023）》、《甘肃统计提要（2024）》、甘肃省统计局和甘肃省财政厅提供的数据计算所得。

根据 2023 年甘肃省 67 个县（市）公共服务竞争力得分，67 个县（市）中处于绝对优势的有敦煌市 1 个市。处于一般优势的有肃南裕固族自治县、高台县、民乐县等 14 个县（市）。处于中势的有临洮县、玉门市、渭源县等 29 个县（市）。处于一般劣势的有康县、镇原县、宁县等 19 个县（市）。处于绝对劣势的有政县、玛曲县、积石山保安族东乡族撒拉族自治县等 4 个县（市）（见表 37）。

表 37　2023 年甘肃省 67 个县（市）公共服务竞争力水平归类分布一览

评价标准	县域名称	个数
绝对优势	敦煌市	1
一般优势	肃南裕固族自治县、高台县、民乐县、灵台县、永昌县、天祝藏族自治县、山丹县、成县、静宁县、华池县、临泽县、陇西县、华亭市、肃北蒙古族自治县	14
中势	临洮县、玉门市、渭源县、永登县、古浪县、徽县、崇信县、庄浪县、岷县、张家川回族自治县、金塔县、泾川县、清水县、阿克塞哈萨克族自治县、永靖县、民勤县、文县、瓜州县、宕昌县、靖远县、合水县、两当县、舟曲县、榆中县、景泰县、武山县、通渭县、礼县、皋兰县	29
一般劣势	康县、镇原县、宁县、庆城县、碌曲县、甘谷县、临潭县、西和县、康乐县、临夏县、漳县、会宁县、环县、正宁县、秦安县、夏河县、广河县、迭部县、卓尼县	19
绝对劣势	和政县、玛曲县、积石山保安族东乡族撒拉族自治县、东乡族自治县	4

（2）结果分析

2023 年甘肃省 67 个县（市）公共服务竞争力得分均值为 76.53，较 2022 年下降 1.18，处于中势，其极差、方差和标准差均呈下降态势。从公共服务竞争力二级指标看，科技文化竞争力得分均值为 76.16，较 2022 年下降 0.51，处于中势；医疗卫生竞争力得分均值为 74.91，较 2022 年上升 1.53，处于一般劣势；科技文化竞争力和医疗卫生竞争力 2 个二级指标的极差、方差和标准差均呈下降态势。

从 2023 年甘肃省 67 个县（市）公共服务竞争力水平归类分布较 2022 年变化来看，处于绝对优势只有 1 个敦煌市，较 2022 年减少 4 个——肃南裕固族自治县、高台县、天祝藏族自治县、华池县，下降为一般优势。处于一般优势的较2022年减少11个，下降为中势，分别是临洮县、玉门市、渭源县、徽县、崇信县、庄浪县、金塔县、泾川县、阿克塞哈萨克族自治县、民勤县、瓜州县；新增5个——肃南裕固族自治县、高台县、灵台县、天祝藏族自治县、华池县。处于中势的较2022年减少7个县（市），其中1个灵台县上升为一般优势，6个县下降为一般劣势，分别是康县、庆城县、碌曲县、会宁县、正宁县、广河县；新增14个县（市）：临洮县、玉门市、渭源县、徽县、崇信县、庄浪县、金塔县、泾川县、阿克塞哈萨克族自治县、民勤县、瓜州县、武山县、礼县、皋兰县。处于一般劣势的较2022年减少5个县（市），其中3个（武山县、礼县、皋兰县）上升为中势，2个（和政县、玛曲县）下降为绝对劣势；新增9个县——康县、庆城县、碌曲县、康乐县、临夏县、会宁县、正宁县、广河县、卓尼县。处于绝对劣势的较2022年减少3个县（康乐县、临夏县、卓尼县），上升为一般劣势；新增2个县（和政县和玛曲县）。

从甘肃省67个县（市）公共服务竞争力排序较2022年变化来看，排序未变的有宕昌县、环县、秦安县3个县；排序上升的有灵台县、永登县、张家川回族自治县等31个县（市）；排序下降的有会宁县、广河县、迭部县等33个县（市）。

2.甘肃省19个市辖区公共服务竞争力子系统评价结果

（1）评价结果

通过对2023年甘肃省19个市辖区公共服务竞争力2个二级指标科技文化竞争力、医疗卫生竞争力进行分析计算，得出19个市辖区公共服务竞争力评价情况，如表38所示。

根据2023年甘肃省19个市辖区公共服务竞争力得分，19个市辖区中，处于绝对优势的有兰州市城关区、张掖市甘州区、平凉市崆峒区等4个。处于一般优势的有武威市凉州区、兰州市七里河区、酒泉市肃州区等5个。处于中势的有定西市安定区、白银市平川区、兰州市红古区等5个，数量同2022年。处于一般劣势的有合作市、临夏市、兰州市安宁区等 4 个，数量同 2022 年。处于绝对劣势的有天水市秦州区 1 个（见表 39）。

表 38 2023 年甘肃省 19 个市辖区公共服务竞争力评价情况

市辖区	公共服务竞争力		二级指标得分	
	排序	得分	科技文化竞争力	医疗卫生竞争力
兰州市城关区	1	90.00	77.60	90.00
张掖市甘州区	2	86.97	78.77	85.24
平凉市崆峒区	3	86.41	78.49	84.80
庆阳市西峰区	4	85.40	75.43	86.39
武威市凉州区	5	84.82	75.36	85.75
兰州市七里河区	6	84.45	71.83	88.54
酒泉市肃州区	7	83.95	76.85	83.32
白银市白银区	8	82.87	78.07	80.88
金昌市金川区	9	80.85	76.51	79.86
定西市安定区	10	79.92	77.15	78.14
白银市平川区	11	79.72	74.51	80.32
兰州市红古区	12	78.64	75.37	78.21
兰州市西固区	13	78.01	75.54	77.29
天水市麦积区	14	77.32	75.91	76.10
合作市	15	74.81	72.71	75.99
临夏市	16	73.45	71.76	75.20
兰州市安宁区	17	73.17	67.43	78.84
陇南市武都区	18	71.85	75.23	70.07
天水市秦州区	19	67.46	74.93	65.00
均值		80.00	75.24	80.00
极差		22.54	11.34	25.00
方差		35.54	7.60	39.03
标准差		5.96	2.76	6.25

资料来源：根据《甘肃发展年鉴（2023）》、《甘肃统计提要（2024）》、甘肃省统计局和甘肃省财政厅提供的数据计算所得。

表39　2023年甘肃省19个市辖区公共服务竞争力水平归类分布一览

评价标准	县域名称	个数
绝对优势	兰州市城关区、张掖市甘州区、平凉市崆峒区、庆阳市西峰区	4
一般优势	武威市凉州区、兰州市七里河区、酒泉市肃州区、白银市白银区、金昌市金川区	5
中势	定西市安定区、白银市平川区、兰州市红古区、兰州市西固区、天水市麦积区	5
一般劣势	合作市、临夏市、兰州市安宁区、陇南市武都区	4
绝对劣势	天水市秦州区	1

（2）结果分析

2023年甘肃省19个市辖区公共服务竞争力得分均值为80.00，较2022年下降1.40，处于一般优势，其极差略有上升，方差和标准差均呈下降态势。从公共服务竞争力二级指标看，医疗卫生竞争力得分均值为80.00，较2022年上升0.45，由中势上升为一般优势，其极差略有上升，方差和标准差均呈下降态势；科技文化竞争力得分均值为75.24，较2022年上升0.08，处于中势，其极差、方差和标准差均呈下降态势。

从2023年甘肃省19个市辖区公共服务竞争力水平归类分布较2022年变化来看，处于绝对优势的较2022年减少4个市辖区，下降为一般优势，分别是武威市凉州区、兰州市七里河区、酒泉市肃州区、白银市白银区。处于一般优势的较2022年减少1个（临夏市），下降为一般劣势；新增4个市辖区：武威市凉州区、兰州市七里河区、酒泉市肃州区、白银市白银区。处于中势的较2022年减少1个（合作市），下降为一般劣势；新增1个（白银市平川区）。处于一般劣势的较2022年减少2个，其中1个（白银市平川区）上升为中势，1个（天水市秦州区）下降为绝对劣势；新增2个（合作市、临夏市）。处于绝对劣势的较2022年新增1个（天水市秦州区）。

从甘肃省19个市辖区公共服务竞争力排序较2022年变化来看，排序未变的有兰州市城关区、兰州市七里河区、合作市、天水市秦州区4个，排序下降的有临夏市、庆阳市西峰区、酒泉市肃州区等7个，排序上升的有白银市平川区、武威市凉州区、兰州市红古区等8个。

3. 甘肃省14个市（州）公共服务竞争力子系统评价分析

（1）评价结果

2023年甘肃省14个市（州）公共服务竞争力评价情况如表40所示。

表40　2023年甘肃省14个市（州）公共服务竞争力评价情况

市（州）	公共服务竞争力		二级指标得分	
	排序	得分	科技文化竞争力	医疗卫生竞争力
兰州市	1	90.00	78.49	90.00
张掖市	2	89.31	85.40	82.74
酒泉市	3	87.33	90.00	75.88
平凉市	4	85.69	82.12	80.90
武威市	5	83.22	78.00	81.35
定西市	6	79.02	78.93	74.88
金昌市	7	78.88	82.08	71.80
嘉峪关市	8	78.80	77.34	76.04
庆阳市	9	77.82	75.97	75.97
白银市	10	76.26	78.10	71.93
陇南市	11	73.47	76.09	70.03
天水市	12	72.02	79.45	65.00
甘南藏族自治州	13	70.06	76.39	65.19
临夏回族自治州	14	65.00	65.00	68.83
均值		79.06	78.81	75.04
极差		25.00	25.00	25.00
方差		55.64	31.24	49.35
标准差		7.46	5.59	7.03

资料来源：根据《甘肃发展年鉴（2023）》、《甘肃统计提要（2024）》、甘肃省统计局和甘肃省财政厅提供的数据计算所得。

2023年甘肃省14个市（州）公共服务竞争力得分：兰州市90.00、张掖市89.31、酒泉市87.33、平凉市85.69，均处于绝对优势；武威市

83.22，处于一般优势；定西市79.02、金昌市78.88、嘉峪关市78.80、庆阳市77.82、白银市76.26，均处于中势；陇南市73.47、天水市72.02、甘南藏族自治州70.06，均处于一般劣势；临夏回族自治州65.00，处于绝对劣势（见表41）。

（2）结果分析

从公共服务竞争力总体看，14个市（州）公共服务竞争力得分均值为79.06，较2022年上升0.48，处在中势，其方差和标准差均呈下降态势，与86个县（市、区）的评价结果一致。从公共服务竞争力二级指标看，科技文化竞争力得分均值为78.81，较2022年上升2.08，处于中势，其方差和标准差均呈下降态势，与86个县（市、区）的评价结果一致；医疗卫生竞争力得分均值为75.04，较2022年下降0.85，处于中势，其方差和标准差均呈上升态势，与86个县（市、区）的评价结果相反（见表42）。

表41 2023年甘肃省14个市（州）公共服务竞争力水平归类分布一览

评价标准	市(州)名称	个数
绝对优势	兰州市、张掖市、酒泉市、平凉市	4
一般优势	武威市	1
中势	定西市、金昌市、嘉峪关市、庆阳市、白银市	5
一般劣势	陇南市、天水市、甘南藏族自治州	3
绝对劣势	临夏回族自治州	1

表42 2023年甘肃省86个县（市、区）公共服务竞争力分析

综合竞争力		二级指标	
		科技文化竞争力	医疗卫生竞争力
均值	77.29	75.96	76.03
极差	25.00	25.00	25.00
方差	24.14	12.31	20.17
标准差	4.91	3.51	4.49

从甘肃省 14 个市（州）公共服务竞争力排序较 2022 年变化来看，排序未变的有金昌市、庆阳市、白银市 3 个市，排序下降的有嘉峪关市、甘南藏族自治州、张掖市等 5 个市（州），排序上升的有兰州市、定西市、天水市等 6 个市（州）。

（六）甘肃县域科学教育竞争力子系统评价分析

1. 甘肃省67个县（市）科学教育竞争力子系统评价结果

（1）评价结果

通过对 2023 年甘肃省 67 个县（市）科学教育竞争力 2 个二级指标科教支出竞争力和科教资源竞争力分析计算，得出 67 个县（市）科学教育竞争力评价情况，如表 43 所示。

表 43　2023 年甘肃省 67 个县（市）科学教育竞争力评价情况

县（市）	科学教育竞争力		二级指标得分	
	排序	得分	科教支出竞争力	科教资源竞争力
通渭县	1	90.00	90.00	88.12
渭源县	2	84.44	85.95	82.72
临洮县	3	83.96	86.96	80.00
静宁县	4	83.81	82.23	87.54
会宁县	5	83.52	84.16	83.69
民勤县	6	83.36	83.00	85.29
靖远县	7	82.89	80.90	87.77
肃南裕固族自治县	8	82.65	82.09	85.25
天祝藏族自治县	9	82.60	83.15	83.36
陇西县	10	82.59	86.05	78.49
景泰县	11	82.49	80.46	87.61
庄浪县	12	82.17	81.20	85.67
古浪县	13	82.05	82.77	82.80
岷县	14	81.21	85.63	76.19
环县	15	79.97	80.95	81.29
崇信县	16	79.54	75.17	90.00
镇原县	17	79.00	81.61	78.05

续表

县（市）	科学教育竞争力		二级指标得分	
	排序	得分	科教支出竞争力	科教资源竞争力
文县	18	78.84	77.66	84.30
礼县	19	78.74	82.12	76.65
灵台县	20	78.55	77.21	84.42
华池县	21	78.39	75.99	86.13
临泽县	22	78.28	83.50	73.33
甘谷县	23	77.55	77.38	81.95
泾川县	24	77.37	76.35	83.26
永登县	25	77.32	75.86	83.98
宁县	26	77.31	78.49	79.57
高台县	27	76.79	80.74	74.68
宕昌县	28	76.69	77.23	80.33
临潭县	29	76.30	73.56	85.59
迭部县	30	76.26	72.63	87.05
秦安县	31	76.24	79.53	75.49
永靖县	32	76.11	77.58	78.45
张家川回族自治县	33	75.93	79.56	74.76
碌曲县	34	75.89	73.17	85.33
肃北蒙古族自治县	35	75.79	70.58	89.45
皋兰县	36	75.76	74.60	82.67
卓尼县	37	75.73	75.54	81.04
和政县	38	75.68	78.14	76.59
西和县	39	75.32	78.43	75.32
徽县	40	75.31	75.73	79.80
临夏县	41	75.30	78.06	75.90
民乐县	42	75.21	83.73	66.22
庆城县	43	75.07	75.52	79.62
玉门市	44	74.66	79.20	72.59
成县	45	74.56	76.95	76.13
武山县	46	74.29	75.58	77.83
正宁县	47	74.17	71.51	84.36
清水县	48	74.09	74.88	78.56
康县	49	73.77	74.86	77.89

续表

县（市）	科学教育竞争力		二级指标得分	
	排序	得分	科教支出竞争力	科教资源竞争力
漳县	50	73.55	73.15	80.25
夏河县	51	73.49	74.94	77.14
两当县	52	72.73	69.52	84.51
康乐县	53	72.61	77.24	71.37
舟曲县	54	72.49	69.72	83.67
金塔县	55	72.33	74.76	74.89
山丹县	56	72.16	79.29	66.96
华亭市	57	71.81	74.18	74.74
合水县	58	70.92	70.35	79.17
敦煌市	59	70.79	75.54	70.23
东乡族自治县	60	70.32	74.70	70.61
瓜州县	61	70.06	74.02	71.16
榆中县	62	69.52	69.70	77.20
广河县	63	68.31	74.87	65.92
永昌县	64	67.59	73.29	66.99
积石山保安族东乡族撒拉族自治县	65	66.29	65.00	77.99
阿克塞哈萨克族自治县	66	65.62	66.60	73.86
玛曲县	67	65.00	68.82	68.78
均值		76.26	77.31	79.23
极差		25.00	25.00	24.08
方差		24.69	25.58	36.15
标准差		4.97	5.06	6.01

资料来源：根据《甘肃发展年鉴（2023）》、《甘肃统计提要（2024）》、甘肃省统计局和甘肃省财政厅提供的数据计算所得。

根据 2023 年甘肃省 67 个县（市）科学教育竞争力得分，67 个县（市）中处于绝对优势的有 1 个县（通渭县）。处于一般优势的有渭源县、临洮县、静宁县等 13 个。处于中势的有环县、崇信县、镇原县等 29 个。处于一般劣势的有玉门市、成县、武山县等 18 个。处于绝对劣势的有榆中县、广河县、永昌县等 6 个（见表 44）。

表 44　2023 年甘肃省 67 个县（市）科学教育竞争力水平归类分布一览

评价标准	县域名称	个数
绝对优势	通渭县	1
一般优势	渭源县、临洮县、静宁县、会宁县、民勤县、靖远县、肃南裕固族自治县、天祝藏族自治县、陇西县、景泰县、庄浪县、古浪县、岷县	13
中势	环县、崇信县、镇原县、文县、礼县、灵台县、华池县、临泽县、甘谷县、泾川县、永登县、宁县、高台县、宕昌县、临潭县、迭部县、秦安县、永靖县、张家川回族自治县、碌曲县、肃北蒙古族自治县、皋兰县、卓尼县、和政县、西和县、徽县、临夏县、民乐县、庆城县	29
一般劣势	玉门市、成县、武山县、正宁县、清水县、康县、漳县、夏河县、两当县、康乐县、舟曲县、金塔县、山丹县、华亭市、合水县、敦煌市、东乡族自治县、瓜州县	18
绝对劣势	榆中县、广河县、永昌县、积石山保安族东乡族撒拉族自治县、阿克塞哈萨克族自治县、玛曲县	6

（2）结果分析

2023 年甘肃省 67 个县（市）科学教育竞争力得分均值为 76.26，较 2022 年下降 2.16，处于中势，其方差和标准差均呈增长态势。从科学教育竞争力二级指标看，科教支出竞争力得分均值为 77.31，较 2022 年下降 1.89，处于中势，其方差和标准差均呈增长态势；科教资源竞争力得分均值为 79.23，较 2022 年上升 2.14，处于中势，其方差和标准差均呈增长态势。

从 2023 年甘肃省 67 个县（市）科学教育竞争力水平归类分布较 2022 年变化来看，处于绝对优势的只有通渭县 1 个，较 2022 年减少 3 个——静宁县、民勤县、肃南裕固族自治县，下降为一般优势。处于一般优势的较 2022 年减少 11 个，其中 10 个下降为中势，分别是环县、崇信县、镇原县、文县、灵台县、华池县、临泽县、泾川县、宁县、张家川回族自治县，1 个（漳县）下降为一般劣势；新增 3 个——静宁县、民勤县、肃南裕固族自治县。处于中势的较 2022 年减少 13 个县（市），其中 12 个县（市）下降为一般劣势，分别是玉门市、成县、武山县、正宁县、康县、两当县、金塔县、山丹县、华亭市、合水县、东乡族自治县、瓜州县，1 个县（永昌县）下降为绝对劣势；新增 11 个县（市）——环县、崇信县、镇原县、文县、灵台县、华池县、临泽县、泾川县、宁县、张家川回族自治县、卓尼县。处于一般劣势的较 2022 年减少 5 个，其中 1 个（卓尼县）上升为中势，4 个下降为绝对劣势，分别是榆中县、广河县、积石山保安族东乡族撒拉族自治县、阿克塞哈萨克族自治县；新增 13 个县（市）——玉门市、成县、武山县、正宁县、康县、漳县、两当县、金塔县、山丹县、华亭市、合水县、东乡族自治县、瓜州县。处于绝对劣势的较 2022 年新增 5 个——榆中县、广河县、永昌县、积石山保安族东乡族撒拉族自治县、阿克塞哈萨克族自治县。

从甘肃省 67 个县（市）科学教育竞争力排序较 2022 年变化来看，排序未变的有通渭县、会宁县、天祝藏族自治县、徽县、榆中县、玛曲县 6 个，排序上升的有高台县、卓尼县、临洮县等 29 个县（市），排序下降的有漳县、成县、永昌县等 32 个县（市）。

2. 甘肃省19个市辖区科学教育竞争力子系统评价结果

（1）评价结果

通过对 2023 年甘肃省 19 个市辖区科学教育竞争力 2 个二级指标科教支出竞争力和科教资源竞争力分析计算，得出 19 个市辖区科学教育竞争力评价情况，如表 45 所示。

根据 2023 年甘肃省 19 个市辖区科学教育竞争力得分，19 个市辖区中没有处于绝对优势的（同 2022 年）。处于一般优势的有 3 个（同 2022 年）。处于中势的有张掖市甘州区 1 个。处于一般劣势的有白银市崆峒区、庆阳市西峰区等 10 个。处于绝对劣势的有兰州市西固区、金昌市金川区、合作市等 5 个（见表 46）。

表45 2023年甘肃省19个市辖区科学教育竞争力评价情况

市辖区	科学教育竞争力		二级指标得分	
	排序	得分	科教支出竞争力	科教资源竞争力
定西市安定区	1	82.05	86.07	77.30
白银市平川区	2	81.95	78.40	89.88
武威市凉州区	3	80.64	84.55	76.73
张掖市甘州区	4	76.04	83.12	69.06
白银市白银区	5	74.93	75.36	79.58
平凉市崆峒区	6	74.50	77.13	75.69
庆阳市西峰区	7	74.10	77.99	73.38
陇南市武都区	8	74.04	79.67	70.46
兰州市七里河区	9	73.73	76.30	75.41
兰州市红古区	10	73.41	77.94	71.96
天水市秦州区	11	73.26	79.08	69.74
兰州市城关区	12	72.41	80.56	65.40
天水市麦积区	13	71.48	75.03	72.59
酒泉市肃州区	14	70.69	75.28	70.43
兰州市西固区	15	69.99	72.89	72.90
金昌市金川区	16	68.56	73.13	69.37
合作市	17	68.31	71.12	72.19
临夏市	18	67.82	74.78	65.00
兰州市安宁区	19	66.91	73.16	65.71
均值		73.41	77.45	72.78
极差		15.14	14.95	24.88
方差		19.90	16.50	33.45
标准差		4.46	4.06	5.78

资料来源：根据《甘肃发展年鉴（2023）》、《甘肃统计提要（2024）》、甘肃省统计局和甘肃省财政厅提供的数据计算所得。

表46 2023年甘肃省19个市辖区科学教育竞争力水平归类分布一览

评价标准	县域名称	个数
绝对优势	—	0
一般优势	定西市安定区、白银市平川区、武威市凉州区	3
中势	张掖市甘州区	1

评价标准	县域名称	个数
一般劣势	白银市白银区、平凉市崆峒区、庆阳市西峰区、陇南市武都区、兰州市七里河区、兰州市红古区、天水市秦州区、兰州市城关区、天水市麦积区、酒泉市肃州区	10
绝对劣势	兰州市西固区、金昌市金川区、合作市、临夏市、兰州市安宁区	5

（2）结果分析

2023 年甘肃省 19 个市辖区科学教育竞争力得分均值为 73.41，较 2022 年下降 2.14，由中势下降为一般劣势，其极差略有下降，方差和标准差均略有上升。从科学教育竞争力二级指标看，科教支出竞争力得分均值为 77.45，较 2022 年下降 1.08，处于中势，其极差、方差和标准差均呈下降态势；科教资源竞争力得分均值为 72.78，较 2022 年上升 1.19，处于一般劣势，其极差、方差和标准差均呈上升态势。

从 2023 年甘肃省 19 个市辖区科学教育竞争力水平归类分布较 2022 年变化来看，没有处于绝对优势（同 2022 年）。处于一般优势的有 3 个（同 2022 年）。处于中势的只有张掖市甘州区 1 个，较 2022 年减少 8 个，分别是白银市白银区、平凉市崆峒区、庆阳市西峰区、陇南市武都区、兰州市红古区、天水市秦州区、兰州市城关区、酒泉市肃州区，下降为一般劣势；新增 2 个——兰州市七里河区、天水市麦积区。处于一般劣势的较 2022 年减少 3 个——金昌市金川区、合作市、临夏市，下降为绝对劣势；新增 8 个——白银市白银区、平凉市崆峒区、庆阳市西峰区、陇南市武都区、兰州市红古区、天水市秦州区、兰州市城关区、酒泉市肃州区；处于绝对劣势的较 2022 年新增 3 个——金昌市金川区、合作市、临夏市。

从甘肃省 19 个市辖区科学教育竞争力排序较 2022 年变化来看，排序未变的有定西市安定区、白银市平川区、武威市凉州区、合作市、兰州市安宁区 5 个，排序上升的有兰州市七里河区、庆阳市西峰区、陇南市武都区等 7

个；排序下降的有酒泉市肃州区、兰州市城关区、临夏市等7个。

3.甘肃省14个市（州）科学教育竞争力子系统评价分析

（1）评价结果

2023年甘肃省14个市（州）科学教育竞争力评价情况如表47所示。

表47　2023年甘肃省14个市（州）科学教育竞争力评价情况

市（州）	科学教育竞争力		二级指标得分	
	排序	得分	科教支出竞争力	科教资源竞争力
定西市	1	90.00	90.00	84.51
白银市	2	87.90	81.67	90.00
平凉市	3	85.84	81.95	86.49
武威市	4	84.72	82.09	84.59
庆阳市	5	83.30	81.70	82.79
甘南藏族自治州	6	82.61	78.66	84.91
陇南市	7	81.24	82.01	79.25
张掖市	8	80.35	84.77	74.96
天水市	9	80.09	80.00	79.58
酒泉市	10	76.57	77.58	76.63
临夏回族自治州	11	76.21	78.54	75.06
兰州市	12	76.17	77.11	76.50
嘉峪关市	13	67.15	74.67	65.00
金昌市	14	65.00	65.00	71.83
均值		79.80	79.70	79.44
极差		25.00	25.00	25.00
方差		51.42	31.60	44.37
标准差		7.17	5.62	6.66

资料来源：根据《甘肃发展年鉴（2023）》、《甘肃统计提要（2024）》、甘肃省统计局和甘肃省财政厅提供的数据计算所得。

2023年甘肃省14个市（州）科学教育竞争力得分：定西市90.00、白银市87.90、平凉市85.84，均处于绝对优势；武威市84.72、庆阳市

83.30、甘南藏族自治州 82.61、陇南市 81.24、张掖市 80.35、天水市
80.09，均处于一般优势；酒泉市 76.57、临夏回族自治州 76.21、兰州市
76.17，均处于中势；没有处于一般劣势的市（州）；嘉峪关市 67.15、金昌
市 65.00，均处于绝对劣势（见表48）。

表 48　2023 年甘肃省 14 个市（州）科学教育竞争力水平归类分布一览

评价标准	市(州)名称	个数
绝对优势	定西市、白银市、平凉市	3
一般优势	武威市、庆阳市、甘南藏族自治州、陇南市、张掖市、天水市	6
中势	酒泉市、临夏回族自治州、兰州市	3
一般劣势	—	0
绝对劣势	嘉峪关市、金昌市	2

（2）结果分析

从 14 个市（州）科学教育竞争力总体来看，得分均值为 79.80，较
2022 年上升 1.26，与 86 个县（市、区）同处中势，其方差和标准差均略有
下降，与 86 个县（市、区）相反。从科学教育竞争力二级指标看，科教资
源竞争力得分均值为 79.44，较 2022 年下降 0.98，由一般优势下降为中势，
其方差和标准差均略有上升，与 86 个县（市、区）结果一致；科技支出竞
争力得分均值为 79.70，较 2022 年上升 2.07，与 86 个县（市、区）同处中
势，其方差和标准差均略有下降，与 86 个县（市、区）相反（见表49）。

表 49　2023 年甘肃省 86 个县（市、区）科学教育竞争力分析

	综合竞争力	二级指标	
		科教支出竞争力	科教资源竞争力
均值	75.63	77.34	77.81
极差	25.00	25.00	25.00
方差	24.80	23.36	42.41
标准差	4.98	4.83	6.51

从甘肃14个市（州）科学教育竞争力排序较2022年变化来看，排序未变的有定西市、武威市、庆阳市、陇南市、天水市、临夏回族自治州、兰州市7个市（州），排序下降的有张掖市、酒泉市、平凉市等4个市（州），排序上升的有甘南藏族自治州、白银市、嘉峪关市3个市（州）。

（七）甘肃县域人居环境竞争力子系统评价分析

1. 甘肃省67个县（市）人居环境竞争力子系统评价结果

（1）评价结果

通过对2023年甘肃省67个县（市）人居环境竞争力2个二级指标生活环境竞争力和农业环境竞争力分析计算，得出67个县（市）人居环境竞争力评价情况，如表50所示。

表50 2023年甘肃省67个县（市）人居环境竞争力评价情况

县（市）	人居环境竞争力		二级指标得分	
	排序	得分	生活环境竞争力	农业环境竞争力
迭部县	1	90.00	90.00	83.93
碌曲县	2	89.25	79.37	90.00
夏河县	3	87.53	79.49	88.40
和政县	4	86.91	85.50	84.05
两当县	5	86.33	86.72	82.76
卓尼县	6	85.01	85.00	82.69
舟曲县	7	83.62	82.55	83.01
华池县	8	83.04	85.65	80.53
临潭县	9	82.77	84.60	80.96
阿克塞哈萨克族自治县	10	81.97	80.38	82.92
肃北蒙古族自治县	11	81.38	79.19	83.16
宁县	12	81.33	77.76	84.02
康县	13	81.15	84.98	79.28
文县	14	80.76	80.15	82.01
张家川回族自治县	15	80.42	81.18	81.05
合水县	16	80.11	79.93	81.57
民乐县	17	79.58	76.67	83.17

县(市)	人居环境竞争力		二级指标得分	
	排序	得分	生活环境竞争力	农业环境竞争力
广河县	18	79.22	71.98	85.82
积石山保安族东乡族撒拉族自治县	19	79.19	82.31	79.25
徽县	20	79.19	79.26	81.18
崇信县	21	78.95	79.42	80.87
肃南裕固族自治县	22	78.47	75.48	82.95
华亭市	23	78.33	78.96	80.61
成县	24	78.25	77.36	81.55
清水县	25	78.14	80.35	79.56
临夏县	26	78.05	75.12	82.79
临泽县	27	77.98	76.66	81.76
高台县	28	77.62	73.48	83.46
康乐县	29	77.39	75.77	81.81
山丹县	30	77.37	74.53	82.57
武山县	31	77.01	76.25	81.16
永昌县	32	76.80	73.52	82.71
天祝藏族自治县	33	76.65	74.23	82.12
永登县	34	76.57	75.59	81.19
灵台县	35	76.44	77.23	80.04
静宁县	36	76.25	77.62	79.63
永靖县	37	75.69	70.86	83.41
古浪县	38	75.59	71.01	83.23
靖远县	39	75.38	71.23	82.90
庆城县	40	75.33	74.62	80.71
西和县	41	75.24	74.53	80.69
会宁县	42	75.23	69.95	83.58
泾川县	43	75.03	80.05	77.00
宕昌县	44	74.96	74.46	80.48
庄浪县	45	74.87	75.54	79.72
东乡族自治县	46	74.53	70.04	82.91
礼县	47	74.49	74.50	80.05
甘谷县	48	74.35	73.00	80.87

续表

县（市）	人居环境竞争力		二级指标得分	
	排序	得分	生活环境竞争力	农业环境竞争力
正宁县	49	74.26	75.13	79.44
景泰县	50	74.22	73.88	80.20
渭源县	51	73.97	71.58	81.44
榆中县	52	73.56	74.18	79.43
镇原县	53	73.19	70.83	81.22
瓜州县	54	73.00	70.17	81.47
漳县	55	72.51	72.25	79.72
皋兰县	56	72.45	70.86	80.55
金塔县	57	72.38	68.06	82.26
玉门市	58	72.08	68.07	81.99
岷县	59	71.90	70.34	80.39
临洮县	60	71.34	69.99	80.12
陇西县	61	71.23	71.50	79.07
民勤县	62	70.77	65.00	82.78
秦安县	63	70.68	71.70	78.45
敦煌市	64	69.62	66.57	80.76
环县	65	67.14	67.73	77.85
通渭县	66	65.83	70.81	74.73
玛曲县	67	65.00	85.01	65.00
均值		76.94	75.94	81.30
极差		25.00	25.00	25.00
方差		26.28	29.53	9.26
标准差		5.13	5.43	3.04

资料来源：根据《甘肃发展年鉴（2023）》、《甘肃统计提要（2024）》、甘肃省统计局和甘肃省财政厅提供的数据计算所得。

根据 2023 年甘肃省 67 个县（市）人居环境竞争力得分，67 个县（市）中处于绝对优势的有迭部县、碌曲县、夏河县等 6 个。处于一般优势的有舟曲县、华池县、临潭县等 10 个。处于中势的有民乐县、广河县、积石山保安族东乡族撒拉族自治县等 27 个。处于一般劣势的有宕昌县、庄浪县、东乡族自治县等 20 个；处于绝对劣势的有敦煌市、环县、通渭县等 4 个（见表 51）。

表 51 2023 年甘肃省 67 个县（市）人居环境竞争力水平归类分布一览

评价标准	县域名称	个数
绝对优势	迭部县、碌曲县、夏河县、和政县、两当县、卓尼县	6
一般优势	舟曲县、华池县、临潭县、阿克塞哈萨克族自治县、肃北蒙古族自治县、宁县、康县、文县、张家川回族自治县、合水县	10
中势	民乐县、广河县、积石山保安族东乡族撒拉族自治县、徽县、崇信县、肃南裕固族自治县、华亭市、成县、清水县、临夏县、临泽县、高台县、康乐县、山丹县、武山县、永昌县、天祝藏族自治县、永登县、灵台县、静宁县、永靖县、古浪县、靖远县、庆城县、西和县、会宁县、泾川县	27
一般劣势	宕昌县、庄浪县、东乡族自治县、礼县、甘谷县、正宁县、景泰县、渭源县、榆中县、镇原县、瓜州县、漳县、皋兰县、金塔县、玉门市、岷县、临洮县、陇西县、民勤县、秦安县	20
绝对劣势	敦煌市、环县、通渭县、玛曲县	4

（2）结果分析

2023 年甘肃县域人居环境竞争力 67 个县（市）得分均值为 76.94，较 2022 年下降 1.74，处于中势，其极差、方差和标准差均呈增长态势。从人居环境竞争力二级指标看，生活环境竞争力得分均值为 75.94，较 2022 年下降 6.60，由一般优势下降为中势，其极差、方差和标准差均呈增长态势；农业环境竞争力得分均值为 81.30，较 2022 年上升 1.23，处于一般优势，其方差和标准差均呈下降态势。

从 2023 年甘肃省 67 个县（市）人居环境竞争力水平归类分布较 2022 年变化看，处于绝对优势的较 2022 年新增 4 个县——迭部县、碌曲县、和政县、卓尼县。处于一般优势的较 2022 年减少 17 个县（市），其中 3 个县（市）——迭部县、和政县、卓尼县上升为绝对优势，11 个县（市）下降为中势，分别是广河县、肃南裕固族自治县、华亭市、成县、临夏县、康乐县、山丹县、永昌县、天祝藏族自治县、古浪县、会宁县，3 个县——瓜州县、玉门市、民勤县下降为一般劣势；新增 5 个县——华池县、临潭县、康县、文县、张家川回族自治县。处于中势的较 2022 年减少 17 个，其中 1 个（碌曲县）上升为绝对优势，3 个（临潭县、康县、文县）上升为一般优势，11 个下降为一般劣势——庄浪县、东乡族自治县、礼县、甘谷县、渭源县、镇原县、漳县、皋兰县、金塔县、岷县、秦安县，2 个（敦煌市、玛曲县）下降为绝对劣势；新增 11 个县（市）：广河县、肃南裕固族自治县、华亭市、成县、临夏县、永昌县、康乐县、山丹县、天祝藏族自治县、古浪县、会宁县。处于一般劣势的较 2022 年减少 3 个，其中 2 个（华池县、张家川回族自治县）上升为一般优势，1 个（环县）下降为绝对劣势；新增 14 个县：庄浪县、东乡族自治县、礼县、甘谷县、渭源县、镇原县、瓜州县、漳县、皋兰县、金塔县、玉门市、岷县、民勤县、秦安县。处于绝对劣势的较 2022 年新增 3 个（敦煌市、环县、玛曲县）。

从甘肃省 67 个县（市）人居环境竞争力排序较 2022 年变化来看，排序上升的有张家川回族自治县、华池县、临潭县等 31 个县（市），排序下降的有民勤县、玉门市、玛曲县等 35 个县（市），排序未变的只有高台县 1 个县。

2.甘肃省19个市辖区人居环境竞争力子系统评价结果

（1）评价结果

通过对 2023 年甘肃省 19 个市辖区人居环境竞争力 2 个二级指标生活环境竞争力和农业环境竞争力分析计算，得出 19 个市辖区人居环境竞争力评价情况，如表 52 所示。

表52　2023 年甘肃省 19 个市辖区人居环境竞争力评价情况

市辖区	人居环境竞争力		二级指标得分	
	排序	得分	生活环境竞争力	农业环境竞争力
兰州市七里河区	1	84.10	83.37	82.91
临夏市	2	83.77	82.29	83.31
张掖市甘州区	3	80.83	77.88	83.50

续表

市辖区	人居环境竞争力		二级指标得分	
	排序	得分	生活环境竞争力	农业环境竞争力
合作市	4	80.08	76.23	83.89
天水市麦积区	5	79.32	84.11	78.22
天水市秦州区	6	79.04	79.01	81.21
平凉市崆峒区	7	78.74	76.07	82.81
兰州市西固区	8	78.61	76.94	82.14
兰州市城关区	9	78.08	76.59	81.89
庆阳市西峰区	10	77.85	75.32	82.49
兰州市安宁区	11	77.07	75.24	81.86
酒泉市肃州区	12	76.33	73.73	82.16
陇南市武都区	13	76.04	75.99	80.48
兰州市红古区	14	75.91	74.36	81.39
武威市凉州区	15	75.79	69.62	84.29
白银市白银区	16	74.09	74.59	79.63
金昌市金川区	17	73.84	77.62	77.50
白银市平川区	18	73.43	70.71	81.51
定西市安定区	19	70.41	72.81	77.51
均值		77.54	76.45	81.51
极差		13.69	14.49	6.79
方差		11.69	14.56	4.10
标准差		3.42	3.82	2.03

资料来源：根据《甘肃发展年鉴（2023）》、《甘肃统计提要（2024）》、甘肃省统计局和甘肃省财政厅提供的数据计算所得。

根据 2023 年甘肃省 19 个市辖区人居环境竞争力得分，19 个市辖区中没有处于绝对优势的（同 2022 年）。处于一般优势的有兰州市七里河区、临夏市、张掖市甘州区等 4 个。处于中势的有天水市麦积区、天水市秦州区、平凉市崆峒区等 11 个。处于一般劣势的有白银市白银区、金昌市金川区、白银市平川区等 4 个。没有绝对劣势的（见表 53）。

表53　2023年甘肃省19个市辖区人居环境竞争力水平归类分布一览

评价标准	县域名称	个数
绝对优势	—	0
一般优势	兰州市七里河区、临夏市、张掖市甘州区、合作市	4
中势	天水市麦积区、天水市秦州区、平凉市崆峒区、兰州市西固区、兰州市城关区、庆阳市西峰区、兰州市安宁区、酒泉市肃州区、陇南市武都区、兰州市红古区、武威市凉州区	11
一般劣势	白银市白银区、金昌市金川区、白银市平川区、定西市安定区	4
绝对劣势	—	0

（2）结果分析

2023年甘肃县域人居环境竞争力19个市辖区得分均值为77.54，较2022年下降0.34，处于中势，其极差、方差和标准差均呈下降态势。从人居环境竞争力二级指标看，生活环境竞争力得分均值为76.45，较2022年下降5.39，由一般优势下降为中势；农业环境竞争力得分均值为81.51，较2022年上升1.89，由中势上升为一般优势；2个二级指标的极差、方差和标准差均呈下降态势。

从2023年甘肃省19个市辖区人居环境竞争力水平归类分布较2022年变化来看，没有处于绝对优势的（同2022年）。处于一般优势的较2022年减少5个，下降为中势，分别是平凉市崆峒区、兰州市西固区、庆阳市西峰区、兰州市安宁区、武威市凉州区；新增2个（临夏市、合作市）。处于中势的较2022年减少4个，其中2个（临夏市、合作市）上升为一般优势，2个（白银市白银区、白银市平川区）下降为一般劣势；新增6个：平凉市崆峒区、兰州市西固区、庆阳市西峰区、兰州市安宁区、陇南市武都区、武威市凉州区。处于一般劣势的较2022年新增2个——白银市白银区、白银市平川区；没有处于绝对劣势的，较2022年减少1个（陇南市武都区），上升为中势。

从甘肃省19个市辖区人居环境竞争力排序较2022年变化来看，排序未变的有张掖市甘州区、金昌市金川区2个，排序上升的有临夏市、合作市、天水市麦积区等7个，排序下降的有武威市凉州区、兰州市安宁区、白银市平川区等10个。

3.甘肃省各市（州）人居环境竞争力子系统评价分析

（1）评价结果

2023年甘肃省14个市（州）人居环境竞争力评价情况如表54所示。

表54　2023年甘肃省14个市（州）人居环境竞争力评价情况

市（州）	人居环境竞争力		二级指标得分	
	排序	得分	生活环境竞争力	农业环境竞争力
嘉峪关市	1	90.00	84.27	81.14
张掖市	2	88.62	76.42	90.00
甘南藏族自治州	3	85.92	90.00	65.77
临夏回族自治州	4	85.89	74.71	87.66
陇南市	5	82.80	80.44	74.02
金昌市	6	82.22	76.27	79.00
天水市	7	81.94	81.23	71.39
庆阳市	8	80.48	74.34	78.71
武威市	9	78.82	65.63	88.31
兰州市	10	78.50	76.82	71.70
平凉市	11	77.89	79.19	67.21
酒泉市	12	77.48	69.30	80.68
白银市	13	73.28	67.18	76.37
定西市	14	65.00	65.00	65.00
均值		80.63	75.77	76.93
极差		25.00	25.00	25.00
方差		41.53	52.11	67.91
标准差		6.44	7.22	8.24

资料来源：根据《甘肃发展年鉴（2023）》、《甘肃统计提要（2024）》、甘肃省统计局和甘肃省财政厅提供的数据计算所得。

2023年甘肃省14个市（州）人居环境竞争力得分：嘉峪关市90.00、张掖市88.62、甘南藏族自治州85.92、临夏回族自治州85.89，均处于绝对优势；陇南市82.80、金昌市82.22、天水市81.94、庆阳市80.48，均处于一般优势；武威市78.82、兰州市78.50、平凉市77.89、酒泉市77.48，均处于中势；白银市73.28，处于一般劣势；定西市65.00，处于绝对劣势（见表55）。

表55 2023年甘肃省14个市（州）人居环境竞争力水平归类分布一览

评价标准	市（州）名称	个数
绝对优势	嘉峪关市、张掖市、甘南藏族自治州、临夏回族自治州	4
一般优势	陇南市、金昌市、天水市、庆阳市	4
中势	武威市、兰州市、平凉市、酒泉市	4
一般劣势	白银市	1
绝对劣势	定西市	1

（2）结果分析

从14个市（州）人居环境竞争力总体来看，人居环境竞争力得分均值为80.63，较2022年上升1.40，由中势上升为一般优势，高于86个县（市、区）一个等级，方差和标准差呈下降态势。从人居环境竞争力二级指标看，生活环境竞争力得分均值为75.77，较2022年下降2.54，处于中势，方差和标准差呈下降态势；农业环境竞争力得分均值为76.93，较2022年下降1.69，处于中势，方差和标准差呈上升态势（见表56）。

表56 2023年甘肃省86个县（市、区）人居环境竞争力分析

综合竞争力		二级指标	
		生活环境竞争力	农业环境竞争力
均值	77.08	76.06	81.35
极差	25.00	25.00	25.00
方差	22.96	26.00	8.06
标准差	4.79	5.10	2.84

从甘肃省 14 个市（州）人居环境竞争力排序较 2022 年变化来看，排序未变的有临夏回族自治州、兰州市、定西市 3 个市（州），排序下降的有武威市、酒泉市、平凉市等 4 个市，排序上升的有陇南市、天水市、甘南藏族自治州等 7 个市（州）。

（八）甘肃县域社会保障竞争力子系统评价分析

1. 甘肃省67个县（市）社会保障竞争力子系统评价结果

（1）评价结果

通过对 2023 年甘肃省 67 个县（市）社会保障竞争力 2 个二级指标保险竞争力、保障竞争力进行分析计算，得出 2023 年 67 个县（市）社会保障竞争力评价情况，如表 57 所示。

表 57　2023 年甘肃省 67 个县（市）社会保障竞争力评价情况

县（市）	社会保障竞争力		二级指标得分	
	排序	得分	保险竞争力	保障竞争力
永登县	1	90.00	81.72	69.47
玉门市	2	89.33	88.72	70.97
康县	3	88.18	86.89	71.54
临夏县	4	88.09	90.00	69.76
泾川县	5	87.91	81.90	71.00
阿克塞哈萨克族自治县	6	87.63	89.36	70.38
秦安县	7	87.46	81.96	70.89
徽县	8	87.38	85.17	70.83
宁县	9	86.59	82.77	70.39
华亭市	10	86.50	83.33	71.22
两当县	11	86.27	86.87	71.60
敦煌市	12	86.21	84.54	90.00
成县	13	85.87	83.80	71.71
临洮县	14	85.87	82.58	71.78
榆中县	15	85.59	79.58	70.11
镇原县	16	85.37	85.01	70.07
金塔县	17	85.07	84.06	69.64

县(市)	社会保障竞争力		二级指标得分	
	排序	得分	保险竞争力	保障竞争力
宕昌县	18	84.95	85.94	70.64
清水县	19	84.09	82.76	70.50
正宁县	20	84.00	79.09	71.68
山丹县	21	84.00	83.98	72.16
临泽县	22	83.86	83.29	70.20
甘谷县	23	83.81	81.88	70.11
肃北蒙古族自治县	24	83.79	89.14	72.25
渭源县	25	83.20	83.69	70.49
文县	26	83.18	83.42	70.84
庆城县	27	82.83	81.62	70.41
武山县	28	82.82	81.43	70.43
庄浪县	29	82.81	82.97	70.62
岷县	30	82.67	82.62	70.33
合水县	31	82.48	83.05	70.85
西和县	32	82.38	81.23	69.95
崇信县	33	82.16	84.03	71.60
陇西县	34	82.11	80.46	72.66
灵台县	35	81.94	81.88	76.05
礼县	36	81.80	83.19	71.29
卓尼县	37	81.75	84.00	67.39
碌曲县	38	81.05	85.87	66.80
靖远县	39	80.99	79.52	70.52
皋兰县	40	80.88	80.68	69.69
瓜州县	41	80.81	85.02	71.23
静宁县	42	80.77	81.85	70.75
永昌县	43	80.52	80.79	70.98
临潭县	44	80.41	84.31	70.06
永靖县	45	80.38	81.98	69.68
高台县	46	80.16	81.62	73.21
景泰县	47	80.00	81.71	71.58
舟曲县	48	79.24	83.75	70.49
华池县	49	79.21	84.17	73.48

续表

县(市)	社会保障竞争力		二级指标得分	
	排序	得分	保险竞争力	保障竞争力
古浪县	50	79.16	80.67	71.83
天祝藏族自治县	51	78.84	82.37	71.84
环县	52	78.82	82.33	71.44
康乐县	53	78.32	83.86	69.57
迭部县	54	78.07	81.57	68.10
肃南裕固族自治县	55	77.19	84.88	76.52
漳县	56	77.17	79.76	71.89
民乐县	57	77.04	80.79	69.85
会宁县	58	77.02	79.22	69.97
张家川回族自治县	59	76.34	78.96	70.66
玛曲县	60	74.39	81.79	67.03
夏河县	61	73.47	79.50	67.38
积石山保安族东乡族撒拉族自治县	62	72.82	81.57	66.78
和政县	63	72.75	84.18	66.24
民勤县	64	72.43	77.95	71.10
广河县	65	71.29	77.33	69.87
通渭县	66	69.84	79.00	71.98
东乡族自治县	67	67.50	82.48	66.73
均值		81.44	82.80	70.88
极差		22.50	12.67	23.76
方差		23.66	6.88	8.93
标准差		4.86	2.62	2.99

资料来源:根据《甘肃发展年鉴(2023)》、《甘肃统计提要(2024)》、甘肃省统计局和甘肃省财政厅提供的数据计算所得。

　　根据2023年甘肃省67个县(市)社会保障竞争力得分,67个县(市)中处于绝对优势的有永登县、玉门市、康县等17个。处于一般优势的有宕昌县、清水县、正宁县等30个。处于中势的有舟曲县、华池县、古浪县等12个。处于一般劣势的有玛曲县、夏河县、积石山保安族东乡族撒拉族自治县等 6 个（数量同 2022 年）。处于绝对劣势的有通渭县、东乡族自治县 2 个（数量同 2022 年）（见表 58）。

表 58　2023 年甘肃省 67 个县（市）社会保障竞争力水平归类分布一览

评价标准	县域名称	个数
绝对优势	永登县、玉门市、康县、临夏县、泾川县、阿克塞哈萨克族自治县、秦安县、徽县、宁县、华亭市、两当县、敦煌市、成县、临洮县、榆中县、镇原县、金塔县	17
一般优势	宕昌县、清水县、正宁县、山丹县、临泽县、甘谷县、肃北蒙古族自治县、渭源县、文县、庆城县、武山县、庄浪县、岷县、合水县、西和县、崇信县、陇西县、灵台县、礼县、卓尼县、碌曲县、靖远县、皋兰县、瓜州县、静宁县、永昌县、临潭县、永靖县、高台县、景泰县	30
中势	舟曲县、华池县、古浪县、天祝藏族自治县、环县、康乐县、迭部县、肃南裕固族自治县、漳县、民乐县、会宁县、张家川回族自治县	12
一般劣势	玛曲县、夏河县、积石山保安族东乡族撒拉族自治县、和政县、民勤县、广河县	6
绝对劣势	通渭县、东乡族自治县	2

（2）结果分析

2023 年甘肃省 67 个县（市）社会保障竞争力得分均值为 81.44，较 2022 年上升 2.22，由中势上升为一般优势，其极差呈下降态势，方差和标准差均略有上升。从社会保障竞争力二级指标看，保险竞争力得分均值为 82.80，较 2022 年上升 4.09，由中势上升为一般优势；保障竞争力得分均值为 70.88，较 2022 年下降 10.31，由一般优势下降到一般劣势；保险竞争力和保障竞争力 2 个二级指标的极差、方差和标准差均呈下降态势。

从 2023 年甘肃省 67 个县（市）社会保障竞争力水平归类分布较 2022 年变化来看，处于绝对优势的较 2022 年减少 1 个肃北蒙古族自治县——下降为一般优势；新增 10 个县（市）：临夏县、泾川县、阿克塞哈萨克族自治县、秦安县、徽县、宁县、华亭市、两当县、临洮县、镇原县。处于一般优势的较 2022 年减少 9 个县（市），其中 7 个县（市）上升为绝对优势，分别是泾川县、阿克塞哈萨克族自治县、秦安县、徽县、宁县、两当县、临洮县，1 个（迭部县）下降为中势，1 个（夏河县）下降为一般劣势；新增 15 个县：宕昌县、清水县、山丹县、甘谷县、肃北蒙古族自治县、渭源县、庆城县、武山县、庄浪县、岷县、崇信县、陇西县、灵台县、静宁县、景泰县。处于中势的较 2022 年减少 17 个县（市），其中 2 个县（市）（华亭市、镇原县）上升为绝对优势，12 个县（市）上升为一般优势，分别是宕昌县、清水县、山丹县、甘谷县、渭源县、武山县、庄浪县、崇信县、陇西县、灵台县、静宁县、景泰县，3 个县（玛曲县、积石山保安族东乡族撒拉族自治县、民勤县）下降为一般劣势；新增 2 个县（市）——迭部县、肃南裕固族自治县。处于一般劣势的较 2022 年减少 5 个，其中 1 个（临夏县）上升为绝对优势，2 个（庆城县、岷县）上升为一般优势，1 个（肃南裕固族自治县）上升为中势，1 个（通渭县）下降为绝对劣势；新增 5 个县（市）：玛曲县、夏河县、积石山保安族东乡族撒拉族自治县、和政县、民勤县。处于绝对劣势的较 2022 年减少 1 个和政县——上升为一般劣势；新增 1 个（通渭县）。

从甘肃省 67 个县（市）社会保障竞争力排序较 2022 年变化来看，排序未变的有永登县、临泽县、静宁县、东乡族自治县 4 个；排序上升的有临夏县、清水县、庆城县等 30 个县（市）；排序下降的有夏河县、永靖县、高台县等 33 个县（市）（见表 57）。

2. 甘肃省 19 个市辖区社会保障竞争力子系统评价结果

（1）评价结果

通过对 2023 年甘肃省 19 个市辖区社会保障竞争力 2 个二级指标保险竞争力、保障竞争力进行分析计算，得出 2023 年县域社会保障竞争力评价情况，如表 59 所示。

根据 2023 年甘肃省 19 个市辖区社会保障竞争力得分，19 个市辖区中处于绝对优势的有酒泉市肃州区 1 个。处于一般优势的有张掖市甘州区、天水市麦积区、陇南市武都区等 4 个。处于中势的有平凉市崆峒区、定西市安定区、兰州市七里河区等7个。处于一般劣势的有兰州市西固区、合作市、兰州市城关区3个。处于绝对劣势的有兰州市安宁区、临夏市、金昌市金川区等4个（见表60）。

表59　2023年甘肃省19个市辖区社会保障竞争力评价情况

市辖区	社会保障竞争力		二级指标得分	
	排序	得分	保险竞争力	保障竞争力
酒泉市肃州区	1	88.25	82.65	72.29
张掖市甘州区	2	82.11	80.87	73.26
天水市麦积区	3	81.99	78.62	70.91
陇南市武都区	4	81.93	81.40	70.33
武威市凉州区	5	81.00	76.75	70.85
平凉市崆峒区	6	78.22	76.47	69.89
定西市安定区	7	78.21	79.16	71.19
兰州市七里河区	8	77.90	68.54	69.69
兰州市红古区	9	77.30	76.47	69.95
白银市平川区	10	76.99	78.21	70.69
庆阳市西峰区	11	75.75	76.45	71.92
天水市秦州区	12	75.73	74.25	70.69
兰州市西固区	13	73.70	66.50	69.59
合作市	14	71.26	78.72	65.78
兰州市城关区	15	70.81	65.33	70.08
兰州市安宁区	16	69.99	67.26	65.00
临夏市	17	68.72	73.05	70.63
金昌市金川区	18	66.70	68.66	71.26
白银市白银区	19	65.00	65.00	70.89
均值		75.87	74.44	70.26
极差		23.25	17.65	8.26
方差		36.14	33.56	3.79
标准差		6.01	5.79	1.95

资料来源：根据《甘肃发展年鉴（2023）》、《甘肃统计提要（2024）》、甘肃省统计局和甘肃省财政厅提供的数据计算所得。

表60　2023年甘肃省19个市辖区社会保障竞争力水平归类分布一览

评价标准	县域名称	个数
绝对优势	酒泉市肃州区	1
一般优势	张掖市甘州区、天水市麦积区、陇南市武都区、武威市凉州区	4
中势	平凉市崆峒区、定西市安定区、兰州市七里河区、兰州市红古区、白银市平川区、庆阳市西峰区、天水市秦州区	7
一般劣势	兰州市西固区、合作市、兰州市城关区	3
绝对劣势	兰州市安宁区、临夏市、金昌市金川区、白银市白银区	4

（2）结果分析

2023年甘肃省19个市辖区社会保障竞争力得分均值为75.87，较2022年下降3.35，处于中势，其极差、方差和标准差均呈增长态势；从社会保障竞争力二级指标看，保险竞争力得分均值为74.44，较2022年上升1.15，处于一般劣势，其极差、方差和标准差均呈增长态势。保障竞争力得分均值为70.26，较2022年下降14.35，由一般优势下降为一般劣势，其极差、方差和标准差均呈下降态势。

从2023年甘肃省19个市辖区社会保障竞争力水平归类分布较2022年变化来看，处于绝对优势的新增酒泉市肃州区1个。处于一般优势的较2022年减少8个，其中4个下降为中势，分别是平凉市崆峒区、兰州市七里河区、兰州市红古区、庆阳市西峰区，2个（兰州市西固区、兰州市城关区）下降为一般劣势，2个（兰州市安宁区、金昌市金川区）下降为绝对劣势；新增1个（天水市麦积区）。处于中势的较2022年减少1个（酒泉市肃州区），上升为绝对优势；新增5个——平凉市崆峒区、兰州市七里河区、兰州市红古区、白银市平川区、庆阳市西峰区。处于一般劣势的较2022年减少4个，其中1个（天水市麦积区）上升为一般优势，1个（白银市平川区）上升为中势，2个（临夏市、白银市白银区）下降为绝对劣势；较2022年新增2个（兰州市西固区、兰州市城关区）。处于绝对劣势的较2022年新增4个——兰州市安宁区、临夏市、金昌市金川区、白银市白银区。

从甘肃省19个市辖区社会保障竞争力排序较2022年变化来看，排序上升的有天水市麦积区、酒泉市肃州区、张掖市甘州区等9个；排序下降的有兰州市城关区、庆阳市西峰区、金昌市金川区等10个。

3.甘肃省14个市（州）社会保障竞争力子系统评价分析

（1）评价结果

2023年甘肃省14个市（州）社会保障竞争力评价情况如表61所示。

表61　2023年甘肃省14个市（州）社会保障竞争力评价情况

市(州)	社会保障竞争力		二级指标得分	
	排序	得分	保险竞争力	保障竞争力
嘉峪关市	1	90.00	90.00	75.33
酒泉市	2	76.48	80.43	90.00
陇南市	3	75.94	79.31	69.62
平凉市	4	74.26	76.84	72.56
庆阳市	5	74.19	77.73	71.15
天水市	6	74.10	75.21	68.55
定西市	7	72.74	76.81	72.89
张掖市	8	72.51	77.57	78.70
兰州市	9	70.62	65.00	67.60
武威市	10	69.77	73.57	70.06
白银市	11	67.37	72.25	69.76
甘南藏族自治州	12	67.15	78.24	65.00
金昌市	13	65.44	69.65	72.74
临夏回族自治州	14	65.00	77.69	65.12
均值		72.54	76.45	72.08
极差		25.00	25.00	25.00
方差		39.58	32.34	40.33
标准差		6.29	5.69	6.35

资料来源：根据《甘肃发展年鉴（2023）》、《甘肃统计提要（2024）》、甘肃省统计局和甘肃省财政厅提供的数据计算所得。

2023 年甘肃省 14 个市（州）社会保障竞争力得分：嘉峪关市 90.00，处于绝对优势；酒泉市 76.48、陇南市 75.94，均处于中势；平凉市 74.26、庆阳市 74.19、天水市 74.10、定西市 72.74、张掖市 72.51、兰州市 70.62，均处于一般劣势；武威市 69.77、白银市 67.37、甘南藏族自治州 67.15、金昌市 65.44、临夏回族自治州 65.00，均处于绝对劣势（见表 61）。

表 62　2023 年甘肃省 14 个市（州）社会保障竞争力水平归类分布一览

评价标准	市(州)名称	个数
对优势	嘉峪关市	1
一般优势	—	0
中势	酒泉市、陇南市	2
一般劣势	平凉市、庆阳市、天水市、定西市、张掖市、兰州市	6
绝对劣势	武威市、白银市、甘南藏族自治州、金昌市、临夏回族自治州	5

（2）结果分析

从社会保障竞争力总体看，14 个市（州）社会保障竞争力得分均值为 72.54，较 2022 年下降 2.77，由中势下降为一般劣势，与 86 个县（市、区）结果不一致，其方差和标准差均呈增长态势，与 86 个县（市、区）结果一致（见表 63）。从社会保障竞争力二级指标看，保险竞争力得分均值为 76.45，较 2022 年下降 1.86，处于中势；保障竞争力得分均值为 72.08，较 2022 年下降 6.24，由中势下降为一般劣势；保险竞争力和保障竞争力 2 个二级指标的方差和标准差均呈下降态势。

表 63　2023 年甘肃省 86 个县（市、区）社会保障竞争力分析

综合竞争力		二级指标	
		保险竞争力	保障竞争力
均值	80.21	80.95	70.74
极差	25.00	25.00	25.00
方差	31.44	24.62	7.80
标准差	5.61	4.96	2.79

从甘肃省 14 个市（州）社会保障竞争力排序较 2022 年变化来看，排序未变的有酒泉市、平凉市 2 个市；排序下降的有金昌市、白银市、武威市、甘南藏族自治州、临夏回族自治州 5 个市（州）；排序上升的有陇南市、天水市、兰州市、嘉峪关市、庆阳市、定西市、张掖市 7 个市。

小　结

通过以上分析，2023 年甘肃县域竞争力具有以下特征。

2023 年甘肃省 67 个县（市）县域竞争力整体水平较低，但较 2022 年有所提升。综合竞争力及 4 个一级指标宏观经济竞争力、社会保障竞争力、基础设施竞争力和产业发展竞争力得分均值均高于 2022 年，同时，基础设施竞争力、宏观经济竞争力和产业发展竞争力 3 个一级指标得分方差和标准差较 2022 年均呈缩小态势，综合竞争力和一级指标社会保障竞争力得分的方差和标准差均略高于 2022 年，公共服务竞争力得分的方差和标准差均较 2022 年缩小；2023 年甘肃省 67 个县（市）县域综合竞争力仍处于中势，8 个一级指标中，社会保障竞争力和产业发展竞争力由 2022 年处于中势上升到一般优势，宏观经济竞争力由 2022 年处于一般劣势上升到中势，基础设施竞争力、人居环境竞争力、公共服务竞争力和科学教育竞争力均处于中势，城乡融合竞争力（社会结构竞争力）处于一般劣势。

2023 年甘肃 19 个市辖区县域竞争力整体水平较高，较 2022 年略有所提升。综合竞争力及 3 个一级指标宏观经济竞争力、基础设施竞争力和城乡融合竞争力（社会结构竞争力）得分均值均高于 2022 年，方差和标准差较 2022 年均呈下降态势；5 个一级指标产业发展竞争力、社会保障竞争力、公共服务竞争力、人居环境竞争力和科学教育竞争力得分均值均低于 2022 年，公共服务竞争力和人居环境竞争力得分方差和标准差较 2022 年均呈下降态势，产业发展竞争力、社会保障竞争力和科学教育竞争力得分方差和标准差较 2022 年均呈增长态势。2023 年甘肃省 19 个市辖区县域综合竞争力仍处于一般优势。8 个一级指标中，宏观经济竞争力由 2022 年处于中势上升为一般优势，产业发展竞争力、公共服务竞争力和基础设施竞争力均处于一般优势，城乡融合竞争力（社会结构竞争力）、人居环境竞争力和社会保障竞争力均处于中势，科学教育竞争力由2022年处于中势下降为一般劣势。

2023年甘肃省14个市（州）县域竞争力较2022年有所提升。综合竞争力及5个一级指标宏观经济竞争力、产业发展竞争力、公共服务竞争力、人居环境竞争力和科学教育竞争力得分均值均高于2022年，3个一级指标基础设施竞争力、社会保障竞争力和城乡融合竞争力（社会结构竞争力）得分均值均低于2022年；5个一级指标产业发展竞争力、基础设施竞争力、公共服务竞争力、人居环境竞争力和科学教育竞争力得分方差和标准差较2022年均呈下降态势，综合竞争力及3个一级指标宏观经济竞争力、社会保障竞争力和城乡融合竞争力（社会结构竞争力）得分方差和标准差较2022年均呈上升态势。2023年甘肃省14个市（州）县域综合竞争力仍处于中势。8个一级指标中，人居环境竞争力由2022年处于中势上升为一般优势，宏观经济竞争力由2022年处于一般劣势上升为中势，科学教育竞争力、公共服务竞争力、产业发展竞争力、城乡融合竞争力（社会结构竞争力）和基础设施竞争力均处于中势，社会保障竞争力由2022年处于中势下降为一般劣势。

专题篇 ⟨⟩

B.4

甘肃东西部协作和对口支援
发展经验与对策研究

海 敬*

摘 要: 为进一步提升甘肃东西部协作和对口支援发展质效,推动甘肃经济、文化等要素协同发展、时代化发展。特结合相关经验,在剖析甘肃东西部协作和对口支援发展历史和时代原因基础上,以其发展现状为着力点,对其现存问题进行了系统探讨,结果表明其仍存在协作市场主体参与较少、协作支援合作不够深入、参与主体积极性不够高、当地群众自我发展能力差、营商环境有待深度完善等问题。同时,对照其他区域实践经验、文献成果,提出了相关应对措施。

关键词: 东西部协作 对口支援 甘肃

---

* 海敬,甘肃省社会科学院副研究员,主要研究方向为文化、文化产业。

甘肃具有深厚的文化底蕴和广阔的发展空间。然而，长期以来，受自然环境、历史因素等多方面影响，甘肃东西部地区发展不平衡不充分的问题较为突出①。为了促进甘肃东西部地区的协调发展，实现共同富裕，甘肃省委、省政府高度重视东西部协作和对口支援工作，积极探索适合甘肃实际的发展道路，取得了一定成效。然而，梳理甘肃东西部协作和对口支援发展情况发现，仍存在一定的问题，需要对其进行相应的优化、改善。

一 甘肃东西部协作和对口支援发展历史和时代原因

（一）历史原因

从整体历史层面看，甘肃虽有广阔的地域，但大部分地区自然环境恶劣，如干旱少雨、土地贫瘠等，限制了农业和工业的发展。而我国东部地区在改革开放的推动下，经济发展迅速，形成了较为成熟的市场机制和产业体系。甘肃的经济发展相对滞后，产业结构单一，缺乏现代化的工业和服务业。同时，部分地区仍存在"等靠要"、小农意识、官本位等思想，甘肃经济、文化等事业发展虽较为稳定，但相较于我国其他城市而言，发展较为缓慢。在国家大力扶持基础上，我国东部地区的经济、文化、制度等要素不断取得突破，拥有较为成熟的发展经验。与此同时，这些经验与甘肃发展契合度较高。因此，甘肃开展东西部协作和对口支援具有1+1>n的效果。②

从细化时间层面看，甘肃在40年发展基础上，虽有较大的进步，但发展仍需其他地区的帮扶。第一个"10年"，贫穷治理之始。1982年甘肃在极端干旱天气影响下，地方农民吃不饱、穿不好。针对甘肃这一贫困状况，

---

① 李小军：《20世纪50~60年代上海对甘肃的人力支援》，西北民族大学硕士学位论文，2020。

② 周光辉、王宏伟：《对口支援：破解规模治理负荷的有效制度安排》，《中国政治》2021年第1期。

中央于 1983 年开始向其对口拨款 2 亿元，引导其发展旱作农业、移民搬迁、兴建水利工程等，在人才、资金等支援基础上，1992 年相较于 1982 年人均收入增加 2.88 倍，贫困现象下降至 14.8%[①]；第二个"10 年"，1992 年国家基于甘肃经济发展状况，一方面提出延长 10 年经济对口支援，助力甘肃"三西"地区[②]解决本土温饱问题；另一方面鼓励、引导、支持东部发达城市支援甘肃，如 1996 年天津正式开始支援甘肃等。如此，在多元支持形式基础上，2000 年甘肃贫困情况得到了进一步改善，在一定程度上解决了农民温饱相关问题；第三个"10 年"，在国家《中国农村扶贫开发纲要（2001—2010 年）》等政策驱动下，甘肃整合各项资金，以本土优势资源为依托，"还草、还林"，开发本土特色产业，如马铃薯、红枣、滩羊等。然而，截至 2010 年，仍存在六盘山连片特困地区等[③]；第四个"10 年"，在东西部协作和对口支援的推动下，甘肃的产业结构逐渐多元化，农业、工业和服务业都有了显著的发展。特别是在工业领域，随着一批现代化企业的引进和建立，甘肃的工业产值逐年攀升，为经济增长注入了新的动力。同时，服务业的兴起也为甘肃的经济发展提供了新的增长点，旅游、金融、物流等行业的发展势头强劲。然而，结合 2023 年最新数据可见，2023 年甘肃 GDP 仅有 1.19 万亿元，全国（不包含港、澳、台）排名第 27，相较于第一名广东（13.57 万亿元），相差仅 10 倍。同时，梳理甘肃近几十年 GDP 增速（见图 1）可见，近几年甘肃经济发展较缓。因而，有必要借助东部力量，进一步提升其经济活力。

（二）时代原因

从协同发展层面看。协同发展概念由德国物理学家 H. 哈肯提出，其内涵主要为基于多样化的个体需求，以系统整体为基础、以相互促进、合作并

---

① https：//www.cdrb.com.cn/epaper/cdrbpc/202311/15/c123457.html。

② 甘肃省河西地区、陕西地区和宁夏回族自治区西海固地区合称"三西"，是改革开放初期全国集中连片最困难的地区之一。

③ https：//www.cdrb.com.cn/epaper/cdrbpc/202311/15/c123457.html。

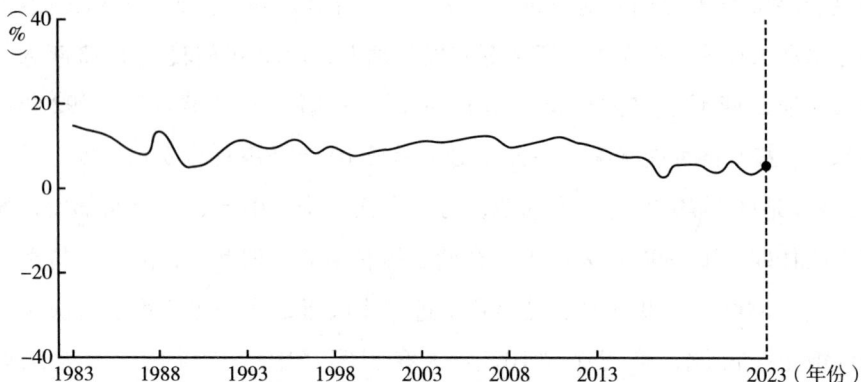

图 1　甘肃 1983~2023 年 GDP 增速

存、共赢互惠等要素为导向的时空理论。而将这一理论迁移到现代城市、地区等的发展可见，其能"集中力量办大事"——保障各地资源科学利用，互利互赢，从而打造新时代城市集群。① 甘肃作为中国西部的一个重要省份，其地理环境复杂多样，既有丰富的自然资源，也面临着生态环境脆弱、经济发展不平衡等挑战。对于此，若继续以传统经验对其进行支援，效果必然不尽如人意。因而，要扬弃传统经验，借助东部地区改革开放以来积累的资本、技术和市场优势，借助"东西部协作和对口支援"平台，将新质生产力源引入甘肃，助力其传统产业转型升级，壮大新兴产业。如东部地区的资金和技术支持帮助甘肃加快了交通、水利、能源等基础设施的建设和完善，可快速改善当地投资环境和居民生活条件等。

从民族复兴层面看。民族复兴是我民族近代以来最伟大的梦想，而实现这一梦想需要各地区共同进步、发展。甘肃作为多民族聚居的省份，其稳定和发展对于民族团结和国家长治久安具有关键意义。如东西部文化交流项目，不仅能让东部民众了解甘肃丰富的民族文化，而且能让甘肃少数民族有机会接触更广阔的世界，这对于增进民族间的相互尊重和理解、构建和谐社

---

① 张璐、张海粟、张子凡：《浅谈东西部协作下的健康帮扶——以青海黄南州、甘肃会宁为例》，《才智》2022 年第 4 期。

会具有不可估量的价值。再如，基于东部地区对口支援、协作发展，大量资金、技术和人才投入甘肃，在一定程度上有效推动了当地扶贫工作，有效帮助贫困人口实现了脱贫增收，促使甘肃逐步走向共同富裕道路，如此不仅体现了社会主义制度的优越性，也在一定程度上彰显了我国政府致力于实现全体人民共同富裕的坚定决心。又如，东西部协作和对口支援政策能促进甘肃本土教育、医疗等社会公共资源的均等化分配，提高甘肃地区的公共服务水平，为当地居民提供了更多的发展机会，减少地域差异造成的社会不公。如此，便能营造一个更加公平、公正的社会环境，让每个人都能享受到改革发展的红利，为实现社会的全面进步和民族复兴的中国梦奠定坚实的基础。①

二 甘肃东西部协作和对口支援发展成果

（一）协调对接不断"上新"

随着区域协作的深化，甘肃与东部省市及中央定点帮扶单位之间的联系愈发紧密，对接协同层次更高、领域更广，共同推动协同发展进入快车道。一是高层的直接参与和示范作用显著。甘肃省委、省政府等基于本土发展实际需求，主动组织代表团、协作团到山东、天津等地牵引协作单位、支援机构，取得了较好成效。如 2024 年 4 月以来，在政府牵头基础上，甘肃与天津、山东等地签署了金额为 316 亿元的 116 个项目，其中，已有 98 个项目顺利启动，吸引了 43.97 亿元的资金流入。同时，30 余家中央单位及山东、天津等地单位也基于协作需求②，主动深入甘肃实地考察，东部地区与甘肃协作县区之间的联系日益紧密。二是多级联动齐心推动。甘肃政府依托地方产业、经济等发展实情，将国家层面的协议细致分解，编制相关《责任书》，并要求各级政府及相关部门主动承担相应责任，确保了政策的连贯性

---

① 《甘肃与天津山东联合认定新一批"双地"科技特派员》，《中国产经》2022 年第 23 期。

② https：//baijiahao. baidu. com/s？id=1780828380215735153&wfr=spider&for=pc.

和执行力度。① 同时，进一步完善东西部协作要点、驱动机制，如制定了14项协作对接方案，确保了协作的上下联动，保障了责任链条的有序性、系统性。三是主动出击，深度对接。甘肃相关市县以感恩的心态积极与东部结对区和中央定点帮扶单位沟通交流，并携当地文化以"走亲戚"的形式，深入实地为对外协作和对口支援奠定深厚基础，如借助本土《丝路花雨》特色文化，到厦门、济南、天津等地进行答谢演出，进一步加深了甘肃与各地的协作对接。

（二）产业协作不断"突破"

近年来，甘肃在东西部协作与对口支援中，不断完善自身结构，优化产业平台和环境，为地区经济注入了新动能。一是搭建高规格的合作平台，积极引入东部地区的资本与技术。甘肃基于"优化营商环境突破年行动"等，对鲁企走进甘肃、共振津陇等进行了全面优化，并将其纳入29届中国兰州投资贸易洽谈会活动，吸引了460余家企业的关注与参与，且促成金额高达188.68亿元的121个合作项目有序签订，推动了东西部产业转移和协作迈入新台阶。二是清单化管理，提高了产业项目对接效率和精准度。甘肃集合历年发展经验，设计了以清单为基础的"1+3+N"——"1"为全省招商引资相关单位，"3"为农产品（或食品加工）清单、合作产业目录清单及实际项目协作清单等，"N"为本土各区县基于实际需求的补充。如此，在精准牵引基础上，促使316家东部企业落户甘肃，其中187家投资额过千万元，实际到位资金达46.86亿元。同时，在真实清单驱动下，山东与天津两地引导甘肃各区县建设了与之适应的产业园，共计79个，远超既定目标58个。三是多渠道产销对接。甘肃依托东部先进协作经验，积极探索节会促销等形式，有效拓宽了本地特色农产品的市场。如基于"政府+企业+协会""消费帮扶平台"等，实现了70.25亿元农产

---

① 靳华云：《东西部劳务协作品牌的困境和对策——以"鲁甘人力"为例》，《新西部》2022年第12期。

品销售额。同时，中央企业也积极依托职工、干部，设计了相关"以买代帮"等形式，带动了 2.71 亿元消费。①

（三）劳务协作水平不断"提升"

劳务协作作为甘肃经济发展的稳定剂、规模性返贫的阻燃剂，具有十分重要的作用。甘肃在清晰认知这一要素意义和价值基础上，不断对其进行提升、改善，取得了较好成果。一是挖掘品牌优势，提升协作效果。基于本土形成的"鲁甘人力"等平台要素，积极组织各种有益于劳务要素流动的推介活动，如基于本土"岗位供给资源清单"和"实际劳务需求"，打造一体化、一站式的劳务协作体系，进一步提升了劳务横向流通效益（实现了 15.95 万人就业）。二是进一步强化技能培训。联动协作省份，以产业需求、未来发展趋势为着力点，一方面开展诸如"技能大师齐鲁行"等活动，另一方面以本土校园、企业为依托，鼓励其校校协作或校企合作，如引导其设计定向培养、订单化培养等活动，或举办各类技能班等。目前共举办 355 期培训班，将 1.6 万的农村劳动力转化为技能型人才。三是保障就业稳定。为实现各类技术人员、高校毕业生、外来协作人员有所归，进一步提升甘肃对人才的"吸引力"，甘肃基于本土企业需求，以东西部人才协作为基础，组织开展各类专项招聘会（共计 1093场）。同时，设计各项劳务奖补、岗位指导服务等。②

（四）资金使用不断"加强"

2024 年，为保障 5.78 亿元中央帮扶资金与 32.23 亿元东西部协作资金能得到最大限度的使用，甘肃政府积极谋划、主动扬弃传统经验，保障了资金使用的动态"强化"。③ 一是合理设计项目。基于甘肃"十四五"发展规划、甘津、甘鲁等协作趋势，要求各个区县基于项目清单合理安排资金，同

①　https：//baijiahao. baidu. com/s？id＝1780828380215735153&wfr＝spider&for＝pc.

②　https：//baijiahao. baidu. com/s？id＝1780828380215735153&wfr＝spider&for＝pc.

③　https：//baijiahao. baidu. com/s？id＝1780828380215735153&wfr＝spider&for＝pc.

时基于对接项目预先设计项目计划，科学把握示范点、产业发展等资金使用要点。二是以重点为依托，"突出""突优"。集中大资源，大力挖掘本土优势经济资源，即突出特色农业、生态旅游等产业的帮扶力度，确保帮扶资金能够精准投入，培育一批具有甘肃特色的优势产业，提升当地经济发展的内生动力。三是注重监管，强化过程管理。建立健全资金使用监管机制，确保每一笔资金都能用在刀刃上，防止资金的浪费和滥用，进一步优化了《东西部协作资金管理办法》。同时，加强对项目进展情况的跟踪评估，及时调整优化资金使用策略，确保帮扶资金能够产生最大的社会效益和经济效益。

（五）人才交流不断"互通"

基于甘肃东西部协作与对口支援的框架，甘肃政府以"走出去、请进来"等形式，加强了党政干部与专业技术人才能力提升，促进东西部观念与作风的相互借鉴，为甘肃的全面发展开辟了新路径。一是强化干部交流。政府积极拓宽干部交流渠道，选派了一批有潜力、有担当的年轻干部到东部发达地区进行挂职锻炼，让他们在实践中学习先进的管理经验和发展理念。同时，也邀请了东部地区的优秀干部来甘肃进行短期工作或交流学习，为甘肃的发展带来新的思路和活力，培训活动共开展 887 期，人次达到 5.49万。[1] 如此双向交流机制，在增强干部队伍的综合素质的同时，也为甘肃的发展注入了新的动力。二是进一步发挥"组团"资源优势，强化帮扶效果。省政府以省内外各个机构科技人才、专家为依托，进一步发挥这些人才的支援效能，即将上述人才（300 人）"组团"并让其在对甘肃农业、工业、教育、医疗等多个领域进行了深度调研的基础上，进行专业指导，或提供相关技术咨询和补充服务，以精准对接甘肃在各个领域的发展需求，如填补陇南市口腔技术空白等。三是强化人才关爱、关心等活动。在全面推动人才交流"互通"的基础上，甘肃进一步深化改革，打造全方位、多层次、宽领域的人才工作新格局。如省政府、地方政府等定期到外省支援点、机构进行慰

---

[1] https://baijiahao.baidu.com/s?id=1780828380215735153&wfr=spider&for=pc.

问，了解其实际需求、建议等，并以此为依据继续深化改革、创新机制、优化环境，为各类人才在甘肃的发展提供了更加广阔的舞台和更加有力的支持。

（六）帮扶领域不断"拓展"

甘肃不断探索和创新协作形式，帮扶领域得到了不断的拓展，这种拓展不仅体现在结对关系的丰富和深化上，更体现在帮扶方式的多样化和实效性上。一是参与主体的多样性与丰富性得到了显著增强。在甘肃政府引导、支持、鼓励下，东部协作、支援的企业与社会组织积极参与，形成了企业帮扶脱贫村、社会组织帮扶脱贫村的格局，如东部 989 家企业与 165 个社会组织分别与甘肃的 332 个和 188 个脱贫村建立了结对关系。二是帮扶方式的创新成为资金使用优化的关键。中央定点帮扶单位利用各自行业优势，引进资金与项目，共计引入 5. 97 亿元资金，启动了 198 个帮扶项目，直接促进了甘肃经济社会的发展。天津与山东两地的创新举措，如天津的"爱心地铁卡"与"专项资金池"，山东的联合办学、公益活动、社会捐赠和定点援建等，不仅提升了社会捐赠的使用效益，而且确保了帮扶效果的精准、直接与有效，展现了资金使用的灵活性与针对性。三是合作交流的稳固与深化成为资金使用持续加强的基石。自 2021 年结对关系调整以来，甘肃各地就帮扶领域进行了进一步探讨，如探讨惠民、消费、企业、就业等情况，在这期间，厦门、福州企业在临夏、定西新增投资达 8. 48 亿元，直接购买和帮助销售的农特产品总额达 6. 88 亿元，民营企业与社会组织的捐资捐物总额达到 2332 万元。这些数据背后，是双方协作企业不撤退、劳务协作不间断的坚定承诺，以及友好合作机制的不断深化，为甘肃的乡村振兴与区域协调发展提供了持续的动力。[①]

---

① https：//baijiahao. baidu. com/s？id＝1780828380215735153&wfr＝spider&for＝pc.

三 甘肃东西部协作和对口支援发展的不足

（一）市场主体参与较少

现阶段，东西部协作依然鲜有企业与市场化主体的参与，其主体还是在政府层面以及框架内。之所以会出现这样的情况，原因主要有以下几方面。第一，东西部之间有着较远的空间距离，且在产业格局、发展方面也存在较大的差距。在西部地区的扶贫协作与对口支援工作中，东部地区经济要素的融入面临显著挑战，主要体现在物流成本居高不下、人力资源配置与基础设施配套尚不健全等方面，加之投资项目的回报周期冗长，在一定程度上制约了东部企业积极参与东西部协作与对口帮扶的意愿和动力，导致整体参与度有待提升。第二，企业的发展目标是获得尽可能多的经济利益，加之东西部协作与对口支援具有较强的社会公益性，企业并非秉承着"我要去做"的理念去参与东西部协作和对口支援的，导致市场机制下企业的自主性未能得到充分发挥。

（二）协作支援不够深入

很长一段时间以来，东西部在协作发展方面均遵循的一项基本原则就是"优势互补、互惠互利、长期合作、共同发展"，以期通过加强东西部之间的经济技术合作来实现西部扶贫开发的目标。但通过对现阶段的发展情况进行分析不难看出，很多东部省份仍然将对口支援西部建设当作一项政治任务来完成，在具体实施时未充分结合"扶贫开发"和"经济技术合作"。在对口支援过程中，很多东部城市并未给予企业层面的技术、市场经济合作足够的重视，而是倾向于实施资金援助，如此所造成的后果便是没能让东西部协作和对口支援基于"互惠互利"获得更长远的发展。

（三）参与主体积极性不够高

作为一项由国家主导、东西部政府协助推进的事业，东西部协作和对口支援的各个参与主体并未表现出较高的积极性。例如，部分城市虽然也开展了对口帮扶，但仅限于在资金上提供援助，而未落地实施具体的帮扶项目。同时，帮扶单位的工作方式仍然延续的是"送钱、送物、办好事"，一些单位就算到定点扶贫县调研，也以座谈会和走访慰问的形式为主，而没有围绕帮扶重点开展相应的帮扶工作。另外，就被帮扶地区来说，部分地区缺乏主动意识，组织协调能力亟待提升。比如，在被帮扶地与帮扶单位的协作过程中，双方主动建立工作联系的积极性尚显不足，对于面临的困境与挑战未能进行深刻剖析，导致多数情况下帮扶行动呈现较强的被动性，即更多是基于对方提出而进行的援助，相比之下，主动寻求支持、明确表达帮助需求的行为则较为匮乏。一些地区存在比较严重的"等、靠、要"思想，没有积极同东部省市进行联系对接与沟通交流。帮扶一味地倾向于项目和资金，而未对其他方面（包括信息、人才、技术等）给予重视。部分县区没有在第一时间将当地的帮扶计划以及群众的需要如实反映给对口帮扶城市，且在制定帮扶资金、项目管理办法方面也存在不到位的情况，没有围绕对口帮扶的东部企事业单位出台相应的政策。就国家层面而言，当前，东西部协作与对口帮扶在项目资金配置及挂职干部安排方面尚缺乏系统的顶层规划与布局。具体来说，就是当东部企业响应号召前往对口支援地区开展帮扶活动时，往往面临国家层面财政激励、税收优惠及金融扶持政策的不足，未能充分鼓励并促进帮扶项目的有效落地与实施。

（四）当地群众自我发展能力差

当地群众作为东西部协作和对口支援的直接受益者，其自我发展能力直接影响到扶贫效果的可持续性。然而，当地群众由于长期受到自然环境、教育水平、思想观念等多方面因素的制约，自我发展能力普遍较弱——往往缺乏创新意识、市场意识和竞争意识，对新技术、新产业、新业态的接受程度低，难以适应现代化发展的需求。此外，一些地方过于依赖外部援助，忽视了培养群众自身的"造血"功能，导致部分群众产生"等、靠、要"的心理，使得经济建设工作陷入"年年扶年年差"的恶性循环。因此，提升当地群众的自我发展能力，培养他们的创新精神、市场意识和竞争意识，是当前东西部协作和对口支援工作亟待解决的问题。

（五）营商环境有待深度完善

甘肃部分地区在营商环境方面仍需深度完善。一方面，尽管甘肃省政府结合本土实情，出台了一系列政策以吸引外部投资，但在政策执行、行政效率、法治环境等方面仍有待提高。一些地方存在政策执行不到位、行政服务效率低下、办事程序烦琐等问题，给企业和投资者带来了不便。例如，2024年兰州七里河区敦煌路市场监督管理所工作人员受理企业开办业务时违反"一件事跑一次"服务原则，再如，目前兰州城关区雁南市场监督管理所存在工作人员指定第三方代办人员有偿办理业务问题等。另一方面，甘肃部分地区的法治环境尚不完善，存在执法不公、司法不透明、执法不作为等问题，影响了投资者的信心。甘肃庆城县纪委基于省政府要求，引领地方相关政府干部聚焦群众反映强烈的12类突出问题，逐项对照自查，认真扎实整改，共自查整改问题178个。上述情况反映了甘肃在营商环境改善方面还需加大力度。

四　甘肃东西部协作和对口支援发展建议

（一）宏观纾困

1.统筹协调，构建高效联动机制

协作双方的党委政府及中央指定的定点帮扶机构应给予高度重视，建立健全高效协同、双向驱动的组织领导架构，以促进和提升调研的深入和对接的精准性，确保双方能够充分交流、共同研讨协作策略，进而协同推进各项帮扶任务的精准实施与高效完成。第一，高层引领推动。[1] 双方党政主要领导要亲力亲为，即除了亲自参与协作战略的谋篇布局外，还要亲自驱动各项

---

[1]　庄辉锦：《高原情雪中行——赴青海、甘肃藏区调研对口支援工作纪实》，《民族大家庭》2019年第2期。

举措的落地实施。省委层面,通过常委会专项议程、省政府常务会深入讨论以及省委农村工作领导小组会议的专题聚焦,对东西部协作及中央单位定点帮扶工作展开全面而深入的剖析。这些高层次会议应紧密围绕中央关于巩固拓展脱贫攻坚成果与全面推进乡村振兴的最新战略定位,从多个维度进行全方位审视与规划,包括理念创新、方法优化、载体拓展、措施强化等,旨在推动帮扶工作提升至更新高度、更严标准,确保帮扶成效的持续提升与深化。东部协作省市与中央指定的定点帮扶机构的主要领导、分管领导均要积极参与到调研指导工作中,同甘肃省委省政府领导一起以座谈会的形式进行交流,并在会上明确帮扶项目,完成对合作事项的商议。而省直相关部门与市县党政主要负责同志也应主动到东部协作省市,及时同中央指定的定点帮扶机构进行汇报对接,形成工作合力。第二,协调联动推进。精心策划并编制全省协作帮扶工作的年度重点任务指南,由省直相关部门制定专项工作方案,包括人才交流、产业协作、招商引资等。实施重点任务清单制管理模式,将国家协议书中的宏观目标精细拆解,逐一对应至各市州及具体责任单位,确保责任明确、任务到人。此外,还要将这部分细化后的任务整合进省级巩固拓展脱贫攻坚成果与乡村振兴战略的年度责任状中,构建起一条从顶层到基层、职责分明、协同作战的责任传导链条,以强化执行,确保各项帮扶措施精准落地、高效推进。第三,加强需求对接。受援市县应秉承"我方所需、对方所能"的原则,提出项目需求清单,可涉及资金使用、产业合作、劳务协作、消费帮扶、生态帮扶等,提供给东部协作省市与中央指定的定点帮扶机构,由双方一起推进落实,确保形成协作帮扶"最大公约数"。

2. 强化责任,优化激励约束机制

一是要完善顶层设计。东西部协作和对口支援应对协作过程中中央政府统揽全局、地方积极参与的责任制予以不断加强,以全面推进乡村振兴,推动共同富裕取得更为明显的实质性进展取代巩固拓展脱贫攻坚成果。在持续优化并强化声誉机制效能的进程中,应聚焦于考核评估体系的全面完善,确保评价导向如同精准的指挥棒,能够激发并引导东部地区与西部地区充分展现并发挥其独特优势,从而实现区域间的优势互补与协同发展。在设定考核指标上，除了要保障协作发展的底线目标顺利实现外，还应激发地方政府，使之将其资源与要素优势发挥出来不断对协作方式进行创新，设定的考核指标可以是促进东西部城乡融合发展、加强公共服务供给以及保护生态环境等，借以对两地政府起到有效激励作用，使之对协作重点做出调整，提高协作发展质量。二是要适度开展新基础设施投资。东西部应一起建设跨区域基础设施网络，除了帮助西部地区建设部分传统基础设施外，如交通、通信等，还要投入更多的资金到一些新基础设施的建设上，包括互联网、人工智能等，从而提供更多的渠道促进两区域各要素的流通，包括人力、产品、信息等。三是要优先推进公共服务均等化。要想实现共同富裕的宏伟目标，则需要持续缩减城乡间公共服务领域的差距。在此背景下，东西部协作也对地方政府提出了新的要求，即继续把社会保障当作政策施力的关键点，借助一系列新兴技术手段，如远程教育、数字医疗等，并辅以部分交流学习手段（人才互派等），不断深化并促进区域间公共服务的均衡化，以期达成更高水平的公共服务均等化目标。四是要推动支援协作绿色转型。东西部协作和对口支援应将生态文明观落到实处，围绕"碳达峰、碳中和"展开积极探索，同时重视生态协作，立足于东西部地区不同城乡产业发展定位，并将今后发展规划联系起来，打造绿色循环产业，确保碳达峰、碳中和目标顺利实现。

3.高效配置，完善政企协作机制

第一，优化融资与财税政策环境。为让企业积极参与到东西部协作和对口支援中，需进一步完善融资体系，确保参与企业能够便捷、低成本地获得信贷支持。优化信贷资源配置，引导资金向关键领域和薄弱环节流动，使企业无须投入较高的成本在融资上。与此同时，还应继续深化财税政策改革，若企业符合条件，则为其在资本市场活动中（IPO、债券发行等）开辟"绿色通道"，明确并细化税收优惠政策，制定专项补贴方案，通过实际行动将企业的负担减轻，激发市场活力。第二，促进要素自由流动与高效配置。要深化改革传统要素市场，包括土地、劳动力、资本市场等，尤其要重视部分新兴生产要素（科技和数据）在东西部协作中的独特作用，并将其作用充分发挥出来。政府应利用大数据、云计算等现代信息技术手段，构建信息共享平台，促进两地在供需方面实现精准对接，打破地域、行业壁垒，让资源要素能够在更广阔的空间内自由流动，并得到优化配置。除此之外，还应关注科技创新在引领产业发展方面发挥的有效作用，鼓励和支持企业在多个方面加强合作，如技术创新、产品研发等，从而达到资源共享、优势互补的目的。第三，创新驱动产业升级与数字化转型。在东西部协作中，应积极探索新产业、新业态的培育路径，加强双方在技术创新、产业协作方面的深度融合。通过一系列先进技术手段（大数据、人工智能等）数字化赋能西部地区的特色资源（包括生态、文化等），有力推动传统产业的转型升级，培育新兴产业增长点。与此同时，还要鼓励东部地区企业将先进技术和管理经验转移到西部地区，帮助西部地区构建现代化产业体系，从而实现乡村产业的数字化转型，让区域发展差距不断缩小。第四，强化产权保护与优化营商环境。在深化东西部协作和对口支援的过程中，一定要注重保障各方的财产权利。针对涉及多方主体的产业项目，必须明确产权归属，以有效保护各方权益。与此同时，还应加强财政资金、企业资产等监管，避免一些不规范行为出现，如资金挪用、强制性捐赠等。除此之外，政府还应不断优化营商环境，对权责边界做出明确规定，完善相关法律法规和制度建设，以提供更加公平、透明、可预期的市场环境，让更多优秀企业积极参与到东西部协作和对口支援工作中。

（二）微观纾困

1. 动员社会，完善三次分配制度

首先，要激发社会公益创新活力。为加快资源流向西部农村，需要将社会公益组织的活动范围进一步拓宽，使之有更多的机会参与乡村振兴。而在这一过程中便需把现代科技手段充分利用起来，尤其是互联网公募信息服务平台，借助一些便捷渠道，如智能手机应用程序（App）等，实现社会公益需求与供给的精准对接，打造一个"人人公益"的数字化平台。这一平台既有助于公众随时随地参与公益活动，也可借助高效且透明的信息展示，让更多的社会成员关注、支持西部乡村建设，最终形成良好的社会风尚，尤其

是动员东部地区的广泛社会公众力量，积极投身到西部乡村的振兴大业中。其次，要构建智慧化志愿服务体系。针对西部地区乡村在部分关键领域（教育、医疗卫生、农业技术等）的人才短缺问题，以大数据与云计算技术为基础构建志愿服务平台。这一平台可对乡村需求做出精准分析，智能匹配志愿者资源，提供精准化、高效化的志愿服务。与此同时，通过对参与流程进行优化，畅通包括政府、企业、社会组织、个人等在内的各类社会主体参与协作的渠道，鼓励背景和专长不同的志愿者参与到东西部协作和对口支援的各个环节中，进而形成多元主体协同、优势互补的共赢局面，一起推动西部地区乡村的全面振兴，实现共同富裕目标。最后，要倡导企业共富价值投资理念。企业在构建共同富裕的宏伟蓝图中扮演着重要角色。因此，需积极倡导并树立"企业共同富裕价值投资观"，鼓励企业不仅仅追求经济利益，而要在发展战略中融入社会责任，把促进共同富裕当作长期价值投资的重要方向。具体来说，应将社会参与动员体系建立起来，并不断完善，积极动员企业、个人和社会组织，通过采取多种方式，如政策引导、税收优惠、社会表彰等，把社会各界参与乡村振兴与社会公益事业的积极性调动起来。同时，还需在宣传教育方面加大力度，提升全社会对企业共富价值投资理念的认知与认同，共同营造良好的社会氛围。

2. 营商和谐，营造宜业环境

一是要聚焦数字政府建设，补短板、疏堵点。加快建设政府信息化平台，围绕多个方面，提供更加普遍且适用的智能化服务给老年人，涉及出行、就医、消费、文娱、办事等。推行数据共享清单制，明确数据提供方责任，促进数据资源按需共享。加速高频电子证照共享，如结婚证、社保卡等多种证照的标准化应用。加速公共资源交易电子化进程，完善电子交易系统，实现交易全程电子化。二是要聚焦项目落地，优服务、保要素。推行重大招商项目"管家式"服务，覆盖企业开办至竣工验收全流程。针对国家级开发区实施区域评估，共享评估结果，减免企业报告编制与审批。强化基层环评审批能力，对于审批时遇到的问题，通过培训与现场帮扶解决难题。设立"标准地"出让改革试点，简化工业项目供地流程，提升土地利用效率，实现市场、政府、企业三方共赢。三是要聚焦市场主体，减审批、柔监管。促进企业开办便利化。全面推广企业、个体工商户及农民专业合作社的自主命名申报制度，深入实施经营场所的申报登记与承诺机制，开展企业注销流程的"一站式"在线办理。针对变相审批的情况予以严厉整治，借助信息化手段回顾省政府已取消又或是调整、下放的行政审批事项。实行"两轻一免"柔性执法，基于现行法律法规与规章框架内规定的从轻、减轻及免予处罚的各类情形，系统梳理并明确行政处罚自由裁量的层级、具体量化标准和适用前提条件，进而编制"两轻一免"清单，并向社会公众公开披露。实施信用分级监管，推行告知承诺制，优化营商环境。四是要聚焦政策落实，再加力、解难题。扩展"不来即享"政策的适用范围，以增强中小微企业的融资效能，激励商业银行采取更为灵活的差异化定价方针，科学设定小微企业贷款利率水平，从而有效降低企业的融资成本。将政府性融资担保体系作用充分发挥出来，在扩大其覆盖面的同时，降低担保费率，以支持中小微企业的稳健成长与发展。着力化解涉企历史遗留问题，就责任单位、责任人员以及解决时限做出明确规定，实行台账管理和逐项销号，实现见底清零。五是要聚焦便民利民，填空白、延链条。打造全省统一的12345政务服务热线平台，确保政务服务全天候覆盖，打造"7天×24小时"不间断的便捷服务热线，让民众随时随地的服务需求均能够得到满足。保证政务服务网实现省、市、县、乡、村五级全面贯通，深化政务大厅"一窗受理、集成服务"模式，加快推进高频政务服务事项的"跨省联动办"与"省内无差别办"。与此同时，还应确立统一的政务服务"评价反馈"标准体系，让企业和群众来评判政务服务质效，尽可能做到透明化、社会化的服务监督。

3. 教育发力，强化教育引领

一是高位推动，深化定点帮扶战略。东部高校应强化责任担当，将帮扶纳入中长期规划，成立由校领导挂帅的帮扶小组，选择固定时间展开研讨。并派遣多批次干部师生，推动双方结对共建多个基层党组织，转化组织优势为帮扶动能。二是发挥优势，强化教育帮扶。东部高校应结合受援地的教育需求，整合校内外资源，从多个维度助力教育提质，包括基建、师资、课程、奖助等。一是要实施创新试验项目，针对薄弱学区的提升路径展开深入探索。二是应引入社会资金改善乡镇学区设施，优化办学条件。同时，教职工要与离退休人员参与"一对一"帮扶，资助困难学生。除此之外，还应依托科普基地，开展一系列科普活动；建立人文交流基地，促进国际师生互访，助力乡村振兴故事讲述与学生成长并进。三是校地协同促产业，助力增收。东部高校应通过消费帮扶、技术培训等多种方式，助力当地果品产业发展。具体来说，可投入资金建果园、车间，扩大种植面积；由后勤集团、校工会同受援县签署框架协议，每年采购一定量的农产品；动员党员师生爱心消费，节日消费购买当地的农副产品。除此之外，还要联合企业家开展一系列助农活动、项目，邀请相关领域专家围绕多个领域开展培训，包括基层党建、乡村治理、农村实用技术和电商发展等，以促进受援地劳动水平的提升，为当地打牢人才根基，拓宽增收路径。四是搭平台、亮名片、促发展。东部高校应设立包括社工服务站、研究生科技服务基地以及科技考古和文物保护教学实习基地等在内的多个基地，以让校地双方能够有更广的平台开展结对帮扶。同时还应开展一系列学术与文化活动，邀请知名专家学者参会，以将受援地在国内外的知名度进一步扩大。除此之外，还要与顶尖机构合作，运用前沿科技强化生态治理效能，实现绿色发展的深度赋能，助力当地良好发展。

综上所述，在东西部协作和对口支援发展过程中，甘肃省政府应动态梳理自身优势、缺点，并以更优、更好为基础，不断完善相关发展体系，优化指导、支持形式，以营造宜业宜居环境，以进一步推动本土经济快速发展，以更快内化外省先进经验，为本土发展注入时代动能。

参考文献

钟培源、郭涛：《宁甘陕蒙县际劳务协作、人才交流及乡村振兴创新创业成果展示活动举行》，《宁夏画报》2023 年第 5 期。

姬良淑：《东西部协作视角下产业合作的意义和实践——以甘肃临夏回族自治州为例》，《商展经济》2022 年第 10 期。

B.5
"千万工程"经验助力甘肃
乡村振兴路径研究

赵前前　陈婷　王博　张泽梅*

摘　要： "千万工程"是浙江省在推进新农村建设过程中形成的一种成功模式。甘肃省作为我国西部地区的重要省份，面临着地理环境复杂、经济基础薄弱、发展不平衡不充分等多重挑战。本报告基于"千万工程"的经验，结合甘肃乡村振兴的现状，提出要以开展农村人居环境整治为切入点，加快推动城乡融合发展；坚持因地制宜，发展优势特色产业；坚持抓党建促乡村振兴，全面提升乡村治理能力为借鉴路径；通过健全党领导农村工作体制机制、推进农业科技创新和农村改革创新、加强乡村振兴资金投入和政策保障，以及创新乡村人才育、引、用机制的具体措施，探索出一条具有甘肃特色的乡村振兴之路，为甘肃地区的乡村振兴提供有益参考。

关键词： "千万工程"　乡村振兴　乡村治理　甘肃

2024年《中共中央　国务院关于学习运用"千村示范、万村整治"工程经验有力有效推进乡村全面振兴的意见》发布，针对的是浙江"千万工程"经验做法，要求为：在全国范围内积极推广应用该方法。甘肃省作为我国西部地区的重要省份，面临着地理环境复杂、经济基础薄弱、发展不平

---

* 赵前前，中共甘肃省委党校（甘肃行政学院）教授，主要研究方向为区域经济、农业经济；陈婷，中共成县委党校（成县行政学校）讲师，主要研究方向为农业经济、农村发展；王博，中共甘肃省委党校（甘肃行政学院）馆员，主要研究方向为经济管理、财务管理；张泽梅，甘肃省公路交通建设集团有限公司高级经济师，主要研究方向为经济管理。

衡不充分等多重挑战。在这样的背景下，借鉴和学习其他地区的成功经验，特别是"千万工程"这一典型的乡村振兴模式，对于推动甘肃乡村振兴具有重要意义。

一　"千万工程"经验总结

"千万工程"是浙江省在推进新农村建设过程中形成的一种成功模式，指的是对农村居住环境进行整顿，以达到促进农村经济持续发展的目的，不仅带动了乡村治理体系的完善，还为万千美丽乡村的造就提供了助力，真正实现了城市、乡村的协同发展，呼应了"绿水青山就是金山银山"的发展理念。简言之，浙江"千万工程"将作为引领全国各乡村持续发展的龙头工程，也将作为城乡定向统筹的基础工程，进而为乡村的发展、改革打下坚实基础，可见"千万工程"必然具有显著的经验价值。

（一）坚持战略定力，一张蓝图绘到底

坚持战略定力，一任接着一任干。浙江始终把"千万工程"作为"一把手"工程，实现一个阶段性的目标后，再继续向另一个阶段性目标不断迈进，在这个过程中，每任领导都坚持战略定力，为了实现共同的目标，一任接着一任干，一张蓝图绘到底。以下江村为例，每一任领导干部都对当地的生态文明建设高度关注，在完成阶段性目标后，并未停止脚步，而是继续朝着下一目标努力，这种"积小胜为大胜"的做法，展现了领导干部坚持不懈、奋勇向前的工作精神。"实干兴邦"，指的是通过真实抓实的行为，逐步克服前方的挑战和困难，由此实现最终的梦想。因此，"千万工程"给我们的经验启示之一，就是要坚持把人民群众的利益放在首位，坚持战略定力，不能随便地换赛道、留痕迹；要把更多的心思和工夫投入狠抓落实上，力戒形式主义、官僚主义，政绩工程、形象工程。

（二）注重调查研究，靶向破解发展难题

所谓基层调查，与现实情况紧密关联，通常涵盖多个环节，如思考问

题、做出决策、解决事情等。"千万工程",与习近平同志的工作奋斗休戚相关,在其到浙江工作后,历时 118 个工作日,走遍了 11 座城市,通过对多个村子的现场调研、勘查,掌握了浙江省的发展状况,最终做出了相应的决策。[①]"千万工程"自实施以来,在历届政府的持续推进下取得了巨大的成效。20 余年来,浙江省在持续调研的基础上,不断深化、持续推进这项工程,使整治的范围不断延伸、内涵不断丰富。"千村"的过渡分别为示范、精品、未来;"万村"的过渡分别为整治、美丽、共富,通过一系列的努力,最终形成了生动丰富的局面,即"千村向未来、万村奔共富、城乡促融合、全域创和美"。事实证明,仅仅依靠书面的工作远远不够,现场调查分析的配合,有利于把控实际情况,分析现存的问题及原因,从而提出的优化措施和手段也更具针对性,更能与客观规律、现实发展相契合。因此,应始终把乡村振兴、共同富裕、增进民生福祉作为重要的出发点,通过深入调查研究,靶向破解发展难题,推动当地经济社会高质量发展。

(三)做好产业升级,把整治村庄和经营村庄结合起来

浙江农村在改革开放后的工业化过程中,曾经在一段时间内严重破坏了环境。"千万工程"从环境整治起步,有效扭转了这种局面。习近平同志提出,要把整治村庄和经营村庄结合起来,把改善村落村貌与发展生产、富裕农民结合起来。这就要求我们在环境整治中平衡好与经济发展的关系,从村庄整治的实际出发,力争打造出更多极具乡村特色的潜在资源,发展更多具有特色的产业,以便增添各村庄的发展活力、展现各村庄的独特魅力。乡村经营是实现"千万工程"中环境整治与经济发展平衡的纽带,是"绿水青山"向"金山银山"的转化通道。通过乡村经营可以把环境整治和美丽乡村建设的成果转化为经济资源从而推动经济发展,而经济发展则为环境整治中的基础设施维护和可持续利用创造良好的经济

---

① 专题调研组:《总结推广浙江"千万工程"经验 推动学习贯彻习近平新时代中国特色社会主义思想走深走实》,《今日海南》2023 年 6 月 15 日。

条件，也为进一步的建设提供资金保障，最终实现乡村建设的可持续发展。

（四）坚持系统观念，推动城乡融合

坚持系统观念，统筹推进乡村振兴，着力推动城乡融合发展。城乡之间最大的差距就是收入的差距。"八八"战略实施之前，浙江省的城乡收入差距是 2.7 倍，现在缩小到了 1.9 倍，部分地区甚至缩小到了 1.58 倍。不论是农村还是城市，均应作为统一的整体，通过对该整体的系统性、统筹性进行分析，将城市带头作用、农村促进作用充分展现出来，避免了农村和城市的发展碰撞，同时顾及其他因素，真正实现了多目标的发展平衡。自"千万工程"实施以来，浙江省始终坚持城乡统筹发展的核心原则，带动了城市基础设施、公共服务向农村的延伸、覆盖，农村获取的资源要素更加丰富，无疑为农村城市统筹发展做足了准备。新时代背景下，亟须转变以往的工作切入点，将重点集中于县域维度，实现针对性的统筹部署、协同推进等，以弥补城乡发展的不足之处，实现城乡的共同富裕。在改革方面，投入更大力度，抵制对城乡统筹发展不利的任何制度和要素，确保各类服务顺利下乡，从而打造出城乡互补、共同繁荣的工农城乡关系，这也是目前提倡的新型关系。

（五）发挥制度机制优势，做好配套服务保障

充分发挥党建引领的优势，让乡村以更开放、更包容的姿态进行资源整合、抱团发展，集合各种制度机制优势，形成党政主导、各方协同、分级负责的责任机制。一是配套服务资金要跟上。要让项目资金和相关服务与扶持政策相匹配，做到"千万工程"的点建到哪里，相关的工程就要推进到哪里，配套就要到哪里。二是经营模式不断创新。要勇于创新，改变传统的经营模式，为乡村经营打开新思路、积累新经验。例如，余杭区通过招聘农村职业经理人，激活村庄发展潜力；临安区通过与社会资本合作成立运营公司，推动村落景区化运营；绍兴市政府通过购买服务，开展整村性、系统化、多维度经营等。三是打造具有突出特色的乡村品牌。要根据各地特色和

优势，提炼价值、突出个性、彰显形象，打造不同特色的乡村品牌。诸如红色旅游村淳安下姜村、安吉余村；特色产业村余杭永安村、绍兴棠隶村；历史文化村落浦江新光村、武义坛头村；生态优势村落余杭小古城村、天台后岸村等大量具有差异化特征的品牌乡村。

二 甘肃省乡村振兴现状分析

（一）甘肃省乡村振兴成效

随着乡村振兴战略的实施，甘肃城乡居民收入稳定增长，农村居民收入增速快于城镇居民，经济发展逐步进入快车道。甘肃乡村地区的经济结构正在逐步优化，呈现从传统农业向现代农业、乡村旅游行业等多元化产业转化的趋势。《2023 年甘肃省国民经济和社会发展统计公报》的数据显示，2023 年全省居民人均可支配收入 25011 元，比上年增长 7.5%，增速比全国高 1.2 个百分点；全省居民人均消费支出 19013 元，比上年增长 8.7%。农村居民收入的增速远远高于城镇居民，长此以往，城乡居民之间的收入差距也会越来越小（见表 1）。

表 1　甘肃省城乡居民人均收支情况

单位：元，%

指标	绝对值	比上年增长
全体居民人均可支配收入	25011	7.5
全体居民人均消费支出	19013	8.7
城镇居民人均可支配收入	39833	6.0
城镇居民人均消费支出	27044	7.3
农村居民人均可支配收入	13131	7.9
农村居民人均消费支出	12575	9.4

资料来源：《2023 年甘肃省国民经济和社会发展统计公报》。

在乡村振兴的积极推动下，全省城乡经济社会发展有所提升，收入和消费水平也在不断上升，但发展不充分不均衡问题依然突出。从人均 GDP 上看，甘肃超过 7 万元的市州有 4 个，分别是金昌、嘉峪关、酒泉和兰州；而人均 GDP 低于 3.5 万元的市州有 4 个，其中陇南、定西、临夏不足 2.8 万元，处于全国最低一档。全省最高的金昌和最低的临夏相差 5.37 倍，全省区域经济发展不平衡不充分的问题比较突出（见表 2）。

表 2　2023 年甘肃省各市州人均 GDP 排名

排名	市州	GDP（亿元）	人均 GDP（元）
1	金昌	567.7	132023
2	嘉峪关	382.6	119563
3	酒泉	908.7	86543
4	兰州	3487.3	78898
5	张掖	608.0	54286
6	庆阳	1100.4	50944
7	武威	708.1	48834
8	白银	672.3	44820
9	甘南	260.8	38353
10	平凉	668.6	36736
11	天水	856.8	29044
12	陇南	602.7	25218
13	定西	600.1	23908
14	临夏	439.7	20741

资料来源：各地统计局。

1. 农业产业

甘肃省积极推进农业产业升级，大力发展特色农业、绿色农业和品牌农业。通过引进先进农业技术、培育新品种、推广智能农业等措施，使甘肃的农业生产率和质量得到了显著提升，农业产业结构得到了优化，形成了一批具有地方特色的农产品品牌，尤其是甘肃的十大生态产业，已经成为甘肃乡村振兴的"金钥匙"。

2023 年，甘肃省第一产业增加值增速为 5.9%，排名为全国第 4 名，相较于 2022 年的 5.3%，增速上升了 0.6 个百分点。通过对省内粮食总产量进行调查，发现共计产量为1272.9万吨，尤其是保持了连续四年1200万吨以上的水准，更是创了历史新高。近年来，甘肃省以"牛羊菜果薯药"为核心的六大特色产业取得长足发展，已经成为推动甘肃省经济高质量发展、助力乡村振兴的重要抓手。2023年，甘肃省中药材产量148.9万吨，比上年增长8.3%，在六大特色产业中增速最快，其中当归、党参、黄芪等中药材产量均居全国前列。甘肃林果产量616.4万吨，蔬菜产量1822.6万吨，分别增长7.1%、5.0%（见表3），增长率均明显高于全国，实现了较快增长。截至2023年底，甘肃省肉牛存栏和出栏均实现较快增长，存、出栏量分别位居全国第七和第八；肉羊存、出栏增长率均位于全国前列，存、出栏量均居全国第三；猪牛羊禽肉产量增长10.4%。高原夏菜产量居全国第一，苹果、马铃薯产量居全国第三，中药材人工种植面积居全国第一。

表3　2023年甘肃省主要农产品产量情况

类别	产量	增长率（%）
粮食	1272.9万吨	0.6
薯类	222.1万吨	-0.2
中药材	148.9万吨	8.3
林果	616.4万吨	7.1
蔬菜	1822.6万吨	5.0
牛产业存栏数	558.9万头	5.1
牛产业出栏数	261.4万头	5.5
羊产业存栏数	2805.8万头	8.1
羊产业出栏数	2558.2万头	12.3
猪牛羊禽肉产量	156.2万吨	10.4

资料来源：《2023年甘肃省国民经济和社会发展统计公报》。

当前，全省累计建成抓点示范种养基地1325个，绿色标准化种植基地2099万亩等。

2. 生态环境

近年来，甘肃省大力发展十大生态产业，已经初见成效，绿色发展势头越来越强劲。2023年，甘肃省十大生态产业增加值所占比例为32.7%，相较于 2022 年，提升了 3.4 个百分点。通过推进大型风光基地建设的方式，促进了电力装机的持续性扩容，截止到 2023 年底，全省新能源发电装机突破了 5000 万千瓦，所占比重为 61.3%，排名为全国第 2 位；规模以上工业新能源发电量比上年增长 22.8%，占全省规模以上工业发电量的 31.0%，比上年提高 4.4 个百分点。伴随环保治理理念的持续深入，省内空气质量平均优良天数逐步增多，所占比重更是达到了 96.2%。面对国家污染防治攻坚战成效的艰难考核，甘肃省更是获得了"优秀"等次，这也说明了甘肃省污染防治工作前景一片向好。

3. 乡村治理

近年来，甘肃持续学习运用"千万工程"经验，加快和美乡村建设，有效提升了乡村治理水平。甘肃各地各级统筹推进乡村产业、乡村建设、环境整治和乡村治理，积极构建乡村治理体系；积极推进自治、法治、德治融合的乡村治理实践探索，全力推动乡村振兴战略实施。2023 年，全省共投入建设资金 96.1 亿元用于村庄整治和美丽乡村建设。截至 2023 年底，甘肃创建全国休闲农业与乡村旅游示范县 10 个，省级示范村 200 余个、县级示范村 1080 个，认定省级和美乡村 94 个，获批 3 个国家乡村振兴示范县、21 个乡村旅游示范县，乡村建设取得巨大成就。进入新阶段，甘肃要持续打通"绿水青山就是金山银山"的转化通道，将"生态红利"变为"民生福利"，以高水平的"乡村经营"推动高质量"富丽乡村"建设，以进一步增强农民的获得感、幸福感、自豪感。

（二）甘肃乡村振兴面临的机遇和挑战

甘肃省作为传统农业大省，乡村振兴的推进对于实现全省经济社会高质量发展具有至关重要的作用。然而，在实施乡村振兴的过程中，甘肃也面临着诸多机遇与挑战。

1. 甘肃乡村振兴面临的机遇

政策支持。国家高度重视乡村振兴工作，出台了一系列政策文件，为甘肃乡村振兴提供了坚实的政策保障。甘肃省政府也积极响应国家号召，制定了一系列配套政策和措施，为乡村振兴提供了有力支持。

资金扶持。随着国家对乡村振兴投入的不断加大，甘肃也获得了更多的资金支持。这些资金不仅用于基础设施建设、产业发展等方面，还用于人才引进、科技创新等领域，为甘肃乡村振兴提供了强有力的资金保障。

特色产业优势。甘肃省具备得天独厚的地理环境、农业资源，能够为当地发展特色产业提供有针对性的支持和帮助。例如，甘肃的中药材、林果业、畜牧业等产业具有较大发展潜力，可以通过规模化、品牌化等方式实现产业升级和增值。

人才回归与培养。随着乡村振兴战略的深入实施，越来越多的优秀人才开始关注乡村发展，并愿意投身到乡村振兴事业中来。同时，甘肃省也在加强乡村人才培养和引进工作，为乡村振兴提供了有力的人才保障。

2. 甘肃乡村振兴面临的挑战

自然条件限制。甘肃部分地区自然条件较为恶劣，如干旱、沙漠化等，对农业生产带来一定困难。此外，水资源短缺、土地贫瘠等问题也制约了农业的发展。

经济基础薄弱。部分农村地区经济基础相对薄弱，产业结构单一，缺乏稳定的收入来源。这导致农民生活水平较低，难以吸引外部投资和人才流入。

人才流失问题。由于城乡发展差距较大，甘肃农村地区存在严重的人才流失问题。这不仅影响了农业生产的效率和质量，也制约了乡村经济的持续发展。

思想观念转变。在推进乡村振兴的过程中，需要引导农民转变思想观念，提高他们的参与度和积极性。然而，由于长期以来的传统观念和习惯影响，部分农民对乡村振兴的认识不足，缺乏主动性和创新性。

三 "千万工程"经验助力甘肃乡村振兴的路径构建

2013 年以来，甘肃省把学习贯彻"千万工程"经验作为指导"三农"

工作的重要抓手，以开展农村人居环境整治为切入点，大力发展优势特色产业，逐步推动甘肃在乡村振兴实践中取得成效。如今，甘肃省要进一步贯彻落实中央农村工作会议精神，深入践行"千万工程"经验，推动乡村全面振兴，要重点通过以下路径的构建，实现"千万工程"经验的运用与转化。

（一）以开展农村人居环境整治为切入点，加快推动城乡融合发展

甘肃省通过开展农村人居环境整治提升行动、全域无垃圾专项行动、村庄清洁行动，在提升农村人居环境方面已经取得了明显成效。

通过对甘肃省户用卫生厕所情况进行调查，发现卫生厕所普及率高达70%，农村生活污水、黑臭水的治理问题得到了显著改善，对应的治理率分别为24%、73%，尤其是在生活垃圾收运处置方面，真正实现了全面覆盖，这也为农村环境的保护工作提供了有力支撑。如今，甘肃省深入学习推广"千万工程"经验，要进一步深化农村人居环境整治，通过实施农村人居环境集中改善行动，改善农村环境面貌，全面提升农民生活品质。

甘肃省在学习推广"千万工程"经验、推进乡村振兴的过程中，还要注重加强城乡融合发展，打破城乡二元结构，推动城乡资源、要素和机会平等交换和合理配置，逐步缩小城乡差距，促进农村社会全面进步。甘肃省要把全面推进乡村振兴和城镇化建设相结合，健全城乡融合发展体制机制，推动城乡在基础设施、公共服务等方面的融合发展，实现以城带乡、以乡促城、协同发展。

（二）坚持因地制宜，充分发挥当地的地理优势和资源特色，发展优势特色产业

甘肃是我国东西跨度和南北跨度最大的省份，地貌复杂，境内山地、高原、平川、河谷、沙漠、戈壁交错布势，省内不同区域的自然地理差异巨大，是发展自然旅游、生态旅游的宝贵资源。同时，由于甘肃地貌和生物资源的多样性，各地的资源特色和产业优势也各不相同，这就要求我们必须坚持因地制宜，在学习运用"千万工程"经验助推乡村振兴的具体实践中，

要依据不同地区的地理优势和资源特色，科学定位、统一规划，发展优势特色产业。在资源特色方面，甘肃拥有丰富的清洁能源和新能源，主要体现在水能、风能和太阳能上。其中，水力资源理论储藏量1724.15万千瓦，居全国第10位；风能资源总储量2.37亿千瓦，风力资源居全国第5位；甘肃省是我国太阳能最为丰富的地区之一，河西西部以及甘南西南部，拥有非常丰富的太阳能资源。依托独特的地理优势和自然条件，甘肃在特色产业发展方面，也具有一定的优势。对于甘肃省，高原夏菜的种植面积、产量始终排在全国第一，马铃薯、苹果、中药材等种植面积也排在我国前几名。"甘味"品牌，作为甘肃省的代表性品牌，连续两年居"中国区域农业形象品牌影响力指数100强"的榜首位置。

甘肃省要立足自身资源和区位优势，严格做好现代寒旱特色农业高地的打造工作。同时，大力发展生态循环农业，深入开展绿色标准化种养基地抓点示范行动，提高农业附加值和竞争力。要坚持因地制宜，以强县域行动为支撑，以提升农民生活品质为着力点，将全省86个县（市、区）分成四种类型，即城市服务、工业主导、农业优先、生态功能，在此基础上，重点发展新产业、新业态，如乡村旅游、康养农业、电子商务等，积极推进集体经济发展提质、农民收入增长提档，助推乡村全面振兴。

（三）坚持抓党建促乡村振兴，全面提升乡村治理能力

在大力推进乡村振兴进程中，甘肃省必须坚持抓党建促乡村振兴，强化党建引领，选优配强基层党组织，坚持物质文明和精神文明一起抓，创新乡村治理方式，推动乡村社会和谐稳定。要充分发挥党建引领和基层党组织的战斗堡垒作用，把广大农村基层党员、群众的一切宝贵思想、力量和一切智慧都充分凝聚统一起来。要不断加强基层组织服务能力，落实常态化服务基层、服务企业、服务群众"三服务"机制，不断为人民群众提供高品质的公共服务产品。要有效利用数字技术赋能乡村振兴，要积极尝试通过建强网格员队伍，推行清单化、积分制管理的新模式，发挥数智治理力量；要依托大数据中心搭建农业大数据平台，运用5G+物联网技术，大力实施智慧农

业，对农业生产全过程实现"全覆盖、全天候、全自动"数字化管理，推动产业数字化、数字产业化。

"千万工程"首先是一项"生态工程"，要将绿色发展作为农村高质量发展的核心，以人居环境整治为切入口、先手棋，以产业发展为核心，积极开发农业产业新功能、农村生态新价值，不断激发农村强大活力，形成持久生命力，并积极探索生态产品价值转化途径。在乡村振兴战略下进行乡村建设，要积极践行绿色发展理念，通过自然生态示范村建设，尊重传统、结合产业，突出乡村风貌；要依托乡村美学，按照"一村一品一景"的理念，对各村、社区风貌进行整体规划。同时，还要坚持人民至上、共建共享，注重引导人民群众自觉投入乡村建设，共建共享美好家园。要加强宣传教育工作，引导农民转变思想观念；加大人才引进和培养力度，吸引更多优秀人才投身到乡村振兴事业中来，提高他们的参与度和积极性；加强农民思想道德建设和公共文化建设，提高农民综合素质和乡村社会文明程度。

四 "千万工程"经验助力甘肃乡村振兴的实施策略与政策建议

学习运用"千万工程"经验助力甘肃乡村振兴，要强化组织领导，省负总责、市县乡抓落实，五级书记一起抓、四级政府齐发力；推进农业科技创新和农村改革创新，激发乡村振兴活力；强化资金投入，构建多元化投入格局，加大财政涉农资金整合力度，引导社会资本投入乡村振兴；创新金融产品和服务，降低农村金融服务门槛，解决农业融资难、融资贵问题；强化资金使用监管，确保每一分钱都用在刀刃上；强化人才支撑，实施乡村人才振兴计划，吸引各类人才返乡创业就业；加强农民职业技能培训，培育新型职业农民和乡村工匠；建立城乡人才流动机制，鼓励科技人员、专家学者到乡村开展服务和技术指导，为乡村振兴提供强大智力支持。以此做好"千万工程"经验运用转化，助力甘肃乡村振兴。

（一）强化组织领导，健全党领导农村工作体制机制

将农业农村优先发展置于首位，落实好五级书记抓乡村振兴的具体责任。

1.建立指挥体系

以省市县三级为出发点，组建一支专业的"千万工程"小组，其中，党委、政府主要领导担任组长，分管领导担任副组长，下面的部门负责人为组内成员，小组各成员共同配合，促进"千万工程"相关工作的顺利开展。县级作为"一线指挥部"、县委书记作为"一线总指挥"，应当充分发挥党委农村工作领导小组的统筹、协调作用，以实现专向性、衔接性较强的工作效应，确保各项任务作业的完美落地。对于各级各部门，更应将"千万工程"视为首要任务，建立省市县三级指挥体系，党委政府领衔"千万工程"小组，明确职责分工，形成合力，确保任务精准对接、高效执行，共绘乡村振兴新篇章。

2.建立健全工作推进机制

保证任务及措施的顺利落地，离不开以下四方面的有力支撑，具体如下。第一，将"千万工程"情况纳入市、县两级党委工作中，通过月抽查、月调度的方式，明确工作的实际进展，及时调度资源，确保工作不偏离轨道。第二，在县级范围内，将"一库一单"管理制度的建立工作落到实处，如建设项目库、任务清单等，推进项目精准入库，任务逐一明确，为"千万工程"实施打下坚实基础。第三，落实各级党政领导干部的"四下基层"制度，从根本上解决群众"急""难""愁""盼"问题，提高群众的满意度。第四，持续优化涉农督查检查考核，展现检查的具体成效，调动基层主动参与迎检的积极性。

（二）推进农业科技创新和农村改革创新，激发乡村振兴活力

1.推进农业科技创新

甘肃省应当将强科技行动作为重点，以此为基准，侧重于生产、学习

的有机结合，以便顺利过技术关。加大实施种业振兴行动的力度，涉及养殖业、种植业等特色产业，特别是要做好新优品种的自主研发工作，以此推动品种的优质化发展。甘肃省也是种植农作物的主要地区，对于玉米、瓜菜、马铃薯等，想要实现种植效益的稳定提升，需要做好种业企业的持续培育。种业企业应当结合农作物生长情况，创新出更多的技术手段，以抗旱抗干抗病毒新品种，提高作物产量与品质。同时，加强农业技术培训，促进科技成果转化，助力农业高质量发展。对于牛羊遗传改良计划问题，可实施新的改良方式，构建以核心育种场为龙头、扩繁场为骨干、人工授精站（点）为基础的繁育体系，更是一大创新。甘肃省拥有较多的生产大县，通过建设农业科技创新平台的方式，加快了相关品种、技术的推广，还要注重农机装备补短板行动的实施，力争研制出更多可行的短板机具，新农机购置、应用补贴政策的制定，强化了农业机械化，农业生产效率大幅提升。除此之外，甘肃省还拥有较多的丘陵山区，这种地势适用于先导区建设。为此，应当将农机装备研发制造工作推进到位的同时，应用适宜的一体化试点，深化平安农机创建，提升农机安全管理水平，保障农业生产的整体安全性。

2. 推进农村改革创新

以坚守底线为出发点，予以省内各县级、乡村实践探索、制度创新的充分支持，激发农村发展活力，保障农民权益，推动农村治理体系和治理能力现代化。具体而言，通过健全土地流转价格形成机制的方式，发现更多的预防流转费用不合理问题，完善土地流转市场，促进流转的公平性、合理性。通过深化农村集体经营性建设用地入市试点的方式，助力国家级农村产权流转交易规范化试点的顺利推进，拓宽农村产权交易渠道，激发农村资源要素活力，促进农村经济繁荣发展。完成以上工作后，还应实施村级集体的经济倍增计划，指的是通过多元化发展路径，如发展特色产业、盘活集体资产、引入社会资本等，增强村级集体经济实力，实现集体收入快速增长，为乡村振兴提供坚实的经济基础。对于集体资产，应由村民委员会、村民小组到农村集体经济组织登记，完成集体资产登记工作，确保资产清晰、权属明确，必要时可通过建立健全集体资产管理制度的方式，加强监管，防止资产流失，守护集体资产安全。

（三）强化乡村振兴资金支持和政策保障

1.项目资金支持

政府应继续加强政策引导和资金扶持，为乡村振兴提供坚实的政策保障和资金支持。将农业农村作为一般公共预算优先保障领域，建立健全多元化的投入机制以更好地满足乡村振兴发展需求。将土地出让收入支农政策落到实处，有利于管理好乡村振兴的每项投资基金，吸引社会资本投入，形成合力，尤其是要加强项目资金监管，确保资金使用效益最大化，助力农业产业升级、农村环境改善和农民收入增长。与此同时，做好资金配置方式的持续优化工作，指的是在不新增地方政府隐性债务基础上，设立适宜的贷款贴息试点，如针对现代设施农业、高标准农田建设等，以此推动农业产业现代化和可持续发展，提升农村综合竞争力。面对社会资本投资的不当行为，应予以更大的监管力度，严格监管社会资本流向，防止投机行为，确保资金精准投向乡村振兴关键领域，助力农村经济社会健康发展。

2.政策支撑保障

为了保障乡村振兴战略的顺利实施，先后研究出台了《中共甘肃省委甘肃省人民政府关于学习运用"千村示范、万村整治"工程经验有力有效推进陇原乡村全面振兴的实施意见》等一系列指导性文件和政策措施，包括加大财政投入、优化金融服务、完善土地政策等。这些政策措施明确了各级各部门重点任务、保障措施和建设标准，搭建起了"千万工程"的政策体系，为乡村振兴提供了有力的支持和保障。

（四）强化人才支撑，创新乡村人才育、引、用机制

人才是乡村振兴的第一资源，是推动乡村振兴的重要动力。当前，农村面临着人才数量不足、分布不均衡、学历层次偏低、综合素质不高、结构失衡、流失现象严重等问题。因此，强化人才支撑，创新乡村人才育、引、用

机制，是实施乡村振兴战略的关键一环。

1. 创新乡村人才培育机制

一是要全面建立职业农民制度，实施新型职业农民培育工程，通过教育培训、认定管理、政策扶持等措施，培养造就一支懂农业、爱农村、爱农民的"三农"工作队伍。二是要加强农村专业人才队伍建设，重点培养农业科技、经营管理和公共服务等领域人才，构建多元化人才发展格局，为乡村振兴提供坚实的人才支撑。三是要发挥科技人才支撑作用，鼓励和支持科技人才深入农村一线，开展科技创新和技术推广，提升农业生产效率和品质，促进农业产业转型升级，为乡村全面振兴注入强大动力，从而推动乡村产业升级和科技进步。

2. 创新乡村人才引进机制

一是要吸引多元人才服务乡村振兴，积极吸引各类人才参与乡村振兴事业。二是要制定一系列优惠政策，如税收优惠、土地政策、金融支持等，为乡村人才提供良好的工作和生活环境。三是要为乡村人才搭建好服务平台，从而为人才提供信息咨询、项目对接、创业指导等一站式服务。

3. 创新乡村人才使用机制

一是建立城乡、区域、校地之间人才培养合作与交流机制，促进城乡之间、区域之间、校地之间的人才流动和合作，实现资源共享和优势互补。二是实施城市医生、教师、科技文化人员等定期服务乡村机制，通过派遣城市优秀医生、教师、科技文化人员到乡村定期服务，提升乡村医疗教育水平，推动乡村文化繁荣。三是创新用人方式，鼓励乡村人才通过兼职、挂职、项目合作等方式参与乡村振兴事业，充分发挥其专业特长和优势，为推动甘肃乡村振兴战略提供坚实的专业人才基础、智力保障。

甘肃乡村振兴面临诸多机遇和挑战。在今后工作中，应当以学习运用"千万工程"经验为引领，把推进乡村全面振兴作为新时代新征程"三农"工作的总抓手，坚持以人民为中心的发展思想，紧紧围绕甘肃实际，抓住国家乡村振兴战略的政策机遇，强化创新引领，深化农村改革，激发乡村内生动力。同时，积极应对资源环境约束、人才流失等挑战，通过加强基础设施建设、优化产业结构、培育新型经营主体、保护生态环境等举措，全面提升乡村发展水平，确保农民群众在乡村振兴中有更强获得感、幸福感、安全感，奋力书写甘肃乡村振兴新篇章。

B.6
甘肃农业科技创新支撑特色农业产业发展研究

杨雪琴*

摘　要： 科技创新是农业新质生产力发展的战略支撑，是特色农业产业发展的重要动力。本报告在对甘肃省农业科技创新支撑特色农业产业发展现状进行分析的基础上，从资源环境约束角度出发，使用基于DDF模型的GML指数对2018~2022年甘肃省各市州农业绿色全要素生产率进行测算，分析科技创新对特色农业产业发展的贡献度。研究表明，甘肃省农业绿色全要素生产率增长较为缓慢，2021~2022年出现了负增长；技术效率的提高主要促进了甘肃省农业绿色全要素生产率的提升，而技术进步驱动力不足，年均增长-0.92%；有5个市州农业绿色全要素生产率的提升是靠农业技术创新驱动的，其中只有2个市州的增长是源于技术效率提高和技术进步的协同驱动。另外，针对主要研究结论及存在的问题，本报告提出了农业科技创新支撑特色农业产业发展的对策建议。

关键词： 农业科技创新　特色农业产业　绿色全要素生产率　技术效率　甘肃

推动乡村产业高质量发展是建设农业强国的时代课题，要实现高质量发展则需要科技创新作为强大驱动力。特色是现代农业的重要引擎，发展特色农业产业是提升农业竞争力、顺应产业发展规律的重要举措，能够提高农业经济效益、增加农民收入、带动农村发展，是促进乡村产业振兴的重要推

---

* 杨雪琴，甘肃省社会科学院科研处助理研究员，主要研究方向为数量经济。

手，是实现乡村振兴的基础和根本保障。科技创新作为特色农业产业发展的重要动力，为特色农业的生产、销售和品质提升等提供了有力支撑，推动特色农业产业快速发展与壮大。发展现代特色农业产业，必须强化农业科技创新的支撑引领作用。

一　甘肃省农业科技创新支撑特色农业产业发展现状

近年来，甘肃省委、省政府深刻调整农业结构，努力构建现代农业三大体系，坚持把发展特色农业产业作为主攻方向，实施现代丝路寒旱农业优势特色产业三年倍增行动，不断优化产业布局和农业科技创新战略布局，持续加强特色农业标准化基地建设，支持重大创新平台建设，推进种业振兴行动，实施农机装备补短板行动，加强基层农技推广体系建设，强化农业科技支撑，着力提单产、优品质、增效益，"牛羊菜果薯药"六大优势特色产业和现代种业等的规模化、集约化、产业化程度不断提高，地方性特色农产品生产经营初具规模，特色产业已成为促进农民增收的重要途径，科技赋能特色农业产业发展的成效明显增强。

（一）农业基础较好，农业产业发展逐步增强

2012年以来，甘肃省农林牧渔总产值呈现逐年增长趋势，占地区生产总值的比重也在逐步增加，特别是2019年以来农林牧渔总产值增速较快，农业产业得到了一定的发展。2023年，甘肃省第一产业增加值1641.30亿元，占地区生产总值的13.83%，对经济增长的贡献率达到19.02%，拉动GDP增长1.12个百分点。产业基础的稳固为特色农业产业的发展奠定了良好基础。

（二）选育优质品种，特色农业生产能力不断提升，特色农产品规模优势明显

甘肃省将育种工作作为农业科研的重点，围绕六大特色优势产业发展需求，加强牛、羊、猪等畜禽新品种培育，推进苹果、桃、梨、葡萄等林果品

种更新和苗木繁育，开展玉米、瓜菜、马铃薯等主要制种作物研发，选育推广道地药材优良品种及种苗繁育技术，同时引进一批作物种质资源，培育出了一批高产、优质、抗病的农作物新品种及优异种质材料。定西马铃薯研究所采用当今世界最先进的雾培法生产马铃薯原种；定西市农科院"马铃薯脱毒种薯生产基地"被国家外国专家局确定为甘肃省第一家国家级引智成果示范推广基地。① 先后选育出陇薯、庄薯等马铃薯品种 47 个，在高淀粉和抗旱、抗病品种选育方面居国内领先地位。2023 年，选育 20 个玉米新品种，培育全国首个高寒牧区肉用细羊毛等一批特色种质资源，全省农作物良种覆盖率达 95% 以上。创建国家核心育种场（站）3 家，建成省级种畜禽场134 个，"肃南牦牛"列入国家畜禽遗传资源品种名录，太平鸡、肃南马鹿、洮羊、洮藏黑山羊通过国家现场核验，"天华肉羊"新品种通过国家畜禽遗传资源委员会审定，基于兰州大尾羊、岷县黑裘皮羊和岔口驿马等 3 个地方品种建成国家级畜禽遗传资源保种场（保护区）。②

2012~2022 年，甘肃省牛、羊出栏量基本呈现上升趋势，马铃薯种植面积基本呈现下降趋势，蔬菜、苹果、中药材种植面积均呈现先上升后下降再上升的趋势。与 2012 年相比，2022 年甘肃省马铃薯种植面积减少了 180.78万亩，苹果种植面积减少了 41.25 万亩，蔬菜减少了 0.75 万亩，中药材增加了 163.50 万亩。从产量来看，2012~2022 年，牛肉、羊肉、蔬菜、中药材均呈现增长趋势，2022 年产量分别是 2012 年的 1.71、2.25、2.05、2.15倍，年均增速分别为 5.49%、8.47%、7.44%、7.94%；苹果产量于 2015年、2017 年和 2018 年出现负增长，2012~2022 年年均增速为 6.70%，2022年产量是 2012 年的 1.91 倍（见表 1）。马铃薯虽然种植面积严重减少，但其单产逐年增加，产量较为稳定。

---

① 魏胜文、乔德华、张东伟：《甘肃农业改革开放研究报告（2021）》，社会科学文献出版社，2021。
② 甘肃省地方史志办公室：《甘肃年鉴 2024》，甘肃民族出版社，2024，第 190 页。

表1 甘肃省六大特色农产品产量

单位：万吨

年份	牛肉	羊肉	蔬菜	苹果	马铃薯	中药材
2012	15.93	16.20	847.62	248.75	212.91	64.02
2013	16.21	16.93	936.82	269.60	213.35	71.00
2014	16.92	18.36	1014.20	297.08	203.35	79.13
2015	17.48	20.19	1086.19	216.35	188.84	83.75
2016	20.02	21.72	1092.89	360.11	185.82	86.85
2017	20.96	22.76	1212.31	311.13	191.43	92.72
2018	21.40	23.60	1292.57	291.53	202.33	101.85
2019	22.74	25.00	1388.75	340.47	206.85	113.15
2020	24.90	27.60	1478.51	385.98	222.82	123.22
2021	27.00	33.50	1655.25	438.36	224.61	131.46
2022	27.18	36.52	1736.64	475.88	222.64	137.48

资料来源：《甘肃发展年鉴》（2013～2023）。

规模优势指数是用来分析在本区域中某作物的重要性，是否具备规模优势，具体为该作物在该区域的播种面积占区域总种植面积的比例，与全国这一比例水平的比值。从表2可以看出，2012～2022年，苹果的规模优势指数一直在4.34以上，规模优势突出；中药材、肉羊的规模优势指数整体在3.82以上，规模优势明显，但从2017年起，中药材的规模优势指数有逐年下降趋势；肉牛的规模优势指数呈现先上升后下降趋势，而马铃薯的规模优势指数整体呈现先下降后上升趋势，二者均具有规模优势；蔬菜的规模优势指数介于0.73～0.97，规模优势不明显，但是自2017年以来，其规模优势指数呈现缓慢增长趋势。

表2 甘肃特色农产品规模优势指数

年份	肉牛	肉羊	蔬菜	苹果	马铃薯	中药材
2012	2.4748	3.8258	0.8891	5.2488	1.6063	4.8429
2013	2.4802	3.8749	0.9134	5.3106	1.5964	5.0799
2014	2.5060	3.9148	0.9334	5.5735	1.6041	5.0798

年份	肉牛	肉羊	蔬菜	苹果	马铃薯	中药材
2015	2.5372	4.1101	0.9666	5.3734	1.6018	5.1718
2016	2.8476	4.1403	0.7367	4.4387	1.5078	5.7846
2017	2.8844	4.2190	0.7477	4.3477	1.4760	4.6463
2018	2.8315	4.2334	0.7584	4.5778	1.5091	4.3038
2019	2.6004	3.9125	0.7915	4.6908	1.5283	4.3436
2020	2.6038	3.9419	0.7966	4.8276	1.5486	4.2054
2021	2.5721	4.3297	0.8331	4.9689	1.5830	3.9934
2022	2.4752	4.5542	0.8460	5.1336	1.5845	3.9471

注：畜产品使用产量进行计算。

（三）不断优化产业布局，加快农业新技术推广，产业集中度不断提高

甘肃省利用区域地理气候和资源禀赋条件，按照农业发展基础和产业发展现状，科学确定农业区划，不断优化产业布局，形成了大众型河西肉牛、高端型平凉红牛、绿色型甘南牦牛等 3 个百万头肉牛产业带；形成了河西走廊、中部沿黄、陇东南 3 个千万只肉羊产业带，河西走廊灌区、沿黄灌区、泾河流域、渭河流域和两江一水流域五大蔬菜优势产区，陇东南苹果产业带，以及以定西、陇南为核心的高寒阴湿区中药材产业带，优势特色产业向最佳适宜区集中。推广应用了一批产业提质增效关键技术，如机械化种植、种肥同播、全膜覆土穴播栽培技术，蔬菜设施温室建造及高效栽培技术，非耕地设施种植技术等成熟农业新技术，膜下滴灌、垄膜沟灌和水肥一体化等高效节水灌溉技术，生态调控、理化诱控、生物农药等绿色防控技术和产品，SiOx 纳米保鲜果蜡、马铃薯抑芽剂、玉米种衣剂及马铃薯、啤酒大麦、花卉等农作物专用肥新产品，马铃薯营养液配方、栽培基质配方、质量检测标准等技术，都取得了明显成效。全省农作物耕种收综合机械化率达到 66.7%，测土配方施肥技术推广面积 5600 余万亩，

主要农作物病虫害绿色防控覆盖率达48%以上，农药利用率达到42%。推进现代栽培（养殖）、病虫害防控、农机农艺融合等综合配套技术攻关与集成，实施牛羊品质育肥技术及玉米秸秆饲料化研究、饲草加工及贮藏设施建设项目，推进果品采后处理与贮藏设施建设，实现种子数控加工、精细化选别加工和智能化包衣，组织实施中药材标准化、规范化种植，改造产地仓储及加工技术，全省特色农业产业技术水平不断提升，建成了一大批绿色化标准化规模化种养基地，特色农业产业规模不断扩大，实现了跨越式发展。

2023年，甘肃省肉牛存栏量521.3万头、出栏量261.4万头，均居全国第八位，肉牛规模养殖场1509个，良种化率达到82%，规模化养殖比重达到53%；肉羊存栏量2805.8万只，位居全国第三；出栏量2558.2万只，位于全国第六，肉羊规模化比例达到53%。创建国家级畜禽养殖标准化示范场6个，现有4个存栏20万头以上肉牛大县，5个存栏百万只以上肉羊大县，培育了"天祝白牦牛""平凉红牛""河西肉牛""甘南牦牛""庆阳早胜牛"5个"甘味"肉牛区域公用品牌，"东乡手抓""靖远羊羔肉"等知名食品品牌，以及"环县滩羊""金塔肉羊""永昌肉羊"等12个地理标志农产品。拥有蔬菜种植面积729万亩，产量1822.6万吨，培育了兰州高原夏菜、兰州百合等11个"甘味"蔬菜区域公用品牌。苹果种植面积居全国第二，产量居全国第三，有50万亩以上苹果大县3个，培育了"天水苹果""庆阳苹果""静宁苹果"3个"甘味"区域公用知名品牌。马铃薯种植面积853.5万亩，产量1550万吨，均位居全国第三，优势区面积、产量、产值占比分别达到86.6%、88.4%和89.7%，现有百万亩以上马铃薯大县2个。中药材种植面积475.5万亩，产量148.9万吨[①]。全省优势特色产业面积达4436万亩，建成绿色标准化种植基地1325个，"牛羊菜果薯药"六大特色产业依次获批创建国家级优势特色

---

① 《2023年甘肃省国民经济和社会发展统计公报》；《农业资源》，甘肃省经济合作中心官网，2024年6月6日，https：//swt.gansu.gov.cn/swt/c118502/202406/173928497.shtml。

产业集群，实现全覆盖。2024年4月，甘肃甘味生猪和高原夏菜产业集群获批立项，全省共获批创建8个国家级优势特色产业集群、11个国家级现代农业产业园、49个产业强镇、9个农业现代化示范区和6个乡村振兴示范县。

（四）农业科技成果逐渐增加，企业占比最大

2018~2023年，甘肃省应用于农林牧渔行业的技术成果、属于现代农业领域的应用技术成果占总应用技术成果的比重均呈现先下降后上升趋势。2023年，甘肃省应用技术成果总计1288项，从成果应用行业来看，应用于农林牧渔业的技术成果最多，为559项，占比43.40%；从所属高新技术领域来看，属于现代农业领域的应用技术成果389项，占比30.20%。在应用于农林牧渔业的技术成果中，企业有210项，占比37.57%；科研机构有206项，占比36.85%；大专院校有37项，其他机构有106项。在属于现代农业领域的应用技术成果中，企业为161项，占比41.39%；科研机构为145项，占比37.28%；大专院校有25项，其他机构有58项（见表3）。

表3　甘肃省2018~2023年农业科技成果

单位：项

年份	属于现代农业领域的应用技术成果					应用于农林牧渔行业的技术成果				
	合计	科研机构	大专院校	企业	其他	合计	科研机构	大专院校	企业	其他
2018	300	76	28	167	29	411	114	40	197	60
2019	324	96	51	142	35	390	123	59	157	51
2020	401	137	60	161	43	518	169	85	197	67
2021	337	102	29	156	50	450	142	39	193	76
2022	364	139	31	144	50	514	189	43	191	91
2023	389	145	25	161	58	559	206	37	210	106

资料来源：甘肃省科学技术厅。

（五）优化科技资源布局，强化农业科技服务能力

甘肃省拥有众多的农业高等院校和科研机构，有充分的寒旱农业发展技术人才。截至 2022 年底，全省共有农业高等院校和科研院所 66 家，农业类工程技术研究中心 54 个，农业高新技术企业 30 余家。[①] 近年来，甘肃省不断优化科技资源布局，完善科技服务和成果推广体系，开展技术攻关，提高农业科技创新和成果转化能力。2023 年，实施科技特派员制度，选派"三区"科技人才 1300 名，在 23 个国家乡村振兴重点帮扶县开展农业科技服务、技术培训等工作，线上线下培训 2 万余人次；实施农机研发制造推广应用一体化试点项目，成功争取财政部资金 1 亿元，计划实施项目 13 个，研制机具 17 种。投入财政资金 1500 万元支持"一中心六基地"等农机装备研发单位、高校及企业研发玉米去雄机等短板农机装备 20 种，全国首台当归移栽机、智能种薯切块机研制成功，残膜捡拾机膜杂分离技术全面突破，制种玉米去雄机、马铃薯联合收获机进入熟化定型生产，电动农机平台实现小批量生产。[②] 设立科技特派员（基地）专题，围绕服务县区优势特色农业产业发展关键技术开展科技研发、技术服务，累计引进新品种 206 个、推广新技术 52 项，建立各类试验示范基地 3900 余亩。胡麻和"平凉红牛"列入国家特色作物联合攻关范畴，持续开展玉米、马铃薯等品种省级联合攻关，先后选育登记马铃薯新品种 9 个、审定玉米新品种 21 个。甘肃省基因编辑育种重点实验室和敦煌种业研究院启动运行，承担实施"优质抗逆玉米新品种培育及生物育种产业化关键技术研究与应用"等重大科技项目。

（六）创新载体和园区建设，深化产学研用协同创新

甘肃省制定《关于推进农业科技园区高质量发展三年行动实施方案

---

① 魏胜文、张东伟、乔德华：《甘肃乡村振兴研究报告（2023）》，社会科学文献出版社，2024。

② 甘肃省地方史志办公室：《甘肃年鉴 2024》，甘肃民族出版社，2024，第 190 页。

（2023—2025 年）》，启动实施农业科技园区高质量发展三年攻坚行动，立足高原夏菜、设施绿色蔬菜、优质林果、制种、农业装备制造、农产品物流、农产品加工、观赏花卉、水产养殖等特色产业，打造具有竞争优势的农业高新技术产业集群。组建甘肃省玉米种质资源创新与育繁推一体化企业创新联合体，围绕玉米全产业链关键技术需求开展协同攻关和技术创新，加快选育具有自主知识产权和重大应用前景的突破性新品种，提升企业核心竞争力。实施高新技术企业倍增计划，培育科技创新型企业集群。支持规上企业设立研发机构，安排科技专项支持中小企业开展技术研发。[①] 2023 年，新认定省级农业科技园区 12 家、省级创新型县（市、区）9 家、省级星创天地35 家，现有农业科技园区 66 个，其中国家级 10 个、省级 56 个，园区平台基本覆盖全省 14 个市州，以国家级园区平台为中心、省级园区平台为支撑的布局体系日臻完善，以科技创新推动县域优势特色产业快速发展的格局基本形成。陇西县、玉门市、榆中县等 3 个县（市）获批第二批国家创新型县（市），平凉国家农业科技园区顺利通过科技部第九批国家农业科技园区验收。2024 年 7 月 6 日，甘肃特色农林产业开发协同创新基地和甘肃省功能食品技术创新中心揭牌，将为甘肃特色农业产业基础理论研究、科技成果转化和高质量发展提供有力科技支撑。

二 农业科技创新对特色农业产业发展的贡献分析

科技创新是农业新质生产力发展的战略支撑，是培育乡村产业发展的持久动力，对于提升农业生产效率和质量发挥着决定性作用。在科技进步、技术创新、制度变革等因素的驱动下，农业产业结构、生产方式、组织形态、产品品质等发生着深刻变革。农业科技创新在产生产量提高、效率提升等预期性结果之外，也可能会带来一些非预期性后果，如部分农业科技创新会对

---

① 甘肃省科学技术厅：《对省政协十三届一次会议第 516 号提案的答复》，2023 年 9 月 13 日，https://kjt.gansu.gov.cn/kjt/c090101/202310/173779033.shtml。

农业生态环境带来不确定风险。农业新质生产力以农业全要素生产率大幅提升为标志，不仅关注产量和效率，更加注重质量、可持续性以及资源利用效率的提升，具有绿色低碳高质量发展的内在属性。因此，文中结合农业全要素生产率理论，从投入产出角度引入数据包络分析方法，将农业生产过程中产生的碳排放总量作为非期望产出，使用基于 DDF 模型的 GML 指数，对 2018~2022 年甘肃省各市州农业科技创新对特色农业产业发展的贡献度进行测度。

（一）模型选择与设计

Global Malmquist-Luenberger（GML）指数：

$$GML(x^{t+1},y^{t+1},b^{t+1},x^t,y^t,b^t) = \frac{E(x^{t+1},y^{t+1},b^{t+1})}{E(x^t,y^t,b^t)}$$
$$= \frac{E^{t+1}(x^{t+1},y^{t+1},b^{t+1})}{E^t(x^t,y^t,b^t)}\left(\frac{E(x^{t+1},y^{t+1},b^{t+1})}{E^{t+1}(x^{t+1},y^{t+1},b^{t+1})} \cdot \frac{E^t(x^t,y^t,b^t)}{E(x^t,y^t,b^t)}\right)$$
$$= EC \times TC$$

其中，x^t、y^t 表示决策单元在 t 期的投入产出值；E、E^t 分别表示全局前沿和前沿 t 期的效率值；GML、EC、TC 分别为决策单元的投入产出效率、技术效率变化和技术进步。[①]

（二）变量界定与数据处理

参考相关文献，选取农作物播种面积、农林牧渔业从业人员、农业机械总动力、农用化肥施用折纯量作为投入指标[②]，将农林牧渔总产值作为期望产出指标，农业温室气体排放量作为非期望产出指标进行测算，具体投入产出指标见表4。

---

① 肖琴、罗其友、周振亚、何英彬：《中国农业绿色生产效率的动态变迁与空间分异——基于 DDF-Global Malmquist-Luenberger 指数方法的分析》，《农林经济管理学报》2020 年第 5 期。

② 龚斌磊、肖雅韵、徐君、袁菱苒：《劳动力成本上升、要素替代与农业全要素生产率》，《华中农业大学学报》（社会科学版）2024 年第 1 期。

表4 投入产出指标

指标			单位
投入指标	土地投入	农作物播种面积	千公顷
	劳动投入	农林牧渔业从业人员	万人
	机械动力投入	农业机械总动力	万千瓦
	化肥投入	农用化肥施用折纯量	吨
产出指标	期望产出	农林牧渔总产值	亿元
	非期望产出	农业温室气体排放量	万吨

注：本文中农业温室气体排放量主要通过利用碳排放系数，计算化肥、农膜、灌溉等碳源引起的碳排放量汇总得到。[①]

资料来源：《甘肃发展年鉴》（2019~2023）、《甘肃农村年鉴》（2019~2023）。

（三）结果分析

利用 Stata17.0 软件测算 2018~2022 年甘肃省 14 个市州的 GML 指数[②]，即农业绿色全要素生产率指数，来代表农业科技创新对农业经济增长贡献的增长率，并将其分解为技术效率变化和技术进步变化，通过计算几何平均值和累计变化值，分析各市州农业技术效率和农业技术进步的变动对农业绿色全要素生产率的贡献。

从甘肃省整体来看，2018~2022 年，GML 值累计增长 3.14%，说明甘肃省农业绿色全要素生产率整体呈现上升趋势，但增长极为缓慢。其中，技术效率累计增长 2.76%、年均增长 0.48%，技术进步均为负增长，说明技术效率促进了农业绿色全要素生产率的提升，而技术退步抑制了农业绿色全要素生产率的提升（见表6）。

2018~2019 年、2019~2020 年、2020~2021 年农业绿色全要素生产率、技术效率变化和技术进步变化均大于 1，说明技术效率的提高和技术进步共

---

① 姚延婷：《环境友好农业技术创新及其对农业经济增长的影响研究》，南京航空航天大学博士学位论文，2018。

② Daoping Wang, Kerui Du, Ning Zhang, "Measuring technical efficiency and total factor productivity change with undesirable outputs in Stata", *The Stata Journal* 2022, 22（01）.

同促进甘肃省农业绿色生产率增长，说明 2018~2021 年甘肃省不断加强农业科技创新和技术推广，在资源和环境的约束下，农业产出和生产效率得到了双重增长，农业综合生产能力提高，农业产业的发展兼顾了经济、社会和生态效应。2021~2022 年，技术效率下降 5.89%，技术退步 18.37%，导致农业绿色生产效率下降 23.18%（见表 5）。

表 5　甘肃省农业全要素生长率增长及变化（2018~2022 年）

时期	全要素生产率变化	技术效率变化	技术进步变化
2018~2019 年	1.1061	1.0360	1.0676
2019~2020 年	1.0620	1.0314	1.0297
2020~2021 年	1.0884	1.0135	1.0738
2021~2022 年	0.7682	0.9411	0.8163
平均值	0.9955	1.0048	0.9908

从各市州来看，2018~2022 年，兰州市、金昌市、白银市、天水市、武威市、庆阳市、陇南市、临夏州 8 个市州的农业绿色全要素生产率呈现累计增长趋势，但只有金昌市、临夏州、武威市、庆阳市四个市州的年均增长为正，且各市州增幅和影响因素存在较大差异。其中金昌市累计增长幅度最高，达到 53.87%，年均增长 13.17%，技术效率的提高和技术进步共同促进了农业绿色全要素生产率的提升，说明金昌市在农业规模扩张的同时进行技术创新，且对现有的农业技术的利用较为充分；武威市和临夏州的 GML 值累计增长均超过 10%，年均增长分别为 0.53%、0.64%，武威市农业绿色全要素生产率的提升主要源于技术进步，而临夏州主要源于技术效率的提升；兰州市、陇南市的 GML 值分别累计增长 1.8%、1.97%，均是因为技术效率的提升；白银市累计增长 0.9%，主要是由技术进步促进的；庆阳市累计增长 4.89%，年均增长 0.21%，技术效率的提升和技术进步均起到了促进作用（见表 6）。金昌市、白银市、天水市、武威市、庆阳市 5 个市州在期望产出区域饱和的情况下，技术进步极大地促进了这几个市州投入要素的充分利用和碳排放的减少。兰州市、陇南市、临夏州通过对现有技术的充分

利用，使得农业生产效率提升，但需要进一步提升技术研发能力来提升生产效率，降低碳排放。嘉峪关市、张掖市、定西市技术进步累计增长为正，但技术效率的降低导致农业绿色全要素生产率下降，因此需要进一步优化农业资源配置，提高对现有农业技术的推广与应用。平凉市、酒泉市技术效率累计正增长，但技术退步使得农业生产效率下降，需进一步加大绿色农业科技的创新，提升农业生产经营管理技术水平等。甘南州的技术效率和技术进步为负增长，农业可持续发展面临的压力还很大。

表 6　甘肃各市州农业全要素生产率增长及变化

市州	累计变化值			几何变化值		
	全要素 生产率变化	技术 效率变化	技术 进步变化	全要素 生产率变化	技术 效率变化	技术 进步变化
兰州	1.0180	1.0327	0.9615	0.9909	1.0056	0.9853
嘉峪关	0.9181	0.9181	1.0000	0.9635	0.9635	1.0000
金昌	1.5387	1.3725	1.1525	1.1317	1.0905	1.0378
白银	1.0009	0.9639	1.1174	0.9883	0.9849	1.0034
天水	1.0548	0.9602	1.0732	0.9946	0.9893	1.0054
武威	1.1146	0.9250	1.1492	1.0053	0.9774	1.0284
张掖	0.9719	0.9295	1.0157	0.9712	0.9813	0.9897
平凉	0.9890	1.0116	0.9511	0.9780	1.0018	0.9763
酒泉	0.9575	1.2018	0.7539	0.9656	1.0400	0.9284
庆阳	1.0489	1.0165	1.0202	1.0021	1.0036	0.9985
定西	0.9943	0.9659	1.0424	0.9970	0.9905	1.0065
陇南	1.0197	1.0548	0.9704	0.9996	1.0131	0.9868
临夏	1.1203	1.3010	0.8180	1.0064	1.0703	0.9402
甘南	0.8311	0.8627	0.9608	0.9539	0.9637	0.9898
平均值	1.0314	1.0276	0.9927	0.9955	1.0048	0.9908

三　主要结论及存在的问题

（一）甘肃省科技投入虽然不断增长，但远远低于全国平均水平

2012～2023 年，甘肃省科学技术支出及其占财政支出的比重均呈现先增

长后下降再增长的趋势，其中，2018 年，科学技术支出最低为 25.71 亿元，占财政支出的比重仅为 0.68%；2023 年，科学技术支出最高，占财政支出的比重为 1.35%；R&D 经费支出基本呈直线增长趋势，投入强度呈现波动增长趋势。与全国平均水平相比，2023 年，全国科学技术支出占财政支出的比重为 3.94%，R&D 经费投入强度为 2.64%，分别高于甘肃省 2.59 个、1.22 个百分点。2019 年以来，甘肃省不断加大对科学技术的投入，但科技创新缺乏坚实稳定的资金支持，科学技术支出占财政支出的比重和 R&D 经费投入强度还是远低于全国平均水平（见图 1）。

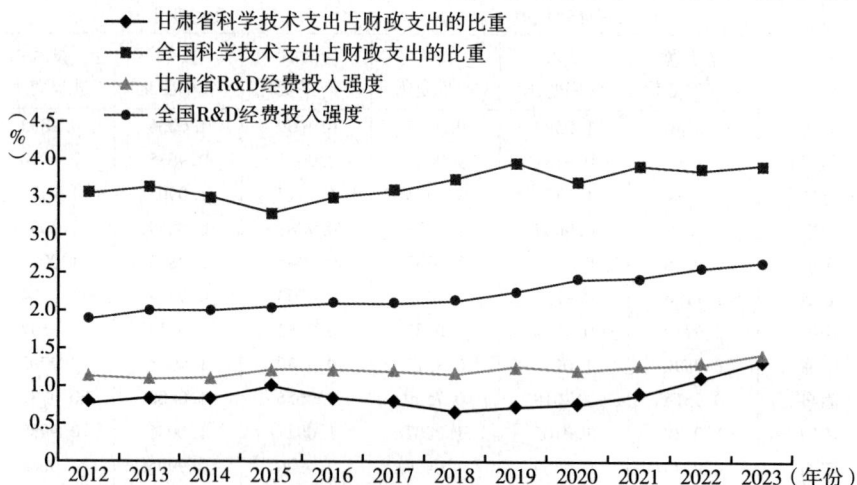

图 1　甘肃省科技支出情况

（二）绿色农业技术推广应用不够广，农业技术推广人员短缺

有一半的市州技术效率累计增长为负，说明农业资源配置不够合理，绿色农业科技的推广使用不够充分。财政资金是基层农业技术推广的主要资金来源，资金投入方式过于单一，没有给予农业企业等主体对农业经济的支持，导致新品种、新技术这些示范项目不能完全满足农民的需求。另外，乡镇农业技术服务机构从业人员较少，农业相关专业毕业的农技人员比例低，

且"行政化"现象普遍，农技人员真正从事农机推广工作的时间并不长，从人员数量到专业技术指导质量上均不能满足农业发展需求。同时，乡镇农技人员年龄断档、老化，知识更新较慢，传统推广方法也无法适应现代农业发展的要求。

（三）农业创新能力不足，农业科技成果转化率不高，产业融合的技术支撑力较弱

2022 年，甘肃省农业植物新品种权申请 322 件，授权 53 件，占比仅为16.46%，创新能力不足，存在研发与农业生产需求脱节、转化率不高等问题。农业科技园区入驻高新技术企业数量较少，特别是规模大、带动力强的龙头企业少，园区各类创新主体研发经费投入严重不足，农业领域科技领军人才、高端人才短缺，科技创新能力、带动能力与转化能力弱。[①] 农业特色产业薄弱，产业链条短，农产品精深加工发展缓慢，产品附加值较低。农业相关院校、农业科研院所、农业龙头企业等掌握新品种、新技术的主体，与农业技术推广人员、农民和农业部门之间没有或缺乏联系，新技术、新品种、新成果无法在农业生产中得到有效转化应用。

（四）农业科技创新对特色农业产业发展的贡献相对较小

一方面，农业生产效率相对较低，甘肃省农业劳动生产率从 2012 年的0.72 万元/人上升到 2022 年的 2.47 万元/人，但与 2022 年全国平均水平（5.00 万元/人）还有很大差距。另一方面，从 GML 指数累计增长率来看，甘肃省农业绿色全要素生产率整体呈现上升趋势，但增长极为缓慢，只有 5个市州农业绿色生产效率的提升是靠农业技术创新驱动的，而在这 5 个市州中，只有金昌市和庆阳市农业资源配置较为合理，农业技术进步得到了较好的推广和应用。从年均增长来看，技术进步年均增长-0.92%，说明甘肃省整体农业技术创新驱动不足。

---

① 金观平：《全链条全领域提升科技创新能力》，《经济日报》2024 年 7 月 13 日，第 1 版。

四　甘肃省农业科技创新支撑特色农业产业发展的对策建议

（一）构建完善、稳定、多元的农业科技投入体系

要重视加大对农业科技创新的投入，建立农业科技投入稳定增长机制，强化科技对特色农业产业的引领支撑作用。优化财政补贴结构、提高补贴效率，确保补贴资金真正用于农业生产和技术创新；绿色农业自身的回报率较低，政府除了专项拨款，还需要出台政策，推动各类科技计划、平台、人才项目向农业领域倾斜，促进资源流向农业；鼓励企业加大农业科技投入，通过设立农业产业基金等方式，引导金融资本、社会资本进入农业科技创新领域，使不同地区、规模、领域的农业科技投入能够实现一定程度的互补，防止重复投入、低效投入现象的出现。

（二）加强农业技术推广服务机构和人才队伍建设

一是加快推进乡镇农技推广服务机构建设，尝试定向招录农业技术推广紧缺型人才；深化农技人员职称制度改革，职称评定向基层一线人才倾斜，突出专业科技水平和实际贡献，引导农业农村科技人才深入一线做好服务。持续加大科技特派员工作支持力度，推广"科技小院"等服务模式，引导科研院所、高等学校开展专家服务基层活动，鼓励涉农专业毕业生到基层开展实用技术研究和推广服务工作。二是加大农技人员培养力度，紧密结合当地现代农业发展需求，依托地方高校、职业学校、研究机构、农业技术推广站、农业合作社等资源，与社会力量形成联动机制，不断完善地方特色农业产业发展的教育培训机制，多途径、多层次开展技术交流、学习研修、观摩展示等活动，推动农技推广人才知识更新，提升综合素质。重点培养掌握先进农业技术的专业人才，培训年轻骨干农技人员以及"土专家""田秀才""乡创客"等基层乡土人才，发挥示范带动作用。三是发展多样化、社会化

农技推广服务组织，把加强公益性农技推广队伍建设和扶持多元化经营服务主体有机结合，支持科技特派员领办创办协办农民合作社、专业技术协会和农业企业，发挥好农业高新技术产业示范区带动引领作用，引导农业企业依托原料基地、产业园区等建设实训基地，推动和培训农民应用新技术①，激励涉农企业、农民合作社、社会组织等积极参与农业技术推广工作，解决农业科技推广"最后一公里"问题。

（三）突出应用导向，加快农业科技研发和成果转化，推动农业科技创新与特色农业产业有效衔接

一是要加强农业高等院校、科研院所在基础研究方面的主力军地位，主动面向市场寻找科研课题，增加符合企业现实需要和产业发展需求的高质量源头供给，发挥农业科研机构的骨干引领作用。二是要营造良好的科技创新环境，发挥企业能够较好把握市场前沿、农户需求和产业发展趋势的优势，扶持企业创新。聚焦特色优势农业产业基础，运用科技创新政策的导向和激励作用，培育和打造一批具有较强带动能力的龙头企业，着重扶持一批科技型骨干涉农企业，支持中小微涉农企业创新发展，改变重生产轻研发、重模仿轻创新、有"制造"无"创造"、追求短期效益的经营状态，使企业成为农业创新的重要策源地。三是加快产学研合作，打造协同创新载体，促进农业创新链与产业链深度融合。以特色农业产业链技术创新急需为导向，整合各级各类优势科研资源，鼓励企业、高校、研究机构与农村合作社等建立长效合作机制，构建高效集成的科研攻关组织，开展跨学科、跨领域、跨行业联合科研，加速一批农业科技领域原创性、实用性成果的研发与落地转化②，推动农业科技创新与特色农业产业有效衔接，提升农业科技创新整体效能。统筹产业链企业科技创新资源，构建科技创新平台，加快打造原创技术策源地，充分发挥优势龙头企业的带动作用，支持上下游企业加强产业协

---

① 刘建徽：《科技兴农路正阔》，《光明日报》2024年2月5日，第7版。
② 甘日栋、崔志宏：《大力发展现代特色农业产业》，《光明日报》2024年1月16日，第2版。

同和技术合作攻关,加快构建协同创新体系,[①] 促进农业产业链向更高附加值领域延伸。四是拓展多元化科技成果转化渠道,鼓励高校、科研院所建立技术转移服务机构,加速成果转化和应用;建立健全农业科技成果转化市场交易优惠政策和制度,大幅压缩农业科技成果转化周期;[②] 实施重大农业技术协同推广计划,以农业优势特色产业为主线,建立需求关联和利益联结机制,引导农技推广机构、科研教学单位、新型农业经营主体、经营性服务组织等合理分工、高效协作,构建上下贯通、左右衔接、优势互补的农技推广协同服务新机制,提高农业优势特色产业科技含量和附加值。

(四)优化资源配置,提高技术效率和绿色农业科技创新的驱动能力

一是不断提高农业生产的技术水平和生产效率。加强农业种质资源保护,下大力气推进玉米、蔬菜、花卉、畜禽等的核心育种攻关,加快生物技术在作物育种、基因改良、生物防害和微生物利用等方面的运用,提高农产品产量和质量;加快先进农业机械装备研发应用,推广测土配方施肥、水肥一体化等高效施肥技术,提高农业生产效率;不断加强农业信息化建设,加大信息技术在农业领域的示范和推广力度,运用数字技术全面提升农业生产智能化、经营网络化、管理高效化、服务便捷化水平,以数字化引领驱动农业现代化[③],不断提高农业产业发展质量效益、竞争力和全要素生产率。二是优化资源配置,提高资源利用效率。政府要加快农业制度创新,发挥在土地、科技、财政、金融、人才等政策供给上的主导作用,以制度创新破除制约科技创新的体制机制障碍,整合科技创新资源,提高生产要素配置效率,激发各类主体创新激情和活力,让创新要素充分涌流。农业规模化龙头企业应面向全产业链,利用大数据和人工智能等技术推进数字化转型,及时掌握

① 赵成伟、陈红其、姚雪、齐文浩、刘一秀:《农高区推动产业集群机制、现状与对策研究——基于涉农园区协同视角》,《农业现代化研究》,https://doi.org/10.13872/j.1000-0275.2024.0278。
② 赵敏娟、杜瑞瑞:《新质生产力推动农业全产业链绿色转型:理论逻辑与路径选择》,《农业现代化研究》,https://doi.org/10.13872/j.1000-0275.2024.2024.0832。
③ 刘建徽:《科技兴农路正阔》,《光明日报》2024年2月5日,第7版。

各方面信息，优化生产要素创新性配置，做出理性预期和科学决策；广大农户和中小企业，要学习市场经济知识，通过互联网、多媒体等技术，促进生产经营数字化转型，通过数字化服务平台提高自身决策水平和管理能力。①

三是加快形成绿色、低碳、循环的可持续农业发展模式。强化绿色兴农的科技支撑，加快发展与农业生产相关的现代生态技术；把低碳节能的农业生产技术应用作为重点，推广绿色农业技术，发展循环农业、生态农业等新型农业模式，降低农业生产对环境的污染和破坏；积极探索有效技术路径推进农业废弃物资源化利用，推进生物有机肥的广泛使用，以及秸秆还田和生物质能源的开发利用；加强农业生态系统保护与修复，提高农业生态系统的稳定性和服务功能②，确保农业高效产出与生态持续优化的动态演进及长效平衡。

---

① 武拉平：《科技助力　促进乡村产业振兴》，《光明日报》2024年2月28日，第5版。
② 贺吉刚、杜建国：《积极探索农业现代化的实现路径》，《农民日报》2024年5月11日，第5版。

B.7
甘肃农村基层党建引领
乡村治理现代化研究

何 剑 王喜红*

摘 要： 本报告回顾了中国共产党领导农村工作的历程，探讨了新时期基层党组织在农村工作中的角色定位——乡村振兴阶段，农村基层党组织需要充分发挥政治领导作用、经济引领作用、文化提升作用、人才建设作用和有效治理作用，工作任务更重，工作标准更高。在此基础上，分析甘肃以基层党建促进乡村振兴的主要做法及成效，指出现阶段甘肃推进乡村治理现代化面临的挑战：高素质人才保障不足，凝聚力、组织力有弱化倾向，角色定位出现偏差。最后，提出相关对策建议。

关键词： 农村基层党建 乡村治理 乡村振兴 甘肃省

一 中国共产党领导农村工作的历程回顾

农村基层党组织是党开展农村工作的骨干与核心，农村基层党建是党在农村执政的基础。中国共产党历来高度重视农村基层党建工作。从新中国成立前"农村包围城市"开展革命武装斗争，到新中国成立初期的农业合作化运动，再到1978年以小岗村"大包干"为开端的农村改革，中国共产党成立以来历次重大的革命、改革都是以农村为起点的。

---

* 何剑，甘肃省社会科学院农业农村发展研究所助理研究员，主要研究方向为县域经济、农村发展；王喜红，中共临夏州委党校助理讲师，主要研究方向为乡村旅游产业发展、农村基层党建。

（一）新民主主义革命时期（1921~1949年）

土地革命战争时期，毛泽东同志提出了"农村包围城市，武装夺取政权"的革命路线，从那时起，中国共产党就通过农村基层组织，同广大农民群众建立起紧密而深厚的血肉联系。此后，为支持革命武装斗争，巩固和发展革命根据地，农村基层党建坚持了三条工作主线。一是在农村建立党支部，消除了党组织建设中的留白处。1925 年，在湖南韶山建立中国共产党第一个农村基层党组织——中国湖南韶山支部，极大地扩大了中国共产党的渗透力，拓宽了中国共产党的工作范围。二是积极吸收农民入党，扩大党组织力量。中共四大（1925 年）提出"凡有党员三个以上的均可成立一支部"，为吸收农村党员提供便利。三是重视党员素质，加强农村基层党员队伍建设。毛泽东同志提出要对新入党的党员，层层把关，择优录取，并加强无产阶级思想的领导。早期农村基层党组织的建设，对于发动和带领半殖民地半封建社会形态下最广泛、最具革命性的力量——农民群众开展武装斗争，并最终夺取新民主主义革命的胜利起到了重要的作用。

（二）社会主义建立及初步探索时期（1950~1977年）

新中国成立后，中国共产党由过去的革命党转变为执掌全国政权的执政党。为了夯实执政基础，中国共产党在广大农村普遍建立了基层党组织，开始了执政条件下农村基层党组织建设的深入探索和广泛实践。新中国成立初期，我国基层党组织遍布各个地方、单位与部门，中共中央开始对农村基层党建进行全面整顿。党中央认真总结农民运动与农村党支部建设经验教训，认为我国以农村包围城市武装夺取政权的方式取得了革命的胜利，新中国成立后农村基层党组织要处于领导核心地位和发挥领导核心作用。1962 年制定的《中国共产党农村基层组织工作条例（试行草案）》中指出：农村中的党委、支部、总支部是"农村工作的领导核心"。农村基层党组织之所以是领导核心，这主要是因为它担负着农村经济、政治、文化和社会管理等方面面工作的全面领导职能，是其他任何组织都替代不了的。20 世纪 50 年代末开始，由于人民公社制度，农村出现政社合一、政社不分的情况，基层党组织功能、作用的发挥受到很大限制。

（三）农村改革稳步推进和不断深化时期（1978~2012年）

改革开放到党的十三届三中全会期间，农村基层党建工作开始恢复并向纵深推进。一是废除农村基层党组织政社不分、政社合一体制，鼓励村民自治。1983年，《关于实行政社分开建立乡政府的通知》发布，要求各地按照宪法规定，实行政社分设，建立乡政府。要求乡以下实行村民自治，设立村民委员会。在这一时期，乡镇村委、党支部纷纷恢复与建立。二是实施家庭联产承包责任制。从1982年起，中央连续出台五个中央一号文件，积极推动农村生产制度变革，这为壮大农村集体经济，调动农民积极性，为农村基层党建提供经济基础与物质条件。

中共十六大到十八大期间，我国农村基层党建思想形成一套完整成熟的体系。2008年，中共十七届三中全会通过了《中共中央关于推进农村改革发展若干问题的决定》，强调推进农村的改革和发展最关键的是党，要以党的执政能力和先进性为主线，以改革创新精神全面推进农村党的建设，增强各级党组织的创造力、凝聚力和创造力，不断提高党领导农村工作水平。

（四）精准扶贫及乡村振兴时期（2013年至今）

党的十八大以来，我国农村基层党建工作在习近平总书记的指导下不断开拓创新，进入新的发展时期。以习近平同志为核心的党中央结合农村实际，坚持以问题为导向，在继承历届中央领导人的优秀思想基础上，积极着手发展农村基层党建工作思想。2019年出台中央一号文件，从思想、组织、制度建设等方面对农村基层工作提出新要求。在思想建设上坚持以中国特色社会主义理论体系引领农村基层党建，以"对社会主义与共产主义的信念，是共产党的政治灵魂"紧扣农村基层党组织理想信念帽子；在组织建设上坚持以合格的党员标准培养农村基层党员，培养为农民服务为精准扶贫工作服务的农村党支部书记队伍，发挥农村基层党组织战斗堡垒的作用；在制度建设上细化实化五级书记抓乡村振兴的制度安排，落实"四个优先"的要求，强化政绩考核，进一步突出政策支持。

二 新时期基层党组织在农村工作中的角色定位

（一）乡村振兴的总体目标、要求

乡村振兴是包括产业振兴、人才振兴、文化振兴、生态振兴、组织振兴的全面振兴。乡村振兴总目标是农业农村现代化，总方针是坚持农业农村优先发展，总要求是产业兴旺、生态宜居、乡风文明、治理有效、生活富裕。

（二）脱贫攻坚向乡村振兴转换对农村基层党组织的要求

首先，脱贫攻坚的目标较为单一、易量化，乡村振兴的目标则较为综合、不易量化；其次，脱贫攻坚阶段，一些惠农助农政策措施带有救济性、应急性和非常规性，目的是短时期内让贫困农民生活水平达到脱贫标准。在乡村振兴阶段，受地方财力所限，这些集中资源、全力投入、以外部输血为主的政策将难以持续。与脱贫攻坚相比，乡村振兴在内容上和目标上都发生了很大的变化，因此农村基层党组织的角色定位也要作出相应改变。

1. 工作任务更重

一是农民稳定增收/防止返贫任务。虽然在 2020 年实现了全面小康的目标，但依旧存在脱贫质量不高、有大规模返贫风险等问题，一些"政策性脱贫户"脱贫基础并不牢固。因此，要把巩固脱贫攻坚成果纳入乡村振兴战略中。在国内外经济下行压力增大、农民外出务工收入减少的背景下，农村基层党组织应积极探索如何降低农民大规模返贫风险以及建立农民稳定增收长效机制。二是农业提质增效任务。前期一些扶贫产业存在可持续性不强的问题，要探索以产前、产中、产后一体化为思路，打造建立现代农业产业体系的思路。三是组织建设、文化建设、生态建设等一系列其他任务。总体来看，乡村振兴阶段，农村基层党组织的工作任务更加繁重、目标更加多元，且成效不易量化。

2. 工作标准更高

首先，乡村振兴阶段，农村基层党组织的角色要由过去侧重于"执行政策"向现在执行政策、自主决策并重转换。脱贫攻坚阶段，农村基层党组织更多充当政策执行者的角色，拥有较有限的自由决策权。乡村振兴阶段，农村基层党组织更多充当了决策者的角色，对基层党组织成员的能力素质提出更高的要求。因此，基层党组织要适时转变政策"上传下达者"的角色，提高灵活运用政策解决农村实际问题的能力。其次，乡村振兴阶段，农村基层党组织不仅是引领者、协调者、服务者，更是参与者。基层党员要更多地与农民群众一道，以主人翁的姿态，亲自投身于乡村产业发展、基础设施建设、公共服务提升、乡村有效善治等具体事务中，真正发挥先锋模范作用。

3. 具有较高的文化水平和能力素质

乡村振兴阶段，由于农村基层党组织务必高标准投身于乡村建设实践，因此基层党员必须具有较高的文化水平和能力素质，掌握基本的种植养殖技术和农业生产经营知识。

（三）乡村振兴阶段农村基层党组织承担的作用

1. 政治领导

《党章》规定，基层党组织是我们党在基层组织中的战斗堡垒，是我们党一切工作和战斗力的基础。农村基层党组织作为一支坚强的政治力量，对我国的社会主义政治建设和发展起到了重要的促进作用。要全面加强基层党支部建设，加强党员队伍建设，充分发挥基层党组织的阵地堡垒作用，跑好乡村振兴"最后一公里"，使农村基层党组织更有组织力、战斗力和执行力。认真贯彻落实党的各项方针政策，公正廉洁、勇于开拓、敢于创新、乐于奉献，为实现乡村振兴不懈努力。

2. 经济引领

产业振兴是基础。基层党组织要能够组织带领乡村培育特色产业，打造现代农业产业体系。现阶段重点培育农产品精深加工业，提升农民在产加销各环节的增值收益，提高农业效益和竞争力；要能够培育壮大村集体经济，以农村"三变"改革为核心，建立股份制经济合作社，探索实施资源参股，发展生态旅游、高效农业、农村电商、物流经济，开展土地股份合作等；要能够引导农民专业合作社健康、有序发展，完善合作社规章制度，规范合作社运行机制，让合作社切实起到保护农民利益、提高农民应对市场风险能力的作用。

3. 文化提升

农村人口的大量流失，使农村传统宗族组织濒临解体，伴随于此的是村落宗族文化的缺失和后继无人。同时，新的农村社区文化尚未建立起来。由此在乡村形成文化真空地带，文化因素对村民行为的约束力有所减弱。现阶段，乡村文明建设还存在一些问题，如红白喜事大办、拉帮结派成风、"等靠要"观念盛行，在一些偏远落后乡村赌博、放高利贷现象屡禁不止，诚信、孝道、礼仪等传统美德受到挑战。农村基层党组织要大力弘扬中华传统美德，深入挖掘中华优秀传统文化的思想观念、人文精神、道德规范，继承和发扬中华传统文化。要以社会主义核心价值观为引领，通过强化制度保障、舆论宣传、教育引导、文化陶冶、实践发展，切实把社会主义核心价值观深入农民生活方方面面，真正做到内化于心、外化于行。要推进移风易俗工作，如制定村规民约、建立红白理事会等，推动形成文明乡风、良好家风、淳朴民风。开展符合农村新阶段发展特点的文化活动，如戏曲话剧社进农村、文艺汇演三下乡等，大力弘扬孝道、仁爱、诚信、和谐等传统美德，引导广大农民群众远离黄、赌、毒等违法行为，摒弃封建迷信等不良陋习，杜绝铺张浪费等不良风气。

4. 人才建设

农村基层党组织的主要工作要向人才培养、人才教育、人才吸引等方面倾斜，坚持"内育外引"原则，把农村人才资源的开发放在首要位置。首先，要培养好本土人才。可以定期邀请农业方面的专家学者，对本土农民进行种植、养殖、畜牧等方面的培训。聘请专业人员开展加工、电商、运输、仓储、建筑、家政等第三产业培训。培养新时代职业农民、本土专家。其次，要吸引外部人才。完善激励机制，加大对外部人才的吸引力，优先从回乡大学生、大学生村官、选调生、退役军人、致富带头人等中选择有较高思想觉悟、文化水平、创新意识的党员补充到基层党组织队伍。再次，要留住人才。不断推进乡村文化建设，加强文化精神的感召力；发展农村经济，给人才存在感、获得感。

5.有效治理

"乡政村治"体制下，农村公共事务治理效率的提升，不能依赖于单向的行政秩序，也不能单纯依赖于村民自治，而是迫切需要多元主体共同参与。此时，乡村党组织应当发挥应有的作用。要将农村基层党组织放到基层治理的主体核心地位，同时推动其他主体共同参与、相互合作。构建以基层党组织为核心，乡镇政府部门、村委会、企业、合作社、民间社团、个体农户等多元主体共同参与的乡村治理新格局。基层党组织除要加强自身建设、充分发挥好主体作用外，还要扩大农村基层治理的参与主体，让更多的组织共同参与到乡村治理中来。通过党建活动引领，激发全民参与基层农村治理的积极性、自主性，实现全社会参与、横向联动、纵向协同、相互促进的现代化治理格局。在推动多元主体共治的过程中，还应注重协调各方利益：一是扮演好"传话筒"角色，向下积极宣传、落实各项惠农政策，向上能够代表农民发声、反映农民诉求。二是积极协调村委会、农户、企业、合作社、各种民间组织的利益。三是及时化解因收入差距拉大、相对贫困逐步显现、政策享受不均、土地房屋财产纠纷等引起的矛盾。

三 甘肃以基层党建促进乡村振兴的主要做法及成效

（一）"党建+"模式：培育壮大村集体经济

产业振兴是乡村振兴的基础。甘肃各地农村基层党组织将促进乡村产业发展、增加农民收入作为中心任务，采用"党建+"模式，在产业链上建立党组织，不断培育壮大村集体经济。甘州区党寨镇以党建引领、龙头带动为思路，以建设甘州区绿色低碳蔬菜产业园为契机，谋划成立党寨镇绿色蔬菜产业链党委，优化产业布局，适应市场需求，全力破解大资源小产业瓶颈。临洮县是城郊蔬菜生产的聚集区，该县按照党支部+基地+农户+村集体的模式，动员党员干部带头发展蔬菜种植，增加村集体收入。2022 年，在临洮县八里铺镇二十里铺村的设施农业示范基地，几十座反季节蔬菜种植日光温室已全部由党员和有意愿种植的农户认领承租，吸纳贫困劳动力 28 人就地务工，预计收入达到 5 万元以上。通过党委统筹、支部发力，临洮县目前已建成特色蔬菜种植示范基地 39 个。山丹县陈户镇寺沟村将建强党组织与打造农业特色产业链深度融合，成立了高原夏菜产业链党委，并下设产业协会、仓储物流加工、市场营销 3 个产业链党支部，吸纳农村劳动力 300 余人就业，实现人均增收 2 万元以上，寺沟村村集体经济收入超过30 万元。

（二）外引内育：夯实基层党组织人才基础

农村基层党组织充分发挥战斗堡垒作用、带动农民实现自我发展，党员干部的能力素质是关键。近年来，甘肃省通过加强村"两委"班子培训、选优派强驻村工作队员、派驻大学生村官及优秀选调生、吸纳乡村致富能人进党员队伍等措施，为乡村振兴提供人才支撑和智力保障。2023 年，省委组织部连续举办 11 期专题轮训班，对全省各乡镇党委书记贯彻落实党的二十大精神进行轮训，进一步提升了农村基层党员干部党建引领的能力。2023 年，靖远县开展了两轮县级集中培训，并组织 120 名驻村第一书记、帮扶工作队员参加市级培训，县乡村三级开展"岗位大练兵、业务大比武"活动 550 余场次。甘州区出台《乡村振兴发展顾问引进招聘工作方案》等文件，吸引优秀人才向中心村（片区）党委流动，加速聚集乡村振兴人才力量。

嘉峪关市开展"干部能力素质大提升"三年行动，先后组织镇村干部

80 余人赴陕西西安、安康等地,围绕乡村旅游、产业发展、"三联"机制建设情况等进行考察学习,拓宽发展思路。常态化开展"岗位大练兵、业务大比武"活动,全市 260 余名镇村干部能力素质得到全面提升。同时,通过建立市级人才顾问团、组建农业技术服务先锋队、培育新型职业农民和致富带头人等手段,增加乡村振兴人才储备 300 余人。

(三)支部联合:建立"大党建"模式

提高农民组织化程度、壮大农民群众的组织力量是发展规模经营、抵御市场风险、解决小农户与大市场对接矛盾的必然途径。这就要求作为农民群众引领者的基层党组织打破行政界限,实行跨地域联合,实现"抱团取暖"。甘肃农村积极打造跨行政村的党支部联盟,一般以"一个中心村联合若干外围村"为模式,形成党建联合体,推进基层党组织共建、共联、共赢。

正宁县宫河镇出产的"宫河大葱"被认定为国家地理标志产品,该镇党委以彭姚川村为中心,吸纳周边 5 个村打造多村联合党建模式,以此带动 176 户群众发展优质旱作大葱种植 2000 亩,打造集体经济项目 2 个,形成了由党建引领合作,大村带小村、强村带弱村、中心村带周边村的产业增收新格局。

甘州区党寨镇针对各村之间发展不平衡的状况,把各乡镇产业基础好、经济实力强的行政村确定为中心村,跨村横向设置产业党支部、党小组,变"单打独斗"为"抱团发展"。如以陈寨村为中心,打破地域限制,吸纳周边 6 个村成立了片区党委,并在片区党委的引领下发展现代设施农业。实施党组织跨村联合在甘州区并非陈寨村一例。通过此模式,甘州区各农村基层党组织之间形成了合作共赢的党建"雁阵",先后建成休闲农业和乡村旅游示范点 40 个,带动联建村群众户均增收 9300 余元。

(四)民主议事:构建多元共治体系

实现乡村的有效治理,需要构建包括村民、合作社、企业等多元主体合作参与农村事务的动员机制，形成乡村治理共同体。近年来，甘肃各地农村基层党组织在"四议两公开"的基础上探索村民议事制度、调解制度的改革，利用"村民议事厅"研究决定大小事项，落实"民主审议，一事一议"制度，提升民主决策的规范化水平。

甘州区党建引领推进乡村有效治理，利用手机 APP 等媒介，制定"民事直说"24 字工作法[①]，建立"邻里小院""周五定期说事"等议事机制，并在全区 244 个村党群服务中心设立"群众说事室"，督促党员干部面对面听取群众诉求和心声，为群众反映问题和表达意见诉求提供便利。通过上述民主议事机制，小到家长里短、邻里矛盾，大到房屋拆迁、村庄规划，与群众生产生活息息相关的各类民生问题都能得到及时解决。

宕昌县八力镇推行基层党建"民意墙+回音壁"制度，群众把意见和需求反映到民意墙，由村党支部对意见建议进行分析归类，结合岗位分工制定村两委为民服务责任清单。通过认领责任状、排出时间表，对群众关心的热点难点问题进行台账式管理；设立回音壁，向全村群众公示结果，接受评议监督。同时开展线上+线下说事活动，开通民事直说手机"码"上平台，畅通群众诉求渠道，了解掌握民情民意，提高群众对村级工作的知情率和满意度。

（五）网格化服务：打通基层治理"最后一公里"

基层党组织只有发挥好服务功能，切实地为农民群众服务，才能将农民群众凝聚在党组织的旗帜下。在新时期，推进国家治理体系和治理能力现代化建设，对党组织提出了新的要求、赋予了新的使命。基层党组织在乡村振兴战略中不仅要扮演好引领者的角色，也要扮演好服务者的角色。甘肃各地农村基层党组织在深入推进农村公共服务建设中，不断拓展服务内容、细化

[①] "民事直说"24 字工作法：组织引领、一网统管、常态走访、定期说事、'码'上响应、接诉即办。

工作措施，借鉴"枫桥经验"，实行网格化管理、数字化赋能，推进乡村治理精准化、精细化。

兰州新区秦川园区以"基层吹哨、各方响应""小事不出村、大事不出镇"为基层治理目标，组建了"一网多格"的服务架构，即以行政村为单元，建立多个小网格，每个网格之上成立党小组，并配备"一长两员"（网格长、联络员、网格员），积极组织和动员广大群众参与基层治理。

定西市安定区推行农村网格化管理和服务，构建"行政村党组织—网格（村民小组）党支部—党员中心户"的乡村治理体系。2022 年，全区将306 个行政村划分为 2275 个网格 8756 名党员中心户，构建起党组织统一领导，新型经营主体、社会团体、村民等多元主体广泛参与的"一核多元、合作共治"的新型乡村治理格局。

山丹县陈户镇寺沟村在已建成的党建、政法、民政、卫生网格的基础上，将这四类网格整合为"全科网格"，配备网格长 1 名、网格辅助人员 3名；确定党员联系户 21 户，组建乡村治理队伍 2 支；定期组织、邀请党员志愿者、法官、检察官、律师等常态化下沉网格，把党组织服务带到群众身边。同时，借助网络数字媒介推行智慧治理模式，通过建立便民微信群、开发便民微信小程序、开通政务服务热线等方式，将为民服务平台推广到各家各户，搭建起"群众点单、支部派单、网格员接单"的服务新模式，实现了为民服务"码"上办、"掌"上办。

四　甘肃农村基层党建推进乡村治理现代化面临的挑战

（一）高素质人才保障不足

相较于前一阶段以"收入达标""两不愁三保障"为主的脱贫目标，当前推进乡村治理现代化的目标更加多元、实施过程更加复杂，这就对农村基层党组织的工作效能提出更高的要求。但在实地调研中发现，目前甘肃农村基层党员的科学文化素质普遍偏低，满足不了实际工作的需要。尤其在一些偏远山村，村党支部成员中大部分仅有小学、初中学历，大专以上文化水平的党员实属凤毛麟角。文化素质不高，使党员在宣传落实政策、畅通民意表达方面往往力不从心，党组织引领乡村有效善治的效能也因此打了折扣。虽然随着农村教育的普及与提升，青年一代农民拥有较高的文化知识水平，但在目前城乡差距仍然较大的情况下，青年农民将来有多少比例能返乡投身农村建设仍未可知，外部引才也会面临城市产业的有力竞争。农村基层党组织的人才保障面临较严峻的挑战。

（二）凝聚力、组织力有弱化倾向

部分基层党员对乡村振兴的目标要求理解不到位、对推进乡村治理现代化的重要性认识不足，导致一些农村基层党组织凝聚力、组织力不强。突出表现在日常只满足于完成上级党组织安排的常规性任务。在调研中发现，一些党员在组织带动农民提升自我发展能力、提高参与村级公共事务水平、培育壮大村集体经济等方面积极性不高、办法不多，甚至个别党员认为农村基层党建工作就是"把农民稳住""不闹事"。基层党组织战斗堡垒、模范带头作用未能充分发挥。

（三）角色定位出现偏差

目前实行的"乡政村治"制度有利于乡镇对各个行政村实现统一领导，体现了农村地区治理的高度一致性，但在村民自治组织发育尚不完善、村民自治能力尚比较有限的情况下，这一制度在实践过程中也带来一定的问题，主要表现在乡镇党委的权力过于泛化。特别是在一些经济落后地区，政绩考核的压力通过层层传导，到乡镇一级，往往演变为乡镇党委对村党支部施加行政命令，或是直接对村级经济、社会事务大包大揽，导致村支部逐渐成为乡镇党委的"下属派出机构"，降低了农村基层党组织的自主性，也不利于开展村民自治。

五　甘肃农村基层党建引领乡村治理现代化的对策建议

（一）加强农村基层党组织人才队伍建设

一是实行更加积极、有效、开放的引才政策。建立城市医生、教师、科技人员等定期为农村提供服务的长效机制，同时建立上述人员到乡村机关和企业中挂职、兼职和离岗创新创业的机制，并探索城市人员通过下乡从事志愿服务、捐资捐物、融资兴产、包村包项目等参与乡村振兴工作的新路径，进一步畅通智力、科技、社会管理人才下乡渠道。二是加强农村人力资本开发。加强农村专业人才队伍建设，积极培养新型农民和农村致富带头人，激发广大群众参与到乡村建设中来。要鼓励引导各类优秀人才返乡创业，健全吸引新乡贤的激励机制。三是储备青年后备党员干部。加强青年带头人队伍的建设，建立青年人才的引进机制，选拔政治意识强、理论素养高、群众基础好的优秀党员充实到基层党组织干部储备。

（二）提升农村基层党员的思想认识

一是加强对基层党员干部的教育培训。把提升基层党员的思想认识作为党建工作的重要内容，将党的思想和理论贯穿于党员实际工作中。基层党组织应注意引导党员发挥先锋模范作用，通过实践活动提升党员素质。二是定期为基层党员举办理论培训课。通过线上与线下结合、集中授课与个人自学结合的方式，借助手机 APP 工具，为基层党员提供党中央新思想、新理论的讲解，使党员及时学习掌握中央的涉农政策，为更好地开展工作奠定基础。三是切实履行党员职责。县级党委要切实履行主体责任，整顿散漫的村级党组织，完善村级党组织运行制度。乡镇党委要认真履行直接责任，深入了解村级情况，发现问题，利用违纪典型案例，教育干部明底线、划红线、守规矩。党支部要充分发挥模范带头作用，督促党员和村民共同进步。党员要加强自身政治素质的提升，为农村建设贡献力量。

（三）完善乡村自治体系

一是发挥传统村民自治章程和村规民约的积极作用。村规民约要与社会治安、公序良俗、法律法规相适应，既要符合农村实际，又要合理合法。要充分发挥其积极作用，摒弃陈规陋习，因地制宜构建乡风文明。二是加强以党建为引领的乡村自治。切实发挥党支部对乡村自治的引导和带头作用，增强村民在乡村治理中的自觉性，最大限度发挥乡村自治的功能。定期组织开展"三农"政策知识讲座、民主座谈会等，使村民深入了解政策，从而有效开展自我管理，不断促进民主协商。三是发挥乡贤在乡村治理中的作用。可以通过建立履职激励等规章制度给予乡贤荣誉称号，充分发挥其积极作用。

B.8
甘肃数字乡村建设空间分异特征研究

徐吉宏　刘志强*

摘　要： 数字乡村建设是实现乡村振兴的基础和突破口，是加快推进农业农村现代化的必要条件，也是数字中国建设的有效途径。本报告在分析甘肃数字乡村建设现状基础上，通过构建甘肃数字乡村建设综合评价体系，并尝试利用地理信息技术，对甘肃数字乡村空间特征进行分析。研究结果表明：甘肃数字乡村建设整体处于起步阶段，呈"大集聚和小分散"态势；数字乡村建设具有显著的空间非均衡特征，地区内部、县域之间，以及河西地区与中部地区，陇东地区与陇南、甘南区域之间呈现明显的非均衡态势；数字乡村指数显著高—高区集聚在城关区、嘉峪关市、凉州区、甘州区等中心县域，显著低—低区集聚在甘南州，形成"低谷集聚区"。

关键词： 数字乡村建设　地理信息技术　空间集聚　甘肃

数字乡村建设是实现乡村振兴的基础，是推进农业农村现代化的必要条件，也是数字中国建设的有效途径。近年来，中央一号文件连续强调，深入实施数字乡村发展行动。甘肃作为欠发达地区的农业省份，数字乡村建设水平相对较低，其发展对于丰富中国式现代化甘肃实践有着至关重要的作用。基于此，本报告在分析甘肃数字乡村建设现状基础上，通过构建甘肃数字乡村建设综合评价体系，并利用地理信息技术（GIS）空间统计分析方法，探索分析甘肃数字乡村建设空间特征。

---
* 徐吉宏，甘肃省社会科学院副研究员，主要研究方向为农村发展和地理信息技术；刘志强，甘肃省社会科学院研究实习员，主要研究方向为产业经济。

一 甘肃数字乡村建设现状

（一）数字经济发展

当前，面临外部环境复杂性严峻性不确定性明显上升、内部经济结构转型的双重压力，但我国经济仍展现巨大的发展韧性和潜力，成为推动世界经济复苏的重要引擎。国家统计局发布的 2024 年中国经济"半年报"显示，我国国内生产总值（GDP）为 61.7 万亿元，同比增长 5%；[①] 以信息传输、软件和信息技术服务业为代表的现代服务业增加值保持两位数增长，特别是由大数据、物联网等新技术派生出的诸如直播带货、即时配送的新型消费场景带动网上零售额同比增长 8.8%。[②] 数字经济产业作为新的经济增长极取得了骄人的成绩，2013~2024 年我国数字经济显著高于同期 GDP 增速，数字经济占 GDP 比重达到 41.5%。[③] 甘肃作为经济欠发达地区、乡村振兴任务最重的省份之一，经济增长模式由传统要素驱动转为创新驱动迫在眉睫。根据《中国数字乡村发展报告（2022 年）》[④]，农产品网络销售额占比高于全国平均水平的有 12 个省份，甘肃排名全国第九、西部地区第一，表明甘肃省发展数字经济拥有巨大的潜力。甘肃应依托国家"东数西算"工程和乡村振兴战略，抢抓国家政策机遇，乘势而上、顺势而为，把数字乡村建设作为推动创新发展、绿色发展的关键一招。

（二）数字产业发展

1.加快构建数字乡村产业生态

产业是经济的"血脉"，产业旺则经济兴。近年来，甘肃省数字产业形

---

① 《上半年国民经济运行总体平稳，稳中有进》，国家统计局官网，2024 年 7 月 15 日。
② 《"两重""两新"等政策效果持续释放　新动能新优势支撑力增强》，央视网，2024 年 7 月 16 日。
③ 朱丹：《数字经济向"新""实""高"发展》，《北京日报》2024 年 8 月 5 日。
④ 蒋洪杰、欧阳曦：《中国数字乡村发展报告（2022 年）发布》，《乡村科技》2023 年第 4 期。

成高质量发展的强劲势头，仅 2022 年一年，全省农产品网上零售额就达到 251 亿元。回顾甘肃省助力数字产业发展主要包括以下几个方面。一是全力培育一批数字产业，切实为经济转型提供强劲动能。甘肃庆阳设立国家数据中心集群（甘肃·庆阳）"东数西算"产业园区，陆续修建秦淮数据零碳数据中心产业基地、中国移动（甘肃·庆阳）绿色智算中心、中国移动（甘肃·庆阳）数据中心项目等大型项目。截至 2024 年 8 月，庆阳市接续实施数据中心、装备制造重大项目 10 个，总投资 192.62 亿元，已累计完成投资 23.35 亿元。已建成标准机架 1.5 万架，平均上架率超过 80%，算力规模达到 18000P。[①] 二是"数字化赋能"助力传统制造业转型升级，实现乡村产业收益的增加，从而有效推动产业兴旺。酒泉肃州区国家数字种业创新应用基地通过搭建开发数字种业云服务平台，实现农作物全程数字化管理，玉米制种亩均收益提高 15% 以上，水、肥、药节省 10% 以上，劳动力成本降低 30% 以上。[②] 三是持续完善农业信息服务平台功能，加速企业间要素流动，进一步降低成本。例如，甘肃省推出云上乡村数字农业服务平台[③]，针对从个体到农业合作社再到农业企业多个产业链生产主体，提供预售、加工、运输、金融等一揽子中介服务，直接连接供需双方，实现生产主体的利益最大化。截至 2022 年底，平台注册用户达 19.2 万，服务行政村 993 个、加工企业 720 家、服务型企业 9 家。

2. 加快构建数字服务生态

在数字乡村经济发展过程中，构建以"甘快办"为总揽，统筹研发"不来即享""一码通"等品牌应用，推动 52 个省直部门、923 项高频事项接入"甘快办"APP，实现更多政务服务事项"掌上办"，更好发挥"店小二"角色[④]，探索建立以数字技术为支撑的乡村政务云平台，提升行政审批

---

① 冯喜斌：《竞速数字经济新赛道绘就"中国算谷"新蓝图》，《陇东报》2024 年 8 月 9 日。
② 《数字赋能启新程——酒泉市大力推进数字经济产业高质量发展》，每日甘肃网-甘肃日报，2024 年 8 月 8 日。
③ 陈明衡：《数字农业与数字普惠金融的融合》，《中国金融》2022 年第 10 期。
④ 《打造"甘快办"数字政府特色品牌"四级 46 同"助力政府职能转变》，中国甘肃网-兰州晚报，2022 年 5 月 12 日。

等政务服务效率，让数据多跑路、群众少跑腿，为农业农村现代化提供有力的政务支撑服务。

3.加快构建数字人才生态

人才是第一资源，树立鲜明的用人导向，提高农村数字人才待遇，对做出重大贡献的人才进行表彰和奖励，引导更多优秀人才扎根农村，为推进数字农村发展奠定人才基础。强化数字技术的应用，在整合线上各类培训资源基础上，推动线上培训向基层倾斜，提升培训效率和覆盖率，促进人才和乡村发展"同频共振"。例如，通过"甘农云"平台支持农民利用手机随时学习，注册学员约 16 万人。2023 年以来，全省举办"I@甘肃网络富民博览会"网信新农人行动网络主播培训 57 场次，实现 14 市州、兰州新区全覆盖，培养了 1.9 万余名网信新农人。[①]

（三）数字设施基础

数字设施建设是数字乡村发展的基础，也是高质量发展的原动力。2023 年，全省新建农村地区 5G 基站 4716 个，实现乡镇以上区域 5G 网络连续覆盖，60%以上的行政村有 5G 网络覆盖。行政村光纤宽带网络和 4G 网络覆盖率达到 99%以上。[②] 2018～2022 年，全省光缆线路长度由 82.70 万公里增至 111.13 万公里；全省互联网宽带接入端口和接入用户数量一直保持上升趋势，分别从 1127.95 万个增加到 1754.25 万个、742.84 万户增加到 1092.69 万户；全省邮路总长度从 20.17 万公里降到 16.38 万公里；移动电话基站从 15.78 万个增加到 21.49 万个（见表 1）。同时，公路、环保、气象、自然资源、卫生健康、公安监控等领域的基础设施数字化发展也稳步推进[③]，为有效地对传统基础设施进行改造与赋能提供了重要的物质保障。

---

① 《数字乡村建设有哪些看点》，中国甘肃网，2024 年 6 月 30 日。
② 《数字乡村建设有哪些看点》，中国甘肃网，2024 年 6 月 30 日。
③ 《2024 年甘肃省数字乡村建设现场推进会在平凉召开》，中国甘肃网，2024 年 6 月 29 日。

表 1 2018~2022 年甘肃数字乡村建设指标情况

指标	2018 年	2019 年	2020 年	2021 年	2022 年
邮路总长度(万公里)	20.17	20.55	19.80	17.42	16.38
移动电话基站(万个)	15.78	17.16	18.60	20.16	21.49
光缆线路长度(万公里)	82.70	88.78	93.88	104.26	111.13
平均每营业网点服务人口(万人)	0.56	0.51	0.48	0.39	0.37
互联网宽带接入端口(万个)	1127.95	1405.75	1460.60	1622.62	1754.25
互联网宽带接入用户(万户)	742.84	870.69	931.40	1025.24	1092.69

资料来源:《甘肃发展年鉴》(2018~2022 年)。

二 甘肃数字乡村建设综合评价体系构建与测算

(一)数字乡村建设综合评价指标体系

目前,学术界对数字乡村建设评价指标体系尚未形成统一的标准,本报告在借鉴相关研究成果基础上,综合考量相关数据的完整性、可获得性和可操作性等因素,选取数字基础设施、数字经济环境、数字财政金融、数字民生等 4 个一级指标,公路里程、固定电话用户、移动电话用户、固定互联网宽带接入用户、地区生产总值、农林牧渔业总产值、农村居民人均可支配收入、地方一般公共预算收入、科学技术支出、年末金融机构各项存款余额、乡村人口、专利授权数、农业机械总动力、农田灌溉水有效利用系数、农膜回收率等 15 个二级指标,构建了甘肃数字乡村建设综合评价指标体系(见表 2)。

(二)数据来源及处理方法

1.数据来源

研究数据来源于甘肃省统计局和甘肃省财政厅提供的 2023 年数据,个别缺失数据由相邻区域补齐。

表2 甘肃所示数字乡村建设综合评价指标体系

一级指标	二级指标	权重
数字基础设施(0.2607)	公路里程(C1)	0.0325
	固定电话用户(C2)	0.0949
	移动电话用户(C3)	0.065
	固定互联网宽带接入用户(C4)	0.0683
数字经济环境(0.2265)	地区生产总值(C5)	0.0933
	农林牧渔业总产值(C6)	0.0654
	农村居民人均可支配收入(C7)	0.0678
数字财政金融(0.2337)	地方一般公共预算收入(C8)	0.0706
	科学技术支出(C9)	0.0389
	年末金融机构各项存款余额(C10)	0.1242
数字民生(0.279)	乡村人口(C11)	0.0475
	专利授权数(C12)	0.1636
	农业机械总动力(C13)	0.0627
	农田灌溉水有效利用系数(C14)	0.0029
	农膜回收率(C15)	0.0023

2. 数据处理方法

（1）标准化处理。考虑各指标的不同，对原始数据进行标准化处理，将原始数值的大小控制在 [0, 1]。同时，为了避免标准化处理后出现数据为0或异常，对其进行平移处理。

正向指标：

$$X'_{ij} = \frac{X_{ij} - X_j^{\min}}{X_j^{\max} - X_j^{\min}}$$

负向指标：

$$X'_{ij} = \frac{X_j^{\max} - X_{ij}}{X_j^{\max} - X_j^{\min}}$$

（2）权重确定。采用熵值法对指标权重进行测度。

无量纲化值 P_{ij}：

$$P_{ij} = \frac{X'_{ij}}{\sum_{i=1}^{m} X'_{ij}}$$

指标信息熵 e_j ：

$$e_j = \frac{\sum_{i=1}^{m} P_{ij}\ln(P_{ij})}{-\ln(m)}$$

指标权重 W_j ：

$$W_j = \frac{1 - e_j}{\sum_{i=1}^{n}(1 - e_j)}$$

本报告选取2023年甘肃省县域相关指标数据，对各指标权重按上述方法进行计算，结果如表2所示。

（3）综合评价指数。将标准化处理后的各项指标数据和上述测度的指标权重进行综合加权。

$$S_{ij} = W_j X'_{ij}$$
$$S_i = \sum_{j=1}^{n} S_{ij}$$

其中 S_{ij} 表示第 i 县第 j 个指标的加权分值， W_j 表示第 j 个指标的指标权重， X'_{ij} 表示第 i 县第 j 个指标经过标准化处理后数值， n 表示指标个数， S_i 表示第 i 县的综合指数，计算结果如表3所示。

表3　2023年甘肃省87个县（市、区）数字乡村建设评价指数

县（市、区）	数字基础设施指数	数字经济环境指数	数字财政金融指数	数字民生指数	综合指数
城关区	0.2311	0.1562	0.2236	0.1739	0.7849
七里河区	0.0807	0.0962	0.0628	0.0887	0.3285
西固区	0.0518	0.0810	0.0436	0.0308	0.2072
安宁区	0.0489	0.0683	0.0456	0.0275	0.1903
红古区	0.0127	0.0613	0.0241	0.0197	0.1178
永登县	0.0409	0.0389	0.0276	0.0403	0.1477

县(市、区)	数字基础设施指数	数字经济环境指数	数字财政金融指数	数字民生指数	综合指数
皋兰县	0.0159	0.0270	0.0193	0.0223	0.0845
榆中县	0.0710	0.0480	0.0215	0.0565	0.1969
嘉峪关市	0.0866	0.0792	0.1012	0.0475	0.3145
金川区	0.0359	0.0851	0.0282	0.0628	0.2121
永昌县	0.0299	0.0478	0.0186	0.0612	0.1576
白银区	0.0572	0.0569	0.0345	0.0470	0.1956
平川区	0.0291	0.0280	0.0267	0.0229	0.1067
靖远县	0.0510	0.0506	0.0280	0.0601	0.1897
会宁县	0.0754	0.0371	0.0327	0.0653	0.2105
景泰县	0.0369	0.0401	0.0315	0.0447	0.1532
秦州区	0.0747	0.0462	0.0501	0.0527	0.2238
麦积区	0.0717	0.0388	0.0309	0.0608	0.2021
清水县	0.0381	0.0200	0.0149	0.0330	0.1060
秦安县	0.0518	0.0351	0.0253	0.0489	0.1612
甘谷县	0.0573	0.0331	0.0258	0.0565	0.1726
武山县	0.0676	0.0332	0.0167	0.0453	0.1628
张家川县	0.0310	0.0165	0.0217	0.0356	0.1048
凉州区	0.1073	0.1280	0.0773	0.1344	0.4470
民勤县	0.0417	0.0695	0.0344	0.0702	0.2158
古浪县	0.0430	0.0404	0.0333	0.0553	0.1721
天祝县	0.0255	0.0259	0.0323	0.0322	0.1159
甘州区	0.0851	0.0971	0.0604	0.0866	0.3293
肃南县	0.0135	0.0459	0.0225	0.0159	0.0978
民乐县	0.0338	0.0434	0.0314	0.0556	0.1642
临泽县	0.0215	0.0551	0.0266	0.0382	0.1414
高台县	0.0316	0.0501	0.0228	0.0379	0.1423
山丹县	0.0345	0.0452	0.0285	0.0377	0.1460
崆峒区	0.0701	0.0493	0.0365	0.0449	0.2007
泾川县	0.0260	0.0285	0.0149	0.0321	0.1014
灵台县	0.0200	0.0237	0.0219	0.0296	0.0951
崇信县	0.0161	0.0209	0.0190	0.0167	0.0727
庄浪县	0.0440	0.0349	0.0223	0.0516	0.1528
静宁县	0.0584	0.0456	0.0302	0.0500	0.1842

续表

县(市、区)	数字基础设施指数	数字经济环境指数	数字财政金融指数	数字民生指数	综合指数
华亭市	0.0288	0.0252	0.0263	0.0307	0.1111
肃州区	0.0920	0.1008	0.0400	0.0817	0.3145
金塔县	0.0327	0.0727	0.0222	0.0387	0.1664
瓜州县	0.0376	0.0641	0.0265	0.0388	0.1670
肃北县	0.0203	0.0658	0.0151	0.0093	0.1105
阿克塞县	0.0133	0.0707	0.0058	0.0082	0.0980
玉门市	0.0309	0.0772	0.0315	0.0323	0.1719
敦煌市	0.0423	0.0539	0.0296	0.0322	0.1580
西峰区	0.0547	0.0463	0.0486	0.0511	0.2008
庆城县	0.0310	0.0299	0.0231	0.0309	0.1150
环　县	0.0594	0.0360	0.0311	0.0474	0.1739
华池县	0.0225	0.0275	0.0204	0.0235	0.0938
合水县	0.0240	0.0246	0.0103	0.0235	0.0824
正宁县	0.0317	0.0228	0.0135	0.0302	0.0983
宁　县	0.0415	0.0332	0.0239	0.0488	0.1474
镇原县	0.0488	0.0417	0.0284	0.0510	0.1699
安定区	0.0458	0.0356	0.0528	0.0597	0.1939
通渭县	0.0337	0.0199	0.0465	0.0514	0.1516
陇西县	0.0509	0.0306	0.0483	0.0824	0.2122
渭源县	0.0279	0.0231	0.0352	0.0409	0.1271
临洮县	0.0419	0.0309	0.0545	0.0637	0.1910
漳　县	0.0176	0.0131	0.0111	0.0282	0.0699
岷　县	0.0312	0.0203	0.0397	0.0556	0.1468
武都区	0.0426	0.0421	0.0428	0.0559	0.1834
成　县	0.0393	0.0258	0.0274	0.0328	0.1252
文　县	0.0403	0.0161	0.0210	0.0319	0.1093
宕昌县	0.0359	0.0136	0.0201	0.0336	0.1032
康　县	0.0298	0.0105	0.0148	0.0275	0.0826
西和县	0.0374	0.0148	0.0249	0.0473	0.1243
礼　县	0.0628	0.0192	0.0349	0.0560	0.1730
徽　县	0.0412	0.0240	0.0220	0.0281	0.1153
两当县	0.0104	0.0083	0.0071	0.0113	0.0371
临夏市	0.0459	0.0382	0.0303	0.0162	0.1307

县(市、区)	数字基础设施指数	数字经济环境指数	数字财政金融指数	数字民生指数	综合指数
临夏县	0.0267	0.0206	0.0226	0.0442	0.1141
康乐县	0.0228	0.0147	0.0193	0.0375	0.0942
永靖县	0.0220	0.0250	0.0207	0.0227	0.0904
广河县	0.0226	0.0135	0.0158	0.0371	0.0889
和政县	0.0163	0.0112	0.0175	0.0289	0.0739
东乡县	0.0179	0.0133	0.0162	0.0415	0.0889
积石山县	0.0156	0.0099	0.0053	0.0351	0.0659
合作市	0.0138	0.0159	0.0159	0.0129	0.0586
临潭县	0.0202	0.0127	0.0098	0.0209	0.0636
卓尼县	0.0169	0.0144	0.0121	0.0219	0.0653
舟曲县	0.0211	0.0133	0.0062	0.0223	0.0629
迭部县	0.0146	0.0115	0.0083	0.0130	0.0474
玛曲县	0.0125	0.0187	0.0051	0.0055	0.0418
碌曲县	0.0092	0.0167	0.0080	0.0111	0.0450
夏河县	0.0128	0.0142	0.0167	0.0145	0.0582

三 甘肃数字乡村建设空间特征分析

（一）空间格局总体特征

本报告利用 ArcGIS 中克里金插值法对 2023 年甘肃数字乡村建设评价综合指数、数字基础设施指数、数字经济环境指数、数字财政金融指数、数字民生指数进行差值运算，分析 2023 年甘肃数字乡村建设空间分布格局。

整体来看，甘肃省数字乡村建设整体处于起步阶段，呈"大集聚和小分散"态势，主要以各市（州）的中心县（市、区）为中心向周围扩散，带动周边县域数字乡村发展。同时，呈现显著的空间非均衡特征，体现在地区内部、县域之间，还存在于河西地区与中部地区，陇东地区与陇南、甘南区域之间。发展水平相对较高的县域主要以兰州市城关区、张掖市甘州区、武威市凉州区为中心向周围扩散，发展水平较低的县域集中在甘南州，形成了以合作为中心、外围特征。

从数字基础设施指数来看，发展水平相对较高的县域主要分布在兰州市城关区、张掖市甘州区、武威市凉州区、天水市麦积山区、平凉市崆峒区及周边县域，而甘南州及张掖市、酒泉市的南部周边地区发展水平较低。从数字经济环境指数来看，形成以兰州、武威、张掖为高值中心，酒泉市呈逐渐上升态势，甘南州和陇南市呈降低态势。从数字财政金融指数来看，大部分县域整体处于较低水平。从数字民生指数来看，武威市呈逐渐上升态势，甘南州的南部地区、张掖市的肃南县、酒泉市的肃北县、阿克塞县处于低谷态势。

（二）空间集聚特征分析

空间自相关用来解释空间地理单元的相关性，分析其关联性或集聚性特征。一般情况下，正相关反映某要素空间属性值与其相邻空间属性值具有相同变化聚集趋势，负相关则相反（离散）。本报告采用 Moran's I 指数进行测度。主要公式如下：

全局 Moran's I 指数，反映在整个空间上地理单元所呈现的关联性或集聚性。

$$I = \frac{\sum W_{ij}(x_i - \overline{x})(x_j - \overline{x})}{S^2 \sum \sum W_{ij}}$$

其中，W_{ij} 是空间权重矩阵，区域 i 和区域 j 相邻时为 1，不相邻为 0；X_i 和 X_j 分别表示第 i 个区域和第 j 个区域的测量值；$S^2 = \sum (x_i - x)^2/n$，$x = \sum x_i/n$；$\overline{x}$ 表示测量值的平均值；n 为区域内评价单元的个数。Moran's I 指数取值在 [−1，1]，指数为 0，表示空间上没有关联性；指数大于 0，表示空间具有正相关；指数小于 0，表示空间上具有负相关。

$$I_i = \frac{x_i - \overline{x}}{S^2} \sum_{j=1, j \neq i}^{n} W_{ij}(x_j - \overline{x})$$

局部空间自相关，反映空间单元与相邻空间单元间的关联特征，主要探索空间内部分异格局。局部 Moran's I 各指数的含义与全局 Moran's I 指数相同。指数大于 0，区域呈现"高—高"集聚或"低—低"集聚；指数小于 0，区域则呈现"高—低"集聚或"低—高"集聚。

通过表 4 可以看出，数字乡村综合指数、数字基础设施指数、数字经济环境指数、数字财政金融指数、数字民生指数的 Moran's I 均大于 0，表明甘肃省数字乡村建设水平在空间上具有正相关。同时，数字乡村综合指数、数字经济环境指数、数字民生指数的 P 值小于 0.01，表明甘肃省数字乡村综合水平、数字经济环境水平、数字民生水平在空间上具有显著的离散特征。

表 4　2023 年甘肃省数字乡村发展水平 Moran's I 指数

指标	Moran's I
数字乡村综合指数	0.1986
数字基础设施指数	0.0468
数字经济环境指数	0.1961
数字财政金融指数	0.1019
数字民生指数	0.0981

为进一步了解数字乡村建设局部空间分异特征，识别其空间集聚和离散特征，利用局部 Moran's I 指数进行分析。结果显示，甘肃省数字乡村建设综合指数显著高—高区和显著低—低区范围较大。显著高—高区分布在嘉峪关市，因其本身数字乡村建设综合指数较高；显著低—低区集聚在甘南州，形成"低谷集聚区"，说明其数字乡村建设比较滞后，综合发展水平较低。从数字基础设施指数看，显著高—高区聚集会宁县，显著低—低区的分布情况与数字乡村建设综合指数基本一致；显著高—低区、显著低—高区县域，其数字基础设施指数较低，呈现相异的空间关联。从数字经济环境指数看，显著高—高区聚集在河西地区，如凉州区、民勤县、肃州区、嘉峪关市、玉门市、金塔县，显著低—低区聚集在甘南州及周边地区。从数字财政金融指数来看，显著高—高区聚集在城关区、七里河区、安定区，显著低—低区聚

集在玛曲县及周边地区。从数字民生指数来看，显著高—高区集聚在武威、白银、金昌县域及周边地区，集聚效应明显，带动周边县域持续改善民生；显著低—低区主要聚焦在平川区。总体来说，数字乡村发展水平较高的县域主要分布在中心县域及周围，发展水平较低的县域分布在甘南及周边地区。

四 结论与讨论

（一）结论

本报告采用 ArcGIS 中空间相关分析、插值法等方法，解释了甘肃省 87 个县（市、区）数字乡村建设空间分异特征，主要研究结论如下。一是甘肃数字乡村建设整体处于起步阶段，整体呈"大集聚和小分散"态势，主要以市（州）中心县域为重点向周围扩散，带动周边县域数字乡村发展。二是甘肃数字乡村建设综合指数、数字基础设施指数、数字经济环境指数、数字财政金融指数、数字民生指数在空间上具有正相关。三是甘肃数字乡村建设指数呈现显著的空间非均衡特征，地区内部、县域之间，以及河西地区与中部地区，陇东地区与陇南、甘南区域之间呈现明显非均衡态势。发展水平相对较高的县域主要以兰州市城关区、张掖市甘州区、武威市凉州区为中心向周围扩散，发展水平较低的县域聚集在甘南州县域，明显形成了以合作为中心、外围特征。四是甘肃省数字乡村建设指数显著高—高区和显著低—低区范围较大，显著高—高区聚集在城关区、嘉峪关市、凉州区、甘州区等中心县域，显著低—低区集聚在甘南州，形成"低谷集聚区"。

（二）讨论

地理信息系统（GIS）与社会科学相结合分析研究，仍还处在探索阶段，本报告尝试探索用 GIS 方法分析甘肃数字乡村建设空间分异特征，也在一定程度上反映了甘肃乡村建设空间异质性特征。但因数据、指标体系和研究方法等，还不能全面、客观地反映其空间异质的变化情况，仍需在后续努力。结合调研情况，本报告提出以下推动甘肃数字乡村建设的对策建议。

1. 继续完善数字乡村基础设施

加快农村地区移动基站、电路改造、光纤宽带建设进度，提升大数据管理、机械自动化生产、无人机、物联网等在农业农村的应用水平以进一步解放和发展先进生产力。同步提升数字乡村在医疗、教育、金融、社保、交通等民生领域的建设水平，增强乡村综合发展实力。以周边城市为依托，建立数据共享机制高效便捷地完成各类数据的传输和共享，切实弥补城乡之间"数字鸿沟"，促进数字城乡公平高效地融合发展。

2. 大力拓展农业新业态

突出以工促农、以城带乡作用，扎实推动数字技术赋能传统产业，推动以县域为单位形成三产融合、城乡融合的产业格局。依托当地自然风光、"土特产"、民俗文化等资源禀赋，大力拓展医疗康养、特色文化旅游、远程养殖、休闲露营、认养农业、乡村智慧旅游等农业新业态。

3. 推动发展智慧农业

坚持深化供给侧结构性改革，引入人工智能、大数据管理、5G 网络、机械自动化生产、无人机、物联网、机器人等智慧农业"黑科技"，实现农产品种植、采摘、贮藏保鲜、加工、销售、售后全流程精准化管理，切实提高农业生产效率。鼓励集约化生产、精细化管理，降低成本，同时严把质量关，打造特色农产品品牌。

4. 全方位提升社会化服务能力

一是加快电子商务发展，健全县乡村三级农村电商服务中心体系，为优质农产品、民俗产品、乡村观光旅游产品等提供线上营销推介服务，有效衔接市场需求。推动新型农业经营主体、农产品经销商、电商平台、专业服务机构开展形式多样的电子商务活动，对接大型电商企业，大力发展直播电商，开设网店、特产馆等。二是推动协同发展，加强与周边城市大型商超、共享食堂、虚拟养老院等线下企业的合作，畅通农产品上行渠道，构建产销一体化链条，同时建立农产品溯源系统，提升优质农产品供给安全水平。三是大力发展定制农业，针对当前消费者需求痛点，借助 5G、大数据管理、物联网等技术手段大力发展定制农业，满足消费者无公害蔬菜、私人农场等个性化需求，进一步提升农产品附加值，拓宽农民增收渠道。

5.注重数字人才培养

一是建立"订单式"人才培养通路，结合生产过程中的堵点和难点，从需求出发，鼓励与高校、科研机构等签订定向培养协议，培养既懂数字技术又懂基层农技的复合型人才。二是制定人才保障制度，尽可能满足数字经济人才在医疗、教育、社保等领域的现实需求，彻底解除人才的后顾之忧。同时通过对项目立项、绩效考核等方面给予一定的政策倾斜，努力搭建其想干事、敢干事、会干事、干成事的事业舞台。三是完善乡村数字人才职业化培养体系，采取技术培训、远程教育、实际操作等多种培训方式，提升新农人的应用数字化素养和能力，培养一批适应农村新产业新业态发展的复合型数字乡村技术人才。

B.9
甘肃县域城镇化进程中
数字治理路径研究

胡 苗*

摘 要: 数字赋能已成为我国推动新型城镇化,推进乡村振兴战略,提升基层数字治理效能的重要支撑。本文以甘肃数字治理典型案例为研究对象,从整体协同性治理角度,在对基层数字治理能力及存在的"碎片化治理"等问题综合分析的基础上,提出加强县域数字基础设施建设、加大数字治理人才队伍培养力度、聚焦需求导向的数字改革等对策来提高政府的治理能力。

关键词: 数字治理 县域 城乡融合 甘肃

一 引言

县域治理是国家治理体系的基础。党的十八大以来,党中央对县域治理现代化建设高度重视,提出推行国家大数据战略,旨在通过提升县域治理能力,推动国家治理体系和治理能力现代化。2013 年 11 月,党的十八届三中全会首次提出"国家治理体系和治理能力现代化"的重大命题①,党的十九届四中全会首次把"科技支撑"纳入社会治理内涵,这意味着技术决定观转变为科技支撑观。② 党的十九届五中全会提出要"加强数字社会、数字

---

* 胡苗,甘肃省社会科学院副研究员,主要研究方向为农村经济。

① 宰飞、张童言:《能力现代化,首先要理念现代化》,《解放日报》2024 年 8 月 3 日。

② 张成岗、王宇航:《社会治理的技术逻辑:源流、特征及趋向》,《江苏行政学院学报》2021 年第 6 期。

政府建设"。① 2021 年，《中共中央　国务院关于加强基层治理体系和治理能力现代化建设的意见》提出推动政府治理同社会调节、居民自治良性互动，提高基层治理社会化、法治化、智能化、专业化水平，坚持和发展新时代"枫桥经验"等部署要求。② 2023 年，中央一号文件提出深化乡村治理体系建设试点，组织开展全国乡村治理示范村镇创建。2024 年中央四部门联合印发《2024 年数字乡村发展工作要点》，提出稳步推进农村"三务"信息化建设，健全乡村数字治理体系，增强农村智慧应急管理能力。同时，多个省份也出台了一系列文件，如《甘肃省强县域行动实施方案（2022—2025 年）》《甘肃省深化简政放权放管结合优化服务改革工作要点的通知》，提出了县域治理的具体目标和要求，指明了方向，提供了强有力的政策支持和制度保障。

20 世纪 90 年代末，最先对"数字治理"这一概念进行探讨的是英国学者 Dunleavy，他提出了"数字时代治理"在治理中扮演着重要的作用。我国数字治理起步较晚，21 世纪初，徐晓林首先阐述了数字治理是简化政府治理程序、提高民族性的治理模式。政府治理数字化转型实践覆盖生态环境、公共服务、精准扶贫、城市管理、应急管理等多个领域。数字治理的研究主要围绕现状问题、影响因素、治理路径三个方面展开。一是当前数字治理依然面临着信息基础设施落后、制度体系不完善、基层社会治理"碎片化"、村民参与程度低等问题。二是数字治理影响因素的研究涉及城市管理、电子政务、社会网络民主化水平和数字化水平、非政府组织参与、公众参与、群体智慧等方面。三是从不同的理论视角提出了协同治理、整体治理、技术治理相应的方法和途径。从综合角度来看，政府和多元社会组织的整体协同治理对提高政府数据治理效果有较大帮助。

综上所述，我国社会治理理论研究大多是建立在西方理论基础上，学界关于数字治理的研究多集中在中东部发达地区，对于西部地区的研究成果还

---

① 李恒全、吴大华：《提升基层数字化治理能力的四个维度》，《理论导报》2022 年 8 月 30 日。

② 《加强基层治理研究》，《人民日报》2023 年 12 月 11 日，第 9 版。

建立在经验借鉴等方面。同时，中东部地区与西部地区数字化水平差距较大。统计显示，2023年全国31个省份数字化水平分为五个梯队，第一梯队为上海、北京、浙江，第五梯队为辽宁、云南、甘肃、黑龙江、吉林、青海、宁夏、西藏、新疆，前者已经在发展AI城市，产业迅速转型升级，后者还在打通各部门数据。数字鸿沟的存在使得发展落后的城市亟须谋求新的增长点。为进一步提升西部欠发达地区数字治理效能，在数字化背景下，构建本土化"区域之治"，提升数字治理水平，具有重要的理论意义及应用价值。

二 "整体协同性治理"：对"碎片化治理"的批判与继承

中国的县域拥有最完整的基层政权，是一个以血缘、地缘关系为核心的社会空间，自古以来是中国治理体制最为重要的环节。在这种恒常不变的社会里，地方政府的"碎片化治理"使政府及部门在治理过程中相互独立，各部门片面强调自身的任务要求，部门治理与属地管理整体性协调性机制欠缺。从实践情况来看，地方政府在数字化治理过程中，根据部门分工和涉及的领域，设置相关应用场景，由各部门分布式地从不同的方面（如教育、医疗、民政、城市管理等）选取切入点分别予以突破[1]，这就使地方政府"一张蓝图"式的整体数字治理思路难以推行和落实，导致"一届一种新主张"、碎片化的治理趋势，甚至出现平台重复建设、数据重复保存。

随着信息技术的快速发展，大数据、区块链、人工智能等新兴技术手段不断在政府治理的实践中被使用，打破了传统行政、地域界限，新的基层治理需要建立在整体性的基础上，必须在持续的脱碎片化进程中不断探索新的方式和构建新的模式。整体性治理是从对新公共管理的批评中发展而来的新型治理模式。1997年，佩里·希克斯首次提出"整体性政府"理念。2002

---

① 李恒全、吴大华：《提升基层数字化治理能力的四个维度》，《理论导报》2022年8月30日。

年，又在《迈向整体性治理：新的改革议程》一书中系统阐述了整体性治理理论。① 具体而言，就是采用相辅相成的执行手段，扭转基层社区治理中部门自治和网格化管理中各自为政的局面，构建大党委引领、社会化共建、网格化治理、一键式响应的基层治理新机制，促进基层治理体系不断从碎片化向整体性协同治理转变。

从学理性与实践层面看，数字技术的全域性、流动性、网络性等特征与"整体性治理"的时空分离、流动要素、关系重构等特征之间具有天然的耦合性。一是数字赋能基层治理的整体性。数字技术的运用，可以解决各部门条块分割、各自为政和信息壁垒的难题。二是数字赋能基层治理的协同性。基于数字赋能视域，基层政府能更有效地与社会组织、居民等多元主体开展协同合作。基于前人的观点，本文认为，从"整体性治理"研究县域层面的基层治理数字化转型路径有助于地方政府完善数字治理格局，打造地方数字治理特色模式，解决谁来治理、如何治理、在哪治理以及治理什么等问题，为地方政府探索数字化转型的最优解，提高基层治理数字化水平提供借鉴，对缩小城乡"数字鸿沟"，实现基层治理现代化具有重要意义。

三 甘肃县域数字治理面临的困境

党的十八大以来，全国各县域加快数字化改革创新，小到居家出行，大到政务工作，数字技术的应用已深刻融入县域治理的各个领域。2023年2月，中共中央、国务院印发《数字中国建设整体布局规划》，布局了数字中国建设的"2522"整体框架，按下了县域高质量发展的"快进键"。但对于很多县域来说，把握这一机遇可谓困难重重。县域数字竞争力百强主要集中于东部沿海地区，区域分布不平衡。2022年数字百强县域中，数字百强县（市）有79个位于东部地区，数字百强区有69个位于东部地

---

① 臧文杰：《社区居民自治与网格化管理有效衔接模式及其内在逻辑研究》，《甘肃行政学院学报》2022年第5期。

区。①同时，数字化建设主要应用于城市发展，乡村数字化治理仍然存在诸多短板。

一是县域数字基础设施的前期投资大、回收周期较长，整体推进较为迟滞。2023 年，甘肃县域 GDP 达 11106.7 亿元，县域 GDP 占全省的 93.62%。自然村（组）硬化率达到 90% 以上，乡镇通三级及以上公路比例达到 76.4%。千兆用户家庭普及率为 42.34%，超过全国 28.1% 的平均水平。县域政府网站 383 个，居全国第 19 位，有县级政府网站 86 家。宽带接入用户 1186.7 万户，占全国宽带接入总量的 1.86%。5G 网络人口覆盖率达 25% 以上，县（市、区）百兆以上宽带用户占比达到 94.5%。数字化基础设施建设的滞后，限制了基层数字治理的发展。

二是从产业发展情况来看，相较于一、二产业，甘肃县域第三产业的数字化水平相对较高，成为数字经济高质量发展的重要引擎。甘肃 14 市州数字经济发展活跃度指数显示，兰州在企业创新、企业活跃、产业集聚等方面领跑甘肃数字经济发展，在指数各维度均表现突出。天水、白银、定西、张掖、酒泉等城市依靠数字经济布局，发展势头强劲。② 总体而言，甘肃 14 市州在数字经济发展方面表现并不均衡，与经济发达省份仍存在较大差距。各县域还需依据自身发展特色，在增大科技投入、助力产业数字化转型等方面寻找突破口。

三是数据中心大部分为中小型数据中心，未实现集群化、规模化。在政府体制下形成了"压力型"行政关系，治理过程是单向的、由上而下的"单层面治理"，基层政府在治理过程中碎片化、各自为政等问题突出，存在按照业务需求、财力情况等建设数字乡村的情况。同时城乡之间、各部门之间"数字保护"思想的加持，使得乡村数字治理的整体性、协同性和精准性难度加大，政务数据开放共享利用程度低，"数据孤岛"问题亟须解决，数据价值未能有效挖掘。

---

① 《中国县域数字化发展模式》，筑城咨询，2023 年 7 月 25 日。

② 《2022 年甘肃 14 市州数字经济发展活跃度指数发布》，东方财富网（eastmoney.com）。

因此，在数字赋能、乡村振兴等重大战略实施的大背景下，甘肃县域面临着"数字鸿沟""智能表象化""信息碎片化"等一系列的问题，应把握机遇，盘活县域治理网络，提高基层部门间的业务协同能力，提升县域服务质量，推动甘肃数字治理体系和治理能力现代化加速实现。

四　甘肃县域数字治理典型案例分析与启示

甘肃86个县（市、区）的区位条件、发展基础各不相同，必须分类施策。中央农办、农业农村部在2019~2023年推介的乡村治理典型案例显示，2020~2023年甘肃省积石山保安族东乡族撒拉族自治县、张掖市高台县、陇南市康县迷坝乡、陇南市、甘南藏族自治州、武威市凉州区入选全国乡村治理典型案例。根据公开资料及调研情况，以下选取3个标杆案例在重点方向的发展进行分析，为县域数字化治理提供借鉴。

案例1：陇南市在甘肃14个市州中并不"出众"，但陇南的数字城市建设在甘肃甚至全国走在了前列，成为大数据带动城市发展与管理的优秀案例。2019年1月，在新一轮机构改革中，陇南市在全省率先成立了"陇南市大数据管理局"，为全市9个县区200个乡镇和3287个村（社区）建立移动互联网门户。围绕"三个维度"，依托乡村大数据平台，全面推行民事直说"1234"工作法，设立"群众说事室"，落实村干部坐班值班、网格员入户走访等制度，常态化听取群众意见。结合主题党日活动，召开村民会议，灵活运用文化广场、群众院坝、田间地头等场所，设置"说事点""说事亭""说事长廊""心愿墙""说事口袋"，每月定期集中听取群众意见。各村（社区）大力宣传党的政策、法律法规和群众身边的先进事迹，教育引导广大群众听党话、感党恩、跟党走。全市3160个建制村、127个社区全面修订了村规民约（居民公约），充分发挥群众自我约束、自我管理的作用，有效推动了乡村社会治理能力和治理体系现代化。

案例2：甘南州积极探索构建"基层党建+文明村社+和谐寺庙+美丽家

园+两代表一委员+党政干部+民兵队伍+十户联防"的"8+"治理工作机制①，汇集了多方治理力量，建立起了全域覆盖、全网整合、规范高效、常态运行的工作体系。有效发挥州、县、乡、村各级部门联动、党政干部推动作用，整合同级矛盾纠纷调处中心、妇女儿童维权中心、群众信访接待中心、诉前调解中心、公共法律服务中心等合署办公，设立便民服务大厅受理窗口，实现"一窗式受理、一站式服务、一张网运行、一揽子解决"，累计受理各类事项17036件，办结率达99%，群众满意率达到100%。

案例3： 积石山县从可能影响百姓脱贫致富的每一件小事入手，大胆尝试还权于民，通过定期召开村民知情大会、"两户"见面会、"三说三抓"活动，让村里的事村民议、村民管、村民监督，让农民群众充分参与村级事务，拉近干群关系，建立"干什么由老百姓说话，怎么干由老百姓说了算"的长效工作机制，激发干群内生动力，强化农民群众在乡村治理中的主体地位，深入推进自治、法治、德治相结合的乡村治理体系建设。②

从甘肃县域数字治理典型案例来看，乡村治理创新实践是在国家战略引导下，为满足地方政府制度、精神文明、法治建设和经济发展的需要而进行的治理方式的创新。主要在党建引领、居民自治方面聚焦完善治理体制、创新基层治理方式、提升治理能力，主要表现出以下特征。一是从狭义的数字政府走向广义的整体智治，数字技术正以新理念、新业态、新模式，全面融入政治、经济、文化、社会、生态文明建设各领域和全过程。二是便捷高效，数字化让县域治理向基层延伸。通过打破行业、区域壁垒，建立"一门、一网、一次"的线上线下办事通道，加速城乡融合发展。三是政府、企业、社会共建共享共治。数字治理的应用实施是政府、企业、社会共同作用的结果。四是技术普惠，弥补了地区、城乡、人群之间的"数字鸿沟"。数字乡村建设让数字红利落到实处，让数字化手段增强广大农民的获得感、

---

① 杨武：《政府工作报告》，《甘南日报》2024年1月23日。
② 《开好"三场会"激发群众内生动力——甘肃省积石山保安族东乡族撒拉族自治县"还权于民、还情于民"促乡村治理》，《中国乡村治理》2021年8月18日。

幸福感和安全感。五是绿色发展，用数字化转型加快推动"双碳"进程。一方面，应用新技术建设数据中心，让信息产业自身降低能耗；另一方面，数字技术的应用有效降低治理成本，助力节能减排。

县域数字治理"效率"是城市发展的核心竞争力，结合县域数字化重点政策的发展方向以及典型创新实践，甘肃县域数字化大多处于以新型基础设施建设为主的初期阶段。从纵向来看，数字治理还停留在业务部门数据的打通共享方面，与中东部地区发展 AI 城市相比，产业转型升级还有很大的差距。从横向看，县域信息化建设仍面临存在大量"信息孤岛"，海量数据资源未得到充分利用，跨部门协同难以实现，城乡公共服务体系共建共享还有待加强等诸多现实困境。在新型城镇化建设、乡村振兴、全国统一大市场的背景下，数字要素建设向县域下沉，依托数字化手段提升县域治理的智能化、信息化、精细化水平，是平台建设的重中之重。

五　数字技术驱动县域治理的实践路径

县域作为国家治理的"神经末梢"，城镇化、乡村振兴战略为提高县域城乡数字化治理水平夯实了基础。在数字治理中要始终把满足人民群众对美好生活的向往作为出发点和落脚点，以"坐不住，等不起，慢不得"的责任感、紧迫感，把握数字脉动，加快驱动治理方式变革。

（一）加强县域数字基础设施建设

甘肃省、市等层面在新型数字化建设中得到了政策、资金方面的支持，但县级层面存在相关配套政策不足、资金配套未能及时跟进等问题，进一步加强县域数字基础设施建设至关重要。一是进一步落实市县一体化。县域数字化发展规划要与省市对城市数字化发展的要求保持一致，其中数据接口、系统对接标准要上下联动。二是以县（市、区）为治理单元，在全面综合考虑乡村分布特点、硬软件设施、人口数量的基础上，统一规划数字治理基础设施。加大资金投入，探索多元主体参与基层社会治理的共治模式，补齐网络基础条件与设施，巩固和优化现有资源，推进乡村网络基础设施优化升级。三是注重 5G 网络和大数据的结合，引导数字资源在区域、城乡之间互通共享。依托大数据、办公政务一体化平台，构建并完善数字化基本公共服务体系，为数字乡村治理主体与数字治理资源的互联提供便利。四是建立专业的数字乡村信息化平台。为构建乡村"一张蓝图"，进一步在智慧党建、村务公开、资源推介、乡村旅游、灾害防治等方面开展数字乡村信息化平台建设，同时，持续做好乡村数据收集，为后续丰富数字治理场景积累数据和经验。[1]

（二）加大数字治理人才队伍培养力度

数字治理是智慧城市发展的下沉。在城镇化进程的推动下，乡村成为县域数字治理的主战场，从制度建构到社会培育再到多元共治，数字治理领域专业人才短缺，农民不愿参与、参与不了、被动参与等现象依然严重。甘肃要坚持引进人才和自主培养人才相结合，构建操作性强的数字素养教育体系和数字人才培训机制。一是立足自身，调动相关行业部门、地方政府、专业组织联合研判行业人才规模结构，进一步调整完善全省高等院校的学科专业体系，培养数字治理专业人才。二是以基层干部为培训对象，通过线上教育培训、实践教育等"订单式"教学模式，提高乡村基层管理人员的积极性，弥补干部对数字治理理论和实践认知的不完整不全面，明确数字乡村建设的时代意义、主要任务、实现路径，带动群众认识到数字化在乡村振兴、实现共同富裕等方面的重要作用，加强民主参与，为基层数字治理奠定坚实的群众基础。三是吸引外部人才的参与。通过进一步完善人才返乡鼓励政策、健全晋升机制等，对以大学生村官、三支一扶、大学生志愿服务西部计划等形式留在基层的人才提供政策方面的大力支持，拓宽外部人才在乡村的发展空间，解决人才的后顾之忧。四是对有学习基础和能力的群众进行细分化和精准化数字技能提升培训，使其能够更加精准地参与基层数字化建设。

---

① 章敏敏：《数字乡村建设也需要"量身定做"》，《理论导报》2023 年 10 月 31 日。

（三）聚焦需求导向的数字改革

数字政府建设要以人民为中心，推进线上线下一体化。为群众的日常生产与生活提供更便捷的服务指导，破解堵点痛点难点问题，以需求为导向，推动大领域改革，不断提升服务水平和治理效能。一是把需求分析作为数字化改革的原点，围绕群众重点关注和需要的板块，提供优质高效服务，努力提升人民群众的获得感、幸福感、安全感和认同感。二是实现数字技术开发与制度改革的一体融合。将技术和制度两手抓，建立以人文关怀、价值理性为核心的数字化改革工作评估体系，定期组织开展第三方绩效评估工作，建立以群众满意为根本导向的考核办法和奖惩机制。

B.10
甘肃节水型社会建设综合评价体系构建研究

李　晶[*]

摘　要：　水资源短缺、时空分布不均是甘肃省基本水情。构建符合甘肃实际情况的节水型社会建设评价指标体系，对未来甘肃在制定节水政策、提高水资源利用效率及治理生态环境等方面都具有重要的借鉴意义。本文在遵循节水型社会评价指标体系指导思想和设计原则的基础上，从经济社会综合系统、节水保障管理系统、产业节水系统、生态环境系统4个方面构建了节水型社会建设评价体系，采用层次分析法和灰色系统分析法相结合的方式初步建立了节水型社会建设综合评价模型，并以张掖市节水型社会建设为研究对象进行了实证分析，提出现阶段推进节水工作、实现可持续发展的建议。

关键词：　节水型社会　层次分析法　灰色系统分析法　甘肃

　　节水型社会建设[①]是中国特色社会主义进入新时代生态文明建设的重要内容，体现了新时代我国对于绿色发展、可持续发展的高度重视。国家发改委及水利部曾于2019年联合印发《国家节水行动方案》进行多行业用水部署及安排，以达到多领域节约用水目的。2021年，国家发改委等多个部门

---

　　*　李晶，甘肃省社会科学院农业农村发展研究所副研究员，主要研究方向为农业水文、农业节水等。
　　①　蔡玉：《北京市节水型社会建设评价指标体系研究》，北京建筑大学，2019，DOI：10.26943/d.cnki.gbjzc.2019.000020。

联合印发了《"十四五"节水型社会建设规划》，为建设节水型社会指明了方向。同年 12 月 31 日，甘肃省人民政府办公厅印发《甘肃省"十四五"水利发展规划》，提出了甘肃省"十四五"时期节水型社会建设的总体要求和主要任务。2023 年 4 月 15 日，甘肃省水利厅起草印发并推行实施了《关于深入推进节水型社会建设的指导意见》。我国节水型社会建设已逐渐从粗放节水转为精细节水，甘肃省的节水型社会建设也已跨过建设初级阶段，顺利跨入深入推进阶段。建设节水型社会是应对水资源短缺的必然要求，也是实现水资源优化配置、减少水资源浪费、提高水资源利用效率的关键举措①，开展并完善节水型社会建设评价工作是现阶段进行水资源管理的有效途径，对于规范地区用水、提升节水效率、促进全社会节水保源具有重大的现实意义。

本报告参考 2023 年 8 月 31 日全国节约用水办公室修订印发的《节水型社会评价标准》，在了解甘肃省水资源开发利用现状的基础上，通过层次分析法确定指标评价权重，对节水型社会建设内容进行子系统划分，并使用灰色关联度分析评价，构建适用于甘肃"十四五"发展建设实际的节水型社会建设综合评价体系，并在已有研究成果的基础上，将张掖市的近期相关数据进行实证分析，对张掖市节水型社会建设现状进行综合评价，以期为进一步开展节水工作提供思路。

一　甘肃水资源概况及开发利用现状

（一）甘肃省水资源概况

甘肃省位于中国西北地区，地处黄河上游，是一个典型的内陆干旱省份。由于独特的地理位置和气候条件，甘肃省的水资源十分稀缺，成为制约省内经济社会发展的一大瓶颈。统计年鉴公布的信息显示，2022 年甘肃省

---

① 周曼宇、张辉：《吉林省节水型社会建设评价指标体系研究》，《价值工程》2011 年第 31 期。

水资源总量为 230.99 亿立方米（多年平均 270.92 亿立方米），其中，地表水资源量 221.59 亿立方米，地下水资源量为 112.68 亿立方米。2022 年甘肃省平均产水系数为 0.21，与地表水不重复的地下水资源量为 9.40 亿立方米。2022 年全省入境水量为 327.72 亿立方米，出境水量为 433.49 亿立方米。区位上，甘肃省河西地区水资源相对稀缺，主要依赖冰川和雪水补给，面临的水资源分配压力较大；陇中地区水资源状况较为平衡，陇东地区水资源较为丰富，但易受季节性分配不均的影响；陇南和甘南地区，由于地势较高且降水较多，水资源相对充足，但面临着水土流失和生态环境保护的难题。

（二）甘肃省水资源开发利用现状

根据 2022 年甘肃省水资源公报，2022 年甘肃省全省总供水量为 112.88 亿立方米（总用水量＝总供水量），具体供给构成如表 1、表 2 所示。

表 1　2022 年甘肃省水资源供给构成

单位：亿立方米，%

名称	数量	比例
总供水量	112.88	100
地表水供水量	85.17	75.50
地下水供水量	24.29	21.50
其他水源供水量	3.42	3.00

表 2　2022 年甘肃省地表水供水及构成

单位：亿立方米，%

名称	数量	比例
地表水供水量	85.17	75.50
蓄水工程供水量	28.20	25.00
引水工程供水量	38.20	33.90
提水工程供水量	15.04	13.30
跨流域供水量	3.73	3.30

2022 年甘肃省用水。第一产业领域，农田灌溉用水量为 73.67 亿立方米（65.26%）、林牧渔畜用水量为 8.65 亿立方米（7.66%）；第二产业方面，工业用水量为 6.33 亿立方米（5.61%）；在服务业及生活生态用水方面，城镇公共用水量为 1.90 亿立方米（1.68%）、居民生活用水量为 8.44 亿立方米（7.48%）、生态环境用水量为 13.90 亿立方米（12.31%）。

在用水上，主要分农业（72.90%）、生态环境（12.30%）、居民生活（7.50%）、工业（5.60%）、城镇公共（1.70%）五个领域。全省各用户综合耗水率为 70.50%，按用水领域分，农业 73.90%、工业综合 45.60%、城镇公共 54.90%、居民生活 61.00%、生态环境 69.40%。2022 年甘肃省人均用水量 453 立方米，农田灌溉亩均用水量 397 立方米，农田灌溉水有效利用系数为 0.578，城镇居民人均综合生活用水量 145 升/日（包含公共用水），农村居民人均生活用水量 77 升/日，牲畜头均日用水量 10 升/日。全省缺水量为 19.18 亿立方米，缺水程度为 14.50%。

二 综合评价指标体系构建的指导思想及原则

在构建综合评价指标体系时，要达到可以对目标城市节水型社会建设发展水平全面评价的目的，在参考国内外相关评价标准及文献的前提下，综合评价体系的构建要考虑以下角度。

（一）构建评价体系的指导思想[①]

评价体系的关键之一是能反映甘肃省主要用水产业如农业、工业的用水、节水实际。

评价体系要反映当下甘肃省用水、节水、治水等措施的实施情况以及用水节水之间的协调关系。

---

① 张华、王东明、王晶日等：《建设节水型社会评价指标体系及赋权方法研究》，《环境保护科学》2010 年第 5 期。

评价体系的指标应在甘肃省内可获得性强且具有实际含义，旨在准确反映社会节水建设的真实情况，为决策提供可靠依据。

评价体系应在甘肃省内具有较强实用性和可操作性，以供不同年份或不同地区的各项指标横向或者纵向比较。

（二）构建评价体系的原则

科学且实用性强的评价指标体系是保障评价结果准确可靠的必要前提。设计评价指标体系时，应充分考虑我国国情以及甘肃省实际，并遵循以下原则。

定性及定量结合构建原则。节水型社会建设综合评价体系的构建是在国内外相关文献基础上，根据《节水型社会建设评价指标体系（试行）》中的指标构建原则，选择既能够准确、客观地从定量的角度体现节水技术水平、经济建设等，又能够定性地反映节水真实状况。[1]

科学合理性原则。评价指标体系的设计应能真实地体现节水型社会的各个层次、内容和基本特征，因此既要立足于甘肃省现有的基础和条件，又要考虑省内资源发展的因素及不同地区的差异，尽量科学、客观地反映不同地区、不同资源条件下的用水水平。

全面与独立并存原则。评价指标体系应能全面、综合地对节水型社会建设水平做出客观、真实的评价。通过节水型社会评价系统分析，选取涉及所有层次以及所有子系统的指标。节水型社会建设评价指标之间是互相联系和互相制约的，因此指标需要映射不同角度的制约与包含关系，指标之间尽量要保持独立性。

可比性原则。评价指标在甘肃省内不同时期、不同阶段以及不同地域、市县，可以进行比较。前提是各项节水指标及参数保持不变，以及各指标的计算方法和初值稳定。

目的性及可操作原则。设计时应突出节水型社会建设水平评价的核心位

---

① 杨鹏、张丽、夏丽丽：《江西省节水型社会建设后评价指标体系构建研究》，《水资源开发与管理》2022 年第 9 期。

置，尽可能地利用现有的数据或通过计算可以获得的数据资料来反映实际状况及发展前景。①

层次性及动态性原则。选取的指标应能从不同层次反映节水型社会建设情况，社会处于不断的发展变化之中，评价指标也会不断变化，选出的指标应能动态地体现节水型社会建设的发展及变化特征。

系统性原则。选择评价指标时需从整体的角度把节水型社会建设评价看成一个系统问题，选取的指标应能反映节水型社会评价系统本身、子系统自身及其之间的关系。

三　节水型社会建设综合评价体系指标选取原理及方法

本报告选用关键绩效指标（KPI）分析法与因果分析相结合的方式，绘制鱼骨图以及系统动力因果分析图（Vensim 软件绘制）来筛选出对节水型社会建设有直接关系的重要指标。

（一）关键指标选取及分析

关键绩效指标（KPI）法是通过对某项目的前端及终端的关键指标进行选取并研究分析，从而衡量绩效的一种管理指标的方法。面对具体的综合评价对象，可把总评价目标调整为细节目标，建立明确的可履行的 KPI 体系。KPI 法符合"二八原理"，指标会在过程中同时传达原因及结果。

1. 基于成功关键绩效的指标分析

基于成功关键绩效因素的绩效指标体系建立法，是三种体系建立法②中更具有可操作性和实用性的方法。图 1 为利于分解关键要素的鱼骨图，绘制过程遵循 SMART 原则（目标应具体、可测量、可达成、相关性、时限性）。

---

① 张宝东、王殿武、冯琳等：《节水型社会评价指标体系构建与应用》，《沈阳农业大学学报》2010 年第 5 期。
② 三种关键绩效指标体系建立法：基于外部导向法、基于平衡记分卡、基于成功关键因素。

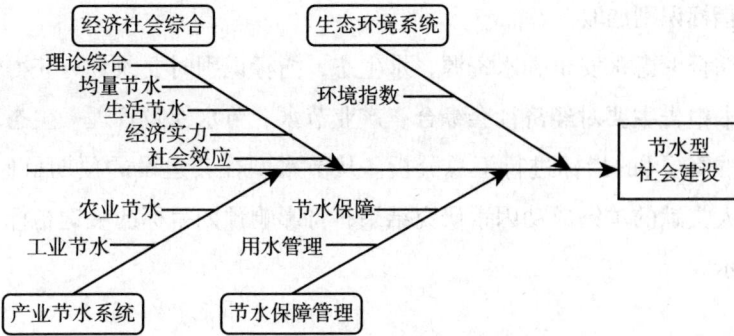

图 1　节水型社会建设关键指标识别鱼骨图

利用 Vensim 绘制因果关系图基于系统动力学①，通过变量之间的连接来表示它们之间的因果关系，箭头指示因果方向，箭头起点是原因，终点是结果。通过绘制因果关系图，可以直观地理解和分析复杂系统的动态行为。

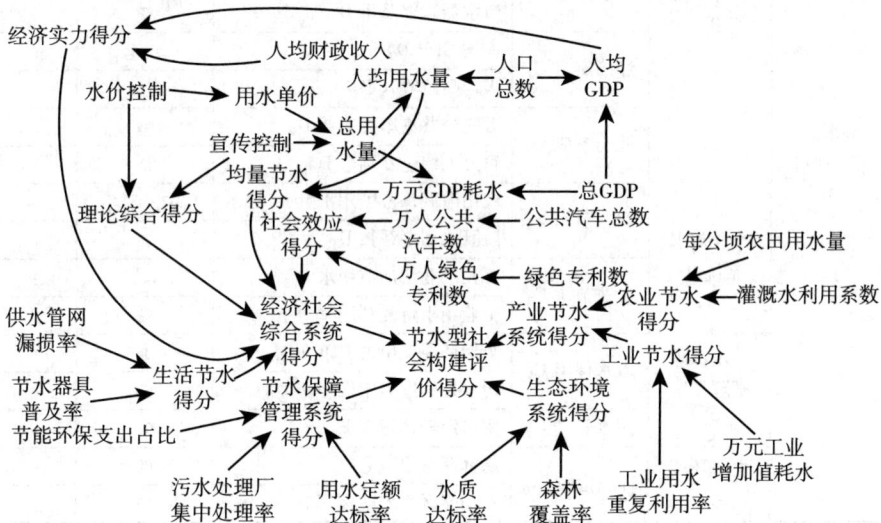

图 2　基于系统动力学的因果关系

---

① 系统动力学是研究复杂系统内部结构、反馈循环及其随时间变化行为的方法论，通过模拟揭示系统行为和政策影响。

2. 指标识别选取

为综合考虑水安全、水资源、水生态，指标识别时要兼具可获得性、有效性，本报告主要对经济社会综合、产业节水、节水保障管理、生态环境系统四个准则层[①]的指标进行汇总分析。从节水型社会建设的预期目标出发，结合前人文献的关键成功因素研究结果，将影响预期目标的关键指标汇总如表 3 所示。

表 3　各层指标名称及编号汇总

目标层	准则层	指标层	方案层	单位或性质	方向
节水型社会建设 A	经济社会综合系统 B_1	理论综合 C_1	水价定价方法 D_1	定性	+
			管理及宣传 D_2	定性	+
		均量节水 C_2	万元 GDP 水耗 D_3	m^3	−
			人均用水量 D_4	$m^3/(人·年)$	−
		生活节水 C_3	供水管网漏损率 D_5	%	−
			节水器具普及率 D_6	%	+
		经济实力 C_4	人均 GDP D_7	万元	+
			人均财政收入 D_8	万元	+
		社会效应 C_5	万人公共汽车拥有数 D_9	辆	+
			每万人绿色专利数 D_{10}	个	+
	产业节水系统 B_2	农业节水 C_6	农田灌溉每公顷用水量 D_{11}	$m^3/公顷$	−
			灌溉水利用系数 D_{12}	%	+
		工业节水 C_7	万元工业增加值用水 D_{13}	m^3	−
			工业用水重复利用率 D_{14}	%	+
	节水保障管理系统 B_3	节水保障 C_8	节能环保支出占 GDP 比重 D_{15}	%	+
			污水处理厂集中处理率 D_{16}	%	+
		用水管理 C_9	用水定额达标率 D_{17}	%	+
	生态环境系统 B_4	环境指数 C_{10}	森林覆盖率 D_{18}	%	+
			水功能区水质达标率 D_{19}	%	+

---

① 张熠、王先甲：《节水型社会建设评价指标体系构建研究》，《中国农村水利水电》2015 年第 8 期；胡德云、詹树新：《节水型社会建设综合评价体系构建研究》，《江苏水利》2019 年第 7 期。

3. 评价指标等级标准

在动态评价甘肃省各市（县、区）节水型社会建设水平过程中，将所有评价指标按照起始、初级、中级、良好、优秀这5个等级标准来确定各项指标所处的阶段。定量类指标通过现实数值对比和计算得出结果，定性类指标则依据指标自身内涵以及甘肃省社会发展实际进行评级和得分。通过参考前人文献中的数据以及国家现行遵循的标准，制定本研究的评价标准（见表4），国家层面上选取《"十四五"节水型社会建设规划》（发改环资〔2021〕1516号）作为首要指标依据；省级层面上选取《甘肃省"十四五"水利发展规划》（甘政发〔2021〕18号）文件作为首要补充依据；另外，将《节水型社会评价指标体系和评价方法》（GB/T 28284-2012）以及《国家节水型城市考核标准》（2018年）等作为补充指标选取的次要依据。

表4 节水型社会建设评价指标分阶段评价标准

方案层	单位	节水型社会建设阶段				
		起始	初级	中级	良好	优秀
		<60	60~70	70~80	80~90	≥90
水价定价方法 D_1	定性	不及格	及格	中	良	优
管理及宣传 D_2	定性	不及格	及格	中	良	优
万元 GDP 水耗 D_3	m³/万元	>550	450~550	350~450	250~350	≤250
人均用水量 D_4	m³/（人·年）	>419	409~419	399~409	389~399	≤389
供水管网漏损率 D_5	%	>15	13~15	10~13	8~10	≤8
节水器具普及率 D_6	%	<70	70~80	80~90	90~95	≥95
人均 GDP D_7	万元	<5.5	5.5~6.0	6.0~6.5	6.5~7.0	≥7.0
人均财政收入 D_8	万元	<0.35	0.35~0.36	0.36~0.37	0.37~0.38	≥0.38
万人公共汽车拥有数 D_9	辆	<23	23~25	25~27	27~29	≥29
每万人绿色专利数 D_{10}	个	<2.70	2.70~2.73	2.73~2.76	2.76~2.79	≥2.79
农田灌溉每公顷用水量 D_{11}	m³/公顷	<5447	5447~5457	5457~5467	5467~5477	≥5477
灌溉水利用系数 D_{12}	%	<55	55~60	60~65	65~70	≥70
万元工业增加值用水 D_{13}	m³/万元	>25	15~25	10~15	5~10	≤5
工业用水重复利用率 D_{14}	%	<75	75~85	85~90	90~95	≥95
节能环保支出占 GDP 比重 D_{15}	%	<0.35	0.35~0.40	0.40~0.45	0.45~0.50	≥0.50

续表

方案层	单位	节水型社会建设阶段				
		起始	初级	中级	良好	优秀
		<60	60~70	70~80	80~90	≥90
污水处理厂集中处理率 D_{16}	%	<75	75~85	85~90	90~95	≥95
用水定额达标率 D_{17}	%	<85	85~90	90~93	93~96	≥96
森林覆盖率 D_{18}	%	<19.5	19.5~20	20~20.5	20.5~21	≥21
水功能区水质达标率 D_{19}	%	<96	96~97	97~98	98~99	≥99

（二）灰色关联度分析法

灰色系统分析法[①]也称灰色关联分析法，是根据比较序列曲线几何形状相似程度判断关联度，具体操作步骤如下。

（1）确定参考值和比较值，本研究中方案层指标值为考察序列，评价标准值为比较序列。

（2）运用极差变换法对数据进行处理，以消除不同类型、单位指标对结果的影响，分辨系数取0.5。先进行归一化：

数值大得分越高，作用方式为正向：

$$Y_0(d) = \begin{cases} 1 & X_o(d) \geq X_{\max}(d) \\ \dfrac{X_o(d) - X_{\min}(d)}{X_{\max}(d) - X_{\min}(d)} & X_{\min}(d) \leq X_o(d) \leq X_{\max}(d) \\ 0 & X_o(d) \leq X_{\min}(d) \end{cases} \tag{1}$$

$$Y_i(k) = \frac{X_i(d) - X_{\min}(d)}{X_{\max}(d) - X_{\min}(d)} \tag{2}$$

数值小得分越高，作用方式为负向：

$$Y_0(d) = \begin{cases} 1 & X_o(d) \leq X_{\min}(d) \\ \dfrac{X_o(d) - X_{\min}(d)}{X_{\max}(d) - X_{\min}(d)} & X_{\min}(d) \leq X_o(d) \leq X_{\max}(d) \\ 0 & X_o(d) \geq X_{\max}(d) \end{cases} \tag{3}$$

---

① 刘思峰、蔡华、杨英杰等：《灰色关联分析模型研究进展》，《系统工程理论与实践》2013年第8期。

$$Y_i(k) = \frac{X_{\max}(d) - X_i(d)}{X_{\max}(d) - X_{\min}(d)} \tag{4}$$

计算差值的绝对值：

$$\Delta_{0i}(k) = |Y_i(k) - Y_0(k)| \tag{5}$$

计算子序列与母序列的关联性：

$$\xi_{0i}(k) = \frac{\min_i(\min_k(\Delta_{0i}((k)))) + \rho \max_i(\max_k(\Delta_{0i}((k))))}{\Delta_{0i}(k) + \rho \max_i(\max_k(\Delta_{0i}((k))))} \tag{6}$$

准则层关联度的计算，其中 $\omega(k)$ 为层次分析法得出的各准则层指标权重：

$$\gamma_{0i} = \sum_{k=1}^{n} \omega(k) \xi_{0i}(k) \tag{7}$$

计算加权关联度从而找出最大值，其中 $\omega(j)$ 为各准则层相对于本论文中方案层的权重：

$$R_{0I} = \sum_{j=1}^{n} \omega(j) \gamma_{0i}(j) \tag{8}$$

四　综合评价体系构建

（一）评价指标权重的确定

本研究采用层次分析法（AHP）确定准则层和指标层效果指标权重，综合定性和定量考量，所得结果对目标决策可提供支持。AHP 层次分析法是由 T. L. Saaty 等人在 20 世纪提出的有效解决面对方案做出选择的方法，思路是将系统转化为有一定顺序的层次结构，分析上下层要素间的规则，并两两比较建立判断矩阵，流程如图 3 所示。该方法依据判断矩阵的最大特征值和相应的权重可以得出多层次结构中的要素对于总体的组合权重，为评价对象提供依据。

```
┌─────────────────────┐
│   提出问题，分析原因   │
└─────────────────────┘
           ↓
┌─────────────────────┐
│   建立层次结构模型     │
└─────────────────────┘
           ↓
┌─────────────────────┐
│   按尺度因素两两对比   │←──────┐
└─────────────────────┘        │
           ↓                    │
┌─────────────────────┐        │
│   构造判断矩阵        │        │
└─────────────────────┘        │
           ↓                    │
┌─────────────────────┐        │
│   算权重及最大特征值   │        │
└─────────────────────┘        │
           ↓                    │ 是
     各矩阵进行一致性检验 ───────┘
           ↓
┌─────────────────────┐
│   计算准则层及目标层   │
│      合成权重         │
└─────────────────────┘
           ↓
     层次总排序的目标
      一致性检验
           ↓
┌─────────────────────┐
│     实施评价          │  否
└─────────────────────┘
```

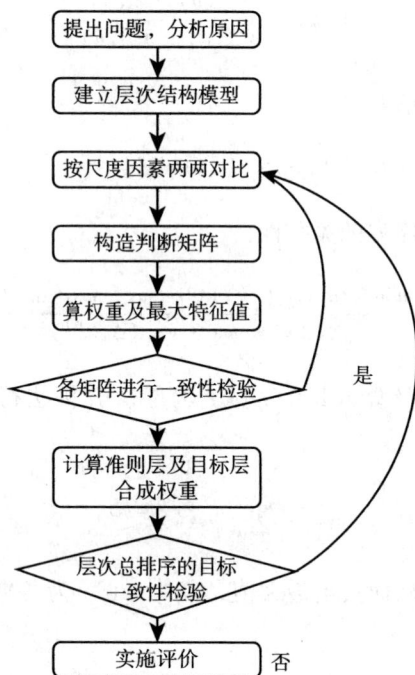

图 3　AHP 法确认权重流程

使用层次分析法采取的步骤[①]为：先按照一定的思维路线建立层次结构，即从上到下依次为目标层、准则层、方案层的模型，本研究的层次结构模型及实际操作如图 4 所示。

依据是否高层每个因素都支配着低层的所有因素或高层每个因素是否均被低一层所有因素影响为区分标准，可将层次结构分为完全层次结构和不完全层次结构两种类型。指标 a_{ij} 表示对某一层中的 i 元素与 j 元素的影响程度大小比较，存在公式：

[①] The SPSSAU project（2024）. SPSSAU.（Version 24. 0）［Online Application Software］. Retrieved from https：//www. spssau. com；周俊、马世澎：《SPSSAU 科研数据分析方法与应用》，电子工业出版社，2024；韩利、梅强、陆玉梅等：《AHP－模糊综合评价方法的分析与研究》，《中国安全科学学报》2004 年第 7 期。

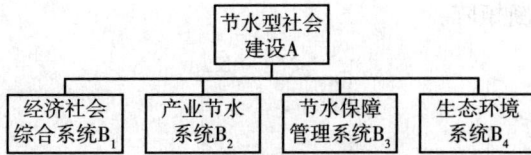

图 4　准则层指标结构分析

$$a_{ij} = \frac{1}{a_{ji}} \tag{9}$$

其中 a_{ji} 是元素 i 与元素 j 影响力的反比较。比较时设定 1~9 的尺度，含义如表 5 所示，比例 2、4、6、8 的影响程度顺次介于表中数字尺度之间[①]。

表 5　各尺度影响因素大小

尺度	含义
1	第 i 个元素与第 j 个元素的影响相同
3	第 i 个元素比第 j 个元素的影响稍强
5	第 i 个元素比第 j 个元素的影响强
7	第 i 个元素比第 j 个元素的影响明显较强
9	第 i 个元素比第 j 个元素的影响绝对得强

通过判断并列明指标层次中某元素 C_s 与下一层即方案层次元素 D_1、D_2、$D_3 \cdots D_n$ 之间的联系，构造判断矩阵如表 6 所示。

表 6　判断矩阵构建

Cs	D_1	D_2	$\cdots$	D_n
D_1	a_{11}	a_{12}	$\cdots$	a_{1n}
D_2	a_{21}	a_{22}	$\cdots$	a_{2n}
$\cdots$	$\cdots$	$\cdots$	$\cdots$	$\cdots$
Dn	a_{n1}	a_{n2}	$\cdots$	a_{nn}

---

① 谭跃进：《定量分析方法》，中国人民大学出版社，2012。

从而得出判断矩阵：

$$\begin{bmatrix} a_{11} & \cdots & a_{1n} \\ \vdots & \ddots & \vdots \\ a_{n1} & \cdots & a_{nn} \end{bmatrix} \tag{10}$$

当矩阵中的数据存在特性：

$$a_{ij} = a_{ik} \cdot a_{kj} \tag{11}$$

说明此判断矩阵是具有完全的一致性的，在数学性质上指 n 阶判断矩阵是具有唯一的非零最大特征根 n 的，其余的特征根均是零，赋予权重时，使用和积法，引入一致性指标 CI 对判断矩阵的一致性进行检验：

$$CI = (\lambda_{max} - n)/(n - 1) \tag{12}$$

CI 值与一致性偏离呈正相关，通常这种偏离会随着 n 值的增大而增大。此外，衡量多阶段判断矩阵时，可以进一步引入平均随机一致性指标 RI，表 7 列出 n 从 1~9 时分别对应的 RI 值。

表 7　不同的 n 值下对应的 RI 值

n	1	2	3	4	5	6	7	8	9
RI	0	0	0.58	0.9	1.12	1.24	1.32	1.41	1.45

平均随机一致性指标 CR 的计算方式如下：

$$CR = CI/RI（CI 与 RI 为同阶） \tag{13}$$

当 $n<3$ 时，判断矩阵一致性较高，当 $CR<0.1$ 时，判断矩阵一致性可以接受，当 $CR \geqslant 0.1$ 时就需要对判断矩阵做出调整。综合计算过程即需对准则因子进行两两对比从而构建如表 8 所示的判断矩阵，由准则层各因素往决策层计算单排序权向量一致性检验结果。

表 8　准则层对于节水型社会建设的评估指标

指标	B_1	B_2	B_3	B_4	W_i	λ_{max}	CI	CR
B_1	1	x	y	z				
B_2	$1/x$	1	p	q	$\dfrac{1}{n}\sum\limits_{i=1}^{n}\dfrac{AW_i}{W_i}$	$\dfrac{\lambda_{max}-n}{n-1}$	CI/RI
B_3	$1/y$	$1/p$	1	m				
B_4	$1/z$	$1/q$	$1/m$	1				

（二）甘肃省张掖市节水型社会建设评估实证分析

1. 张掖市节水型社会建设概况

张掖市位于甘肃省黑河中游典型灌溉农业区，曾在 2002 年被确定为全国第一个节水型社会试点，在大幅度削减了用水量的同时实现了连续 3 年经济增长率超 10%的成就。2022 年，张掖市全年实现地区生产总值 581.51 亿元，城市集中式饮用水水源地水质测评实现了 8 个县级及以上稳定达标。同年，在全国地表水环境质量状况考核中，张掖市国家地表水考核断面水环境质量排名全国第二。根据张掖市水务局发布的《张掖市"十四五"水利发展规划》，2030 年全市可用水总量仅为 20.71 亿立方米，用水指标约束趋紧，保障新增刚性用水需求压力大增，农业、农村、生态和整个社会经济可持续发展存在瓶颈。

2. 评估体系实际应用及分析

①权重确立

对准则层经济社会综合系统、产业节水系统、节水保障管理系统以及生态环境系统两两对比得出结果如表 9 所示。

表 9　张掖市节水型社会建设准则层指标的判断矩阵及权重

指标	B_1	B_2	B_3	B_4	W_i	权重值（%）	λ_{max}	CI	CR(RI=0.9)
B_1	1	2	3	2	1.691	42.27			
B_2	1/2	1	1/2	1.5	0.754	18.86	3.1345	0.059	0.066
B_3	1/3	2	1	3	0.859	21.49			
B_4	1/2	2/3	1/3	1	0.696	17.39			

除经济社会综合系统外，其余指标层不超过两项，RI＝0，CR默认通过一致性检验，因此产业节水系统、节水保障管理系统以及生态环境系统直接选用各自方案层进行层次分析得出权重；经济社会综合系统在算出指标层对应权重后，乘以50%得到单个方案层权重。四个子系统各自决策层或方案层因素两两对比的结果如表10所示。

表10　指标层或方案层的判断矩阵及权重

经济社会综合系统指标	C_1	C_2	C_3	C_4	C_5	W_i	权重值（%）	λ_{max}	CI	CR(RI＝1.12)
C_1	1	0.50	1	0.50	1	0.739	14.78			
C_2	2	1	1	0.33	1	0.915	18.31			
C_3	1	1	1	1	0.50	0.835	16.71	5.287	0.072	0.064
C_4	2	3	1	1	1	1.397	27.94			
C_5	1	1	2	1	1	1.113	22.26			
产业节水系统指标	D_{11}	D_{12}	D_{13}	D_{14}	—	W_i	权重值（%）	λ_{max}	CI	CR(RI＝0.9)
D_{11}	1	1	0.50	1	—	0.805	20.13			
D_{12}	1	1	0.33	0.50	—	0.603	15.08	4.081	0.027	0.030
D_{13}	2	3	1	1	—	1.467	36.68			
D_{14}	1	2	1	1	—	1.124	28.11			
节水保障管理系统指标	D_{11}	D_{12}	D_{13}	—	—	W_i	权重值（%）	λ_{max}	CI	CR(RI＝0.58)
D_{15}	1	0.5	0.33	—	—	0.510	16.98			
D_{16}	2	1	1	—	—	1.162	38.73	3.018	0.009	0.018
D_{17}	3	1	1	—	—	1.329	44.29			
生态环境系统指标	D_{18}	D_{19}	—	—	—	W_i	权重值（%）	λ_{max}	CI	CR(RI＝0)
D_{18}	1	0.33	—	—	—	0.500	25.00			
D_{19}	3	1	—	—	—	1.500	75.00	2.000		

通过将准则层与指标层或方案层权重对应相乘，得到合成权重如表11所示。

表 11　合成权重

名称	合成权重
水价定价方法 D_1	0.0312
管理及宣传 D_2	0.0312
万元 GDP 水耗 D_3	0.0387
人均用水量 D_4	0.0387
供水管网漏损率 D_5	0.0353
节水器具普及率 D_6	0.0353
人均 GDP D_7	0.0591
人均财政收入 D_8	0.0591
万人公共汽车拥有数 D_9	0.0470
每万人绿色专利数 D_{10}	0.0470
农田灌溉每公顷用水量 D_{11}	0.0380
灌溉水利用系数 D_{12}	0.0284
万元工业增加值用水 D_{13}	0.0692
工业用水重复利用率 D_{14}	0.0530
节能环保支出占 GDP 比重 D_{15}	0.0365
污水处理厂集中处理率 D_{16}	0.0832
用水定额达标率 D_{17}	0.0952
森林覆盖率 D_{18}	0.0435
水功能区水质达标率 D_{19}	0.1304

层次总排序一致性检验为：

$$CI = \Sigma \text{ 准则层 } W_i \times \text{决策层 } CI = 0.149841$$
$$RI = \Sigma \text{ 准则层 } W_i \times \text{决策层 } RI = 3.07074$$

$CR = CI/RI = 0.149841/3.07074 = 0.04980 < 0.10$，由此可知，层次总排序能够通过一致性检验。

②节水型社会建设评价

通过查询《2022 年张掖市统计年鉴》《2022 年张掖市国民经济和社会发展统计公报》《2022 年甘肃省知识产权事业发展报告》，以及张掖市统计局、张掖市水利局、张掖市生态环境局、张掖市交通运输局公开的相关数据，查询到张掖市 2022 年相关数据如表 12 所示，经过赋权后得到最终得分。

表 12　张掖市 2022 年节水型社会构建得分

名称	单位	实际	阶段	得分	权重	总得分
水价定价方法 D_1	定性	良	良好	89	0.0312	
管理及宣传 D_2	定性	中	中级	79	0.0312	
万元 GDP 水耗 D_3	$m^3/$万元	346	良好	89	0.0387	
人均用水量 D_4	$m^3/$（人·年）	1734.67	起始	59	0.0387	
供水管网漏损率 D_5	%	9	良好	89	0.0353	
节水器具普及率 D_6	%	96	优秀	95	0.0353	
人均 GDP D_7	万元	5.1861	起始	59	0.0591	
人均财政收入 D_8	万元	0.2794	起始	59	0.0591	
万人公共汽车拥有数 D_9	辆	7.66	起始	59	0.0470	
每万人绿色专利数 D_{10}	个	3.27	优秀	95	0.0470	77.52
农田灌溉每公顷用水量 D_{11}	$m^3/$公顷	5450	初级	63	0.0380	
灌溉水利用系数 D_{12}	%	61	中级	72	0.0284	
万元工业增加值用水 D_{13}	$m^3/$万元	20.5	初级	65	0.0692	
工业用水重复利用率 D_{14}	%	93.95	良好	85	0.0530	
节能环保支出占 GDP 比重 D_{15}	%	0.42	中级	74	0.0365	
污水处理厂集中处理率 D_{16}	%	96	优秀	96	0.0832	
用水定额达标率 D_{17}	%	90	中级	71	0.0952	
森林覆盖率 D_{18}	%	24.86	优秀	98	0.0435	
水功能区水质达标率 D_{19}	%	98	良好	82	0.1304	

使用灰色关联分析法[①]进行标准化处理，并计算关联度结果，准则层的关联度计算结果如表 13 所示。

表 13　准则层关联度计算结果

准则层	关联度
经济社会综合系统	0.03801
产业节水系统	0.02983
节水保障管理系统	0.07163
生态环境系统	0.08695
总加权关联度	0.04675

---

① 曹明霞：《灰色关联分析模型及其应用的研究》，南京航空航天大学硕士学位论文，2007；梅振国：《灰色绝对关联度及其计算方法》，《系统工程》1992 年第 5 期。

综合来看，张掖市节水型社会建设工作中，产业节水系统、节水保障管理系统、生态环境系统均处于良好或优秀阶段，而经济社会综合系统尚处于良好或起始阶段，尤其是经济实力和社会效应部分。根据总加权关联度计算结果，以及灰关联分析法计算原则，取其中最大的关联度 0.86，说明张掖市的生态环境保护与水资源关注部分在节水型社会建设工作中达到优秀标准。

③评价结果分析

总体来看，张掖市节水型社会建设评价总得分为 77.52 分，节水型社会建设进程尚处于初级阶段，在"十四五"规划水资源节约与节水型社会构建阶段，张掖市要着重提升 D_7 人均 GDP、D_8 人均财政收入、D_9 万人公共汽车拥有量 3 个方面，加强经济建设，为节水型社会构建建立坚实基础。要保持 D_6 节水器具普及率、D_{10} 每万人绿色专利数、D_{16} 污水处理厂集中处理率、D_{18} 森林覆盖率四方面的优势，促进再生水利用，利用科技创新在节水工作上的优势，完善地区供水管网建设和改造，加强水环境治理。

在经济社会综合系统模块，张掖市理论综合、生活节水等方面分数较高，目前已经有了明显成效，政府出台的一系列节水政策和措施，鼓励采用节水技术和设备的工作已较为成熟，在均量节水、经济实力及社会效应方面有待加强。产业节水系统中，工业节水得分良好，农业节水尤其是每公顷灌溉用水量情况有待提升，农业灌溉用水效率低下，水资源浪费现象严重。张掖市节水保障及用水管理评价较好，污水处理厂集中处理率已达到优秀水平。生态环境系统中森林覆盖率及水功能区达标率均在良好及以上。

五　结论及建议

在推进节水型社会建设中，甘肃省的政策已相对完善，污水的处理及节水器具的普及有一定优势，在规划的实施、人均用水量的控制、万人绿色专利、万人公共交通等方面仍有不足。未来应认真贯彻落实习近平总书记治水思路，提高甘肃省内耕地农田农业灌溉效率，空间内采用系统性节水思路，促进农业、工业、服务业等耗水产业节水，同时注重经济增长的奠基作用，扩大全省范围内的节水社会构建宣传工作，加强公众节水意识，推广节水灌溉技术、优化工业和城市用水结构、加大水资源管理力度，具体建议如下。

第一，推进节水型社会建设规划实施。建立健全定期评价建设效果机制、目标责任落实机制等，确保规划顺利实施，适时对规划实施情况进行中期评估，及时发现并解决相关问题，推进省内各县区、相关部门明确工作责任，采取有效措施，完成预期性、约束性目标。采用第三方客观中立评估形式，及时向全社会公布结果，使评估结果透明化。多主体切实围绕节水型社会建设的各项工作任务，加强协作，明确进度，结合各区域实际情况落实方案。

第二，科技创新提高水资源利用及监管效率。省内推进并完善"智慧水务"建设，整合水资源生态动态信息平台，规划升级涵盖水电站生态流量监管、地表水引水口门、地下水管理、河湖监督管理、水旱灾害防御等业务的智慧水利系统。落实智慧水务示范基地建设项目，打造各级智慧水务数字化运营云平台代表，将创新性的水资源监控措施向基层推进，完善调整地下水机井监控布局并建立科学合理的地下水位监测机制。加大水资源保护关键技术攻关研发，注重科技创新对能源资源效率提升的引领作用，加强与甘肃省各级科研机构、专业院校的合作，加快科技资源集聚和学术交流平台的搭建，开展清洁生产和绿色化改造，促进能源资源节约循环利用，加快重点技术集成应用。

第三，加大节水用水管理力度。在节水型社会建设过程中，应坚持把水资源作为最大刚性约束，全省范围内落实严格的水资源管理制度，将张掖等市聚力打造成全国新时代节水型社会新标杆，推进水资源管理向高效化、规模化、精细化发展，严格按照规划落实水资源走向，如落实《张掖市地下水超采治理专项规划（2024—2030年）》《张掖市地下水削减规划（2024—2030年）》等规划，依据《张掖市水资源预算管理办法（试行）》《张掖市2024年水资源配置方案》对水资源开发利用实行预算管理，严格落实下达计划，充分发挥水资源管理红线作用，坚持涉水违法违规问题排查整治专项行动,将非常规水源纳入水资源统一配置,提升再生水资源利用率。

第四,全民宣教凝聚节水共识。以建设新时代全国节水型社会新标杆为抓手,多层次、多角度、多方式开展节水理念、《节约用水条例》的宣传教育,持续增强全民惜水、节水、护水意识,逐步在各市形成良好节水文化氛围。在各级机关企事业单位内加强节水教育培训,开展全员大学习、形势政策大宣讲,举办全市水资源管理专题培训班,充分发挥媒体矩阵优势,发布节水公益宣传片、宣传视频及海报,鼓励群众参与到惜水、护水的队伍中来,开展节水型社会宣传活动以及教育示范基地建设,积极选聘节水大使,凝聚社会各方力量参与节水。应推动群众互相监督共同进步,有浪费情况及时曝光,大力推进更新节水设施,保护水源安全以及供水环节设施安全,建设全民对污染水环境情况零容忍的舆论氛围。

第五,构建新时代节水型社会建设人才支撑体系。高度重视创新型节水社会建设人才队伍,积极引进高层次专业人才,依托领军人才工程、优秀人才引进计划、高层次人才创新创业扶持计划等,建立水利专业素养过硬、知识体系完善的创新型工作队伍,使人才规模和结构适应实际工作发展的需要。发挥政府机关及行业协会带头支撑作用,鼓励节能与资源综合利用专业服务机构发展,培养节能与资源综合利用服务行业人才。

B.11
甘肃县域优化营商环境问题研究

冯之东*

摘　要： 甘肃全省各县域围绕优化营商环境工作，已经在重点指标改革、关键指数提升、数字赋能增效、规范市场秩序等多个方面取得了明显成效。但是，由于主客观多种原因的综合作用，甘肃省营商环境相关工作依然呈现积极成效与制约因素相互交织、制度常态与短期行为相互并存的状态，存在着起点低、底子薄、优势不突出、行业地区间参差不齐、突破创新举措不多等具体问题，突出表现在招商引资和产权保护两个层面。鉴于此，必须进一步深化思想认识，进一步完善工作机制，进一步强化行政法治，进一步强化科技支撑，从而在根本上实现优化营商环境这一基础性目标。

关键词： 县域　营商环境　法治　甘肃

　　本报告以"县域营商环境"为主题，围绕有关地区、有关行业、有关单位长期未解决的老大难问题，对兰州、酒泉、白银、甘南等11个市（州）的38个县（市、区）开展了专题调研，通过与各地党政领导干部、行政执法人员、政法干警、商会协会负责人、企业家代表等多类社会主体座谈交流、实地走访等形式，对中央和省上优化营商环境相关政策在全省县域的落实情况，以及县区有关单位的意见建议和民营企业的基本诉求有了全面了解。现将有关情况总结如下，期待能够对甘肃省县域优化营商环境工作有所裨益。

---

* 冯之东，法学博士，甘肃省社会科学院马克思主义研究所所长，研究员，主要研究方向为宪法与行政法学。

一　工作成效

近年来，甘肃全省各县（市、区）坚持把优化营商环境摆在突出位置，遵循中央关于优化营商环境工作基本要求，落实省上部署安排，持续打造市场化、法治化、便利化营商环境。各县（市、区）均组建了"优化营商环境攻坚突破年"专门机构和工作专班，结合自身优势寻找潜力点和发力点，将优化营商环境列为"一把手工程"聚力推进，找问题、拉清单、出举措、提效能，倒逼责任落实，持续推进本地优化营商环境工作，为高质量发展赋能增效。

（一）重点指标改革成效明显

全省各县（市、区）充分借鉴国内外标杆城市先进经验，以减材料、减环节、减时间、减费用为总目标，提出一系列改革举措，持续推动营商环境的重点领域改革实现突破。在企业开办方面，全面推行"一窗通办""一网通办"改革落地，省内新设企业登记注册实现"零费用"，企业开办时间已压缩至1个工作日内，达到全国标杆水平。企业开办"零"费用服务探索，在兰州新区以及酒泉、白银等市的部分县（市、区）率先见效。在办理建筑许可方面，稳步推进信用承诺制、区域评估、"标准地"改革，大幅压减工程建设项目审批服务用时，全省工程建设项目审批时限已压减至60个工作日内，简易低风险工程建设项目时限已压缩至18个工作日内。在获得电力方面，创新工作举措，全省范围内实现"房产+电力"联动过户、营销业务系统与工程建设项目审批管理系统的互联互通，不论是低压居民和非居民客户，还是高压单双电源客户，全流程办电时间均获大幅度压缩。在获得用水用气方面，供水、燃气报装已全部入驻各地政务大厅集中办理，为企业提供"一站式"报装服务，报装流程压减至2个环节，不分有无外线工程，从受理用户申请至通水通气时间压减至3个工作日内。在财产登记方面，开展"交房即交证"示范点建设，全省半数以上县（市、区）已开展交地即交证、交房即交证工作，实现了住权与产权同步。嘉峪关等市推行"一证一码"便民服务，为群众查询产权、抵押、查封、宗地图等信息提供便利，实现二手房转移登记与抵押登记"合并办理"。在纳税方面，持续推出近300项"非接触式"办税缴费，全程网办率达到95%。在履约解纷方面，多措并举、切实强化各类社会主体特别是公权机构的契约精神。健全完善多元解纷、繁简分流机制，实现简案快审、繁案精审，充分运用简案分流、程序简化、要素式审判等机制优势，实现快速、有效、低成本地化解纠纷。民商事案件平均用时、首执案件执结平均用时持续缩短，服判息诉率、调撤率和执行案件法定审限内结案率持续提升，有力保护了市场主体胜诉权益。在政务服务方面，自2023年1月至2024年6月底，全省各县（市、区）大力推进政务大厅"一窗通办"，通过打造"甘快办""小兰帮办""酒事快、泉办好""码上就办""天水快办"等一系列政务服务APP品牌，为社会提供项目建设、商事改革、引导咨询、志愿服务等多种政务服务，汇聚省级部门和各市（州）政务服务高频应用2200余个，可办理事项达18.5万项，形成了一定的品牌效应；在"不来即享"平台已录入50余万家企业数据，发布涉企惠企政策1370余条；积极推行"一件事一次办"，主体集成服务已达538个；全省政务服务事项全程网办率达到100%，有效拉近了政府与群众之间的距离。在招标投标方面，在建成全省公共资源交易全流程电子化系统的基础上，2020～2023年，全省各县（市、区）年均为交易主体节约标书制作印刷费、交通费、食宿费等直接交易成本约3亿元，减少重复办理数字证书和电子印章费用近7700万元。[①]

对于坚持把招商引资作为拼经济、促发展"强力引擎"的各县域而言，在聚焦实施"引大引强引头部"行动进程中，通过前述举措，广撒网、精对接、优服务、强落地，全力推动招商引资提质增效，为本县经济社会高质量发展蓄势赋能。以武威市古浪县为例，2024年1～7月，全县实施招商引

---

① 以上有关数据来源于课题组2024年7月对甘肃省营商环境建设局的调研。

资项目 175 项，完成到位资金 76.39 亿元，增长 83.5%；其中，省外项目 144 项，完成到位资金 71.71 亿元，增长 140.2%。[①]

（二）营商环境提升进位明显

针对企业、群众等各类市场主体的诸多"急愁难盼"问题，有针对性地出台相关举措，切实提高政府服务意识和能力水平，促进营商环境不断改善。一是国评地区综合提质增效。兰州市各县（区）实施"数字+交易"赋能工程，构建"一把手+专班+指标长"强统筹、重落实的工作格局，创建优化营商环境的"兰州实践样本"，不断打造更高效、更便捷的营商环境。兰州新区在工程领域深入推进企业投资信用承诺制改革，完善全域帮办代办上下联动机制，打造企业省心、服务暖心的改革试点。二是地方创新改革力度不断加大。白银市各县（区）鼓励金融机构面向小微企业推出"小微 e 贷""税易贷""微捷贷""惠懂你""用工贷"等信贷服务。张掖市各县（区）开展活体畜禽抵押贷款业务，推行招投标领域"交易受理、评标、开标分段负责"模式。庆阳市各县（区）推行"一把手走流程""营商环境红黑榜""马锡五审判方式"工作室，积极践行"司法融合产业集群发展的'链长+院长'"工作思路。三是部分市州推出特色改革措施。在武威市和甘南州，其各县（市）区的政务大厅数字化设施配置明显改善，群众企业办事体验有效提升。陇南市各县（区）持续优化涉企服务，推行企业需求"有求必应"、涉企政策"量身定制"、企业经营"把脉问诊"，全力推动营商环境提速提质。金昌市各县（区）积极探索推行"信用承诺+标准地"综合改革模式，降低企业前期成本。在平凉、定西等市，其各县（区）推行"政务服务体验官"措施，依托体验反馈，有效助推政务服务再优化。以定西市渭源县为例，该县严格落实"包抓联""白名单""六必访"服务企业工作机制，充分发挥招商引资项目代办服务中心作用，坚持"一个项目、一名领导、一个专班、一抓到底"的

[①] 有关数据来源于课题组 2024 年 7 月对甘肃省武威市古浪县招商局的调研。

工作机制，切实服务好重大项目落地实施，提供全生命周期服务，全力助推招商引资项目建设跑出"加速度"。

（三）数字赋能营商增效明显①

一是数字政府建设持续发力。在省级层面出台《甘肃省数据信息产业发展专项行动计划》《甘肃省"上云用数赋智"行动方案（2020—2025年）》等系列文件的基础上，全省各县（市、区）不断完善数字政府建设和运维体系，深入做好"一网通办""一网统管""一网协同"等三大类项目研发，实现统建共管、整体联动、开放融合、赋能发展，全力打造数字经济新优势。通过平台重构和流程优化，甘肃省政务服务事项全程网办率从2019年的60%提升到当前的98%以上。二是"互联网+政务服务"加快推进。全省范围内，各县（市、区）不动产登记实现网上"一窗办事"，"互联网+不动产登记"服务平台上线运行，强力支撑不动产登记业务"跨省通办、省内通办、掌上办、指尖办"，实现企业群众"最多跑一次""一次也不跑"，大幅提升企业和群众的办事体验。三是金融数字化转型走深走实。全省各县（市、区）积极发挥"陇信通"金融数字化作用，强化"信易贷"大数据分析、智能风控等金融科技支撑作用，依托全省信用信息共享平台数据，打造"政府引导、市场运作、安全可控"信用融资综合服务，通过平台为市场主体融资金额突破500亿元，为破解中小微企业融资难问题提供了高效的"甘肃方案"。

（四）全力维护市场秩序稳定②

一是强化综合监管和新型监管方式运用。全省各县（市、区）全面提升政府监管效能，严格遵循省上《关于进一步提高政府监管效能推动高质

---

① 这一部分有关数据来源于课题组2024年7月对甘肃省营商环境建设局以及兰州、酒泉、白银、天水等市所辖部分县域的调研。

② 这一部分有关数据来源于课题组2024年7月对甘肃省营商环境建设局以及兰州、张掖、武威、平凉、庆阳、甘南等市（州）所辖部分县域的调研。

量发展的实施方案》，积极推进行业监管、属地监管和跨地区跨部门综合监管，加快构建全方位、多层次、立体化监管体系。加快推进信用分级分类监管，按照《甘肃省信用分级分类管理办法（试行）》，建立通用型企业信用风险分类指标体系，对全省近 60 万户企业开展了全覆盖、标准化、公益性的企业公共信用综合评价，根据信用风险状况对不同风险等级的企业实施差异化监管。持续推进"互联网+监管"，强化"双随机、一公开"监管，建成"电脑端+移动端"相结合的全省"双随机、一公开"监管工作平台，实现执法监管全流程闭环、可追溯查询。二是开展市场监管专项治理行动。以 2022 年为例，全省各县（市、区）开展治理涉企违规收费"纾困减负"专项行动，共检查各类市场主体及收费单位 3159 家，查处违规案件 61 件，查处违规收费金额 483.52 万元，主动退还企业 2802.97 万元，为企业减负 3311.53 万元；开展"保公平、促发展"反不正当竞争专项执法行动，共立案处理不正当竞争案件 68 件，实施经济制裁 227.22 万元；开展打击商标恶意抢注行为专项行动，向国家知识产权局上报"陇南市乔某"涉嫌商标恶意抢注线索核查报告。深化知识产权代理"蓝天"专项整治行动，查办反复多次大量代理非正常专利申请案件 1 起、地理标志商标申请材料造假案件 1 起，向外省移送代理非正常专利申请线索 4 起。三是加强知识产权保护。全省各县（市、区）按照《甘肃省专利侵权纠纷行政裁决办案规程》《技术调查官参与专利侵权纠纷行政裁决办案实施办法》等规范要求，2022 年共处理专利侵权纠纷 565 件，查办商标侵权、假冒专利案件 611 件，罚没金额 857 万余元；2024 年上半年共处理专利侵权纠纷 143 件，实现授权 272 件，发明和实用新型平均审查周期缩短 90% 以上。张掖、平凉、陇南等市根据省上《关于加强知识产权纠纷调解工作的实施意见》要求，设立知识产权纠纷人民调解委员会，积极调解知识产权纠纷 35 起。省级层面出台《加强海外知识产权纠纷应对工作实施方案》，在全国范围内选任海外知识产权纠纷应对指导专家，支持庆阳、嘉峪关设立知识产权仲裁机构，支持 4 个园区建设知识产权维权援助工作站，整合维权援助、司法保护、行政裁决、仲裁和调解等资源，建设甘肃省知识产权全链条保护系统。

二 突出问题

近年来，全省各县（市、区）出实招、求实效，营商环境建设机制化、规范化持续提升，但通过实地调研发现，由于主客观多种原因的综合作用，甘肃省营商环境工作依然呈现积极成效与制约因素相互交织、制度常态与短期行为相互并存的现状，存在着起点低、底子薄、优势不突出、行业地区间参差不齐、突破创新举措不多等突出问题，具体表现如下。

（一）招商引资层面

当前，甘肃县域在优化营商环境、实施招商引资方面，在思想认识上还存在着一些片面、偏狭甚至错误的认识，突出表现在"我们特别想解决，但就是没有好办法""这是全省的通病，人家都解决不了我们怎么解决""这是企业自己的问题，我们已经做得很好了"等多个方面。就"我们特别想解决，但就是没有好办法"而言，该问题主要集中在部分县域因财政原因，无法及时兑付企业工程款、材料款，等等。就"这是全省的通病，人家都解决不了我们怎么解决"而言，该问题主要集中在支持民营企业招标投标和政府采购方面，部分县域及其政府部门对于民营企业工程建设项目的支持力度还远远不够。就"这是企业自己的问题，我们已经做得很好了"而言，该问题主要集中在对于经营困难企业，县域及其政府部门在做完相关规定服务动作后，严重缺乏企业视角的思考，创新思维和服务意识还需要进一步强化。特别需要注意的是，源于前述思想认识层面的缺陷和不足，又进一步引发并加剧了以下一系列突出问题。

第一，机制建设存在"三多三少"，工作协调落实有待加强。一是联席机制多、工作调度少。省级层面和各市州分别建立了联席会议机制，这显然有利于协调解决营商环境工作中涉及多部门的问题，但在各县域的实际操作中，联席会议机制往往缺少调度，难以实际掌握各部门工作推进情况。二是规定动作多、自选动作少。一些县（市、区）及其有关部门还存在过度依靠财政、资源和扶持政策情况，开拓和主动创新精神不够。部分地方和部门优化营商环境工作主要集中在完成上级交办的规定动作，至于上级没有部署的任务则往往秉持一种可做可不做的态度。三是宏观制度多、细化落实少。尽管省直有关部门和市州层面围绕营商环境各领域已经分别出台了相关规范性文件，但是到了县域层面，却少有极其必要的配套细则，导致招商引资工作任务难以真正落地落实。

第二，工作落实存在"三重三轻"，协同推进有待强化。一是重指标工作、轻整体环境打造。尽管总体上各县（市、区）及其相关部门都能积极落实相关评价指标规定的改革举措，但是对营商环境优化与促进地区经济社会发展之间的关联度理解还不够到位，以至于工作重点只能聚焦个别领域、个别指标，进而导致其难以从发展环境的角度去系统性地推进工作。二是重服务供给、轻企业需求响应。一方面，部分县域存在政策够用不管用、政策优惠难享用、政策可操作性不强等问题。另一方面，部分县域要素获取成本和额外成本高，隐性收费、转嫁成本现象尚未消除。比如，有企业反映，部分涉企部门减免的收费项目转嫁为第三方收费，企业负担并未实质性减轻。特别是受用地审批、能耗指标、新能源峰谷电价等因素影响，企业投资积极性不高，很多企业持观望和等待的态度，项目进度较为缓慢，后期资金的到位率难以提升。以河西某县为例，该县在 2024 年兰洽会新签约项目 37 项，截至 2024 年 7 月底，总开工 31 项，开工率达到 83.78%，但仍有多个项目尚未形成实物投资量，多个项目资金到位率很低，严重影响资金增量及增速。[①] 三是重硬件建设、轻软性服务提升。各市州在政务服务大厅硬件设置上整体落实到位，但在县域层面，相关工作人员的综合能力和服务态度方面仍然有待提升，这是众多企业反馈较为集中的问题。比如办理建筑许可、登记财产、办理破产等指标时，频频出现窗口人员不能熟练回答本指标本业务咨询内容，且无法给出有效咨询途径的现象。

第三，数据联通存在"三有三无"，信息共建共享有待强化。一是有平

---

① 有关数据来源于课题组 2024 年 7 月对甘肃省河西地区某县的调研。

台、无数据。尽管已有许多地方建立了业务平台，但是平台的数据收集手段、收集时效严重滞后。二是有数据、无联通。部分县域的公安、市场监管、税务等部门其行业部门专网和省政务网至今尚未实现实时对接，致使不同系统相互牵制，严重影响数据归集共享。三是有联通、无优化。就全省各县域而言，尽管有的业务平台已较为完善，但是其系统功能依然有待优化拓展，其系统稳定性依然有待提高。比如，很多企业反映电子招投标平台、政务服务平台等存在网络不稳定、系统卡顿崩溃等问题。

第四，关键环节存在"三个短板"，企业获得感有待提升。一是政务服务公开化、规范化、标准化有待进一步强化。公开化方面，目前，甘肃省县域各类电子政务平台渠道信息公开时效性不强、深度不够、质量不高、内容不全等现象依然存在，网站页面打不开、办事机构查不到、政策内容找不到等问题依然突出。规范化方面，在部分县域，"轻微违法行为不予处罚"的清单及其政策文件尚未完全公开，从而导致地方执法机关的执法行为任性、随意，很不规范。标准化方面，就全省各县域而言，地方政务服务中心的名称五花八门，亟待统一。二是降低制度性交易成本有待进一步强化。一方面，企业多次跑、反复跑的现象依然存在。另一方面，企业仍然面临繁杂的收费项目。一些代行政府职能的社会团体、中介机构以及涉及行政审批前置、市场监管和准入等的具有强制垄断性的涉企经营服务性收费单位、行业协会商会等创租寻租的现象依然存在，压减准政府经营性服务收费的力度还有待加大。三是清理市场隐性壁垒有待进一步强化。目前在县域层面，在办理许可证、招标投标、政府采购等方面仍然存在通过设置注册登记、备案、资质验证等没有法律法规依据的限制性条件，实行地方保护和行业垄断的情况，有的地方公共资源交易中心在建立中介超市时，为了促进本地企业生产经营只允许本地企业入驻。

第五，改革创新面临"三方面突破"，区域品牌有待开发。一是全国性首创经验有待突破。大部分县域的营商环境建设依然处在建体系、夯基础、补短板阶段，与敢于破框框、树标杆的创新阶段尚有一定距离。特别是在强化数字赋能、聚焦全生命周期服务创新等方面尚有不足，没有结合区域产业、市场主体等本地化特征探索首创性改革或服务举措。二是地区特色亮点有待突破。部分县域自身本来具有鲜明的地域特色，但因结合区域核心需求、发展需求的创新突破严重不足，从而缺少结合自身城市特色的营商环境打造，缺少"名片化"的改革创新。一些民族地区，营商环境与民族地区发展的结合不深不透，富有民族特色的改革推进不够、成果不多。三是全省整体性工作品牌有待突破。整体来看，"甘肃经验""甘肃实践"品牌打造不足，部分破解企业生产经营堵点痛点的经验宣传和推广力度不够，在全国范围内"知名度"不高，品牌不鲜明。

第六，多元主体作用发挥"三个不足"，共商共建共治长效机制亟待完善。一是行业协会商会作用发挥不足，政企沟通机制待完善。部分县域只是单纯地把部门投诉电话作为企业反映问题的渠道，却没有建立起统一的政企沟通渠道，缺乏与行业协会商会的常态化沟通。二是群众主体作用发挥不足，社会监督机制待完善。很多县（市、区）普遍将营商环境工作情况纳入政府内部考核，却未能真正建立起对政府提高营商工作质效的外部监督机制，没有充分发挥社会大众和舆论媒体的监督作用，从"企业视角"、"媒体视角"和"群众视角"对营商环境进行"全流程体检"，及时动态跟踪营商工作落地情况。三是智库经验借力不足，交流学习机制待完善。部分县域对推动营商环境工作自我探索、推动解决"老大难"问题依然缺乏经验，特别是缺乏灵活变通的办法，侧面反映出县域层面学习先进地区经验和开展智库培训交流方面的不足。

（二）产权保护层面

一是工作理念需要优化。近年来，中央和省上围绕强化产权保护、优化营商环境出台了一系列规范性文件，也提出了明确要求，但在县域治理这个层面，有些公职人员甚至领导干部对相关精神还是缺乏应有的重视和准确的认知，也未能真正领会和践行"放管服"等重大改革的内核与精髓，只是习惯性地以文件传达文件、会议落实会议，进而将此项工作认定为特定时段的"专项行动"，而没有认识到这是一项必须长期坚持推进的重大事业。有些公职人员甚至领导干部始终将自身定位为保护产权的"旁观者"、优化营商环境的"局外人"，错误地认为那都是"有关部门"的职能和业务。有些公职人员甚至领导干部的工作理念和工作能力与现实需要并不匹配，其思想认识与中央精神有一定差距，对于"商业""资本""市场"等概念的认识和定位明显落伍，对于民营经济和民营企业存有抵触和排斥，甚至还秉持着"打土豪分田地"的思维和理念来看待民营企业家。这样的思维意识，显然滞后于甚至相悖于中央的大政方针和省上的决策部署。

二是能力素养需要强化。在执法和司法领域，有些县域的公职人员甚至领导干部践行产权保护、优化营商环境工作要求的法治素养尚显不足，存在着重审批轻监管、重罚款轻服务、重打击轻保护、重实体轻程序的工作倾向，特别是执法司法过程中"刚性有余、柔性不足"的问题较为突出，在落实"内敛""谦抑""审慎""善意"等办案理念方面存在着一定的选择性和被动性。有些县域的公职人员甚至领导干部受事实调查、证据搜集、法律适用等方面主观能力的羁绊以及非法干预、当事人缠访缠诉等客观条件的制约，以至于其既不能也不愿依法及时有效地保护涉案企业的合法权益。有些县域的公职人员甚至领导干部熟练掌握和灵活运用产权保护相关法律的能力还比较薄弱，不能准确区分一般经济纠纷与经济犯罪，办案过程中机械执法、机械司法甚至定性不准的现象时有发生，存在着要么盲目保护、要么盲目打击的不当情形。特别是对于民营企业家，有时对虽已构成犯罪但确无社会危险性的犯罪嫌疑人也予以逮捕，有时对符合法定不起诉条件的被告人也决定起诉。这些做法，既侵害了企业家个人合法权益，又损害了当地营商环境，更是对和谐稳定大局制造了隐患。

三是工作机制需要完善。有些县域的行政执法部门与政法单位之间的联动机制亟待完善，一些配套制度依然停留在文件层面，行政执法与刑事司法的衔接配合能力还有待强化。一方面，行政部门与政法单位虽然能够实现初步的数据共享，但行政执法信息录入环节的不主动、不规范、不准确，影响了对涉产权案件的同步监督、同步审查、同步办理。特别是行政执法人员"以罚代刑"的现象依然存在，涉产权刑事案件移送较难，行政部门与政法单位之间难以形成严厉打击侵权、有效保护产权、优化营商环境的工作合力。另一方面，有些县域的行政执法人员在对房屋、土地等产权权属实施行政确认、行政许可等工作中的不作为、慢作为和乱作为，不但引发了权属不清、权责不明等新的产权争议，而且将本应由行政环节解决的产权纠纷推向司法环节，致使本就稀缺的诉讼资源更显捉襟见肘。有些县域的招商引资把关不严，致使一些明显违反生态环保、自然资源等相关法律的企业得以"合法"准入，从而加大了后续依法解决的难度。

三 对策建议

习近平总书记指出，如果把国家喻为一张网，全国三千多个县就像这张网上的纽结。"纽结"松动，国家政局就会发生动荡；"纽结"牢靠，国家政局就稳定。国家的政令、法令无不通过县得到具体贯彻落实。因此，从整体与局部的关系看，县一级工作的好坏，关系国家的兴衰安危。① 甘肃省委省政府启动的"优化营商环境攻坚突破年"行动，明确提出了用三年时间真抓实干、聚力攻坚，进而实现"西部领先、全国靠前"的目标。为此，课题组结合调研中发现的县域营商环境中的突出问题，聚焦县域各类市场主体特别是民营企业的核心关切，围绕营商环境建设的大趋势、大方向，对标一流水平，提出如下建议。

（一）进一步深化思想认识

县域层面，各个公权机关特别是行政执法机关和司法机关、各个公职人员特别是行政执法人员和司法人员必须正确认识到，包括民营企业在内的各类市场主体依法投资经营的过程，既是其有效丰富产品种类、持续提升服务品质的过程，也是其努力创造社会财富、积极履行社会责任的过程，更是其

---

① 胡健：《以优化营商环境为切入点推进县域法治建设》，《学习时报》2024 年 8 月 7 日，第 3 版。

践行和强化"投资—就业—盈利—纳税—扩大投资—扩大就业—增加盈利—增加纳税"这一良性循环的过程。各个县域及其公职人员要进一步对照标杆城市的成熟做法和先进经验，切实提升服务企业的意识和能力，着力强化"企业创造财富、政府创造环境"的思维，着力强化"只要是企业的问题、我们都想办法解决"的理念。特别需要注意的是，认识民营经济的本质特征及其存在发展的长期性、必然性，必须牢牢把握马克思主义的基本立场、观点和方法，立足当代中国特色社会主义建设和民营经济发展变化的实际，进行科学研究，作出合理阐释。从实践与理论的结合来看，至少有以下三个方面的事实需要予以关注。

一是基于党的群众观点和群众路线。人民群众是创造历史的主人。我们党自成立之日起，就注重从人民群众中汲取智慧力量不断发展壮大。民营经济本质上是草根经济、民生经济、富民经济，是深深根植于广大人民群众的"老百姓"经济，是人民群众创造历史这一基本原理在改革开放伟大实践中的生动体现。

二是基于对生产力的促进。生产力是全部社会生活的物质前提，是推动社会进步最活跃、最革命的要素。当前，民营企业产权多元化、分散化和社会化日益增强，与国有企业在产权意义和治理机制上日益广泛而深度合作的趋势，也充分说明民营经济在社会主义条件下完全能够与社会化大生产和先进生产力发展的要求相适应。

三是基于共同富裕的目标。共同富裕体现的是全体社会成员之间实现共同富裕的平等性和机会的公平性。虽然在民营经济发展的过程中，民营企业家获得了相对更多的个人财富，但这些财富除通过合法途径实现的资本积累和报酬外，还有相当大部分分属于管理、劳动、创新和风险收益，而且他们在实现财富自由后，所有超出其本人和家庭消费需求的财富，归根结底都是社会财富。随着要素市场、财税体制、收入分配等改革的不断深化，财富分配格局也将更趋合理和完善，民营经济促进普惠增长、共同富裕的积极功能必将日益巩固和加强。从国内现实情况来看，凡是民营经济大省、强省，也都是贫富差距相对较小、区域发展较为均衡的省份。

（二）进一步完善工作机制

一是健全信息共享机制，突出数字引领。各县域要以数字政府建设为契机，立足于省级层面信息联席机制，加强相关业务数据信息在采集、更新、共享、使用等环节的管理。严格遵循甘肃省大数据中心的数据归集标准，有效促进各个公权机关之间特别是政府机构内部、不同层级、不同区域之间的政务数据信息互联互通和共享共用，破解"信息孤岛"和"数据壁垒"，实现"信息多跑路、群众少跑腿"。

二是健全政策执行机制，强化精准落实。各县域要紧紧依托"不来即享""陇商通"平台，完善惠民便企政策的宣传普及、集中查询和精准推送功能，根据不同类型、不同需求的企业、群众等市场主体，定向推送实用的政策措施和办事服务信息。同时，建立线上政策咨询解答窗口，针对企业和个体工商户开展"一对一"专项辅导、"面对面"政策讲解，促进企业和个体工商户应知尽知、应享尽享，实现惠企政策的精准"滴灌"。

三是建立社会监督机制，完善法治保障。充分发挥人大机关、司法机关、政府有关部门和新闻媒体、科研院所、行业协会以及仲裁机构、律师事务所等多方面的监督作用，完善优化营商环境法治保障体系，依法平等保护各类市场主体合法权益，坚决打击破坏市场经济秩序的违法犯罪行为。综合运用执法检查、专题视察和重点部门专项工作评议等方式，打好监督规范的组合拳，做到优化营商环境监督的全覆盖、多方位、无死角。

四是建立企业诉求快解机制，培优服务质效。各县域营商环境牵头部门要构建和完善解决企业诉求的"直通车"机制，各级公权机关特别是党政部门主要负责同志要采取恳谈会、挂钩联系、政企会商等多元化方式，鼓励企业家同政府相关部门面对面沟通交流，广泛听取企业家的建设性意见和合理诉求，并按照收集—反馈—跟踪—回访的闭环式管理办法，形成上下联动、分级负责快速解决企业诉求问题的工作体系，打造企业诉求解决的"快速通道"。

五是开展政务失信专项整治，塑优政务诚信。对企业反映的部分地区、行业和单位招商引资政策不兑现、政策调整导致土地办证困难、拖欠企业账款等若干历史遗留问题，建议在本辖区持续开展重点领域政务失信专项整治工作，推动建立工作推进机制和台账分类管理机制，制定专项工作方案，压实问题解决主体责任，做好专项整治工作总结，深度挖掘各领域典型案例，向社会公布专项治理取得的工作成效。

六是对标国家创新经验做法，打造样板城市。根据全国和世界银行评价指标最新调整，健全更加符合甘肃省经济社会快速发展要求的评价指标体系，切实发挥全省营商环境评价"以评促改、以评促优"作用，对标国家创新经验做法，合理确定能够复制推广的创新举措，聚力打造一批综合性与单项性指标领先、改革特色鲜明的营商环境样板县域，充分发挥示范引领作用，带动全省营商环境优化工作再上新台阶。

（三）进一步强化行政法治

全面依法治国是国家治理的一场深刻革命，社会主义市场经济是法治经济，县域层面必须在经济社会发展进程中，充分认识县域构建法治化营商环境的紧迫性，更好地发挥法治固根本、稳预期、利长远的保障作用。特别是作为全面依法治国的重点任务和主体工程，法治政府建设既是有效维护社会主义市场经济秩序的客观需要；也是依法有力保护各类市场主体特别是民营企业合法权益，依法精准打击破坏市场秩序、侵犯合法产权等违法行为的客观需要；更是切实优化营商环境、持续扩大招商引资的客观需要。

一要优化思维理念。优化营商环境、扩大招商引资是各个县域高质量发展的"源头活水"。新征程上，为有效推动高质量发展，切实优化营商环境、扩大招商引资，必须为各类市场主体特别是民营企业加大其投资、保护其产权、释放其活力提供有效的法律支持、精准的法律服务，必须深入推进行政法治，持之以恒、有条不紊地着力营造更加高效的政务环境，着力强化更加优质的要素供给，着力构建更加亲清的政商关系，着力形成更加有力的法治保障。县域各个公权机关及其公职人员只有树牢正确的思维理念，只有明确法治建设对于优化营商环境、扩大招商引资的重要作用，只有明确防范公权过度干预、维护正常市场交易、厘清政府与市场关系的特殊价值，才能从根本上强化深入推进法治建设特别是行政法治的原动力，才能从根本上提升对于维护市场经济秩序、持续扩大招商引资的认同度。

二要强化制度建设。既要持续优化政府立法，着力加强行政制度化：市州层面要以《立法法》扩大和充实地方立法权为重要契机，以有利于优化营商环境、扩大招商引资为核心导向，以政府立法质量和立法效率同步并进为主要目标，积极推进城乡建设与管理、生态文明建设、基层治理等重点领域立法工作，不断健全和完善有利于县域扩大招商引资、充分保障新质生产力、深入推进高质量发展急需的法律制度，以良法善治确保县域各类市场主体安心投资、专心经营、全心发展。也要持续规范政务决策，着力提升政务公信力：县域层面要始终树牢依法决策的思维和理念，严格依照既定权限和既定程序进行决策，确保决策程序合规、决策内容合法、决策结论可行，确保政务决策摒弃过度监管、倡行鼓励发展，确保政务决策具有稳定性和延续性；县域层面要持续完善科学决策的方法和机制，有效发挥咨询机构的职能和优势，涉及营商环境和招商引资的政策、规划、项目务必加大论证研判的力度，务必确保利益相关方的有效参与，决策最终形成前务必听取有关机构和人士的意见建议，有效避免因决策失误而产生破坏营商环境、危害招商引资的矛盾纠纷和社会风险。

三要优化政务服务。第一，深入践行法律面前人人平等的法治理念，坚持各种所有制经济权利平等、机会平等、规则平等，做实对国企民企、内资外资依法平等保护，努力让各类市场主体在每一个执法决定中都能感受到公平和正义，在每一项政务服务中都能感受到关切和温情。第二，以优化营商环境、扩大招商引资为目标，积极探索在法定权限范围内对市场主体综合运用建议、指导、提醒、劝导、告诫、约谈、调解等非强制手段，通过刚柔并济、适度有效、释放善意的高质量服务和监管，激发市场活力，规范投资准入，促进诚信建设，提升服务质效。依法保障市场主体陈述、申辩、提出听证申请等程序性权利，严格禁止非法查封、非法扣押、非法没收等各类侵害合法产权的行为，重点清理涉企案件和化解矛盾纠纷，保障企业合法权益，确保将执法行为对正常投资经营活动的负面影响限缩在合理区间，以此有效凸显法律权威和执法温度的有机融合。第三，持续加大运用行政诉讼、行政复议、行政公益诉讼等制度设计监督行政权能的力度，大力整治优化营商环境、扩大招商引资进程中的选择性执法、机械性执法和趋利性执法等违反行政法治精神的各类行为，依法明确与行政主体执法行为相匹配的权责利。第四，不断深化"放管服"改革，加快构建和完善"极简审批"模式，有效破除市场主体投资兴业的壁垒，持续提升政务服务智慧化、标准化、规范化、便利化水平，着力构建亲清政商关系，倾情倾力服务企业，做到"全天候""全周期""全链条"服务。

（四）进一步强化科技支撑

县域经济要发展，企业本身的治理水平提升是关键。企业自身必须"强身健体"，确保持续稳健发展。其中，科技手段是重中之重。

第一，县域层面要强化企业特别是民营企业和小微企业科技创新主体地位。加大对企业创新的政策激励力度，加速创新要素向企业科技创新主体集聚，推动科技型企业量质齐升。建立培育"三高"企业机制，支持企业主动牵头或参与重大科技攻关任务，持续推动企业主导的产学研深度融合。强化科技型企业梯次培育和省、市、县工作联动，鼓励科技型中小企业加大研发投入，全覆盖开展科技型企业"包抓联"服务。做好科技金融"文章"，推动企业主导的产学研融通创新。

第二，县域层面要深化科技成果转化机制改革。健全科技成果分类评价制度、规范和流程，推行技术成熟度评价标准，建立多元主体共同参与的评价机制，通过评价"指挥棒"引导科技成果向转化应用聚焦。鼓励和引导高校、科研院所按照先使用后付费方式把科技成果许可给中小微企业使用，引导企业转化高校、科研院所科技成果。加快市场化技术转移机构建设，培育壮大技术转移人才队伍，完善技术交易市场，推动形成贯通立项、研发、中试、产业化的全链条成果转化组织体系。

第三，县域层面要注重数字技术赋能，推动企业服务公正、高效、透明。推动区块链、人工智能、大数据等新一代信息技术的应用，运用数字化、信息化、智能化的手段，优化线上线下服务。一方面，加快推进信息化系统基础设施集约建设，以政务数据资源共享为核心，推进跨层级、跨地域、跨部门的系统互联互通建设。另一方面，以政务服务数字化、规范化、便利化为指引，深入推进政务服务"一窗受理、集成服务"改革，将进驻部门的政务事项进行区域性整合，为群众和企业提供一窗式、无差别、窗口集成服务。

B.12
甘肃农村劳动力现状
及充分就业调查研究

宋晓琴*

摘　要：　本报告全面分析了甘肃省农村劳动力的现状及其充分就业情况。研究发现，甘肃农村劳动力资源丰富，但从业结构不合理且受教育程度偏低。为促进充分就业，甘肃积极落实政策，完善帮扶体系，搭建平台拓宽就业渠道，强化劳务输出，推进技能培训，并优化创业环境。然而，农村劳动力高质量就业仍面临产业结构限制、技能不足、政策不完善及信息不畅等困境。为此，建议促进产业发展以拓展就业空间，完善就业服务激发活力，提供技能培训增强能力，加强权益保障提升质量，并聚焦创业帮扶开创新局面，以推动甘肃农村劳动力实现高质量充分就业。

关键词：　农村劳动力　就业　甘肃

农村劳动力构成了中国劳动力市场的关键板块。随着农业效率提升与城镇化步伐的加快，农村人口及劳动力已持续减少26年，预计"十四五"末，农村劳动力总量将缩减至约2.59亿人，其中需转移就业的庞大群体（1.16亿~1.48亿人）面临严峻的就业挑战。[1] 甘肃虽在劳动力就业上保持总体稳定且结构渐趋优化，但面对全球产业链重构与国内经济转型的双重压力，农村劳动力正遭遇就业机会缩减、产业结构限制、技能不足及信息不畅等困境，

---

* 宋晓琴，甘肃省社会科学院财政金融研究所副研究员，主要研究方向为情报学、信息科学。
① 王宁西：《乡村振兴背景下农村劳动力的高质量充分就业》，《北京社会科学》2024年第2期。

就业稳定性、公平性及保障水平等问题亟待解决。党的二十大报告强调，要将就业置于优先位置，完善就业促进体系，力求实现高质量充分就业。因此，有效配置并促进农村劳动力在新时代背景下的高质量就业，不仅是保障社会稳定与经济发展的关键环节，也是理论与实践探索的重要议题。

一 甘肃省农村劳动力现状分析

（一）农村劳动力资源丰富

甘肃省是以农业为主的省份，由于农业人口占比高，农村劳动力资源也相应丰富。2014～2023 年，甘肃农村人口总量小幅减少，2014 年为 2075.30万人，2023 年为 1994.92 万人，十年间减少约 80 万人；农村从业人员的总数变化不大，2023 年全省农村从业人员为 1114.77 万人，较 2014 年减少了11.28 万人；全省农村从业人员总数占农村人口比重较平稳，一直保持在55%左右（见表 1 和图 1、图 2）。

表 1　2014～2023 年甘肃农村劳动力情况

单位：万人，%

年份	全省农村人口总数	全省农村从业人员总数	全省农村从业人员总数占农村人口比重
2014	2075.30	1126.05	54.26
2015	2075.19	1129.74	54.44
2016	2073.27	1132.48	54.62
2017	2073.92	1131.37	54.55
2018	2074.27	1130.07	54.48
2019	2069.12	1128.25	54.51
2020	2062.88	1133.49	54.95
2021	2033.50	1125.90	55.37
2022	2009.24	1120.06	55.75
2023	1994.92	1114.77	55.88

资料来源：根据 2014～2023 年《甘肃农村年鉴》相关数据整理所得。

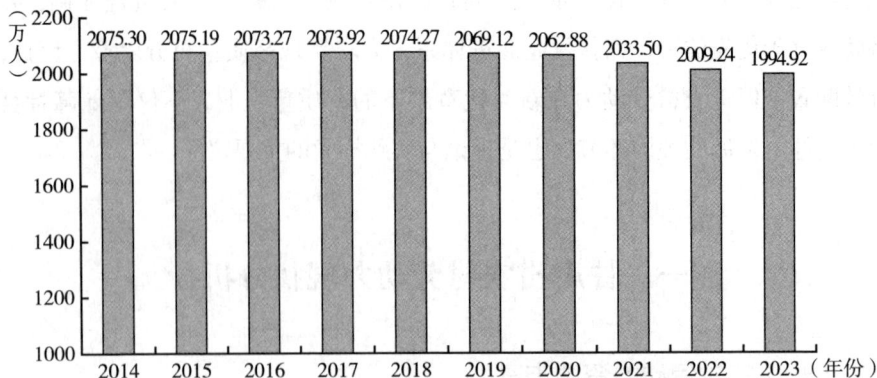

图1 2014～2023年甘肃农村人口总数变化情况

资料来源：根据2014～2023年《甘肃农村年鉴》相关数据整理所得。

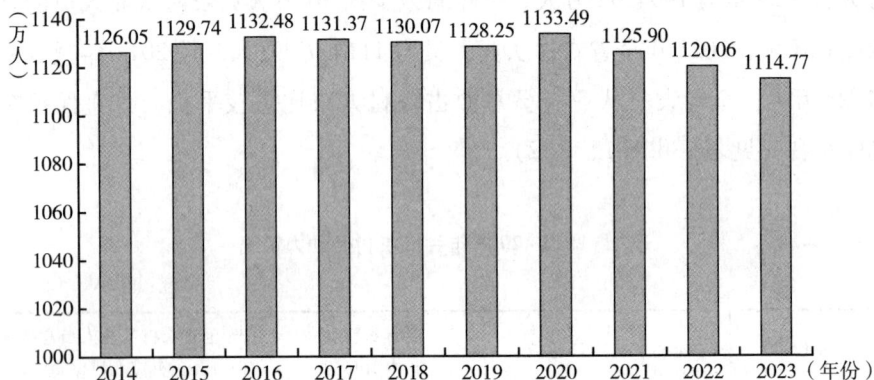

图2 2014～2023年甘肃农村从业人员总数变化情况

资料来源：根据2014～2023年《甘肃农村年鉴》相关数据整理所得。

（二）农村劳动力从业结构不合理

2014～2023年，甘肃农村从业人员中，第一产业（农林牧渔业）从业人员数量和其占农村从业人员总数比重整体呈下降趋势。2023年，第一产业（农林牧渔业）从业人员数量和占比分别为616.10万人和55.27%；第二产业（工业、建筑业）从业人员数量和其占农村从业人员总数比重整体呈上升趋势；第三产业（除第一、第二产业外其他行业）从业人员数量和其占农村从业人员总数比重整体变化趋势不明显。2023 年，第三产业（除第一、第二产业外其他行业）从业人员数量和其占农村从业人员总数比重分别为 299.69 万人和 26.88%。总体上看，甘肃省农村劳动力大部分集中在第一产业，占比 50% 以上，而从事第二产业和第三产业的劳动力相对较少（见表 2、图 3）。这种分布状况在一定程度上制约了农村经济的发展和劳动力的有效转移。

表 2　2014~2023 年甘肃农村劳动力从业情况

单位：万人，%

年份	农村从业人员总数	第一产业从业人员数量	第一产业从业人员数量占农村从业人员总数比重	第二产业从业人员数量	第二产业从业人员数量占农村从业人员总数比重	第三产业从业人员数量	第三产业从业人员数量占农业从业人员总数比重
2014	1126.05	674.52	59.90	154.57	13.73	296.90	26.37
2015	1129.74	668.07	59.13	159.89	14.15	301.78	26.71
2016	1132.48	659.76	58.26	165.84	14.64	306.88	27.10
2017	1131.37	656.37	58.02	170.19	15.04	304.81	26.94
2018	1130.07	652.26	57.72	174.51	15.44	303.30	26.84
2019	1128.25	645.18	57.18	180.32	15.98	302.75	26.83
2020	1133.49	638.09	56.29	190.09	16.77	305.31	26.94
2021	1125.90	629.09	55.87	194.12	17.24	302.69	26.88
2022	1120.06	622.79	55.60	196.45	17.54	300.82	26.86
2023	1114.77	616.10	55.27	198.98	17.85	299.69	26.88

资料来源：根据 2014~2023 年《甘肃农村年鉴》相关数据整理所得。

（三）农村劳动力受教育程度偏低

2014~2023 年，甘肃农村从业人员中，高中以上文化程度和初中文化程度从业人员的总数和占比整体呈上升趋势，小学及以下文化程度人员总数及所占百分比呈下降态势。从 2023 年从业人员受教育程度数据来看，初中文

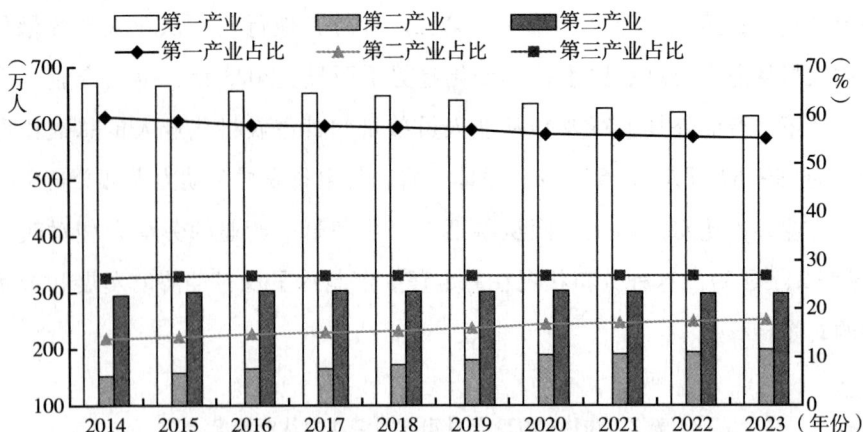

图3　2014～2023年甘肃农村劳动力从业人员从业结构及占比情况

资料来源：根据2014～2023年《甘肃农村年鉴》相关数据整理所得。

化程度从业人员的总数和占比最高，分别为451.54万人和40.51%；高中以上文化程度从业人员总数及其占比分别为261.56万人和23.46%；农村从业人员中还有59.63万人的文盲、半文盲，占比为5.35%（见表3、图4）。总体上看，甘肃农村劳动力中文盲或半文盲还有一定的占比，高中以上文化程度占比相对较低，农村劳动力受教育程度偏低。

表3　2014～2023年甘肃农村劳动力受教育程度情况

单位：万人，%

年份	农村从业人员总数	高中以上文化程度从业人员数	高中以上文化程度从业人员占比	初中文化程度从业人员数	初中文化程度从业人员占比	小学文化程度从业人员数	小学文化程度从业人员占比	文盲、半文盲从业人员数	文盲、半文盲从业人员占比
2014	1126.05	200.08	17.77	427.16	37.93	408.91	36.31	89.90	7.98
2015	1129.74	206.11	18.24	433.26	38.35	404.15	35.77	86.20	7.63
2016	1132.48	211.80	18.70	439.81	38.84	398.36	35.18	82.50	7.28
2017	1131.37	217.79	19.25	442.45	39.11	392.31	34.68	78.82	6.97
2018	1130.07	223.44	19.77	444.83	39.36	384.79	34.05	77.02	6.82
2019	1128.25	232.18	20.58	446.35	39.56	377.10	33.42	72.62	6.44
2020	1133.49	242.15	21.36	452.65	39.93	369.99	32.64	68.69	6.06

年份	农村从业人员总数	高中以上文化程度从业人员数	高中以上文化程度从业人员占比	初中文化程度从业人员数	初中文化程度从业人员占比	小学文化程度从业人员数	小学文化程度从业人员占比	文盲、半文盲从业人员数	文盲、半文盲从业人员占比
2021	1125.90	248.21	22.05	450.82	40.04	360.73	32.04	66.14	5.87
2022	1120.06	254.54	22.73	450.15	40.19	352.13	31.44	63.26	5.65
2023	1114.77	261.56	23.46	451.54	40.51	342.04	30.68	59.63	5.35

资料来源：根据 2014~2023 年《甘肃农村年鉴》相关数据整理所得。

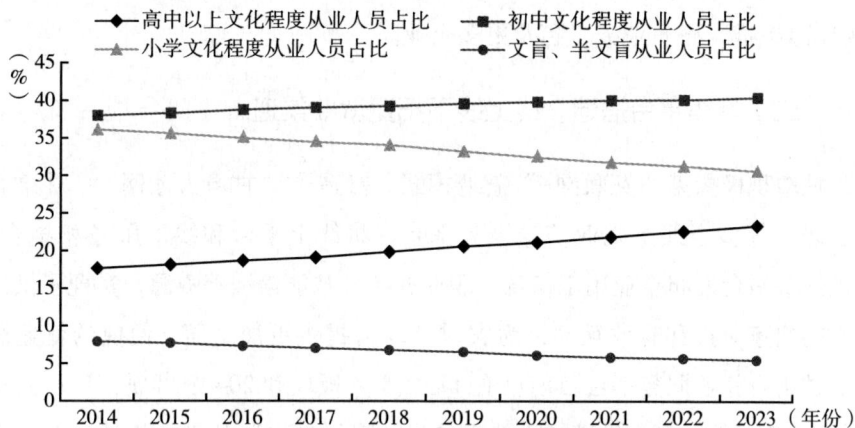

图 4　2014~2023 年甘肃农村从业人员受教育程度占比变化情况

资料来源：根据 2014~2023 年《甘肃农村年鉴》相关数据整理所得。

二　甘肃促进农村劳动力充分就业的主要做法

（一）积极落实就业政策，不断完善就业帮扶体系

近年来，甘肃省制定颁发了《就业促进条例》《甘肃省人民政府办公厅关于落实稳就业政策措施全力促发展惠民生的通知》《关于切实加强就业帮扶巩固拓展脱贫攻坚成果助力乡村振兴的实施意见》等多项政策文件，明确了公共就业服务内容、政府和相关部门职责、就业援助制度等，为农村劳

动力就业创业提供了法律保障和政策支持。其中《关于优化落实稳就业政策措施全力促发展惠民生的通知》提出五方面 18 项具体举措，持续释放政策红利，共支出就业补助资金 25 亿余元。① 甘肃省人社厅构建了"3 支撑+6 保障"就业帮扶体系，包括责任体系、政策体系、落实体系，以及多措并举保输转就业、职业技能提升、扶贫车间转型、公共服务优化、公益性岗位保障和养老保险政策落实等六项保障措施。通过"援企稳岗·服务千企"行动等，运用"直补快办"等方式，推动各项优惠政策直达企业，助力企业减负纾困、稳岗扩岗。同时，支持金融机构开展稳岗扩岗服务，积极推广"陇原惠岗贷"融资业务，惠及更多企业。

（二）聚焦平台搭建，线上线下拓宽就业渠道

甘肃积极探索"互联网+"就业模式，打造了"甘肃人才网""甘肃就业在线"等多个线上就业信息服务平台，将线上平台和线下服务相结合，通过这些平台发布企业用工信息、职业介绍、技能培训等资源，实现了供需双方的快速对接和有效互动，为农村劳动力提供更加全面、便捷的就业服务。甘肃省就业服务平台目前已有 11 个业务板块和 204 个事项，日均受理办件 1.17 万件。深入推进"百名人社局长直播带岗"活动，累计举办各类直播带岗活动 1617 场，提供岗位 76.6 万余个。推动就业服务向基层延伸，建成零工市场 106 家、零工驿站 206 家，满足劳动者多样化就业需求。推动2607 个乡村就业工厂（帮扶车间）提质增效，共吸纳就业 10 万余人，其中脱贫劳动力 3.84 万人。对有就业意愿的困难人员，及时提供个性化就业帮扶；对无法通过市场化渠道实现就业的困难人员，按政策规定运用公益性岗位兜底安置。开发设置 11 类乡村公益性岗位安置脱贫人口 14.17 余万人。②

---

① 《甘肃：多措并举稳就业惠民生》，中华人民共和国人力资源和社会保障部网站，2023 年 8 月 16 日，https://www.mohrss.gov.cn/SYrlzyhshbzb/dongtaixinwen/dfdt/202308/t20230816_504638.html，最后检索时间：2024 年 8 月 23 日。

② 《甘肃兰州：搭平台优服务线上线下协力"职"引未来》，人民网—甘肃频道，2024 年 3 月 24 日，http://gs.people.com.cn/n2/2024/0324/c183348-40786491.html，最后检索时间：2024 年 8 月 23 日。

（三）狠抓劳务输出，进一步扩大劳动力就业面

甘肃为稳固农村劳动力就业与增收，采取了"内外兼修"的策略，即强化省外劳务输出与省内岗位拓展并重。通过深化东西部劳务协作，甘肃持续扩大农民工就业规模并提升其质量，确保农村富余劳动力充分就业。为提升劳务输出效能，甘肃人社部门与 17 个主要劳务输入省份签订合作协议，构建省市间"劳务大联盟"，并设立"万人劳务基地"。同时，携手天津、山东等地及援甘机构，推出"津甘技工""鲁甘人力"等品牌项目，明确职责与时间表，共同打造东西部劳务协作典范。通过细致摸排，精准掌握返乡及潜在外出就业者的信息。目前，已在东部多地设立 65 家劳务工作站，为外出务工人员提供从岗位对接到权益保障的一站式服务。[①] 城乡富余劳动力输转人数逐年提升，2019~2023 年输转人数分别为 518.5 万、526.9 万、528.2 万、527.3 万、523.2 万人。2024 年 1~6 月，全省已输转城乡富余劳动力 517.7 万人，超过 500 万人的年度计划目标，其中脱贫劳动力达到 198.6 万人。随着农村劳动力就业规模的扩大和就业质量的提升，甘肃省农村劳动力的劳务收入也显著增加。2024 年 1~6 月，全省共创劳务收入 934 亿元，其中脱贫劳动力创劳务收入 344.9 亿元。与上年同期相比，甘肃省农村劳动力的劳务收入实现了正增长，同比增长 5.5%。这表明农村劳动力的收入水平在不断提高。[②]

（四）推进技能培训，着力提升劳动者就业技能

甘肃将农村劳动力技能培训作为实施人才强国战略、就业优先战略的具体举措和重要抓手，目前已建成 17 个国家级、25 个省级高技能人才培训基地，成立国家级、省级技能大师工作室 40 个和 131 个，挂牌成立全国首家省级"技能大师之家"。甘肃省各级人社部门充分利用丰富的职业技能培训

---

① 洪文泉：《我省东西部劳务协作开新局》，《甘肃日报》2022 年 4 月 17 日，第 1 版。
② 根据甘肃省人力资源和社会保障厅网站资料整理。

资源，借助多元化的信息平台，公开透明地发布职业技能培训项目和培训机构名录，广泛动员农民工群体参与各类技能提升课程。在培训内容的设计方面，甘肃省既针对外出务工需求，开设了电工、焊接、汽车维修、家政服务等具有地方特色的技能培训项目，又关注居家妇女群体，开设了手工编织、农家乐管理等促进家庭就业的实用课程。此外，还面向有志于创业的劳动力，量身打造了涵盖产业运营管理、商业营销策略等内容的创业培训课程，全方位助力劳动者实现技能提升与职业发展。对参加职业技能培训的农民工，符合条件的按规定给予职业培训补贴，并对脱贫、就业困难等农民工培训期间给予生活费补贴，以支持其职业技能提升。2023 年总计开展政府补贴性职业技能培训 47.5 万人次。在培训方式上，坚持集中培训与上门服务相结合，通过"送培训下乡"和"培训大篷车"等方式，在乡镇村社、田间地头开展培训，确保培训能够覆盖到更广泛的农村劳动力。同时，还充分利用扶贫车间在群众家门口的优势，把培训课堂延伸到脱贫村，针对帮扶车间所需技术开展技能培训，这样既培育了技工人力资源，又促进了脱贫户的就业增收。[1]

（五）创业环境不断优化，创业氛围日渐浓厚

通过强化政策供给、搭建创业平台、优化服务保障、发挥典型引领和创新服务模式等多方面的努力，为农民工返乡创业提供了全方位的支持和保障。甘肃省各级人社部门积极落实创业扶持政策，为符合条件的返乡创业人员提供创业担保贴息贷款、创业补贴等资金支持，2023 年新增发放创业担保贷款 90.9 亿元。以"乡村创业领头雁""农民工返乡创业示范基地"认定为抓手，持续鼓励农民工等群体返乡入乡创业。累计评选"创业达人""创业新秀""新锐创客"数量分别为 306 名、1011 名、10020 名。现有省级创业孵化示范基地 147 个，其中国家级创业孵化示范基地 5 个；累计创建

---

[1] 李小彤、彭正泽：《千里陇原见证十年跨越》，《中国劳动保障报》2022 年 9 月 17 日，第1 版。

了省级农民工返乡创业示范县 22 个, 给予总计 4000 万元的资金扶持。[①] 紧密结合返乡人员意愿和市场需求, 大力开展创业培训, 从自我评估、企业组织、企业法律环境和责任等多个方面入手, 提升创业者的创业能力。并依托大就业信息系统建设返乡创业项目库, 为创业者提供"一条龙"服务。建立以社会保障卡为载体的"一卡通"服务管理模式, 为返乡入乡创业人员妥善办理社保关系转移接续等社会保障服务工作。

三 甘肃农村劳动力充分就业困境

(一)产业结构与就业机会限制

甘肃省的产业结构相对传统, 以农业、能源和原材料工业为主, 第三产业和高新技术产业的发展相对滞后。这种产业结构导致农村劳动力在就业时往往只能选择与农业相关的行业, 或者进入劳动密集型、技术含量较低的工业领域, 限制了他们的就业选择和收入水平。此外, 县域及镇村的就业空间也非常有限。一方面, 农业产业生产回报率较低, 受限于地理特征, 难以形成规模化种植, 且农机外包服务等合作社发展相对不发达, 特色农业、农产品深加工等形式的发展潜力仍未激发, 农业解决就业并促进农民增收的能力不足。另一方面, 县域及镇村本身的产业不够发达, 以返乡创业为代表的民营经济相对欠缺, 已有的个体经营带动解决就业较少, 农村劳动力就业选择有限。同时, 由于甘肃省地处西北内陆, 经济发展相对滞后, 外来投资和企业数量有限, 进一步加剧了农村劳动力就业难的困境。

(二)文化程度与劳动技能有待提升

甘肃省农村劳动力中, 小学及以下文化程度的占比接近 40%, 而高中及以上文化程度的占比仅为 20% 左右。农村劳动力多从事低门槛、重复性

---

① 根据甘肃省人力资源和社会保障厅网站资料整理。

的劳作，且继续求学的意愿或能力有限，薪酬的获取依靠投入更多的劳动时间，而非通过提高工作技能以获得更高时薪。随着社会的高速发展，一方面，年龄渐长的农村劳动力难以再从事高体力的传统工种。另一方面，就业技能单一的农村劳动力难以适应新兴产业的岗位要求。目前虽然针对农村劳动力有一系列的就业培训和政策，但效果对比对困难群体的帮扶，呈现有助于其获得工作但难以帮助其获得高质量工作的特点。第一产业中，随着农业转型，农技专业人才欠缺的问题最为突出，由于农学专业的毕业生脱农化就业倾向明显且青年农村劳动力不愿意务农，仍从事农业工作的多是中年劳动力，他们使用新型农机的能力有所不足。第二产业中，农村劳动力老龄化问题最为突出，且职业技能培训不足，劳动力缺少一技之长，不能满足产业转型升级对高技能劳动力的需求。第三产业中，农村劳动力沟通能力、责任意识等方面素质相对不足，且同样存在接受职业培训较少的情况，难以获得长期和稳定的职业发展。

（三）政策供给与制度环境不完善

虽然国家和地方政府出台了一系列促进农村劳动力就业的政策措施，但在实际操作中仍存在落实不到位、宣传不够等问题。部分农村劳动力对政策了解不够深入，无法充分利用政策红利实现就业。城乡分割的二元经济结构和社会保障制度在一定程度上阻碍了农村劳动力的流动和就业。[①] 户籍制度、土地制度等方面的限制使得农村劳动力在转移就业时面临诸多困难。支持农村劳动力创业的制度不够完善。以税收为例，尽管国家及地方政府出台了一系列支持农村创业的税收优惠政策，但由于政策宣传不到位，许多农村劳动力创业者对这些政策了解不足，难以充分利用政策优势；在实际操作中，税收政策的执行可能存在偏差，导致部分农村劳动力创业者无法享受到应有的税收优惠；当前的税收优惠政策缺乏针对农村劳动力创业者的具体条款和措施，使得这些政策在实际应用中难以发挥其应有的作用。

---

① 张珺、张玉梅：《乡村振兴背景下农村劳动力就业问题研究》，《农业经济》2024 年第 3 期。

（四）就业需求与市场信息渠道不畅

农村劳动力流动性大、基层工作人员较少且就业信息量大，政府、劳务中介等机构提供的信息服务不够全面和及时，导致农村劳动力难以获取准确、有效的就业信息，一定程度上不利于就业帮扶和培训工作的开展。农村地区信息相对闭塞，农村劳动力难以及时掌握就业市场的动态和需求信息。许多农村劳动力获取就业信息主要通过亲友介绍、传统媒体等方式，而这些渠道往往信息滞后且覆盖面有限。农村地区尚不具有完善统一的劳动力市场和服务体系，劳动力就业中介机构和服务机构数量有限且服务质量参差不齐，这使得农村劳动力在求职过程中难以获得有效的帮助和支持。

四　甘肃农村劳动力高质量就业的对策建议

（一）促进产业发展，拓展就业空间

一是聚焦于市场主体的培育与壮大，激励农产品加工、冷链物流、电子商务、品牌塑造及社会化服务等领域的蓬勃发展，积极扶持个体、乡镇企业以及外来投资企业，催生更多新型经营主体与市场主体，促进农业、工业与服务业的深度融合，拉长产业链与价值链，进而为农村劳动力开辟更多就业渠道。二是强化农民专业合作组织的力量，鼓励它们通过内部联合及吸纳新成员实现横向扩张，扩大生产规模并丰富产品线。推动合作组织的纵向一体化，深化产业链延伸，培育一批管理规范、加工实力雄厚的合作社，以此提升乡村层面的就业吸纳能力。[1] 三是鼓励家庭农场的发展，特别是支持具备一定规模的专业农户转型为家庭农场，并鼓励科技人才、新型职业农民、大中专毕业生及返乡务工人员等群体参与创办。通过支持家庭农场开展初级加

---

[1]　李红霞、汤瑛芳、沈慧等：《推进甘肃省农村一二三产业融合发展的思考》，《甘肃农业科技》2020年第1期。

工、本地销售、产品直销等业务，延长产业链，促进产业融合，使其成为农村劳动力就近就地就业的重要平台。四是推动农业与多元产业的深度融合，强化农业与加工流通、休闲旅游、文化体育、科技教育、健康养生及电子商务等领域的交叉融合，构建多业态、多主体、多机制、多要素、多模式共同推进的农村产业融合发展体系，以此创造更多元化的就业岗位，进一步扩大农村就业容量。

（二）完善就业服务，激发就业活力

一是健全就业服务体系。加强基层公共就业服务机构建设，统筹优化现有综合性服务场所、人力资源市场、职业培训机构、创业服务机构等专业化服务机构建设，提升服务能力和水平。通过政策宣讲、失业管理、招聘求职、创业服务、重点群体帮扶等形式，优化服务流程、提高服务效率，为农村劳动力提供更加便捷、高效的就业服务。二是制定科学完善的配套政策。因地制宜，科学制定产业扶持、税费、贷款等方面的政策，加大对农村劳动力就业服务的资金投入，并且强化财政投资引导功能，吸引社会资本的投入，从而形成多元化的投入格局，弥补政府供给主体的不足。消除对农村劳动力的歧视，畅通农民工劳动争议绿色通道，建立完善的返乡农民工就业援助、权益保障制度，及时将失业返乡农民工纳入失业登记、就业援助、就业创业补贴范围。[①] 三是推广"互联网+就业"模式。利用现代信息技术手段，推动就业服务向线上延伸。通过建立就业信息平台、开展网络招聘等活动，为农村劳动力搭建更加广阔的就业信息渠道。

（三）提供技能培训，增强就业能力

一是创新培训方式。利用"送培训下乡"和"培训大篷车"等方式，将培训课堂延伸到乡镇村社、田间地头，方便农村劳动力就近参加培训；利

---

① 高鸣：《促进农村劳动力高质量充分就业：目标、困境与政策构想》，《华中农业大学学报》（社会科学版）2023年第3期。

用互联网和新媒体工具，开展线上职业技能培训，通过直播、录播、视频等多种方式，为农村劳动力提供灵活多样的学习途径；与职业院校、培训机构、企业等建立合作关系，共同开展技能培训，实现资源共享、优势互补。二是丰富培训内容。针对从事农业生产的劳动力，提供现代农业技术培训，包括新型种植技术、高效灌溉技术、病虫害绿色防控技术等，以提升农业生产效率和产品质量。结合当地特色产业，如中药材种植、特色养殖、农产品加工、手工艺等，开展相应的技能培训，帮助农村劳动力掌握相关技能，促进产业发展。三是强化培训效果。注重实操技能的培训，提高培训的针对性和实用性。确保实操课时与理论课时比例合理，让学员在动手操作中掌握技能；建立科学的评估机制，对培训效果进行定期评估和反馈。通过考试、考核等方式检验学员的学习成果，及时调整培训内容和方式；加强培训后的就业服务，为学员提供职业介绍、就业信息、创业指导等服务。建立就业跟踪机制，关注学员的就业状况和发展动态。四是政策与资金保障。制定和完善相关政策措施，为农村劳动力技能培训提供政策保障。如出台培训补贴政策、建立培训激励机制等。

（四）加强权益保障，提升就业质量

一是加强法律法规宣传与落实。充分利用各种媒体形式，如广播、电视、网络等，广泛宣传《保障农民工工资支付条例》《劳动合同法》等相关法律法规，提高农民工的法律意识和自我保护能力；确保各项保障农民工权益的政策措施得到有效落实，如工资支付保障制度、劳动合同签订制度等。二是加大监管与执法力度。各级政府部门应加强对用人单位的监督检查，特别是对易发生欠薪的行业和领域进行重点检查；建立健全农民工维权投诉机制，畅通投诉举报渠道，确保农民工能够及时反映问题并得以解决；对拖欠农民工工资等违法行为，要依法依规进行严厉查处，并公开曝光典型案例，形成有效震慑。三是提供法律援助与救济。为农民工提供便捷高效的法律援助服务，简化法律援助申请程序，降低法律援助门槛；对符合条件的农民工提供司法救助，包括缓交、减交或免交诉讼费用等。四是推动社会保险覆盖。推动农民工参加社会保险，特别是工伤保险和医疗保险，确保农民工在遭受意外伤害或疾病时能够得到相应的保障；简化参保手续，提高参保效率，为农民工提供更加便捷的社会保险服务。五是促进社会融合与人文关怀。加强对农民工的社会融入教育，引导农民工积极参与社会公益事业和社区文化活动；关注农民工的心理健康问题，提供心理咨询和疏导服务，帮助农民工缓解心理压力和困扰。

（五）聚焦创业帮扶，开拓创业新局面

一是完善政策扶持体系。严格落实创业担保贷款政策，探索推进电子化审批和线上办理，简化担保手续，推动担保基金有效履行代偿责任，对符合条件的返乡创业人员按规定免除反担保要求；对返乡创业的农村劳动力，在税收上给予一定期限的减免或优惠，并提供创业补贴、场地租金补贴等支持；设立返乡创业专项扶持资金，用于支持返乡创业项目的启动、运营和扩大；对成功带动一定数量就业的返乡创业项目，给予一定的奖励或荣誉表彰。[①] 二是优化创业服务环境。推行"一网通办"、当场办结、一次办结、限时办结等制度，实现创业服务集中办理、就近办理、网上办理、异地可办；设立创业咨询热线或在线平台，为返乡创业人员提供政策解读、项目评估、市场分析等全方位服务；组织创业能力提升训练营、创业实训等活动，提供项目指导、风险评估、商业实战模拟等"沉浸式"体验。三是加强创业孵化与园区建设。利用闲置厂房、楼宇等，培育建设创业孵化基地（园区），鼓励各类企业、民办非企业组织等机构投资或参与建设；政府投资的创业孵化基地、创业园区等，优先向返乡创业人员免费提供场地支持；充分发挥县级工业园区的龙头带动作用，引导返乡创业人员围绕特色产业和优势资源创业发展。四是推动创新创业融合发展。鼓励返乡创业人员利用电商平台开展创业活动，拓宽农产品销售渠道，实现线上线下融合发展；加强电商

---

① 张晓明：《河北：九个计划推动重点群体创业就业》，《河北经济日报》2023年2月24日，第2版。

创业培训，提升返乡创业人员的网络营销能力和电商运营水平；建立健全科技创新服务体系，为返乡创业人员提供科技咨询、技术转让、专利申请等支持；对在科技创新方面取得显著成效的返乡创业项目，加大资金扶持力度。五是加强宣传与引导。与主流媒体和新媒体合作，广泛宣传返乡创业成功案例和典型经验，激发更多农村劳动力的创业热情；定期举办政策宣讲会或座谈会，让返乡创业人员充分了解政策红利和创业机遇；举办创业文化节、创业沙龙等活动，促进返乡创业人员之间的交流与合作。

参考文献

王宁西：《乡村振兴背景下农村劳动力的高质量充分就业》，《北京社会科学》2024年第2期。

洪文泉：《我省东西部劳务协作开新局》，《甘肃日报》2022年4月17日，第1版。

李小彤、彭正泽：《千里陇原见证十年跨越》，《中国劳动保障报》2022年9月17日，第1版。

张珺、张玉梅：《乡村振兴背景下农村劳动力就业问题研究》，《农业经济》2024年第3期。

李红霞、汤瑛芳、沈慧等：《推进甘肃省农村一二三产业融合发展的思考》，《甘肃农业科技》2020年第1期。

高鸣：《促进农村劳动力高质量充分就业：目标、困境与政策构想》，《华中农业大学学报》（社会科学版）2023年第3期。

张晓明：《河北：九个计划推动重点群体创业就业》，《河北经济日报》2023年2月24日，第2版。

调 研 篇

B.13
2023年华亭市经济调查报告

吕思聪*

摘　要：　近年来，华亭市经济全力发展，通过绿色带动提升经济质量，创新发展完善产业体系，一体推进助力城乡建设，全面保障增进民生福祉，逐步深化改革增强发展活力。但仍然存在经济体量有待提高、产业结构还需进一步转型调整、城乡一体化发展不均衡和发展要素不完备的问题。下一步，要在新质生产力激发产业发展，优化产业结构，强化要素保障供给，提升城市建设品质四个方面持续深化。

关键词：　县域经济　高质量发展　华亭市

　　党的十八大以来，习近平总书记就县域发展和县域治理作出系列重要指

---

* 吕思聪，甘肃省科学院公共政策研究所助理研究员，主要研究方向为城市治理。

示，强调在我们党的组织结构和国家政权结构中，县一级处在承上启下的关键环节，是发展经济、保障民生、维护稳定、促进国家长治久安的重要基础。2022 年 4 月 25 日，中共中央办公厅、国务院办公厅印发《关于推进以县城为重要载体的城镇化建设的意见》。2022 年 7 月，甘肃省委、省政府立足省情实际相继出台《甘肃省强县域行动实施方案（2022—2025 年）》《关于推进以县城为重要载体的城镇化建设大力实施强县域行动的若干措施》，重点推进壮大县域经济规模，提升县域竞争力，打造一批工业强县、经济大县、农业富县、文旅名县和生态美县，着力构建特色鲜明、优势互补、繁荣兴旺的县域经济发展新格局。

一 华亭市经济发展现状

（一）华亭市概况

1. 地理区位

华亭市位于甘肃省东部、关山东麓，地处陕甘宁三省交汇处，东与崇信县相临，西与庄浪县和宁夏回族自治区泾源县相接，南与张家川回族自治县和陕西省陇县相接。总面积 1183 平方公里，城市建成区面积 15.4 平方公里。城市驻地东华镇，交通便利，北距平凉市 55 公里，西至兰州市 395 公里，南到咸阳国际机场 290 公里。境内铁路总里程 68.6 公里，公路总里程 686.63 公里，宝平、天平铁路，彭大、平天、泾华高速，以及国道 344，省道 203、304 线穿境而过，有年吞吐量 1000 万吨的煤炭铁路专用线和 140 万吨的铁路集运站。[①]

2. 人口概况

华亭市辖 7 镇 3 乡、1 个省级工业园区、1 个街道办，101 个村、26 个

[①] 本文数据来源于华亭市人民政府官网，http://www.gsht.gov.cn/zjht/DLHJ/index.html，2024 年 8 月 2 日。

社区，有汉、回、满、蒙、侗、彝、布依、朝鲜等15个民族。截至2023年末，常住人口17.76万人，城镇人口11.42万人，占常住人口的64.28%。①

3. 生态及自然资源

华亭市生态环境良好，年平均气温7.8℃，降雨量580毫米，平均海拔1300米；境内关山林区有40万亩原始森林、38万亩天然草场，森林覆盖率38.2%，关山莲花台被列为国家级风景名胜区。自然资源富集，素有"煤城瓷镇"之称，是全国十四大产煤基地重点县（市）和西北三大矿区之一，已探明煤炭储量34亿吨、陶土储量300万吨，年产煤炭1500万吨、年发电量15亿千瓦时；是陇东优质肉牛、核桃和中药材生产基地，"华亭大黄""华亭独活""华亭核桃"获国家地理标志保护产品认定。

（二）经济发展概况

华亭市深入学习贯彻党的二十大精神，抢抓"四强"行动战略机遇，立足"工业主导型"和"城市服务型"功能定位，紧紧围绕平凉市"三基地两区"和华亭市"两地一市"建设目标，持续攻坚大项目、全域优环境、提档惠民生、善治促和谐，经济实现了质的有效提升和量的合理增长。

2023年华亭市地区生产总值102.35亿元（见图1），按不变价格计算，增长3.40%。其中，第一产业增加值9.19亿元，增长5.8%；第二产业增加值66.55亿元，增长1.1%；第三产业增加值26.61亿元，增长6.8%。产业结构比为8.98∶65.02∶26.00（见图2）。全部工业增加值65.78亿元，比上年增长1%。按常住人口计算，全年人均地区生产总值57629元，增长1.8%。连续两年被评为全国新型城镇化质量百强县市；2023年在甘肃省86个县（市、区）县域经济发展综合排名中排第15位，较2022年前移3个位次，58个工业主导型县份中排名第26位，20个城市服务型县份中排名第17位。全年社会消费品零售总额18.4亿元，比上年增长9.2%。全年居民人均可支配收入31909元，增长5.9%。城镇人均消费支出24556元，比上

---

① 华亭市统计局：《2023年华亭市国民经济和社会发展统计公报》，2024年4月12日。

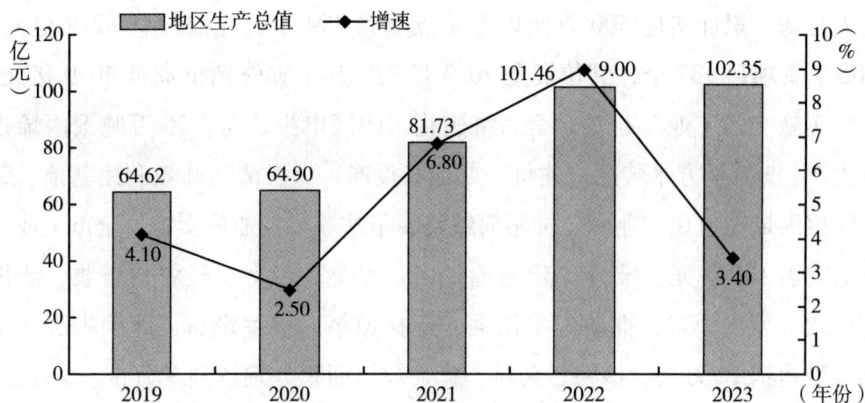

图 1 2019~2023 年地区生产总值及其增速

资料来源:《2023 年华亭市国民经济和社会发展统计公报》。

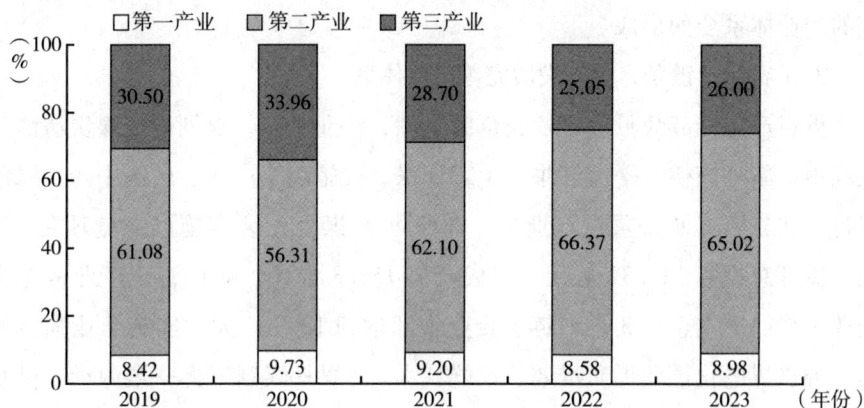

图 2 2019~2023 年华亭市三次产业增加值占 GDP 的比重

资料来源:《2023 年华亭市国民经济和社会发展统计公报》。

年增长 7.0%。新增城镇就业 3452 人。

1. 转方式调结构,绿色带动提升经济质量

坚持用数字赋能煤炭,大力推动煤炭智能绿色安全开采,积极推进煤矿智能化建设,将物联网、5G 等先进技术广泛运用在矿井生产各个环节,持续刷新煤炭产业发展的含金量、含绿量、含新量。坚持把项目建设作为推动转型升级的主引擎,大力实施"千亿大储备、百亿大招引、十亿大新增"

三大行动,累计实施 500 万元以上重点项目 194 个,完成投资 82.9 亿元;招商引资项目 137 个,到位资金 70.3 亿元,其中省外到位资金 40.9 亿元。大力实施"强工业"行动,全力推进化工园区申报认定,20 万吨聚丙烯投料投产,5 万平方米装配式建材一期建成投产,煤炭清洁高效利用基地、20 万吨聚丙烯高值化产业园、神峪河铁路装车站等项目加快实施,全市工业总产值突破 100 亿元。推行"建基地扩张、育龙头带动、联农户增收、活机制增效"发展模式,推动肉牛做强、药材做精、核桃做特、蔬菜做大,牛饲养量达到 12 万头,核桃、药材、蔬菜栽植面积分别达到 9 万亩、6 万亩、3.8 万亩,粮食总产量稳定在 7.6 万吨以上。关山大景区开发全面启动,打造 3A 级旅游景区 6 个、省市级乡村旅游示范村 13 个,短线游、市内游、乡村游持续升温。产业结构比为 9∶66∶26,以工业为主导、农业和三产为补充的产业体系全面形成。

2. 扩容量延链条,创新发展完善产业体系

重点产业链起势见效,依托资源禀赋、产业基础,谋划确定煤炭清洁高效利用、华亭核桃、平凉红牛、生态环保、设施蔬菜产业、中医中药、绿色建材、文旅康养 8 条重点产业链。2023 年共谋划论证实施产业链项目 135 个,概算总投资 142.32 亿元,完成产值 151.3 亿元。新培育全产业链龙头企业 1 户、链主企业 3 户,链主企业累计达到 18 户。大力实施工业强市战略,推进煤电化产业提质增效、集群壮大。"煤—煤制甲醇—聚丙烯—供水管材""煤制天然气—合成气—清洁能源""煤制合成氨—尿素""煤—煤矸石(粉煤灰)—建材""建筑垃圾—建筑建材—装配式建筑构件""陶土—陶瓷制品—新型建材"等"金色"产业链不断培育壮大。甘肃省首例 3D 打印项目落地华亭腾金来,打开了"绿色智能"华亭城市建设的新路子。大力实施现代丝路寒旱农业优势特色产业三年倍增行动,现代农业快速发展,建成标准化养殖小区 12 个、千亩药材种植基地 6 处,辐射带动牛、药、核桃、蔬菜等产业多点开花,农业科技进步贡献率突破 60%。旅游商贸协同并进,先后编制完成景区规划,着力打造"康养大关山·祈福莲花台"旅游品牌,纵深推进全域旅游发展,打造 3A 级旅游景区 6 个、国家级风景名胜区 1 处、省市级乡村旅游示范村 14 处。2023 年接待国内游客 305.6 万人次，增长 20%；旅游综合收入达 19.39 亿元，增长 20%。

3. 抓统筹促融合，一体推进助力城乡建设

全力破解交通瓶颈制约，彭大、平天、泾华高速和平华一级公路建成通车，灵华高速、天陇铁路陈家沟煤矿专用线开工建设，全域迈入高速时代。以全国文明城市创建和城市更新行动为抓手，统筹推进省列"多规合一"和新型城镇化试点，累计实施市政基础设施建设、老旧小区改造、公共服务设施等项目 56 个，改造老旧小区 1322 户，新建提升城市街路 10 条 7.4 公里，城市建成区面积达到 18.2 平方公里。持续巩固拓展脱贫攻坚成果，"十四五"期间，累计发放创业担保贷款 8819 万元，落实各类就业补助资金 6792 万元，建成市级农民工返乡创业示范乡镇 2 个、示范基地 3 个，吸纳带动就业创业 4000 余人，大力推行培训输转就业一体化模式，精准开展职业技能培训 12637 人，全力巩固提升农户收入。大力推广乡村建设"十提倡十不宜"，编制完成"多规合一"实用型村庄建设规划 36 个，创建省市乡村建设示范村镇 41 个，新修（改造）农村道路 129 公里，硬化巷道庭院 8 万平方米，累计改造卫生户厕 2.5 万户、供水管网 132 公里、农村电网 12.7 公里。

4. 兜底线促公平，全面保障增进民生福祉

教育发展质量显著提升，"双减"政策有效落实，高考成绩连续 11 年位居平凉市前列。"十四五"以来，先后建成投用华亭三中学生宿舍楼及附属工程、马峡中心幼儿园综合楼及附属工程、华亭市安口幼儿园综合楼及附属工程等相关项目。各类在建项目可增加学位 1845 个，进一步扩大教育资源，有效化解"大班额""入学难"等问题。大力发展"互联网+教育"，创建智慧校园 2 所，实现城乡教育资源共享。大力实施健康华亭战略，市一院急救医技综合服务楼、妇幼保健院业务用房和中医院门诊综合楼全面建成，市域医共体建设覆盖率达到 100%。社会保障体系不断健全，乡镇中心敬老院改造提升、城乡日间照料中心、"长者食堂"、公益性骨灰安放堂及殡仪馆等项目全面建成，农村养老服务体系建设走在了平凉市前列。全面落

实就业奖补、援企稳岗、创业扶持、技能培训等政策措施,城镇登记失业率控制在4%以内。下功夫解决困扰群众的急难愁盼问题,措办各类民生实事1100余件,国有土地上3804套已售城镇住宅历史遗留登记难问题妥善化解。持续巩固市域社会治理现代化试点和政法队伍教育整顿成果,常态化开展扫黑除恶斗争,严厉打击各类违法犯罪活动,扎实开展矛盾纠纷排查调处,全市社会大局持续和谐稳定。市公安局、市法院分别荣获"全国优秀公安局""全国优秀法院"称号。

5. 防污染增绿色,贯彻新发展理念持续改善生态环境

牢固树立"绿水青山就是金山银山"的理念,持续打好"三大保卫战",集中开展了煤尘污染、交通运输、工业企业等领域突出环境问题专项整治行动。全面落实河(湖)长制、林长制,沏河水环境治理、城区污水处理厂提标改造、中心城区雨污分流、华煤集团下属煤矿储煤棚、乡镇垃圾转运站、乡村污水处理厂(站)等环保项目全面建成投用。大力推进林业工程建设,积极实施历史遗留废弃矿山和政策性关停矿山生态修复,治理历史遗留矿山1710亩,完成生态造林2.38万亩。抢抓黄河流域生态保护和高质量发展战略机遇,紧跟"双碳"政策,大力发展绿色建材、中医中药、文旅康养等生态产业,高质量发展"含绿量"不断提升。"十四五"以来,围绕降碳、减污、扩绿发展生态环保产业,投资11.34亿元实施历史遗留无主矿山地质环境恢复治理、沏河水环境综合治理、医疗废弃物处置中心等生态项目40项。先后建成投用乡镇垃圾中转站9座,建成总库容148万立方米、日处理垃圾187吨的生活垃圾填埋场1座,栽植绿化苗木680万株,治理杆线4.8公里,新建集中柴草堆放点28处。

6. 抓改革破难题,逐步深化增强发展活力

把改革创新作为应变局、开新局的"原动力",稳步推进教育文化、医疗卫生、社会保障等领域改革,农村各项改革持续深化,党政机构、乡镇管理体制、纪委监委派驻机构改革及国有企业改革三年行动各项任务全面完成,城投、产投2个集团公司实体运行,工业园区行政管理职能全面移交,全省首批省级创新型县(市)顺利通过评估验收,农业经营管理站荣获

"全国农村集体产权制度改革工作先进单位"称号。

纵深推进"放管服"改革优化营商环境，数字政府平台上线运行，"大综窗"改革顺利完成，探索实施"承诺+容缺"式受理、"并联+集中"式审批，大力推行包联走访、帮办代办、融资担保、"标准地"供应等服务模式，市场主体总量达到12347户。坚持"走出去"招商推介、"请进来"对接考察相结合，积极组织兰洽会、西交会等各类经贸节会，举办强工业、强县域大会全方位宣传推介和综合营销，区域竞争力和知名度有效提升。

二　华亭市县域经济发展存在的问题

（一）经济体量小，地区差距大，基础优势有待进一步深入挖掘

2023年，华亭市地区生产总值为102.35亿元，在甘肃全省地区生产总值超过百亿元的38个县（市、区）中位列第36（见表1）；在平凉市位列第三，作为"工业主导型、城市服务型"发展定位的崆峒区地区生产总值为202.09亿元。静宁县作为"农业优先型"发展县域地区生产总值为106.05亿元，位列第二（见表2）。同样作为"工业主导型、城市服务型"县域，华亭市还存在较大差距。

作为陇东煤化工基地建设核心，煤炭产业下游领域煤电化冶、石油化工、陶瓷建材与装备制造、新能源、高新技术等产业链条还有很大发展空间；另外，农业产业化和中医药产业的资源优势还需要进一步挖掘。华亭市地处关山林区，是野生中药材主要适宜生长区。全市有野生中药材261种，其中符合《药典》命名的有190种，独活、大黄、川芎、柴胡等道地药材资源丰富，"华亭大黄""华亭独活"获得国家地理标志产品保护认证。除中药材外，华亭市良好的生态环境还适宜种植覆盆子、花椒、核桃等作物。

表1 2023年甘肃省地区生产总值超过100亿元的县（市、区）

单位：亿元

排序	县（市、区）	地区生产总值
1	城关区	1190.93
2	七里河区	600.38
3	西固区	465.73
4	金川区	446.55
5	凉州区	425.16
6	嘉峪关市	382.79
7	兰州新区	374.33
8	西峰区	318.05
9	安宁区	305.81
10	白银区	286.72
11	肃州区	278.98
12	玉门市	261.65
13	甘州区	260.71
14	秦州区	257.45
15	麦积区	224.25
16	崆峒区	202.09
17	榆中县	195.57
18	武都区	178.86
19	环县	157.38
20	华池县	156.85
21	安定区	153.67
22	永登县	144.40
23	红古区	142.86
24	瓜州县	131.65
25	庆城县	127.11
26	永昌县	121.18
27	临夏市	120.21
28	民勤县	114.98
29	镇原县	112.00
30	平川区	111.22
31	临洮县	110.17
32	靖远县	109.57

排序	县（市、区）	地区生产总值
33	静宁县	106.05
34	甘谷县	104.48
35	秦安区	103.33
36	华亭市	102.35
37	陇西县	101.93
38	金塔县	100.22

资料来源：《甘肃统计提要（2024）》。

表2　2023年平凉市各县（市、区）地区生产总值

单位：亿元

排序	县（市、区）	地区生产总值
1	崆峒区	202.09
2	静宁县	106.05
3	华亭市	102.35
4	庄浪县	90.44
5	崇信县	64.75
6	泾川县	53.98
7	灵台县	48.93

资料来源：《甘肃统计提要（2024）》。

（二）产业结构性矛盾较为突出，协同发展质效有待提升

一是主导产业链条延补不足。煤炭产业下游为应用领域，主要包含电力行业、钢铁行业、化工行业以及建材行业四大行业。尽管在煤炭资源的安全生产上华亭市表现优异，但作为资源型县域生态环境和经济发展之间的最优平衡始终是动态的。在煤炭资源精深加工、新材料、轻工产品等行业缺乏科技创新动力，在产业结构绿色转型调整方向上需要进一步突破。虽然已经建成投产煤制甲醇及聚丙烯等项目，但在产业规模、要素保障、政策支持上还存在明显短板，表现为企业数量少、规模小、市场开拓不强，缺乏带动力强

的龙头企业。二是农业产业化、现代化、集约化发展水平低。目前种植形式依然表现为粗放、量小，农产品加工转化率低，特色农业附加值低尤其是道地药材种植。缺乏创新品牌带动和市场拓展。另外，受到条件限制，农文旅产业发展受到制约。三是第三产业对经济发展的服务支撑作用弱，文旅、商贸产业占比低，信息传输、软件和信息技术服务业，金融业匮乏，消费活力未得到充分释放。尤其是乡村消费力呈现减弱趋势。2023年乡村消费品零售额为1.31亿元，下降4.5%。

（三）发展要素保障短板明显，缺乏大城市强力带动

人口资源是最重要的经济发展要素，是制约和驾驭其他因素的核心因素。华亭市常住人口总量不大，人口流失现象存在，对县域经济可持续发展产生不利影响。尤其是农村人口中，青壮年劳动力人口占比更小，留守群体多为老年人和儿童。农村经济发展的内生动力弱，县域经济高质量发展将难以真正实现。

除了人口资源外，资金、科技投入也是产业发展的重要保障要素。从调研情况来看，华亭市高新科技产业和工业重点项目接续储备不足。2023年全部工业增加值达65.78亿元，其中采矿业增加值64.66亿元，制造业增加值0.24亿元；电力、热力、燃气及水生产和供应业增加值0.88亿元，下降10.4%。[①] 重点项目建设是实现地区规划蓝图的重要支撑，是拉动经济社会发展的助推器。接续适应转型需要的产业链长、资源消耗少的非煤产业项目，以及优势特色产业集群、现代农业产业园、农业产业等项目储备明显不足。

华亭市毗邻宁夏、陕西，又是全国十四大产煤基地重点县（市）和西北三大矿区之一，距离全国一体化算力网络国家枢纽庆阳节点和庆阳数据中心仅有百余公里。在数字经济快速发展特别是算力规模的持续提升机遇下，华亭市如何凭借自身资源禀赋谋划布局加入新赛道向中高端迈进亟待思考破冰。

---

① 华亭市统计局：《2023年华亭市国民经济和社会发展统计公报》，2024年4月12日。

（四）城乡发展不均衡，城市服务功能有待强化

城市化水平的提高在量的层面看是人口的大规模扩张，从质的层面上看是城市服务综合能力的提升。评价结果结合实地调研结果分析，华亭市城乡发展不均衡问题依然突出，一些乡镇到中心城镇交通不便，基础条件相对薄弱，城镇人口以老年人为主，信息流通相对闭塞。农业发展虽以合作社为基础，但受基础条件影响，现代化农业体系建设受很大制约。在农村人口社会保险和社会保障方面投入力度不够，在农村人口就业及提升收入方面还需解决根本性问题。在科教支出和科技资源投入上还有较大欠缺，在乡镇教育资源基础设施建设上还有提升空间，学生奖励、教师福利等方面资源供给不足。

三　加快华亭市经济发展的对策建议

（一）以新质生产力激发产业发展新动能，带动经济提质增效

1. 坚持主导产业绿色智能转型

新质生产力的底层逻辑是摆脱传统经济增长方式，摆脱传统生产力发展路径，但不是忽视、放弃传统产业。煤炭的低碳转型是实现"双碳"目标的关键，关系着能源产业转型发展的未来。因此，既要看到煤炭消费减量、逐步达峰的必然性，也要关注新兴产业对煤炭需求的拉动作用。统筹能源安全和绿色发展的关系，创新煤炭开发利用方式，拓展煤炭精深开采加工方式是华亭市在贯彻新发展理念下推进重点产业链提质增效的关键所在。要围绕建设陇东能源化工基地核心区，切实立足自身资源禀赋、产业基础和区位条件，紧扣选型定位，瞄准赛道发力，突出产业发展的分工与专业化，集中将生产要素配置到具有资源禀赋与比较优势的产业中；要全力推进煤电化工产业一体开发，提速"陇电入鲁"项目建设，加快煤炭资源综合开发和加工利用系统技术研发引进，实现煤化工产业的高值化、精细化和多极化发展，

把资源优势尽快转化为发展优势。

2. 着力锻造优势产业链条

避免不必要的产业多样化或"大而全""小而全"的产业结构趋同化，防止重复建设和同质化发展。围绕"两地一市"建设目标，全力推进重点产业强链、补链、延链，着力构建多产并举、多元发展的现代化全产业链体系。延伸发展煤基新材料、煤制芳烃等新型煤化工，补齐产业链条，全面形成煤炭高效利用产业集群。推进绿色建材产业发展链条化、配套化和产品结构系列化、多元化。结合创建全国文明城市和城市更新行动，大力促进特色文旅街区建设，推动文旅商融合发展、文化和旅游消费升级、城乡文化品位提升。不断强化环境污染防治，深入推进水污染防治向水生态文明建设转型升级。加大林果产业在项目资金、科技推广服务及龙头企业方面的扶持力度。

（二）优化产业结构，最大限度释放县域经济动能

1. 坚定不移发展现代农业

要做足农头工尾、粮头食尾、畜头肉尾文章。通过科技赋能，推动农业实现"量"和"质"的同步提升。深化"联结"，健全联农带农机制。落实最严格的耕地保护制度，完成高标准农田改造和撂荒地整治任务，守牢粮食安全和耕地保护底线。深入实施优势特色产业三年倍增行动，加快推动牛、药、果、菜产业扩规提质、全链发展，带动一产增加值持续增长。聚力现代农业做大规模、做优品质、做响品牌、做实效益。

2. 激发商业体系活力

紧扣产业转型和消费升级，融合推进文旅、商贸、物流开发，多方培植消费热点，不断激发消费潜力，充分展现城乡发展魅力。加强各类三产基础设施建设，优化服务消费环境，逐步扩大消费信贷的规模和种类，增加中低收入人群消费。全面落实扩内需促消费政策措施，推动美食消费、信息消费、时尚消费，带动社会消费品零售总额稳定增长。依托区位优势加快发展连锁经营、仓储经营、融资租赁，培育现代物流、数字经济、养生养老、托育家政等生活性服务业，推动商贸业和服务业加速回暖。

（三）强化要素保障供给，为县域经济走向快车道提供驱动力

1. 优化企业营商环境

充分利用"撤县设市"在财权、事权、建设用地指标和政府机构设置等方面的优势，持续推进政府效能提升，进一步优化企业营商环境。以"保姆式""店小二"般的服务措施，持续优化金融、土地、用电等领域的要素配置，不断提升审批、办证等方面的效率。制定支持民营企业发展实施细则，完善中小企业金融和信贷担保体系，积极宣传引导县域企业入驻"甘肃信易贷""陇信通"等融资平台，解决民营企业融资难题。着力推进县域基础设施建设，特别是加快构建以快速路网为基础的综合交通运输体系，强化交通基础设施公共服务的供给，降低企业的运输成本。

2. 健全人才引进机制

加大引进人才力度，坚持产业链招才引才，高层次人才、特殊专门人才引进可以采取简化程序及公开考核招聘的方式。重视乡贤人才资源，积极推动本籍人才"回归"，大力引聚本土外出创业人员、本地在外就读大中专学子、在外乡绅村贤、退伍军人返乡创业，为其回乡定居、落地项目、回馈乡梓提供便利。

（四）提升城市建设品质，推进城市服务乡村振兴战略

1. 提升城市服务效能

加快创建全国生态文明建设示范市，不断扩大城镇容量，促进城乡全面融合、共同繁荣、幸福宜居。充分发挥中心城区集聚和辐射带动作用，促进经济良性互动，联动提升城市能级和综合竞争力。努力建设一批工业商贸型、产业配套型、移民聚居型、生态旅游型特色小城镇，形成带动县域经济发展的重要增长点。健全完善智慧停车、智慧交通、智慧城管、智慧社区、数字乡村等应用系统，推动基础设施智慧化改造、管理方式智慧化转型。持续深入打好蓝天、碧水、净土保卫战，加强工业废气、道路扬尘、建筑工地、餐厨油烟等重点污染源管控。

2. 推进乡村振兴战略

加快推进以县城为载体的城镇化建设，推动中心乡镇或邻近县城的乡镇融入县城建设，发展与县城通勤便捷、功能互补、产业配套的卫星城镇，提升县域劳动力吸附和供给能力。把可能外流的农村资金、劳动力留在农村，通过市场作用的发挥，提升农村土地价值，实现资源高效率配置，为乡村振兴提供持续的内生动力。

2023年玉门市经济调查报告

何 剑 王喜红*

摘 要: 玉门市经济发展的特色与亮点包括:发挥项目建设对工业经济的带动作用,优化营商环境,产业转型成效显著,现代化工实现产业链带动和集群化发展,新兴产业加速融合发展,农文旅融合助力乡村振兴。从以上亮点中,进一步提炼揭示玉门发展历程对甘肃其他县(区)经济发展的经验启示,包括:重视工业对县域经济的支撑作用,结合自身实际发展新兴产业,发挥好政府服务实体经济的作用。

关键词: 工业 资源型城市转型 玉门市

玉门是中国石油工业的摇篮。1939年,玉门油田的前身——老君庙油矿诞生。1957年12月,中国第一个石油工业基地在玉门建成,当年即生产原油75.5万吨,占全国原油产量的87%。八十多年来,依托资源优势,玉门逐步建立起以石油化工、煤化工、精细化工为主导的产业体系,工业基础雄厚,现辖老市区化工工业园、经济开发区工业园以及东建材化工工业园三大工业园区。近年来,玉门积极探索资源型城市转型之路,着力打造现代化工、新能源及高端装备制造两大产业集群,推动"三化"——石油化工、煤化工、精细化工融合发展,打造县域经济发展新的增长极。截至2023年底,玉门市连续3年获评全省10强县、连续4年跻身西部百强县。

---

* 何剑,甘肃省社会科学院农业农村发展研究所助理研究员,主要研究方向为县域经济、农村发展;王喜红,中共临夏市委党校助理讲师,主要研究方向为乡村旅游产业发展、农村基层党建。

一 玉门市经济发展现状

（一）主要经济指标稳中有进，工业在县域经济中居主导地位

1.工业在经济中居主导地位

2023年，玉门市实现地区生产总值261.7亿元，比上年增长9.9%。其中，第一产业增加值27.7亿元，比上年增长6.6%；第二产业增加值193.1亿元，增长10.6%；第三产业增加值40.9亿元，增长9.3%。三次产业结构比为10.6∶73.8∶15.6。近五年来，玉门市第二产业增加值比重保持在70%以上，高于甘肃省及酒泉市整体水平（见图1）。

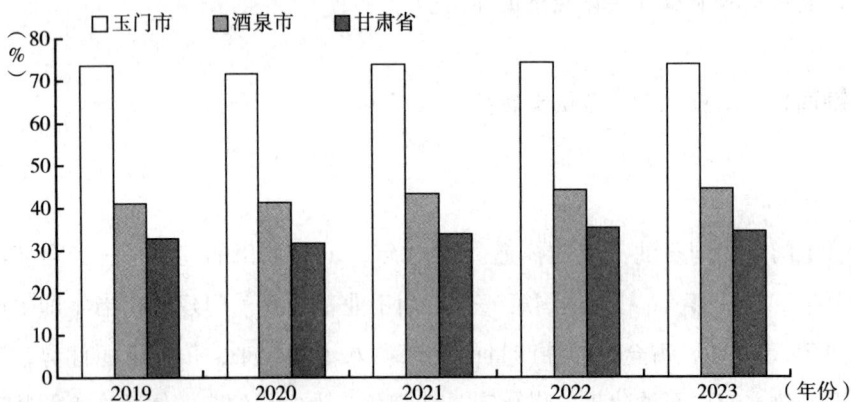

图1 2019~2023年玉门市、酒泉市、甘肃省第二产业增加值占GDP比重

资料来源：玉门市、酒泉市、甘肃省国民经济和社会发展统计公报。

全年完成固定资产投资139.8亿元，比上年增长24.5%。其中，农林牧渔业投资占5.3%，同比增长较快，增幅达87.7%；工业投资占70.0%，同比增长26.1%；三产投资占24.6%，同比增长21.6%。工业投资比重较同期酒泉市整体高6.9个百分点（见图2）。"工业强市"战略实施效果显著。

玉门市

农林牧渔业
5.3%

第三产业
24.6%

建筑业
0.1%

工业
70.0%

酒泉市

农林牧渔业
4.6%

第三产业
32.2%

建筑业
0.1%

工业
63.1%

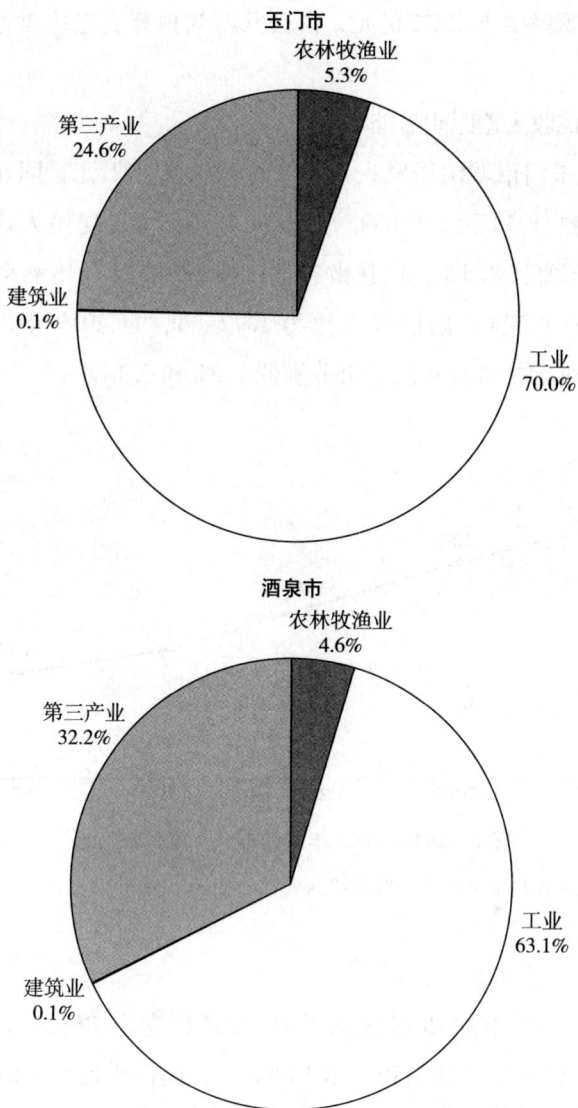

图 2 2023 年玉门市和酒泉市工业投资占固定资产投资比重

资料来源：2023 年玉门市、酒泉市国民经济和社会发展统计公报。

2. 民生保障支出增长较快

2023 年，玉门实现一般公共预算收入 7.57 亿元，同比增长 59.9%；完成一般公共预算支出 27.5 亿元，增长 10.4%。其中，教育、社会保障和就业、医疗卫生等民生支出22亿元，占公共财政预算支出比重达80%，同比增长9.1%。

3. 城乡居民收入差距明显缩小

2023年，玉门市城镇居民人均可支配收入43871元，同比增长6.8%，比甘肃省整体高4038元，比酒泉市低3481元；农村居民人均可支配收入25450元，同比增长8.5%，比甘肃省整体高12319元，比酒泉市整体高45元。2023年玉门市城乡居民收入比为1.72∶1，自2019年以来逐年减小（见图3），同时比甘肃省和酒泉市分别低1.31和0.14。

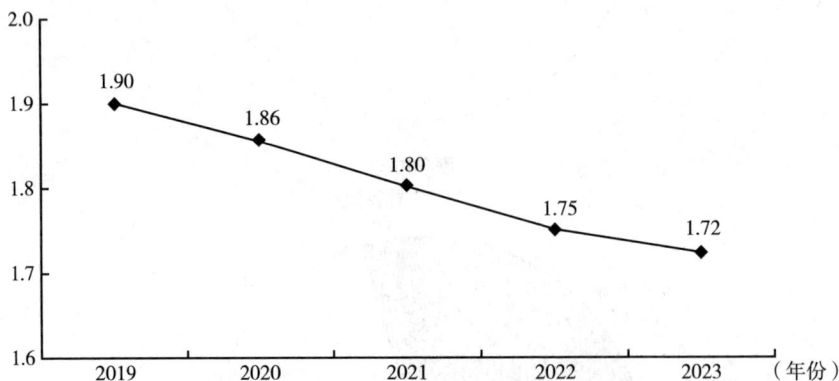

图3　2019~2023年玉门市城乡居民收入比

资料来源：玉门市国民经济和社会发展统计公报。

4. 居民生活质量稳步提升

2023年，玉门市城镇居民人均生活消费支出26809元，同比增长8.3%；农村居民人均生活消费支出14798元，同比增长6.5%；城镇居民恩格尔系数29.2%，比上年降低0.4个百分点。农村居民恩格尔系数30%，比上年降低0.4个百分点。

（二）工业经济结构不断优化，新兴产业增长较快

1. 工业经济结构进一步优化

2023年，玉门市规模以上工业增加值同比增长8.7%。在规模以上工业

中，分门类看，增长最快的是新能源及装备制造产业和精细化工产业，增幅分别达到23.3%和25%。与此相对，采矿业增加值下降7.1%。

2. 新能源资源优势逐步转化为产业优势

截至2023年末，玉门市发电装机容量623.98万千瓦，较上年末增长12.6%。其中，风电装机容量385万千瓦，较上年末增长8.5%，占比61.7%；光伏发电装机容量140.4万千瓦，较上年末增长39.8%，占比22.5%；水电、火电、生物质能发电装机容量分别为17.2万千瓦、78.6万千瓦、3万千瓦，均与上年持平，占比分别为2.8%、12.6%、0.5%。

2023年，玉门全市发电量87.84亿千瓦时，同比增长24%。其中，火电5.04亿千瓦时，同比增长20%，占比5.7%；水电0.61亿千瓦时，同比下降1.5%，占比0.7%；风电69.98亿千瓦时，同比增长21.4%，占比79.7%；光电12.21亿千瓦时，同比增长43.1%，占比13.9%。风电、光电成为玉门主要的能源利用形式。目前玉门市各类新能源累计发电量达到597亿千瓦时。

（三）现代农业质量效益明显提升

1. 农业综合生产能力进一步增强

2023年，玉门市第一产业增加值27.7亿元，同比增长6.6%。粮食种植面积16.3万亩，比上年增加0.015万亩。其中，小麦种植面积9.4万亩，增加0.03万亩；玉米种植面积6.8万亩，增加0.1万亩。蔬菜种植面积11.3万亩，增加1.3万亩。油料种植面积3.2万亩，增加0.07万亩。全年粮食产量9万吨，比上年增长2.3%。蔬菜产量25.8万吨，比上年增长10.9%。园林水果产量1.5万吨，增长3.9%。全年猪牛羊禽肉产量1.8万吨，比上年增长12.5%。牛奶产量0.4万吨，增长15.9%。

2. 农业物质装备与科技支撑能力稳步提升

2022年，玉门市新建高标准农田8万亩、日光温室1016亩、钢架拱棚5414亩；发展富硒零农残枸杞1万亩、制种10.2万亩；建成特色枸杞小镇及万亩番茄产业园。同时实施了一批农业产业项目。推动县域集采集配中心及冷链仓储产业园、玉门"伊汇"畜产品加工、"甘杞"1号2号种源基地等重点项目建设。

创建农业技术示范区。2022年，玉门市引进瑞春系列、宁春、甘春、陇春等小麦新品种10个，创建了昌马万亩高产优质小麦示范区，并在昌马、赤金、清泉三镇建设万亩小麦高产连片示范点3个、小麦百亩高产攻关方3个；在花海、赤金、柳河等乡镇建成千亩粮食（小麦、玉米）连片种植示范点24个。落实蜜瓜产业三年倍增计划，在花海镇等镇建成蜜瓜新品种新技术百亩示范点5个，引进瓜类新品种60个，并建成蜜瓜新品种繁育基地（50亩）和研发中心，推广基质穴栽、穴盘育苗、精简自控水肥一体化、拱棚三膜覆盖、合理密植、起垄栽培、病虫害绿色防控等7项优质高效蜜瓜种植栽培技术。

农业机械化水平较高。截至2022年末，全市农机总动力达到40.88万千瓦，增长1.07%；机耕面积达到66.9万亩、机播面积达到64.8万亩、机收面积达到49.4万亩，主要农作物综合机械化率达到90%以上。

3. 特色农业竞争力不断增强

大力发展瓜、果、菜、猪、羊、草六大产业，持续打造中国"蜜瓜之乡""人参果之乡""韭菜之乡""黑枸杞之乡"。2022年，玉门市新改建戈壁设施农业6180座、8928.8亩，其中在位于花海镇大畅河的万亩戈壁蜜瓜基地新建高标准日光温室500亩，带动花海片区农户种植蜜瓜8万亩。打造的特色枸杞小镇启动运营，带动农户发展富硒零农残枸杞1万亩，并建成了枸杞原浆生产线。截至2022年末，枸杞种植面积达到24万余亩，年产枸杞干果总量4.2万吨，产值11.5亿元。以新希望、玉美羊、饮马牧业等企业为龙头，辐射带动全市生猪饲养20万头、肉羊饲养145万只、肉牛饲养1.7万头。

4. 品牌农业建设持续推进

截至2022年末，玉门市累计认证"三品一标"农产品45个，认证面积48.05万亩，养殖规模105.39万只。"陇宇枸杞""昌马百草羊"入选"甘味"农产品商标品牌，"赢瑞辣椒""陇宇枸杞""昌马百草羊"被评为

"酒泉市十大农产品"，"玉门珍好"区域公共品牌入围2022年中国区域农业形象品牌。举办首届甘肃·酒泉枸杞博览会，已注册"玉门红""陇宇""马超龙雀"等枸杞品牌36个。

5.农村经济组织持续壮大

截至2022年末，玉门市59个行政村集体经济收入均达到10万元以上，总收入达1398.4万元。当年新引进、培育农业龙头企业2家，创建省级村集体经济示范村2个；新引进、培育农业龙头企业2家；创建酒泉市级示范合作社8家、示范性家庭农场8家。全市农民合作社运营规范率达到82.4%。新增土地连片流转示范点19个、流转面积达2.5万亩，完成土地托管服务4万亩。

（四）文旅产业成为新增长点

借助"一带一路"节点区位优势以及以"石油摇篮""铁人精神"为核心内涵的红色文化资源优势，玉门市融入酒泉市"两圈一线"文旅规划①，发展全域旅游。2022年以来，玉门油田红色旅游景区入选"全国工业旅游示范基地"，铁人干部学院列入"中组部党性教育干部学院目录"，"玉门之光"工业体验馆开馆运营并获批国家3A级旅游景区，昌马镇昌马村被甘肃省列为省级文旅振兴乡村样板村；相继实施了玉门东至肃北旅游公路、水上世界等16个旅游设施重点项目，举办了甘肃省陆地冰壶公开赛、"天境昌马"文化旅游艺术节等赛事与节会，获批"首批省级全域旅游示范区"。文旅产业已成为玉门经济新的增长点。截至2023年末，全市建成国家4A级旅游景区3个，3A级旅游景区6个，省级乡村旅游示范村2个；拥有文化经营单位33个，旅行社5家，旅游汽车公司1家，星级旅游饭店3家，商务酒店、社会饭店98家。2023年玉门市接待国内外游客397.6万人次，比上年增加139.7%；旅游收入34.4亿元，比上年增加250.4%。

---

① 两圈一线，指大敦煌文化旅游经济圈、酒嘉双城经济圈、甘青旅游大环线。

二 玉门市经济发展的特色与亮点

（一）充分发挥项目建设对工业经济的带动作用

作为工业经济占主导的城市，玉门格外重视项目建设对经济的支撑与拉动作用。主要瞄准"三类500强"企业，积极开展"招大引强"行动，引进延链补链项目，不断提升产业整体竞争力。在具体实施中，玉门市制定了重点投资项目包抓工作方案，建立"周调度""月会商""季分析"制度，实行挂图作战、倒排工期、清单落实，不断刷新项目进度条。以2022年为例，玉门市在年初就确定了127个重点项目，全部由市级领导包抓，为项目提供全生命周期服务，动态督查项目进展，及时协调解决项目存在的各种问题，由此形成了高位闭环的工作机制，推动项目加快建设，取得了实效。2022年，玉门市完成工业固定资产投资77.63亿元，同比增长22.7%；新培育"坤锦化工""凯盛大明"等规上企业14户，规上企业完成工业增加值111.6亿元，同比增长5.4%；新增高新技术企业11户、省级创新型企业10户、省级"专精特新"企业1户；"西部鑫宇"、玉门油田30万千瓦光伏等41个项目建成投运，疏勒河引水工程、"鲁玉东壹"等80个新续建项目加快推进，昌马抽水蓄能电站项目获得核准开工。2023年1~9月，玉门市84户规上企业完成工业增加值75.8亿元，同比增长14.4%。

（二）持续优化投资营商环境

玉门经济实现高质量转型发展，得益于持续优化的营商环境。玉门市在优化营商环境当中创造性地提出一些工作要求，如"有求必应、无事不扰""首查不罚""无证明城市"等。围绕"服务企业全生命周期"，推行"项目管家全链条服务"，为投资企业提供全程跟踪服务和帮办代办，践行"金牌店小二"服务承诺。截至2022年底，玉门市已连续5轮迭代推进营商环境改革，各类审批时限压缩率达到92.29%，102项事项实现零跑腿，"信用+审批"改革经验入选全国典型案例。凭借审批快、机制活、成本低、效率高、服务好的投资兴业软环境,玉门市获评中国营商环境质量10佳市。开展节会招商、以商招商、产业链招商。2022年全市开工建设各类招商引资项目167个,引进到位资金130.25亿元,同比增加24.68亿元,增幅达23.37%;组织各产业链和招商小分队赴外开展招商42批,共对接企业862家,累计接待来玉门考察企业158家。2022年以来,中钢集团、山东纳宇、世界500强之一陕煤集团等大型企业相继落户玉门。

(三)产业转型成效显著

自20世纪90年代开始,玉门油田产能出现断崖式下降,传统石油产业陷入衰退,老城区人口不断外流。2009年,玉门市被国务院确定为全国第二批资源枯竭城市。面对此困局,玉门市一方面实施了城区整体搬迁,在距老城区70公里处建设玉门镇新区,另一方面积极谋划产业转型。玉门是国家确定的Ⅰ类光资源区、Ⅱ类风资源区,发展风、光新能源产业条件得天独厚。借助这一资源优势,并结合已有的石化产业基础,玉门市将培育壮大现代化工和新能源及装备制造两大产业集群、促进装备制造与新能源融合发展作为未来产业转型升级的主方向。早在1997年,玉门市就从丹麦引进了4台风电机组,在戈壁滩上建成甘肃第一座风力发电试验场。伴随着风电试验的成功,中国第一个千万千瓦级风电基地在玉门落户。自此,经过30多年的发展,玉门市现已成为全国最大的光热发电基地、全省重要的新能源装备制造基地,玉门经济开发区也晋级全省百亿级园区。

近年来,玉门市落实"四强"行动部署,坚持工业强市发展思路,打造"四区一高地一家园"①,工业项目加快推进,新能源产业稳健发展。以中核新奥玉门"光热+"示范项目为例,该项目总装机容量70万千瓦,项

---

① 玉门市第十六届二次党代会中提出的关于玉门发展的总体定位,其中,"四区"是指玉门市要建设的四个区域,即丝绸之路经济带玉门段核心区、玉门市新城区、玉门市石油化工产业园区、玉门市生态旅游区;"一高地"是指建设内陆开放型经济新高地;"一家园"是指打造经济强县。

目总投资约 49 亿元，建成后年上网发电量约 17.6 亿千瓦时，年销售收入约 5.3 亿元，年可节约标煤 52.1 万吨，减排二氧化碳 135.3 万吨，经济效益和生态效益显著。项目采用"线性菲涅尔"光热发电技术，建成以后将成为全国乃至全世界最大的线性菲涅尔发电基地。

利用"一带一路"政策机遇，玉门充分挖掘通道区位优势，大力发展通道经济，以通道带物流、物流带贸易、贸易带产业，加快建设千万吨级煤炭物流园和占地千亩的丝绸之路物流港。2022 年引进了公铁联运智能物流园项目，目前已有 40 家企业入驻园区。整个项目建成后将形成近期 500 万~1000 万吨、远期 3000 万~5000 万吨的煤炭储备、洗选、销售能力，实现大规模煤炭仓储功能，可有效解决甘肃煤炭调入、区域煤炭供应的突出矛盾，成为疆煤东运、蒙煤南下的中转站，而通道经济也将成为玉门县域经济高质量发展的新引擎。丝绸之路玉门通道物流港建设项目总投资 4.2 亿元，建成后将成为集零散快递中转、城乡共同配送、网络货运服务等功能为一体的智慧公路综合服务区。该项目配置了以加油加气加氢、仓储物流、农产品贸易为一体的服务区，其作用主要是利用 312 国道交通线以及嘉峪关市和玉门市比较邻近的地理位置优越性，带动附近城乡经济发展。

（四）现代化工实现产业链带动、集群化发展

为更大程度发挥规模经济和集聚经济效应，玉门市在促进本地优势产业——精细化工产业的发展中，依托龙头企业，培育和引进了一批延链、补链、强链企业，推动化工产业链条式增长、集群化壮大，促进了工业经济的高质量发展。以位于玉门老市区工业园的方达化工有限公司为例。该公司总投资 1.06 亿元，占地面积 83.23 亩，采用节能环保的工艺技术，年产 1 万吨溴素。该企业之所以选择落户玉门，看重的不仅仅是良好的营商环境，更是工业园区逐步完善的产业链，可以使企业生产的产品能够匹配给周边企业作为原料。在距离方达化工有限公司不到两公里处，就是其下游企业——玉门千华制药有限公司的所在地。方达公司生产的溴素，作为千华公司产品的一个原料中间体，可实现近距离供应，由此两家公司就形成了上下游合作关

系，节约了时间、运费等交易成本，提升了竞争力。

通过延链、补链、强链，企业间、产业间首尾相连、环环相扣，玉门现已初步形成了医药中间体、农药中间体、精细化工产业集群，化工产业的规模和实力不断增强。依托原有的石油化工、煤化工产业基础，玉门先后引进精细化工项目106个，生产液化石油气、苯、焦炉煤气等工业副产品。2022年1~10月，全市精细化工产值达18.7亿元，实现工业增加值3.02亿元。

（五）新兴产业加速融合发展

新能源产业带动装备制造产业，逐步形成新能源与装备制造融合发展之势，这是玉门新兴产业发展的一个突出特点。目前，风机叶片、风机轮毂、太阳能光热玻璃板等设备已实现了由最初的完全进口向玉门本地设计、生产转变，并通过"一带一路"反向辐射海外市场。艾郎风电公司是玉门一家从事风机叶片生产制造的新能源装备制造企业，具有生产几十种不同规格叶片的生产能力，其产品主要供应西北五省。该企业自2015年落地投产以来，订单稳定，每年产值均在5亿元左右。2024年8月，其在非洲摩洛哥的生产基地将建成投产，实现产能向海外拓展。凯盛大明公司是玉门市新能源装备制造龙头企业，以生产光热玻璃为主，产品目前在全球市场占70%的份额、在国内市场占80%的份额。该企业利用玉门周边优质丰富的硅矿、低铁白云石和石灰石矿等矿产资源，采用先进的全氧技术制造光热玻璃，在全球尚属首创。截至2022年底，像艾郎风电、凯盛大明这样落地玉门的高科技装备制造企业共有7家；酒泉市范围内新开建的新能源项目，绝大部分使用玉门本地生产的装备制造产品。

（六）农文旅融合助力乡村振兴

玉门市立足区位和生态优势，充分挖掘自然风光、田园风光、乡土文化等资源，积极谋划了特色民宿、风貌改造、科普实践基地、生态保护开发等一批高质量农文旅融合项目，有效拓展了文化旅游业态。以建设西部知名乡村旅游目的地为目标，玉门市指导黄家湾镇、柳河镇、清泉乡、昌马镇和赤金镇发展乡村休闲旅游。截至 2022 年底，已建成省级乡村旅游示范村 5 个，发展乡村特色农家乐 9 家，建成精品民宿 11 套。以昌马镇为例，2022 年，该镇结合酒泉市提出的建设"大敦煌文化旅游经济圈"战略，打造"天境昌马"文化品牌效应，发展农文旅融合新业态；重点突出游和住两个方面，先后实施了投资 180 万元、占地面积 1.55 亩的"昌马印记"手工艺品作坊项目以及昌马村风貌提升改造工程，并利用集镇闲置住宅打造特色民宿 10 套，进一步提升了艺术驻留村承载能力和旅游服务接待能力。截至 2022 年底，昌马村民宿旅游收入达到 11 万元。赤金镇依托铁人红色资源及铁人干部学院现场教学点优势，通过文旅融合助推乡村振兴，成功打造了"三代人讲铁人"等精品文化节目和精品课程，持续提升"铁人故里"3A 级旅游景区品质。该镇年均接待参观团体 100 余批，接待游客 2 万人次。此外，玉门市还积极培育"非遗+研学"旅游市场，大力推介非遗传习实践体验、展示演出场所。目前已推出 2 个非遗研学旅游基地、5 个系列研学课程体系、19 个研学旅行课程点、6 条研学主题线路；成功组织青少年、成人研学旅行活动 8 批次近千余人。

三 玉门市经济发展存在的问题

（一）工业园区产业配套有待加强

尽管玉门市投资营商环境持续优化，招商引资工作取得明显成效，但目前仍存在工业园区基础设施配套相对滞后的问题，跟不上产业发展的步伐，如部分园区供水、供电、供热、通信、垃圾处理等设施尚不能满足企业发展的需求。近年来，玉门市打造高质量的工业经济，新能源装备制造及精细化工产业获得迅速发展，且有很大的成长空间，但如果相应的园区基础设施配套出现短板，势必会成为进一步吸引企业投资的掣肘，从而制约玉门市新能源、精细化工等新兴产业的发展壮大。

（二）产业链发展质量不高

虽然玉门市在工业发展中不断强调延链、补链，企业间、产业间呈集群化发展的趋势，但总体来看，一方面，大多数企业仍集中于产业链的中低端；另一方面，上下游企业之间尚未形成完整的产业链条衔接，导致产业规模偏小、企业质量效益不高、产品生产成本高。虽然全力打造现代化工产业、新能源及装备制造两大产业集群，但目前玉门市尚未培育出在全省乃至全国范围内有较强实力的龙头企业、链主企业，产业链上各企业呈小型化、分散化、低端化的发展态势，产业层次不高、产品附加值与科技含量较低，企业抵御市场风险的能力偏弱。

（三）企业自主创新能力不强

一是企业科技研发人才相对匮乏。一方面，人才总量不足。部分企业存在招工难、用工难的问题，人才供给与企业需求不匹配。另一方面，创新型人才不足。玉门市规上企业普遍存在一般技术人员多，具有高精尖技术、能够独当一面的人才少的问题。二是企业自主研发能力弱。全市规上企业有自主科技研发活动的比例不到30%，拥有自主知识产权和核心竞争力产品的企业较少，总体市场竞争力较弱。三是缺乏企业自主创新平台。全市规上企业中有研发机构的比例不到10%。

四　玉门市经济发展的经验启示

（一）重视工业对县域经济的支撑作用

玉门市工业增加值占 GDP 的比重、制造业投资占总固定资产投资的比重均明显高于甘肃省县域的平均水平。始终坚持"工业强市"的思路，这是玉门市较成功实现资源型城市转型和县域经济高质量发展的一条重要经验。甘肃县域第二产业比重低于全国平均水平，而第三产业仍以批发、零售、餐饮、娱乐等为主，信息、金融、物流等生产性服务业发展滞后，产业结构呈现"二产空心化，三产低端化"的特征。长期以来，部分县（区）为应对 GDP 考核要求，片面强调 GDP、固定资产投资等纸面数据，抓住"土地财政"不放，过分倚重房地产投资，忽视了工业基础的培育，导致县域经济发展后劲不足，反过来又制约了地方政府财力的提升。省第十四次党代会提出了"强工业""强县域"战略，对甘肃省各县区来说，应当把"强工业""强县域"看成一种因果递进的关系而非简单并列的关系，即只有强工业才能强县域。因此，甘肃县域要把强工业作为强县域的重要抓手，动员各方力量，狠抓项目建设，努力形成大办工业的新局面。同时，坚决摒弃"土地财政"思维，将产业而非土地作为人口集聚的动力，推进高质量工业化、城镇化。

（二）结合自身实际发展新兴产业

玉门市在打造新兴产业、促进产业升级的过程中，十分重视与自身资源禀赋及原有产业基础相结合。全力打造的两大产业集群——现代精细化工及新能源装备制造，前者脱胎于传统的石油化工产业，后者则利用了本地充足的风能、光能资源，可以说是因势利导、因地制宜。近年来，甘肃省各县区将发展新兴产业作为提振县域经济的新引擎，大力引进如电子信息、智能制造、新材料、新能源、生物医药等产业项目，总体来看取得了较好的效果，但同时也出现因前期市场调研不足、产业规划失误、自身发展定位不清而导致的低水平重复建设、无序竞争等问题。借鉴玉门的经验，其他县域选择和发展新兴产业同样要充分考虑自身的资源禀赋、区位条件、产业基础等实际情况，在引进项目时着重考察论证其对建链、补链、延链的作用，以及是否有助于扩大产业集群效应，切忌盲目投资、大干快上。

（三）发挥好政府服务实体经济的作用

玉门市在优化营商环境中提出了"首查不罚""无证明城市""全链条服务"等工作要求，切实为企业提供便利，这就需要政府部门的角色必须由"管理者"转向"服务者"。而政府"服务"的宗旨，就是优化工业型企业发展的软环境，在放宽市场准入、促进公平竞争、破除行政壁垒等方面出实招，如为工业企业投资落户创造条件；在降成本、增效益上助企业一臂之力；在基础设施配套、金融支持、税收优惠、财政奖补等方面强化政策供给，使企业更有获得感、归属感。

B.15
2023年广河县经济调查报告

蔺伟虎[*]

摘　要： 广河县经济发展存在经济总量小且财政收入不足、农业特色产业少且发展动力不足、工业基础薄弱且链条不完善、人均收入水平低等主要问题。针对这些问题，本研究提出了推动核心产业发展，提升财政收入质量；大力发展特色农业，推动农业高质量发展；强化工业产业链，推动工业提质增效；拓宽农民增收渠道，提高人民生活质量等对策建议，以期为广河县经济持续高质量发展提供理论依据。

关键词： 县域经济　农业农村　产业链　广河县

县域经济是以县级政权为调控主体，以县级行政区划为地理空间，以市场为导向优化配置资源，具有地域特色、功能完备的区域经济，是国民经济的基本单元，在国民经济体系中占据重要地位。[①] 县域经济发展质量，直接关系到我国经济社会高质量发展的成效。[②] 县城是我国城镇体系的重要组成部分，是县域经济发展的主要阵地；截至2023年底，我国城镇常住人口为9.3亿人，常住人口城镇化率为66.16%，比2022年提高0.94个百分点，县城及县级市城区人口占全国城镇常住人口的30%，县及县级市数量占县

---

[*] 蔺伟虎，博士，甘肃省社会科学院农业农村发展研究所副研究员，主要研究方向为农业、草业生态。

[①] 张志强、熊永兰、张宸嘉：《中国县域经济发展：环境、障碍与对策》，《中国西部》2019年第3期。

[②] 贾晋：《四川县域经济发展的风险揭示及防范》，《当代县域经济》2019年第5期。

级行政区划数量的 2/3。[①] 推进县域经济高质量发展，可有效推动新型城镇化建设，彻底解决城乡建设之间的差距矛盾。党的二十大报告指出，高质量发展是全面建设社会主义现代化国家的首要任务；着力推进城乡融合和区域协调发展，是构建新发展格局、推动高质量发展的必然要求；我们需高度重视县域经济的重要地位和作用，朝着推动县域经济高质量发展的方向切实发力。[②]

一　广河县发展现状

（一）地理位置和区域特点

广河县位于甘肃省中部西南方，全县辖 6 镇 3 乡 102 个村、6 个社区，总面积 538 平方公里，平均海拔 1953 米，总人口 31.2 万人，其中回、东乡等少数民族人口占总人口的 98%，地形呈"一川、两山、五流域"[③] 的特征，广河县是全国"四好农村路"示范县、国家农业绿色发展先行区、国家肉羊产业集群发展项目县、深化农村公路体制改革试点县、电子商务进农村综合示范县、粮改饲示范县、粮食生产先进县。[④]

（二）历史文化资源丰富，区位发展优势明显

广河县是我国新石器时代与夏商过渡期典型文化——齐家文化的发祥地，齐家坪遗址是全世界唯一石器、陶器、玉器、骨器、铜器"五器"俱全的遗迹，齐家文化博物馆是全国唯一的齐家文化陈列馆。广河县处于省会兰州—临夏的中间地带，东至兰州 70 公里、西距临夏 40 公里，是兰州 1 小

---

① 国家统计局网站，www.stats.gov.cn。
② 《高度重视县域经济地位和作用》，《南阳市人民政府公报》2022 年第 12 期。
③ "一川、两山"——兰郎路、高速路、广通河沿线是 42 公里的川道，以广通河为界分为南北两大山系；"五流域"——分为八洋沟、桦林沟、大柴沟、北山和南沟五大流域片区。
④ 《2023 年甘肃发展年鉴》。

时经济圈的重要节点，乌玛高速纵贯全境，兰海高速毗邻而过，五纵六横、四通八达的路网框架基本形成。

（三）商贸流通业势头好，工业发展活力旺

广河县是古丝绸之路南道上的重要驿站，是辐射西北的重要商品集散基地，茶叶、百货、小商品等经过广河辐射到牧区，牧区皮毛、木材、中药材等经广河中转到东部，有各类运输车辆 8000 余辆，常年有 6.2 万余人在全国各地务工经商。广河经济开发区是 47 个省级开发区之一，规划总面积 1.6 万亩，有标准化厂房 11.4 万平方米，落户企业 52 家，形成以皮革毛纺、建材灯饰、服饰鞋帽、食品物流、装备制造为主的产业体系，有皮革毛纺企业 24 家，年加工牛羊皮 2000 余万张、羊毛 10 万余吨。[①] 广河县投资 4900 万元用于工业园区基础设施建设，目前处于招商引资关键期，已有 5 家企业入驻并运营。

（四）劳动力充足，产业发展潜力大

2023 年末，广河县常住人口 26.03 万人，其中城镇 9.8 万人，乡村 16.23 万人，乡村常住人口占全县常住人口的 62.35%；人口自然增长率 6.85‰，位列全临夏州第一；城镇化率为 37.65%。共有劳动力 14.68 万人，其中农村劳动力 10.93 万人，包含脱贫、监测户劳动力 7.45 万人，女性劳动力 7.23 万人。按照区域划分，省外就业 4.02 万人，省内就业 3.63 万人；按照行业划分，从事种植养殖的 9.93 万人，季节性务工就业（摘棉花、摘枸杞、挖虫草等）的 0.71 万人，经商或灵活就业的有 0.95 万人，从事物流运输业的 0.49 万人，从事牛肉拉面等餐饮行业的 2.1 万人，返乡人员在县内就业 2.14 万人，其中公益性岗位安置就业 0.3 万人，乡村就业工厂（帮扶车间）就业 1.53 万人，电商、直播带货等 0.31 万人。[②] 发展县域经济最

---

① 广河县人民政府网、广河县人民政府提供资料。
② 同上。

主要的因素就是劳动力，广河县人口规模和良好的增长态势为该地区经济发展提供了基础保障。

二 广河县经济发展现状

（一）整体经济发展状况

2019~2023年，广河县GDP连续五年逐年上升，从2019年的17.14亿元上升到2023年的24.68亿元，上升了44.0%；广河县人均GDP总体呈上升趋势，从2019年的人均7000元上升到2023年的9251元，上升了32.2%[①]（见图1）。

2023年，广河县GDP达到24.68亿元，增速位居临夏州第一；规上工业增加值0.93亿元，较前一年增长18.42%，增速位居临夏州第一；固定资产投资33.05亿元，较前一年增长31.8%，增速高于甘肃省平均水平；社会消费品零售总额11.78亿元，较前一年增长了13.2%；一般公共预算收入1.62亿元，较2022年增长了16.09%；城镇居民人均可支配收入26053元，较2022年增长了5.8%；农村居民人均可支配收入11454元，较2022年增长了7.8%。[②]

（二）农业经济

广河县畜牧业发达，是甘肃省农业发展的重要区域，牧业总产值占农林牧渔业总产值的38%；近五年来，广河县农林牧渔业总产值、农业产值、牧业产值以及农林牧渔服务业产值均呈明显上升趋势；农林牧渔业总产值从2019年的75.57亿元增加到2023年的99.41亿元，增长了31.55%，农业产值由2019年的39.74亿元增加到2023年的49.20亿元，增长了23.8%，牧业产值从2019年到2023年增加了14.83亿元，增长了62.1%，农林牧渔服

---

① 《甘肃农村年鉴》（2019~2023年）。

② 广河县人民政府提供资料。

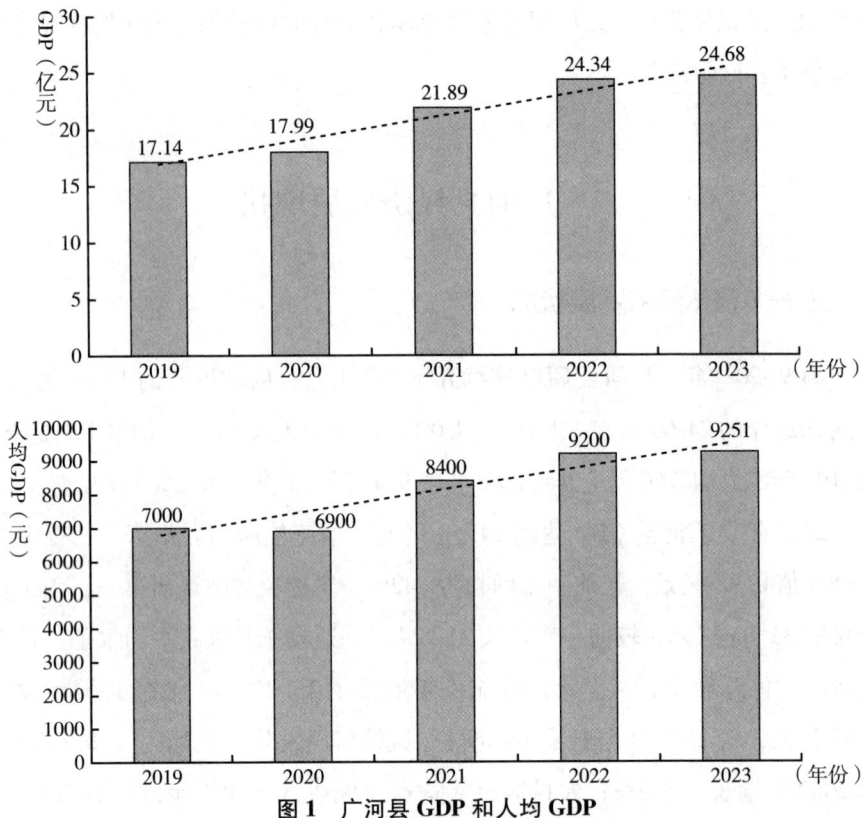

图 1 广河县 GDP 和人均 GDP

资料来源:《甘肃农村年鉴》。

务业产值从 2019 年的 9.27 亿元增加到了 2023 年的 10.90 亿元。

广河县农作物播种面积 2023 年为 22.22 万亩,其中粮食作物面积 19.51 万亩,经济作物面积 2.70 万亩;粮食产量 11.17 万吨,比 2022 年增长 1.87%,其中玉米 104711 吨、马铃薯 6809.75 吨、小麦 207.95 吨、油料产量 1326.02 吨、蔬菜产量 44181.33 吨、中药材 537.80 吨。2023 年,广河县牛存栏 6.87 万头,比 2022 年增长了 5.09%;羊存栏 39.62 万只,比 2022 年增长了 22.29%;牛出栏 2.65 万头,比 2022 年增长 5.85%;羊出栏 21.68 万只,比 2022 年增长 27.45%。①

---

① 《甘肃农村年鉴》(2019~2023 年)。

表1　广河县 2019~2023 年农林牧渔产业值

单位：亿元

年份	农林牧渔业总产值	农业产值	林业产值	牧业产值	农林牧渔服务业产值
2019	75.57	39.74	2.12	23.87	9.27
2020	73.42	40.57	1.29	24.17	8.56
2021	95.74	44.10	2.16	39.68	9.81
2022	102.62	47.11	2.21	43.20	10.17
2023	99.41	49.20	0.60	38.70	10.90

资料来源：广河县国民经济和社会发展统计公报（2019~2023 年）。

特色优势产业的链条逐步完善，广河县与甘肃农业大学、甘肃省畜牧总站等高校和科研院所合作，开展科技试验示范，推进"三品一标"和区域公共农产品建设，建成陇盛源冷链屠宰项目；制定出台《广河肉羊饲料质量控制技术规范》《广河肉羊遴选技术规范》《广河肉羊饲养管理技术规范》《广河羊肉品质控制技术规范》《广河羊肉》5 项标准，使广河牛羊肉标准化、科学化、品牌化发展。2024 年前半年全县羊存栏 130 万只、牛存栏 12 万只，牛羊及牛羊肉销售达到 29.24 亿元。

（三）工业经济

2019 年以来，广河县工业生产总值快速增长，发展趋势明朗，工业增加值从 2019 年的 2.20 亿元增长到 2023 年的 12.20 亿元，增加了近 5 倍（见图 2）。2023 年，广河县落实省委"强工业"行动部署，加工制造包装产业园一期基本完工，新获批 260 万张皮革加工环保指标；推进"5540"企业培育工程，规上工业 GDP 增长 19.6%，西裕工贸上马皮革鞣制生产线、明礼裘皮洗净毛生产线建成投产，国富皮革获得 9 项专利；完善招商引资优惠政策，引进各类招商项目 32 项、签约资金 51.3 亿元、到位资金 20.2 亿元。

广河县现有规上工业企业 6 家，有以国富、鑫国源、佳美为龙头的皮革毛纺企业 24 家，牛皮年交易量约 350 万张、羊皮约 1600 万张、羊毛 10 万多吨，年交易额约21亿元，年加工牛皮110万张（蓝湿革）、羊皮600万张（蓝湿革350万张）。2023年开发区完成工业总产值9.85亿元，地区生产总值8.97亿元，工业增加值1.02亿元，固定资产投资2.89亿元，销售收入达11.5亿元，上缴税额2440.35万元。

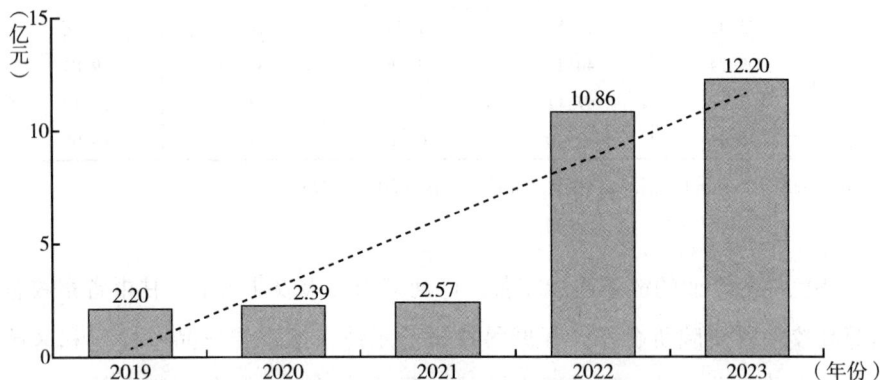

图2　广河县工业增加值

资料来源：广河县人民政府网、广河县人民政府提供资料。

2023年以来，广河县持续进行工业园区基础设施建设，建成并投产广源隆明胶项目，继续建设福禄海铝型材公司门窗、玻璃幕墙科技制造产业基地，形成以皮革毛纺加工制造为主的产业集群。2024年全县计划实施重点项目101项、总投资178.8亿元，用于工业经济发展建设。

（四）科技发展

2023年，广河县被省科技厅认定为"省级创新型县"，是临夏州首个省级创新型县；有6家企业被认定为省级科技创新型企业（广河县吉明鞋业有限公司、甘肃新善友医疗器械有限公司、甘肃伊朊生物制品有限公司、广河县国富皮革有限公司、甘肃广通国泰科技有限公司、广河县广盛产业发展有限责任公司），3家企业被认定为国家级高新技术企业（广河县吉明鞋业有限公司、甘肃新善友医疗器械有限公司、广河县国富皮革有限公司），2024年拟推荐申报2家省级创新型企业、2家国家级高新技术企业。

广河县财政科技投入不断增加，科技投入从 2020 年的 0.32% 增加到 2023 年的 0.84%。广河县制定印发了《广河县"十四五"科技创新规划（2021—2025）》《广河县强技行动实施方案（2022—2025）》；国富皮革公司获得甘肃省绿色生态通道物流产业发展基金股权融资 9500 万元，是临夏州首家实现股权融资的企业。

广河县打造"广河羊肉，广通天下"品牌，与甘肃农业大学赵生国教授合作对畜牧工作者、规模养殖户、合作社进行理论培训和试验示范等，取得了很好的社会效益。科技团队成员陈国顺教授的"肉羊育肥期全混合饲料及其制备方法"荣获甘肃省专利奖一等奖，已在广河县转化应用。制定出台了与广河羊肉有关的地方标准 5 项，累计投入资金 984 万元实施广河县牛羊提质增效科技示范等项目。

三　广河县域经济发展的经验方法

（一）发展壮大特色产业

广河的特色产业就是牛羊产业，广河县全力发展牛羊全产业链条；强化基础设施建设，建立了各类高标准生产厂房，保障了企业运行；注重技术提升，与高校和科研院所合作，建立了规范化、标准化的发展模式，注重品牌建设，全力打造"广河牛羊"等品牌。抓住东西部协作帮扶机遇，落实援助资金 3636 万元、实施帮扶项目 19 个，引进特色产业企业 2 家，完成消费帮扶 600 万元。与厦门市加强合作，帮助就业 5500 人。[1]

发展壮大龙头企业。例如，广河县国富皮革有限公司是一家经营范围涉及牛皮、羊皮、裘皮研发、进出口贸易等的皮革生产企业；成立于 2018 年，2021 年 9 月建成投产，公司占地 115 亩，注册资金 6050 万元，拥有总资产 2 亿元、员工 160 人；年加工羊皮成品革 1500 万标张、牛皮成品革 150 万标张的生产能力。广河县陇盛源牧业有限公司，总投资 1.34 亿元，占地 35

---

[1]　广河县经济开发区所提供资料。

亩，是一家严格按照国家标准对饲草种植、牛羊养殖、屠宰加工、仓储物流等进行全流程管理的企业，通过资源整合、模式创新、规范管理，全力保障产品品质，努力实现广河牛羊肉销售全国布局，两条标准化屠宰加工生产线和高标准的排酸库、速冻库、冷藏库等仓储冷链设施，实现了从饲草种植、科学养殖到清真屠宰、精细分割、冷链物流等全流程质量控制，为每一口放心肉严格把控各环节的标准和品质。[①]

（二）推动工业经济提质增效

广河县落实党中央、国务院《关于加快推进新型工业化的意见》和省委《关于深入推进新型工业化加快建设现代化产业体系的决定》，制定印发了《中共广河县委关于全力打造西北皮革产业基地推动工业经济高质量发展的决定》；强化经济开发区基础设施建设，引进了4家符合产业链条发展的企业。

（三）优化营商环境，注重招商引资

广河县实施"优化营商环境提质增效年"行动，印发《全县优化营商环境提质增效年行动工作方案》，制定了《广河县亲清政商交往促进民营经济高质量发展负面清单》。2024年，新增减税降费及退税缓费719万元，办理增值税留抵退税482万元。建立了领导干部包抓联机制，将重点企业纳入包抓联范围，帮助企业解决发展过程中的困难问题。优化了政务服务，推进"一网通办"和"一件事一次办"，为招商引资企业提供"帮办代办"和"延时"服务，压缩企业开办时间，提升了企业开办效率。2024年，广河县新增市场主体1240户，总数达19080户。

县级干部带头外出开展招商，多方搜集招商信息，主动对接意向企业，跟进做好服务工作，千方百计把信息变成意向、把意向变成签约、把签约变成实打实的项目，提升项目建设"落地率"。2024年，广河县共签约招商引资项目12个，签约资金达22.1亿元，到位资金4.35亿元。

---

① 广河县人民政府网、广河县人民政府提供资料。

（四）坚持生态安全发展理念

生态优先是发展可持续农业、可持续工业的必要条件；以生态环境治理提升产业开发价值，以产业收益反哺生态环境治理；要坚持生态环境保护优先，因地制宜挖掘特色产业，探索差异化发展路径。广河县全面践行"两山"理念，推进北方地区清洁取暖项目，实施煤改气2492户、煤改电7489户，完成改造4402户，广河县大气质量持续提升。推进生态及地质灾害避险搬迁工程，三甲集城投艾佳府和县城嘉泰盛园建设。实施开发区工业污水处理厂提标改造项目，提升污水处理能力。实施国家储备林项目，开展国土绿化行动，新造林1.6万亩，补植补造0.8万亩，栽植各类苗木194.6万株。

（五）落实科技奖补政策

落实科技奖补政策能够激发企业创新活力，促进科技成果转化，提升企业科技创新能力和水平。2021年，广河县对认定的省级科技创新型企业（伊朊生物公司）落实创新奖补资金10万元；2022年，对认定的国家级高新技术企业（吉明鞋业、新善友医疗公司）落实创新奖补资金40万元；2023年，对认定的省级科技创新型企业（广通国泰科技公司、广盛产业发展公司）落实创新奖补资金10万元；国家级高新技术企业（国富皮革公司）落实创新奖补资金30万元。[①]

四　广河县经济发展存在的问题

（一）经济总量小，财政收支矛盾突出

地区生产总值是经济发展的重要指标，也是衡量总体经济状况的重要指标。2023年，临夏州地区生产总值439.66亿元，广河县为24.68亿元，呈

---

① 广河县科技局所提供资料。

上升趋势；但是广河县地区生产总值仅占全临夏州的5.6%，生产总值占比很小，这与全国县域经济占比（约38%）仍有很大的差距。2023年，广河县的第一产业增加值在全临夏州8个县（市、区）中排名最后，仅为5.66亿元；第二产业增加值（4.97亿元）、第三产业增加值（14.05亿元）均在临夏州排名靠后。人均地区生产总值为9251元，为临夏州最低。此外，广河县财政收入水平不高，财政收支平衡压力较大。2023年财政收入仅为1.62亿元，较发展好的县域差距大，财政收入不足一定程度上制约了广河县的经济发展。

（二）农业特色产业少，发展动力不足

广河县特色农产品以牛羊肉为代表，虽然围绕着牛羊肉的供销做了一系列的产品，如冷冻牛羊肉、牛肉面浓缩汤料、火锅底料、蘸料、干果、花椒、八宝茶等产品，但其市场占有率非常小，缺乏核心竞争力。一是已经成型的品牌缺乏宣传，推广范围小，进入不了一些大型超市；二是牛羊肉产业缺乏大的龙头企业，现有的企业带动辐射力有限，效益低；三是草牧业发展缓慢，广河县以牛羊肉为特色产业，但是与其配套的草产业发展不足，没有形成草畜结合的草牧业发展体系；四是农产品品牌的研发和投入力度小，缺少有力的资金保障；五是从事农产品加工的研发人员较少，尤其是缺乏专业技术型人才，大多劳动力以运输、餐饮、外出务工为主；六是农业产业链短，缺少精深加工型企业，许多牛羊肉等农产品以原材料形式流通至其他城市；七是农村基础设施建设不足，许多镇村道路严重破损，医疗卫生状况有待改善；八是特色农产品电商平台运行模式需改善，现有模式大多是代销，以青海、西藏等药材类产品为主，缺乏对本土牛羊肉等特色农产品的倾斜和带动。

（三）工业基础薄弱，产业链条不完善

工业是助推县域经济发展的首要抓手，工业发展的好坏决定着县财政收入的高低，大规模的工业企业能带动整个城市经济发展。一是广河县的工业

普遍存在规模小、技术落后等特点，企业在产品开发和市场竞争中处于不利地位，难以形成规模效应和品牌优势。二是工业结构相对单一，主要依赖传统行业，如皮革加工毛纺等，虽然政府在加大招商引资力度，引进一些下游产业，诸如食用明胶、火锅食材、箱包、印刷等企业，但这些企业目前才处于起步发展阶段，这些行业在市场变化和技术进步的冲击下，逐渐暴露出经济领域狭窄、产业链条短等问题。三是缺乏深加工和高附加值产品。广河县的工业产业链条较短，主要集中在原材料加工和初级产品制造上，缺乏精深加工和高附加值产品，导致产品附加值低，利润空间有限，上下游配套不完善，特别是在原材料供应、技术研发、市场销售等方面存在短板。四是缺乏高科技的企业和产业，缺乏人才，包括高端技术人才和专业的对口大学毕业生，企业难以吸引和留住这些人才；缺乏关键资源，缺乏资金、技术支持等，这限制了企业的研发能力和创新能力；产业结构不合理，部分企业过多依赖数量扩张，而非质量提升；缺乏自主创新能力，企业的研发及创新能力不足，缺乏核心技术、专利，限制了企业的市场开拓能力和专业化、标准化生产水平。五是生态保护与工业发展协调发展压力大。广河县地处黄河上游，面临水资源生态保护的资金压力。发展工业、农业都用到大量水资源，产生的废水、固废等都需处理达标后排放利用，成本高，因此许多企业因成本过高不愿留在本地发展，外地企业引进压力大。

（四）人均收入低，生活水平有待提高

广河县人均收入在全临夏州处于低水平，消费群体收入依然比较低，其农村居民人均可支配收入总额低于临夏市和和政县。一是消费水平中等偏下，大部分人支撑消费的能力不足。二是消费群体外流比较严重。广河县距离兰州、临夏市较近且交通方便，很多消费群体转移至这些地点购物，导致了本地消费市场的多元化支撑不足，进一步影响了居民的收入水平。三是本地企业为当地居民提供就业创收的能力有限，许多人觉得在外地打工收入更高。四是居民创收、增收渠道少。广河县大部分青年劳动力外出打工、从事餐饮等服务行业，而这些行业普遍收入有限，且不稳定。五是农村基础设施

短板明显、农民专业合作社发挥的作用不明显，基层党建引领等促进农民增收的能力较弱。

五 广河县经济发展的对策建议

（一）推动核心产业发展，提升财政收入质量

一是要发展核心产业，增强经济发展动力。要紧抓牛羊产业，大力推进完善"草业+畜牧业+有机农业+农畜产品冷链加工储存+电商直播+销售运输"的全产业农业产业链。二是要培育壮大龙头企业，带动全域经济。继续加强实施"5540"百亿工业企业培育工程，通过减税降费、退税缓费等措施，支持企业发展壮大；同时，积极引进创新型高技术企业，提升税收质量。三是全面培育市场主体，大力发展商贸流通业。通过网络直播、媒体宣传、公众号等途径将特色产品卖出，实现网络线上与线下仓储无缝衔接，推动特色产品高效销售。四是要积极推动产业升级和融合全面发展。对牛羊肉产品、牛羊皮制品、食用明胶、火锅食材等实施规模化标准化品牌化市场化生产模式，要注重牛羊产业的提质增效，还要积极推动美食产业、劳务产业和文化旅游等产业的融合发展。五是要引进人才，加强科技创新。科技创新是实现产品升级的基石，人才是科技创新的芯片。广河县应加强引进草牧业相关技术人才，加强农业科技创新，加强引进牛羊皮质生产专业技术型人才、下游产品设计创新型人才，助力品牌创新、经济提质增效。六是要加强财政管理，保障财政资金使用的有效性。要保障基础设施建设等关键领域的支出，减少一些非必要的支出，要科学进行预算支出管理，防止财政资金沉淀，严管"三公"经费使用。

（二）大力发展特色农业，推动农业高质量发展

一是大力发展牛羊肉特色产业。加强"广河羊肉、广通天下"特色甘味品牌建设，拓宽牛羊肉等特色农产品的销售渠道；建立"精细分级分

割—精深高值加工—多元综合利用"的牛羊肉加工技术装备体系；加强当地牛羊养殖基地建设、草畜产业园建设，建立自己的牛羊品牌。二是大力发展草业。草业发展是畜牧业发展的基石，广河县以牛羊为主的农业产业发展，必然离不开草业支撑；广河县要建立自己的优良牧草生产基地，推广粮改饲，构建新型种养关系，形成"种—养—繁育—加工—互联网—物流"一体的草牧业发展模式，推动经济创新发展。三是改革农民专业合作社运营模式，发挥合作社的有效作用。要对所有农民专业合作社运行效率进行量化考核，定期掌握其运行情况，不符合当前农村经济增长模式的立即调整；规范土地流转行为，强化土地流转管理；农民专业合作社一定要坚持因地制宜、突出当地特色，紧紧围绕"一村一品，一镇一品"目标发展。四是加强农业科技创新。农业科技创新是农业经济发展的核心动力，当前全球面临着生态农业发展的巨大挑战，广河县要以生态、绿色、环保、零添加为发展理念，打造一些健康农产品品牌必然离不开科技创新；要大力引进高科技农业企业；加强与农业高校和科研院所的紧密合作，形成产学研一体的农业科技发展模式。五是加强农业经济数字化建设。数字经济，是经济高质量发展的表现形式，农业经济数字化有利于农业高质量发展，是农业现代化发展的方向；大力发展智慧农业，将农业生产过程数字化、机械化，并将互联网、物流、人工智能结合起来运用于农业发展。

（三）强化工业产业链，推动工业经济提质增效

工业是县域经济发展的核心，通过做大龙头企业，培育新型企业，优化县域工业布局，扩大工业规模，补全工业产业链，构建现代化的工业体系。一是做强传统产业。广河县应以集约化、低碳、绿色、高端的发展理念，利用广河县地理优势和自然条件，聚焦 4～5 个主导产业，以集群化、配套化为方向，培训龙头企业和中小企业，不断提高主导产业的支撑力和竞争力，避免同质化、低水平竞争，形成差异化、特色化和品牌化发展格局。二是强链补链，完善工业产业链。广河县现有的工业产业主要是牛羊皮质加工业，大部分皮质产品以初级产品形式销售至外地，没有精深加工企业和下游产品

企业。广河县要在强化现有皮质产业的基础上大力引进精深加工企业，如肥皂业、服饰业等补全产业链，另外要支持引进新企业；完善工业产业链推动县域经济高质量发展。三是强化工业科技创新。对传统企业生产技术改造升级，如皮革生产技术等；引进高科技设备，引进高技术人才研发新产品；注重品牌建设，打造自主商标；提升工业三废处理水平，严格做到达标排放和循环利用。四是强化科技合作。现有企业应和国内外高新技术企业加强合作，与高校和科研院所等研发机构建立长期合作关系，突破技术难题，提升生产能力。五是加强产业融合发展。要推进"农业+工业""工业+旅游业""文化+服务业""工业+互联网"等模式发展，强化一二三产业深度融合，做优皮革业、明胶产业，丰富服装业、箱包业、旅游业，打造一个让游客来广河品牛羊肉、背广河名包、穿广河服饰、感受广河齐家文化底蕴的新广河。六是建立健全企业奖补机制。按照奖励机制，对应该奖补的企业按时实施奖补政策，激励企业创新高质量发展。

（四）拓宽农民增收渠道，提高人民生活质量

农民增收致富是县域经济高质量发展的最基本要求，人民生活质量的提升是实现乡村振兴的基本体现。广河县人口出生率较州内其他县（市、区）高，劳动力潜力大，但是人均收入较低，要提升人均收入，必须多方面拓宽农民增收渠道，以刺激消费来激发县域经济的活力。一要大力推广旱作农业。积极实施粮改饲项目，带动有条件的农户发展牛羊养殖业；提升农业种植技术，促进农作物、牧草增产，增加农民收入。二要县域主要龙头企业要全面发挥带动作用。要在吸纳更多当地劳动力解决就业问题的同时增加农户收入。三要鼓励农民加入农民专业合作社，聚集零散型企业，将产品做大做强，提高收益效益。四是培育高新技术型人才，让农民有一技之长，靠技术吃饭，改善收入结构。五是要打造特色农产品品牌，积极推进"三品一标"促进产业绿色发展。六要支持和鼓励农民在物流公司、网络直播等新兴行业就业。七要大力发展村级集体经济，通过整合资源、引进项目等方式，推动村级集体经济的多元化发展。

B.16
2023年陇西县中医药产业发展报告

燕星宇*

摘　要： 中医药产业是陇西县产业振兴的"根"与"魂"，做大做强中医药产业是陇西县推动县域经济高质量发展的必由之路。近年来，陇西县对中药材种子、种植、加工、仓储、交易等全产业链进行改造提升，实现了县域经济水平的跃升。为全面深入掌握陇西县中医药产业发展总体情况，课题组于2024年6月下旬赴陇西县实地调研，先后走访文峰镇、首阳镇等中医药产业布局的重点区域，深入盘点，把脉献计。未来陇西县需要在中医药人才培育、制度引领、产业综合竞争力提升等方面加强建设，推动中医药产业现代化发展，为县域综合水平提升和健康中国建设作出更大贡献。

关键词： 中医药产业　县域经济　高质量发展　陇西县

"中国黄芪之乡"陇西县，其独特的地理区位，造就了得天独厚的中药材资源，素有"千年药乡"、"天下药仓"和"西部药都"的美誉。近年来，陇西县深入贯彻落实习近平总书记关于中医药传承创新发展的重要论述精神，紧盯"强县域"目标任务，将擦亮中医药产业"品牌名片"作为增强特色优势产业的主攻方向，全力打造"中国药都"。2023年，全县中医药全产业链总产值353.5亿元[①]，中药材主产区对农民人均可支配收入的贡献

---

* 燕星宇，甘肃省社会科学院生态文明研究所助理研究员，主要研究方向为区域经济、产业经济。

① 数据来源于实地调研，下同。

率达到40%，接近全县农民人均可支配收入的1/3，中医药产业真正发展成为富民强县的区域首位产业。陇西县如何实现中医药资源变资产，总结其成功经验对于同类型县域而言具有重要的现实意义。

一 相关研究动态

我国在中医药产业方面的最新相关研究，主要包括以下几方面。一是中医药产业如何提质增效。学界普遍从制约中医药产业的短板弱项出发，黄浩等认为乡村振兴战略推动下的产业振兴，使得中药材产业呈规模化发展，人才短缺的短板更加凸显，加强对实操技能和产业管理方面高层次人才的培养与供给是当务之急；[①] 王子千等聚焦科技赋能中药行业，认为大数据、人工智能等先进技术正在对中药制剂行业进行重塑，智能制造在大品种中药固体制剂方面的应用将会被推广普及，是未来中药制剂的发展趋势之一。[②] 二是中医药产业发展的最新特点。柏灿等研究发现，AI大语言模型对中医古籍、医案记录等文本数据的精准抓取，有效辅助中医诊疗，从而提高中医诊断的精度和效率；[③] 康力等认为药食同源既是中国人的饮食传统，又是中医药产业走进百姓生活的重要切入点，重视药食同源产业的发展意义深远。[④] 三是如何推动中医药产业更好"走出去"。丁莹从中医药文化传播交流的角度出发，提出加强"中医药话语"体系建设对产业价值传播与国家形象塑造的重要性。[⑤] 四是聚焦中医药产业的区域发展。郑春蕊等认为形成产业链、创新链、价值链、供应链"四链同构"的发展格局，是实现河南中医药强省

① 黄浩、粟华生、高崇敏等：《乡村振兴背景下中药材生产技能人才培养的思考》，《智慧农业导刊》2024年第15期。
② 王子千、李远辉、王学成等：《中药固体制剂大品种智能制造过程现状、问题与发展趋势分析》，《中国中药杂志》2024年7月20日。
③ 柏灿、王洁：《人工智能大语言模型在中医药领域的应用》，《西昌学院学报》（自然科学版）2024年第2期。
④ 康力、葛瑞宏、周良、王慧：《我国药食同源产业发展问题解析及综合发展建议》，《生命科学》2024年7月16日。
⑤ 丁莹：《"中医药话语"跨文化传播议程设置研究》，《亚太传统医药》2024年第7期。

建设的重要路径之一；① 任希等则提出山西省要植根中医药文化，加快中医药文化创意产业的建设与传播。②

已有文献也多次聚焦陇西县中医药产业发展。赵兰英认为种子种苗作为中药材的源头，对整个中医药产业的发展具有决定性影响。③ 石小春提出，推动陇西县中药材产业组织化发展是实现产业振兴的必由之路。④ 景雯婷指出，"一带一路"倡议的实施为陇西县中医药产业"走出去"提供了有利契机，⑤ 而杨惠芳则认为陇西县要以建设国家中医药产业发展综合试验区核心区为抓手，全力打造全国中医药传承与创新发展的新高地。⑥

进入新时代，学界对县域经济的研究热度再次提升，县域肩负着我国城乡融合发展的艰巨使命，它既是全面实施乡村振兴战略的主战场，又是深入推进新型城镇化的切入点。⑦ 习近平总书记曾多次提出发展各具特色的县域经济⑧，推动中医药产业发展成为县域特色优势产业，成为助推县域经济发展的新动能，也是时代赋予的重要命题。⑨

二 陇西县中医药产业发展成效及经验

陇西县立足打造"中国药都"的战略目标，大力实施"一港双百五十"

---

① 郑春蕊、赵静、刘婷婷：《以"四链同构"推动河南中医药强省建设路径研究》，《河南科技》2024 年第 10 期。
② 任希、崔素花、张冉：《山西省中医药文化创意产业国际化创新发展研究》，《中国中医药现代远程教育》2024 年第 14 期。
③ 赵兰英：《陇西县中药材种子种苗产业发展现状及对策》，《农业科技与信息》2024 年第 3 期。
④ 石小春：《乡村振兴背景下陇西县中药材产业组织化发展现状及问题探析》，《农业科技通讯》2024 年第 4 期。
⑤ 景雯婷：《"一带一路"背景下陇西县中医药产业发展的保障机制研究》，《农业科技与信息》2024 年第 6 期。
⑥ 杨惠芳：《建设国家中医药产业发展综合试验区核心区背景下陇西县医药产业高质量发展路径探析》，《农业科技与信息》2024 年第 6 期。
⑦ 魏后凯：《准确把握统筹新型城镇化和乡村全面振兴的科学内涵》，《中国农村经济》2024 年第 1 期。
⑧ 张晓君、商爱玲、罗兴佐、邹东升：《学习贯彻习近平总书记在新时代推动西部大开发座谈会和视察重庆的重要讲话重要指示精神》，《西南政法大学学报》2024 年第 3 期。
⑨ 本刊编辑部：《把特色优势转化为产业发展动能》，《当代县域经济》2024 年第 6 期。

工程，通过源头把控、精深加工、设施提质、集群辐射、逐本溯源、节会带动等措施，实现了基地支撑规范化种植、园区辐射现代化发展、企业引领效益凸显的发展局面，中医药产业全产业链进入发展"快车道"。

（一）源头把控，实现中药材产地种植标准化

保证中药材绿色道地就是下好了中医药产业健康发展的"先手棋"。陇西县坚持从保护种质资源和控制种子种苗质量入手，举全县之力在首阳镇建成了中国药都·陇西药圃园，也是我国首家药用植物种质资源库。2023年，园区面积从200亩通过土地流转拓展到500亩，主要建有中药材种子种苗引进驯化、提纯复壮和优良品种选育繁育区，中药材种子标准化加工车间，国家药用植物种质资源库甘肃库和中草药数字标本馆，是定西市集中药材新品种引进驯化、种质资源保护、科技研发转化、科普教育培训、中医观光旅游为一体的综合性"产、学、研"示范基地。陇西药圃园从种子加工、种苗培育、栽培技术的规范化、标准化、流程化着手，制定的党参、黄芪等28种药材标准化操作规程被作为甘肃省中药材地方标准执行。

陇西县坚持中药材标准化种植，通过基地式订单化生产，实现了中药材种植的规模化发展。陇西县在16个乡镇58个村布局建设500亩以上种植基地，通过中药材绿色标准化种植，形成了涵盖47个种植基地占地面积4.56万亩的种植规模，培育中药材规范化绿色生产示范村25个，辐射全县17个乡镇168个村、建成中药材药源基地53.35万亩。其中，首阳镇万亩中药材绿色标准化种植基地辐射11个村71个社，联合省农技推广总站、省耕保站等17家单位采取"种苗全投"方式，带动中药材种植3.8万亩；基地推行全程机械化生产，与农户签订中药材回购协议，约定按照高于市场价8%收购，并引导群众购买农业保险，有效增强抵御市场和灾害风险的能力。

此外，陇西县还坚持推广中药材"三无一全"标准和优质药材全过程可追溯，扎实开展中药材追溯平台建设，全力推动中药材生产全过程规范化管理，先后被国家有关部委授予"国家区域性中药材良种繁育基地"称号，被评为"国家级中医药原料生产供应保障基地"。2024年，陇西县被国家中

药材标准化与质量评估创新联盟授予"三无一全"基地建设示范县荣誉称号。

（二）依托园区，积极推进中药材精深化加工

中药材精深化加工是实现中医药产业"提质增效"的关键一环。陇西县按照"一主两副"（"一主"即巩昌中医药精深加工区，"两副"即文峰中医药批发市场和仓储物流园区、首阳道地药材交易及初加工园区）的布局思路，规划建设了中医药循环经济产业园，入驻了国药集团、广药集团等知名中医药加工企业29家，实施推进中国甘肃·陇西中医药信息物流港、西北药用植物园等一批重大项目，推动中医药产业高质量发展。

陇西县以政策为导向，鼓励企业通过兼并重组等途径，在中医药技术升级方面开展联合攻关，全力培育配方颗粒、提取物、中成药、保健品等，积极开展大宗地产中药材产地加工试点，培育并成功申报8家企业参与试点，试点品种包括黄芪、党参、当归等18个品种，扎实推进绿色标准化种植、质量标准和追溯体系建设等工作，促进中药材产地加工规模化、规范化、标准化发展。陇西县通过做大做强加工企业、加大国药准字号产品引进力度、加强各类保健品研发推广、加速各类中药材加工转化等途径，通过不断延链、强链、补链，逐步形成了包括初级切片、饮片炮制、有效成分提取、成药制造、保健品开发的中医药产品全产业链，产值近百亿元，中医药已成为陇西县的支柱产业。

此外，陇西县结合大宗地产中药材产地加工试点，积极推进甘肃陇药标准化生态产业园建设，建成投产运营后，园区中药材规范化加工能力将达到45万吨，形成规模化、规范化、标准化的陇药加工产业集群。

（三）设施提质，着力提升中药材仓储规模化水平

中药材原药仓储影响着中医药产业的现代化水平。陇西县位于渭河上游、定西市中部，有"陇上旱码头"之称，优越的地理区位决定了其日照充足、空气湿度小的气候特征，极其适宜中药材的存放，是名副其实的

"天下药仓"。

为适应中医药产业规模化发展的需要，陇西县坚持改造和新建并举，着力提升全县中药材仓储能力。改造方面，陇西县通过扶持现有仓储企业实现改造扩容，在仓储库推广使用辐照灭菌、红外线干燥、气调储存养护等技术，全面提高中药材仓储质量和水平。新建方面，陇西县发挥优质药材原产地优势，进一步补齐药材交易、仓储、物流等产业短板，积极引入并落地优质企业，建成康美甘肃西部中药城、甘肃中药材交易中心现代仓储物流智能云仓（一期）等现代化物流仓储体系，二期工程正在加快建设，进一步增强全县规范化静态仓储能力。通过应用计算机控制、智能收发作业等先进技术，实现了仓储立体化、智能化发展。全面建成后可实现药材年周转量200万吨，存储药材量320余个品种120余万吨，有力推动中医药产业规模化发展。

（四）集群辐射，不断促进中药材交易市场化

中药材市场化交易是生产效益转变为经济效益的关键。陇西县在不断夯实中医药产业比较优势的基础上，通过整合文峰和首阳两个药材市场资源，由甘肃江能医药集团投资2.6亿元，在首阳镇规划建设了占地面积180亩、总建筑面积13万平方米，集公共服务、检测、培训、交易商铺、交易大棚、展销厅等于一体的首阳地产药材交易市场，吸纳经销商户3000余户、交易摊位6000个，日交易原药材350吨、切片60吨。市场主要交易的中药材产品有黄芪、党参、当归、甘草、款冬花、红芪40余个品种，年交易额达60亿元，目前已发展成为西部最大、全国最重要的地产中药材及切片交易市场、信息发布中心和价格形成中心，也是陇西县乃至全省与全国各大中药材市场对接、药商贸易洽谈的重要平台。

此外，由省政府批复、甘肃江能集团投资建设的甘肃中药材交易中心于2018年1月上线运营，上线交易品种44个，实现了"线上+线下"交易，被列为全国供应链创新与应用试点企业。陇西县推广"互联网+中药产业+金融服务+现代物流"的服务模式，完善专业化交易平台，建成各类中药材

交易市场 23 处，上线交易品种 44 个，经营企业 500 余家，年交易量近 100 万吨，交易额近 200 亿元，占全国市场份额 20% 以上，特别是党参、黄芪等份额占全国五成以上，黄芪的市场占有率甚至达到 80% 以上，真正实现了黄芪地理标识的市场化。

（五）逐本溯源，切实保证中药材质量安全

中药材质量安全关系到中医药产业发展的"兴衰成败"。其质量安全既包括中药材有效成分的活性、纯度与含量是否达标，又包括污染物、重金属、农残含量是否超标。为了让老百姓购买到放心安全的中药材，陇西县加快建设中药材质量安全追溯信息平台，创新打造"三层一级"的追溯模式，建成 1 个县级监管平台、17 个乡镇监管站、8 个重点村监管平台、53 个生产经营主体追溯点、7 个野外监控点、5 个气候观测站，涵盖县、乡、村及生产经营主体，初步形成中药材质量安全溯源体系的全覆盖，追溯品种囊括黄芪、党参、黄芩、柴胡、板蓝根等 20 余个。同时，注重加强品牌溯源建设，在全省国家中药材流通追溯体系中，将天士力中天药业等企业列入试点，进一步增强了陇西县中医药安全溯源保障能力。

陇西县通过借助省内药品检测研发机构科研力量，为中医药质量安全"保驾护航"。引进省级食品、药品检验研究机构，组建陇西分院，整合本地中医药研究、技术研究、药材检测、种子种苗检测等科研资源，建成中医药研发机构 9 个、企业技术中心 14 个，累计认定中医药产业领域高新技术企业 14 家、省级科技创新型企业 11 家、科技型中小企业 31 家，为促进中医药产业健康发展提供了强有力的技术支撑。其中，陇西县中医药研究院中药材种子种苗检测中心于 2021 年 6 月通过检验检测机构资质 CMA（中国计量认证）认定，2022 年取得了检验检测机构资质认定证书（CMA 扩项）以及农产品质量安全检测机构考核合格证书（CATL），由此填补了行业空白，进一步增强了陇西县检测机构的权威性。

此外，陇西县引进第三方检验实验室甘肃数字本草检验中心，加强与甘肃药检院陇西分院的合作，建成中医药检测资源数据库，对中药材种子种苗

质量、有效成分、农残及重金属进行检验检测，实现中药材高效可控、全程可视、来源可溯、去向可查。

（六）节会带动，全力促进中医药产业品牌化

强化品牌拉动是实现中医药产业高质量发展的"必由之路"。陇西县立足提升中医药产业核心竞争力，全力打造节会品牌，通过举办中国·定西中药材产业发展大会，承办了国家级中国（甘肃）中医药产业博览会，已与兰州"兰洽会"、敦煌"文博会"一并成为甘肃对外宣传的亮眼名片。

陇西县不断擦亮原产地品牌，先后被国家有关单位命名为"中国黄芪之乡""全国中药材（黄芪、党参）产业知名品牌示范区"，"陇西黄芪""陇西白条党参"获得国家原产地标记注册认证，属地理标志保护产品，入选全国名特优新农产品名录，"陇西黄芪"被评定为中国驰名商标。陇西县注册"华夏药都""天下药仓"两大类 19 个类别产品，培育"惠森""中天泰科""陇山渭水"等 30 余个拥有自主知识产权、科技含量高的品牌产品。"参芪散结丸""芪甲利肺胶囊""红芪口服液"等国药准字号产品已成为地方特色中医药"拳头"产品。

三　陇西县中医药产业发展中存在的不足及问题

陇西县中医药产业经过多年的发展，在产业规模、产品结构、品牌知名度等方面都有了显著的提升，夯实了产业基础，擦亮了地理标识，扩大了"中国药都"的品牌影响力。然而，产业发展中暴露出的问题、存在的不足、全产业链的短板与弱项也很突出，陇西县中医药产业高质量发展面临严峻挑战。

（一）中医药产业发展呈现有"药"无"医"的窘境

中医药产业是中药产业与中医资源的有机融合，中医资源的短缺在陇西县的产业发展中表现得尤为突出，具体表现为中医医生、药剂师、理疗师、

中医诊疗机构等的匮乏，现有的中医力量单薄，存在临床经验不足、缺少学科带头人、无法开展医学难点联合攻关等问题，县级中医院设施功能不健全，有些甚至无法承担中医诊疗服务，不利于中医药治未病的推广与普及。

（二）中药材市场呈现"劣币驱逐良币"的怪象

陇西县的中药材为保证道地绿色无公害，从种子种苗到种植加工都严格遵循行业标准，因此无论是原药、切片抑或以此为原材料加工后的中成药，在药性药效的表现上都优于其他中药材，所以市场价格就会相对比较高。然而，市场上的中药材品质参差不齐，总有些以次充好的"冒牌货"以更低的价格更高的产量抢占市场，从而形成了"劣币驱逐良币"的怪象，不利于中药材产业形象的塑造与产品价值的实现。

（三）中医药产业与其他产业尚未形成融合式发展

陇西县中医药历史底蕴深厚，但对中医药文化内涵和价值的挖掘还不够深入，使得产业发展的内生动力不足，产业价值实现尚未呈现多元化，具体表现为中医药产业与其他产业的融合度不高、产业关联性较弱、品牌渗透力不强、产业形态单一等。中医药产业与健康、文旅、养老等产业结合联动不够紧密，使得中医康养、中医保健、中医文旅等产业尚未真正发展起来，一定程度上限制了产业发展的整体水平，也影响了中医药产业对县域经济的辐射带动力。

（四）陇西药圃园运营举步维艰

陇西药圃园是股级单位，在中药材品种选育、提纯复壮，新品种引进驯化，中药材种子标准化加工及人才培养、科普宣传等方面发挥了不可替代的重要作用。受单位编制级别的限制，药圃园在争取财政资金、科研项目，人才引进等方面极其受限，园区的人工、电费、管理费等费用历年拖欠，使得整个园区运营举步维艰，一定程度上影响了其常规性工作的开展和作用的发挥。

（五）中国甘肃中医药博览园场馆利用率不高

中国甘肃中医药博览园作为甘肃中医药产业博览会永久性会址，场馆总建筑面积4.32万平方米，整个园区以"中国黄芪之乡"为主题，由切象、望山、问道、闻希四个展厅组成，寓意中医"望闻问切"，场馆建设宏伟气派，是甘肃省不可多得的系统了解中医药文化与历史、进行中医药科普与宣传的窗口与平台。目前，场馆仅用于每年定期举办博览会和接待调研散客，利用率不高，没有真正发挥推介宣传陇西中医药的作用。

四　陇西县中医药产业发展对策及启示

发展中医药产业是陇西县推动县域经济高质量发展的必由之路，也是实现产业振兴的关键之举。陇西县要深入贯彻落实党的二十届三中全会精神，以改革创新推动中医药产业现代化发展，重点在产业协同发展和县域经济水平提升上发力，确保政策的有效衔接，为进一步推动县域经济高质量发展筑牢中医药产业的品牌贡献基础。

（一）陇西县中医药产业发展的对策

1. 加大中医资源供给，推动中药与中医有机融合

一是加强中医药产业项目建设，通过积极争取省上和国家重大项目，着力改善陇西县中医医疗条件落后与功能不健全的面貌，争取用3~5年的时间完成县级中医医疗机构基础设施的配备和完善，逐步推动中医诊疗向村镇延伸，为推动全县中医医疗资源供给水平迈上新台阶打下坚实基础。二是科学编制中医专业招聘计划及人才引进行动方案，分批次分阶段完成不同层次不同类别中医人才的配备，建立与临床实践相结合的学徒制，培养临床经验丰富的中医医疗团队，着力改善陇西县中医人才不足的局面。三是加大中医人才培养力度，要利用好全省的高等教育和职业技术教育资源，加大与中医相关的学科设置及招生规模，培养各级各类中医相关学生，为实现中医分级

诊疗储备有生力量。四是为在职中医从业人员提供更多学习交流的机会与平台，不断提升中医诊疗与保健技术水平，积极探索中西医结合治疗，为中医从业者创造更多实践机会，也能进一步推动中医药产业在临床中的应用。

2. 加强中药制度建设，规范中药材市场科学运行

一是严把中药材种子"基因库"品质，在中药材种子种苗选育繁育上扎牢制度红线，对种子种苗造假行为加大惩罚力度，从源头上保证中药材品质，做捍卫中药材市场秩序的"排头兵"。二是全面推进中药材绿色标准化种植，加快制定每味药材种植的行业标准，规范中药材田间种植与管理，加大对中药材种植的验收检查，保证中药材的道地性，从而确保药效药性的优良稳定。三是创建以黄芪、党参为特色的中药材绿色标准化生产基地，在首阳、文峰等药材主产区整合种植和苗木繁育资源，以培育引进重要领军企业为抓手，发展以黄芪、党参等为代表的订单生产基地，扩大陇西县"中国药都"的品牌影响力。四是建立现代化的中药材溯源体系，实现中药材育种、种植、加工、生产、仓储、运输等全生命周期式可溯源，确保每一味中药材质量和责任的明确明晰，既有利于形成合理的市场价格，又能赢得消费者的信赖。

3. 提升产业综合实力，形成产业融合式发展局面

一是量身制定陇西县中医药产业全产业链提升行动方案，针对全产业链存在的薄弱环节，形成任务书、路线图，细化任务分工，靠实主体责任，用3~5年时间完成中医药产业全产业链水平整体跃升。二是加强中医药产业技术传承创新，特别是在中医药生产加工的关键领域、关键环节加强技术联合攻关，在中药材炮制、中药饮片加工、原药提纯等方面加强科研力量，形成产学研一体化发展，加速科研成果的集成创新，推动先进技术的应用普及。三是以打通中医药产业链为抓手，推动中医药产业链向上下游延伸拓展，进一步做大做强中医药产业链，形成更丰富的中医药产品，打响"中国药都"品牌知名度。四是利用好陇西县李氏故里的文旅资源优势，借助每年举办的李氏祭祖大典，将其发展为推动中医药产业"走出去"与产业资源"引进来"的重要平台，不断增强中医药产业与食品产业、文化产业、

旅游产业、养老产业、健康产业的融合力，从而碰撞催生更多中医药产业发展的新业态。

4. 全面提升药圃园，更好服务中医药产业发展

一是提升陇西药圃园单位级别，将其发展为省上直管的正县级单位，挂靠在省属高校或科研院所门下，由省级财政统一拨款，这对于盘活园区现有资源，推动其更好发展意义重大。二是扩充编制，加大各级各类人才引进与招聘力度，拓展不同类型职称晋升通道，加大人才培养学习交流频次，不断提升职工待遇，实现"引得来""留得住""有发展"。三是加强科研支持，在中医药各级各类课题的申报中，加大对陇西药圃园的倾斜力度，通过科研项目引领，打造一批中药材引进驯化、提纯复壮等领域的能工巧匠、大国工匠，将药圃园建设成甘肃省甚至全国综合性"产、学、研"园区。四是利用好药圃园药用种质资源库，加大后期经费支持力度，扩大种质资源库和中草药数字标本馆的样本容量，应用最先进的数字技术进一步提升资源库和标本馆的数字化水平，为中医药科技研发、科普教育培训等提供最权威最全面的一手资料。

5. 弘扬传播中医药文化，推动中医药产业"走出去"

一是提升中医药产业博览会办会规模和水平，将其打造为集中医药行业政策、标准、技术、产品的首发平台，打造为中医药领域商贸洽谈与合作、文化交流的宣传平台，打造为人才引进、校企合作、招商引资的服务平台，打造为甘肃省的亮眼名片和经典节会，打造为推动中医药产业"走出去"的窗口，不断增强以节会引流首发经济、以展会聚拢产业优势的发展合力。二是丰富甘肃中医药博览园的应用场景，除了承办每年的中医药产业博览会之外，让博览园承担更多中医药文化宣传与推广、科普与培训、展览与论坛等功能，将其打造为认识陇西的"第一站"、推动中医药产业"走出去"的"最后一公里"。三是利用数字技术，用年轻人喜闻乐见的短片、动漫、纪录片、微电影等多角度多形式传播中医药文化，让中医药文化走进更多年轻人的内心，从而激发年轻人对中医药文化的热爱，让中医药文化的传承与弘扬后继有人。四是加强中医药交流互鉴，陇西县要利用好我国举办的各级各类博览会、交易会，在更大的舞台上宣传自己、推销自己，打响"中国药都"品牌，让更多人了解陇西，了解中医药，热爱中医药，选择中医药。

（二）陇西县中医药产业发展的启示

陇西县中医药产业的发展，为同类型县域在增强中医药产业比较优势、提升产业竞争力、助力县域经济发展方面形成了良好示范，陇西县的成功实践有其独特性，也有其共性特征，对于县域而言，发展中医药产业需注重把握以下几点。

一是坚持绿色可持续发展道路。党的二十届三中全会指出，中国式现代化是人与自然和谐共生的现代化，中医药产业的现代化发展更是对中药材绿色道地提出了更高的要求，要保证中药材的药性药效，除了从种源、种植等关键环节坚持标准化生产外，更需要进一步转变发展方式，擦亮绿色发展的底色，夯实生态保护的底盘，走人与自然和谐共生的发展道路。

二是注重中医药技艺的发扬与壮大。中医药是传统文化的"瑰宝"，经过几千年的不断发展，积淀形成了深厚的中医药传统文化与独特的生产技艺，特别是在中药材炮制、中药材储存、中药制剂等方面，形成了独具特色的古法古方，如何保护好传承好这些古法古方，让它们在推动中医药产业现代化发展中焕发更强大的生命力，是必须探讨和解决的时代命题。

三是加强中医药人才建设。产业发展关键在人，中医药产业的永续发展需要世世代代的人去守护、去传承、去推广、去创新。未来的中医药产业发展所需的人才，不再是精通某一方面知识或技艺的专业型人才，而是需要大量接受过系统教育的高层次人才，这就需要我们加强中医药学科体系、教育体系、就业体系、评价体系的系统性改革，以改革创新释放中医药产业发展的政策红利，以制度先行保障中医药产业人才供给，为中医药产业现代化发展提供有生力量。

B.17
2023年天祝县经济调查报告

李晶　徐国栋[*]

摘　要： 天祝县近些年来县域经济发展取得了突出成效，积累了一定的实践经验，但仍存在县域经济发展相对滞后、现代产业体系不够健全、基础设施有待进一步完善的问题。本文针对天祝县如何实现县域经济高质量发展，提出对策建议：做优"土特产"精品，大力发展特色经济；巩固"碳化硅"地位，推动能化转型升级；做好"雪域藏乡"文章，全力打造文旅产业；用足"民营经济"优势，助力县域经济发展；强化"科技创新"，实现县域经济跨越式发展；加强人才队伍建设，为县域经济发展提供有力支撑；优化制度保障，增强对县域经济的引领作用。

关键词： 县域经济　高质量发展　天祝

天祝，藏语为华锐，意为英雄之地，是周恩来总理命名的全国第一个少数民族自治县，成立于1950年。天祝县地处青藏高原、黄土高原和内蒙古高原的交会地带，是古丝绸之路的咽喉要冲，宛若一把金钥匙镶嵌在河西走廊东端，素有河西走廊"门户"之称。乌鞘岭横亘在天祝县中部，天祝县气候则以乌鞘岭为界，岭南属大陆性高原季风气候，岭北属温带大陆性半干旱气候，独特的地形地貌和气候条件造就了天祝县别具风格的"高原冷凉"。面对高海拔、低气温，社会经济发展限制大、基础薄弱的现实条件，天祝县发扬"缺氧不缺精神，艰苦不怕吃苦"的精神，紧盯高质量发展这

---

* 李晶，甘肃省社会科学院农业农村发展研究所副研究员，主要研究方向为农业生态；徐国栋，天祝藏族自治县发展和改革局，林业工程师。

一首要任务，凝心聚力抓项目、强产业、拼经济，奋力走好中国式现代化天祝实践之路，取得了高海拔民族地区高质量发展的突出成效。2024年6月，甘肃省社会科学院组成调研组，赴天祝县开展县域经济高质量发展调研，实地察看多个项目点，召开调研交流座谈会，听取各方意见建议，形成如下调研报告。

一 天祝县经济发展现状

（一）综合经济实力稳中加固

"十四五"以来，天祝县深挖潜力资源，细化出台促进经济增长各项措施，靶向精准施策，经济运行稳中有进，地区生产总值由2020年的48.85亿元增长到2023年的75.79亿元，增量26.94亿元，增长55.14%，其中，一产增加值增长6.2%，二产增加值增长9.6%，三产增加值增长8.2%。城乡居民人均可支配收入分别由2020年的27736元、8844元增加到2023年的33133元、11419元，突破三万元、万元大关，增长19.5%和29.1%。① 从全市范围来看，2023年地区生产总值、固定资产投资、第三产业增加值、城镇居民人均可支配收入4项指标增速排名居全市第一，县域经济综合实力显著提升，为加快建设生态美、产业优、文化兴、百姓富的幸福美好新天祝奠定了坚实基础。

（二）优势农业产业集群发展

天祝县厚植自然资源和历史人文资源，变气候冷凉劣势为产业发展优势，着力打造高原夏菜、食用菌、牛羊、藜麦藏中药材4个10亿级产业集群，推动特色优势产业全链条集群发展。①高原夏菜产业。2000年以来，天祝县着力推动高原夏菜区域适应性试验研究和示范，形成了以金强川灌区

---

① 数据来自《甘肃发展年鉴2020》《甘肃发展年鉴2021》《甘肃发展年鉴2022》。

为重点，辐射带动周边乡镇种植食荚豌豆、莴笋、蒜苗、甘蓝、菜心等八大类高原夏菜品种，产品远销天津、上海、"粤港澳"大湾区等地，被誉为"中国高原夏菜之乡"，成为全国"北菜南运""西菜东调"的主要生产基地之一。农户乘坐种植高原夏菜"快车道"，2023年，全县种植高原夏菜15.6万亩，实现产值7.7亿元，农民实现在家门口脱贫致富。① ②食用菌产业。充分利用高原冷凉气候特点，发挥"错峰头"优势，广泛推广栽培中低温型食用菌，填补了南方食用菌市场季节性空白。2023年，袋栽食用菌8000万袋，产值达7.5亿元。天祝县出台了食用菌产业发展扶持相关政策，依托现有发展基础，建成天沪香菇双创产业园、臣祥滑子菇产业园等6个食用菌产业园，有力带动了食用菌规模化发展、工厂化生产，初步形成了集菌种培育、菌棒生产、出菇采收、烘干加工、冷链物流为一体的现代食用菌产业集群，天祝县逐渐成为西北地区最大的食用菌生产、加工和销售基地。③藏（中）药材产业。天祝县政府大力推广种植中药材，先后出台《天祝县农业特色产业发展扶持意见》等政策，调动广大农牧民种植积极性。同时，动员群众成立中药材专业合作社，帮助种植户解决销售问题，并广泛开展中药材种植技术培训，解决种植和管理环节中存在的问题。2023年，天祝县在安远、天堂、赛什斯等15个乡镇种植中药材5万亩，建成1000亩以上中药材标准化示范基地5个，产量达3.3万吨，实现产值4.8亿元。④牛羊养殖产业。天祝县大力推进牛羊产业区域化布局、产业化经营、标准化生产和规模化发展，着力构建生态建设型、资源节约型、技术密集型、环境友好型、品牌专有型牛羊产业，打造"天祝白牦牛""天祝羊肉"农产品地理标志品牌，将产业规模化发展与品牌持续性推广相结合，实现以牛羊为主的特色畜牧业可持续发展。2023年，天祝县牛羊产业稳步增长，培育发展白牦牛育肥示范点12个，全县牛饲养量达到26.02万头，年末存栏18.56万头，出栏7.46万头，产值达到7.11亿

---

① 数据来自《2023年天祝县政府工作报告》，下文涉及2023年的数据均来自《2023年天祝县政府工作报告》。

元；羊饲养量达 200.2 万只，存栏 125.13 万只，出栏 75.07 万只，产值达到 8.95 亿元。

（三）生态工业赋能经济发展

天祝县将"强工业"作为主攻方向，不断优化产业布局，延伸产业链条，全面推行产业链链长制，初步形成以碳基新材料、硅基新材料和新型建材为主的新材料产业体系。现有工业企业 71 户、规上企业 40 户。其中，碳化硅及精深加工企业 22 户，且均为规上企业，年产量达 47.3 万吨，占全国产量的 56%，碳化硅成为工业经济的支柱产业。2016 年，天祝高性能碳基材料特色产业基地列入科技部火炬中心第二批国家火炬特色产业基地名单。"十四五"期间，天祝县因地制宜推出新材料产业链发展实施方案，积极推进年产 6 万吨工业硅、年产 4 万吨碳化硅精深加工、年产 2.5 万吨碳化硅精深加工、年产 2.4 万吨碳化硅节能环保改造提升、年产 180 万吨洗精煤、年产 3000 吨饲料级动物油脂、年产 2000 吨碳化硅耐火砖、废旧金属物资资源化综合利用、锂离子电池电解液及辅料等项目，进一步推动产品升级、产能提升[1]。坚持以系统观念发展绿色工业，构建金强工业集中区、宽沟工业园和石门产业园"一区两园"发展格局，高标准建设产业园基础设施，扩增园区企业数量，壮大园区发展规模，提高园区整体效益，确保金强工业集中区经济总量占全县 GDP 比重达到 22% 以上。

（四）文化旅游呈现蓬勃之势

天祝县依托文化旅游资源富集优势，坚持全域旅游发展理念，紧盯"距内地最近的高原藏乡生态旅游目的地"和"独具风情的最美丝路花园"，打造"青藏之眼·绿色天祝"旅游新形象。依托节点乡镇，按照"特色村+大景区+精品线"产业布局，着力打造华锐民俗体验线、冰河康养休闲线 2

---

[1] 数据来自《天祝县"十四五"规划纲要中期评估报告》，下文涉及"十四五"期间的数据均来自《天祝县"十四五"规划纲要中期评估报告》。

条精品旅游线路，有序推进天堂景区、乌鞘岭滑雪场景区、抓喜秀龙景区创建 3A 级旅游景区，冰沟河生态文化旅游景区创建国家 5A 级旅游景区工作。持续做大做强文化旅游产业，积极探索乡村旅游新业态，创建天堂镇"雪域藏乡·避暑天堂"、抓喜秀龙镇"雪域抓喜·河畔藏乡"等乡村旅游品牌。"十四五"时期，更是加大文化旅游基础设施建设投资力度，不断完善乡村旅游基础设施，推进天堂旅游基础设施、南泥沟帐篷城、天祝民俗村等文旅项目，成功创建大红沟 3A 级旅游景区。2023 年接待游客 149.7 万人次，实现旅游综合收入 9.97 亿元，分别增长 36.5%、38.1%。利用新媒体宣传手段，多方位发布天祝文化旅游资讯，借助名人效应进行现场直播，截至 2024 年 5 月，累计发布天祝文化旅游资源信息 160 余条，短视频 160 条，公众号浏览量达 3 万人次，视频号播放量 51 万人次，点击量 1.9 万人次，力求全方位多举措推动全域旅游、全季旅游、全产业链旅游。①

（五）科技创新能力不断提升

天祝县围绕"强科技"行动，先后出台发布《关于贯彻落实甘肃省支持科技创新若干措施的实施意见》《天祝县科技创新扶持政策》等一系列政策性文件，为推进天祝县科技创新发展保驾护航，助力乡村振兴。2023 年，全县农业领域 2 家规上企业和 9 家科研院所填报研发费用 2624.2 万元，占全社会研发投入的 16.9%。同时，加快推进技术创新，提高产品研发和技术推广能力，着力发展四大特色产业集群，为特色产业规模化、标准化、品牌化、绿色化发展提供有力的科技支撑。在农业生产技术方面，天祝县推行测土配方施肥技术；推广垄膜沟灌、垄作沟灌、水肥一体化等农田高效节水技术；对牛羊养殖推广应用人工授精、同期发情等实用技术改良技术。在新品种培育方面，开展高原夏菜、食用菌等试验 21 项次，引进新品种 36 个，其中与天津农学院合作引进香菇辽抚 4 号、808、0912 品种 3 个；设立藜麦核心试验示范基地，引进藜麦种质资源 341 个；历时 15 年将甘肃本地高山

---

① 数据由天祝县政府提供。下文涉及 2024 年的相关数据均由天祝县政府提供。

细毛羊和南非肉用美利奴种公羊进行杂交培育的天华肉羊新品种数量达到40万只以上，羊羔率135%以上。① 在新产品研发方面，研发出藜麦锅巴、藜麦营养早餐、藜麦酥、藜麦饼干、藜麦手工拉面等藜麦深加工产品；藏药、藏酒、白牦牛干、香菇罐头、金耳面膜等深加工产品。在科技推广服务方面，选派科技特派员89名，深入生产一线开展中药材种植加工、食用菌高效栽培、白牦牛牧区繁育农区育肥、天华肉羊新品种选育推广等产业技术指导、科技成果推广等高效精准服务200余场次；培训农牧民6000余人次。东西部协作技术推广服务20余场次，服务农牧民群众300余人次。②

（六）大力培育新型经营主体

为进一步育龙头、延链条、激发内生动力，天祝县大力培育新型经营主体，实施龙头企业"储加销"三大能力提升行动。截至2023年底，全县培育农业龙头企业40家，组建农业专业合作社961家，合作社规范化运营率达76.3%，"五有"合作社达70%，联结小农户达40.1%，培育家庭农场3578家。出台了《天祝县现代丝路寒旱农业优势特色产业三年倍增行动计划总体方案》《天祝县现代农业产业园区创建实施方案》等扶持政策，对各类经营主体给予奖补，精准扶持发展特色产业。开展了"招大引强引头部"行动，精准引进落地甘肃睿柏诚商贸、华予高原牧场高标准奶牛养殖基地等产业关联度高、带动能力强的龙头企业，带动产业延链补链强链，推动产业转型升级。引导农产品精深加工企业向产业园区集聚，利用新技术、新工艺、新装备改造提升现有加工生产线，促进农业产业全产业链提升、全产业链增值。以甘肃祁连藏药有限公司为例，该公司是一家集中药材购销、中药精制饮片生产、电子商务等于一体的中药材精深加工企业，配备研发信息中心、检验检测中心、中药饮片车间、仓储设施和中心实验室，年产值近1.3亿元，带动全县19个乡镇3643户、63个农民专业合作社发展中药材产业。

---

① 数据来自调研结果。
② 数据来自调研结果。

（七）农村电子商务迅猛发展

电子商务的迅猛发展为县域企业开辟了广阔的市场空间，促进了县域产业结构的优化升级。近年来，天祝县紧跟时代潮流，搭乘发展农村电商"直通车"，开展网上年货节、双品购物节、直播短视频大赛等以农特产品为主的线上促消费活动，逐步转变营销模式。2023 年，共有 6 家电商企业、2 家大型商超参与搭建了线上线下促销活动平台，促进了传统商贸零售企业、品牌企业与电子商务平台企业优势互补。2024 年 1~5 月，电子商务网络销售额达 5893.49 万元。同时，鼓励企业参加广交会、兰洽会等境内外重点展会，充分利用展会平台寻找商机，进一步开拓国际国内市场。组织富盛公司参加泰国食品博览会，荣高公司参加 135 届广交会，充分展销天祝县的农特产品，2024 年 1~5 月完成出口额 48.562 万元。

（八）项目建设激发活力引擎

近年来，天祝县牢固树立"项目是第一支撑"理念，把项目建设作为经济工作的主战场，积极主动争项目、全力以赴建项目、精准对接引项目，推动县域经济发展保持良好势头。2023 年，聚焦现代农业、生态工业、文化旅游、民生保障、商贸物流、生态环保、基础设施等领域，谋划储备重大项目 200 项以上；招商引资项目 19 项，总投资 71.44 亿元，落实到位资金19.55 亿元，同比增长 243.92%；优化完善从签约到投产的全生命周期项目服务机制，加强要素保障，优化绩效考评。

（九）县城功能建设不断加强

加快建设基础设施是推动县域经济发展的关键举措，对于提升县域经济综合竞争力、推进县域商业体系建设、改善县域产业发展环境具有重要意义。为确保天祝县四个特色产业集群发展，天祝县高度重视乡村发展，出台关于松山镇达秀村等 72 个村庄规划评估修改方案，加快畅通农特产品物流渠道，持续推进农产品冷链物流体系建设，累计建成冷藏库 29 座，全县冷藏库静态库容达到 4.7 万吨，为特色农产品错峰上市提供了保障。目前，天祝县正在对县级物流配送中心、13 个乡镇物流配送中心、盛世联华超市网上商城配送及 5 个乡镇商贸中心、村建便利店等进行提升改造。另外，加快体育公园、户外运动公共服务设施和生态文化旅游景区建设。持续打造精品旅游线路、申创全国等级旅游民宿，不断提升旅游服务质量和水平。

二 天祝县经济发展思路

作为高海拔地区的民族自治县，天祝县认真贯彻新发展理念，将高质量发展作为首要任务，立足农业优先型和生态功能型定位，全力以赴推动县域经济高质量发展，增进民生福祉，努力建设生态美、产业优、文化兴、百姓富的和谐天祝，成为民族地区高质量发展的典型，其许多实践值得推广借鉴。

（一）坚持党的领导，政策落实有点有面

党的十八大以来，党中央出台了一系列关于推动县域经济发展的政策，为新时代县域经济发展指明了方向。天祝县沿着党中央指引的方向，抢抓历史窗口机遇，找准国家政策与自身发展的结合点，把经济建设中心工作和高质量发展放在首位，全面落实国家、省、市一揽子政策和接续措施，确保各项事业沿着正确方向不偏离、各项决策部署全面落实见效不打折。同时，细化出台各项工作举措，如加大地方政府专项债券规模，推动重大基础设施建设；引导金融机构加大对科技创新、绿色转型、普惠小微、数字经济等方面的支持力度，有效解决企业融资难题；坚持发展和安全并举，不断升级改造传统产业、壮大培育战略性新兴产业，为产业链延链补链强链奠定基础；细化出台关于巩固和提升工业经济、民营经济、居民消费等方面的具体举措，为经济稳定恢复添薪蓄力、增强动能。

（二）坚持战略定向，产业发展有力有序

产业是地方经济的"主动力"和"压舱石"。产业强则经济强，产业兴

则区域兴，只有牢牢把握好产业这把"钥匙"，才能打开县域经济高质量发展这个"大门"。天祝县坚持以实体经济为经济发展的着力点，因地制宜找准主导产业，优化产业布局，全力推动产业富县行动，奋力做好现代农业集群成势、生态工业拓存创增、文旅产业引爆赋能"三篇文章"。面对80%以上耕地是山旱地的农情，提出"向山旱地要效益"的策略，全力推动土地治理、配建蓄水池、加强水资源优化配置，变旱地"存量"为产业"增量"，打破了农业发展瓶颈。大力发展实体经济的同时，坚持生态优先，统筹处理好县域经济发展与生态安全的关系，积极推动"绿色工业突破"行动，引进绿色环保、产业关联度高、带动力强的大项目、好项目，着力打造绿色标杆的县域经济发展新模式。

（三）坚持守正创新，深化改革有破有立

实践证明，只有坚持在守正创新中进一步全面深化改革，解放思想、实事求是，才能在攻坚克难中破题前行。天祝县摒弃因循守旧的"守摊子"思想，持续解放思想、开拓创新，以攻坚的锐气、破难的勇气、争先的志气推动重点领域和关键环节改革创新，为县域经济高质量发展增添新活力、新动力。工作实践中，天祝县牢固树立"项目是第一支撑"理念，坚持"以项目建设论成败""以招商引资论英雄"为导向，成立项目政策研究、资金争取、前期工作3个专班，齐抓项目数量与质量、签约与落地、政策与服务，培植增长点，打造新亮点；将优化营商环境作为"一把手"工程，持续深化"放管服"改革，完善产权保护、市场准入、公平竞争、社会信用等制度；重点领域改革多点突破，实施国有企业改革深化提升行动，提高国有资本经营效益，推进财税体制改革，提升财政收入质量和资金使用绩效，推行工业"标准低"改革，实现"拿地即开工"。

（四）坚持以人为本，民生福祉有保有增

新时代新征程进一步全面深化改革必须贯彻坚持以人民为中心的原则，把增进人民福祉作为根本目的，把民之所盼作为改革方向。天祝县深入践行

以人民为中心的发展思想，把实现人民对美好生活的向往作为一切工作的出发点和落脚点，坚持在发展中保障和改善民生，着力解决人民群众急难愁盼问题，不断满足群众日益增长的美好生活需要。工作实践中，聚焦教育、医疗、养老、住房等群众急难愁盼问题，加大民生投入，突出抓重点、补短板、强弱项，一件一件抓落实；稳步推进医改工作，不断完善分级诊疗制度，全面推开医联体建设；落实城乡低保、特困供养、临时救助等政策，兜住兜牢民生底线；全面落实支持就业政策措施，加强就业培训和精准转移就业，不断提升群众就业增收水平。

三　天祝县经济发展中存在的主要问题

（一）经济发展相对滞后

天祝县经济总量仍然偏低。从全市范围来看，尽管近三年地区生产总值年均增速位居武威市第一，但从经济总量来看，2023 年县域地区生产总值为 75.79 亿元，占全市的 10.70%，而凉州区这两个指标分别为 425.16 亿元、60.04%。从全省范围来看，"十四五"期间，天祝县经济总量排名上升了 9 个位次，但在 86 个县（市、区）中仍排在第 48 位，处在全省中下游水平。从全国范围来看，全国 117 个民族自治县中，2023 年，天祝县地区生产总值增速排名第 8 位，但总量排名第 80 位，处于全国下游水平。[①]

（二）现代产业体系不够健全

产业结构现代化元素构成不显著。从总体上来看，2023 年天祝县产业结构占比为 25.1∶27.5∶47.4，第二产业增加值占全年产业增加值的 27.50%，工业化发展对县域产业增加值贡献度不足。从产业角度来看，传统农业仍占据主导地位，现代农业无法突出重围，"四朵金花"优势产业局

---

① 数据来自《甘肃情况—决策参考（64）》——《天祝县高质量发展的调研报告》。

部技术改进应用效果显著，但总体推广应用效果不足；工业产业种类单一，碳化硅产业转型升级技术受限，高新技术产业规模较小，对拉动经济增长贡献度不高。

（三）基础设施有待进一步完善

物联网、大数据、云计算等智能化工具对产业发展贡献度有限，如天祝全县山旱地77.3万亩，占全县耕地面积的83%，仍无法突破技术限制安装便捷化、低成本的山地灌溉系统；食用菌、高原夏菜等特色农业依托于人力生产，智能化机械设备研发应用推广不足；新鲜农特产品储运、保鲜等冷链配套设施建设有待加强；碳化硅产业生产工艺改进相关自动化配套设备，以及二氧化硫、氮氧化物和颗粒物的达标处理技术和设备限制产业绿色化、低碳化转型；智能化设施与文旅融合度不高，旅游景区周边也缺乏与之配套的特色餐饮、游玩服务和住宿保障。

四　发展壮大天祝县经济的对策建议

（一）做优"土特产"精品，大力发展特色经济

做精做优高原夏菜、食用菌、牛羊、藜麦藏中药材四大优势特色农业产业，加快建设以新质生产力为引领的产业链条，通过引进和应用新技术，持续推进特色农产品上下游产业链协同创新，完善产业链条布局，增强特色农产品竞争力。注重统筹县域内不同区域之间的产业定位，走产业差异化、精品化发展道路，实现错位竞争、多方共赢。加强与科研院所、高校、企业的合作，积极引进新品种、新技术、新模式；立足独特高原乡土资源，推动特色优势农产品价值链向中高端迈进，加快实现特色农产品的生态溢价和优质优价，突出土特产"特""优""新""奇"特点；强化"土特产"品牌影响力，加强营销宣传，在品种上做到人无我有，在品质上做到人有我优，在品牌上做到人有我精。深入挖掘自然和历史人文资源，强化农文旅融合，大

力发展乡村旅游，培育发展集"吃住行游购娱"于一体的旅游新业态，让"土特产"成为撬动绿水青山转化为金山银山的"金杠杆"。

（二）巩固"碳化硅"的地位，推动能化转型升级

围绕碳基新材料、硅基新材料和新型建材等新材料产业，以绿色低碳发展为导向，紧盯强龙头、补链条、聚集群，推进碳化硅产业提质增效，加快推动碳化硅产业向数字化、智能化、绿色化升级改造，提升县域工业经济的"含金量"和"含绿量"，做优绿色低碳产业的"存量"；深入推进招商引资行动，谋划引进头部企业、高科技企业、行业领军企业和标杆企业，推动新材料产业链延链补链，引进专、精、特、新中小企业，打造全省中小企业特色工业集群，夯实产业发展基础，做大绿色低碳产业的"增量"；坚持以科技创新为支撑，围绕发展新质生产力布局产业链，推动与科研院所、企业、高校的深度合作，构建碳硅基材料技术创新体系，激活新材料产业新质生产力的潜力和能量，催生绿色低碳产业的"变量"。抢抓国家和省、市大力推动新能源产业发展的战略机遇，加快推动能源生产消费方式向绿色低碳转变，加快培育壮大风电、光伏产业链，推动风电、光伏发电及相关产业协同发展，提升新能源产业链现代化水平，打造十亿级新能源产业集群。

（三）做好"雪域藏乡"文章，全力打造文旅产业

依托丰富的自然资源、深厚的文化底蕴以及政策支持，以"高原藏乡"为龙头，以全域旅游为抓手，纵深推进"文旅活县"行动，构建特色鲜明、优势聚集、要素齐全的文旅产业发展新格局，持续提升"青藏之眼·绿色天祝"品牌知名度和美誉度。依托冰沟河生态文化旅游景区、抓喜秀龙草原景区、天堂景区、乌鞘岭滑雪场景区资源，开发出更多的康养度假、露营运动、亲子体验、研学教育、探险猎奇等高端文化旅游新业态，发展一批抢占市场前沿、具备地域特色的网红娱乐体验项目，提升吸引力和竞争力。深入调研不同目标群体的旅游偏好和需求，围绕资源所长、市场所向、游客所

好设计出多样化旅游产品和线路，优化消费结构；依托兰张高铁兰武段建成，打造一批成熟、好玩的二日游、三日旅游线路，优化旅游产品结构。借鉴"淄博烧烤""柳州螺蛳粉""天水麻辣烫"等模式，开展文旅宣传推广工作，打造"万人锅庄""篝火晚会""帐篷城"等文旅IP，惊艳"出圈"，大放异彩。

（四）用足"民营经济"优势，助力县域经济发展

持续优化完善营商环境，巩固"优化营商环境提质增效年"行动成果，做好土地、投资、金融、公共配套等要素保障，落实减税降费政策措施，降低企业成本。探索成立民营企业产业联盟、公共服务平台、信息服务平台等，设立民营企业发展基金、升级改造基金等，加大对民营企业在股权投资、产品研发、行业标准、技术改进等方面的扶持力度。大力发展农村民营经济，围绕特色优势农业产业、乡村旅游，引进行业领军企业、带动能力强的企业，推动农产品种养业、加工业"延链、补链、强链"，引导民营经济人士投身农业农村现代化建设实践中，鼓励农村能人、农户独资或合资、城镇工商资本等到农村创办民营企业，挖掘、培育一批农村民营企业。

（五）强化科技创新，实现县域经济跨越式发展

加快推动以创新链融合产业链体系为导向的新型政府产业政策和创新政策，并将其作为天祝县经济产业融合和高质量发展的突破口。坚持以"四朵金花"带动、以政府创新和扶持政策为导向、以县域产业高质量发展为目标，鼓励农产品新品种培育和机械设备研发。聚焦四大产业集群，开展关键环节攻关和技术瓶颈突破。持续推进以"产业园+龙头企业+合作社（村集体）+家庭农场（农户）"为发展模式的产业协同发展利益联结机制，建立健全科技成果转化机制，多元培育龙头企业和新型经营主体，进行多层次科技成果交流与推广，增强新型经营主体示范效应和溢出效应，形成产业调整和发展的内驱动力。

（六）加强人才队伍建设，为县域经济发展提供有力支撑

建立经济高质量发展人才储备库，借鉴浙江省"两回两进"办，建立乡贤长期联系制度和乡村本土人才库，及时掌握精英就业动向和回流意愿。加大招才引智力度，借助新媒体平台以优质待遇、多元化引进方式，吸引外部精英人才流入加盟，建设全方位、宽领域的本土化人才库。持续推动人才集聚平台建设，依托产业园区、科技企业孵化器等平台，吸引和集聚各类人才创新创业，加强平台建设和运营管理，提升服务水平和能力，为人才提供全方位的支持和服务。

（七）优化制度保障，增强对县域经济引领作用

建立健全与县域经济发展相匹配，具有连续性、稳定性和可预期性的政策法规体系，对内加大财政对县域发展支持力度，对外吸引外商落地本土投资建设。深化"放管服"改革，持续推进简政放权、放管结合，为县域企业提供更加便捷、高效、精准的政务服务。鼓励县域内企业与高校、科研院所等建立紧密的产学研合作关系，共同开展技术研发、成果转化和人才培养。建立健全社会监督和公众参与机制，鼓励社会各界积极参与县域经济高质量发展的监督评估工作，通过设立举报投诉渠道、开展社会满意度调查等方式，广泛收集群众意见和建议，及时发现问题并督促整改。

社会科学文献出版社

皮 书

智库成果出版与传播平台

❧ 皮书定义 ❧

皮书是对中国与世界发展状况和热点问题进行年度监测，以专业的角度、专家的视野和实证研究方法，针对某一领域或区域现状与发展态势展开分析和预测，具备前沿性、原创性、实证性、连续性、时效性等特点的公开出版物，由一系列权威研究报告组成。

❧ 皮书作者 ❧

皮书系列报告作者以国内外一流研究机构、知名高校等重点智库的研究人员为主，多为相关领域一流专家学者，他们的观点代表了当下学界对中国与世界的现实和未来最高水平的解读与分析。

❧ 皮书荣誉 ❧

皮书作为中国社会科学院基础理论研究与应用对策研究融合发展的代表性成果，不仅是哲学社会科学工作者服务中国特色社会主义现代化建设的重要成果，更是助力中国特色新型智库建设、构建中国特色哲学社会科学"三大体系"的重要平台。皮书系列先后被列入"十二五""十三五""十四五"时期国家重点出版物出版专项规划项目；自2013年起，重点皮书被列入中国社会科学院国家哲学社会科学创新工程项目。

皮书网

（网址：www.pishu.cn）

发布皮书研创资讯，传播皮书精彩内容
引领皮书出版潮流，打造皮书服务平台

栏目设置

◆ 关于皮书

何谓皮书、皮书分类、皮书大事记、
皮书荣誉、皮书出版第一人、皮书编辑部

◆ 最新资讯

通知公告、新闻动态、媒体聚焦、
网站专题、视频直播、下载专区

◆ 皮书研创

皮书规范、皮书出版、
皮书研究、研创团队

◆ 皮书评奖评价

指标体系、皮书评价、皮书评奖

所获荣誉

◆ 2008年、2011年、2014年，皮书网均
在全国新闻出版业网站荣誉评选中获得
"最具商业价值网站"称号；

◆ 2012年，获得"出版业网站百强"称号。

网库合一

2014年，皮书网与皮书数据库端口合
一，实现资源共享，搭建智库成果融合创
新平台。

皮书网

"皮书说"
微信公众号

权威报告·连续出版·独家资源

皮书数据库
ANNUAL REPORT(YEARBOOK)
DATABASE

分析解读当下中国发展变迁的高端智库平台

所获荣誉

- 2022年，入选技术赋能"新闻+"推荐案例
- 2020年，入选全国新闻出版深度融合发展创新案例
- 2019年，入选国家新闻出版署数字出版精品遴选推荐计划
- 2016年，入选"十三五"国家重点电子出版物出版规划骨干工程
- 2013年，荣获"中国出版政府奖·网络出版物奖"提名奖

皮书数据库　　"社科数托邦"
微信公众号

成为用户

登录网址www.pishu.com.cn访问皮书数据库网站或下载皮书数据库APP，通过手机号码验证或邮箱验证即可成为皮书数据库用户。

用户福利

- 已注册用户购书后可免费获赠100元皮书数据库充值卡。刮开充值卡涂层获取充值密码，登录并进入"会员中心"—"在线充值"—"充值卡充值"，充值成功即可购买和查看数据库内容。
- 用户福利最终解释权归社会科学文献出版社所有。

社会科学文献出版社　皮书系列
SOCIAL SCIENCES ACADEMIC PRESS (CHINA)
卡号：554229311144
密码：

数据库服务热线：010-59367265
数据库服务QQ：2475522410
数据库服务邮箱：database@ssap.cn
图书销售热线：010-59367070/7028
图书服务QQ：1265056568
图书服务邮箱：duzhe@ssap.cn

S 基本子库
UB DATABASE

中国社会发展数据库（下设 12 个专题子库）

紧扣人口、政治、外交、法律、教育、医疗卫生、资源环境等 12 个社会发展领域的前沿和热点，全面整合专业著作、智库报告、学术资讯、调研数据等类型资源，帮助用户追踪中国社会发展动态、研究社会发展战略与政策、了解社会热点问题、分析社会发展趋势。

中国经济发展数据库（下设 12 专题子库）

内容涵盖宏观经济、产业经济、工业经济、农业经济、财政金融、房地产经济、城市经济、商业贸易等 12 个重点经济领域，为把握经济运行态势、洞察经济发展规律、研判经济发展趋势、进行经济调控决策提供参考和依据。

中国行业发展数据库（下设 17 个专题子库）

以中国国民经济行业分类为依据，覆盖金融业、旅游业、交通运输业、能源矿产业、制造业等 100 多个行业，跟踪分析国民经济相关行业市场运行状况和政策导向，汇集行业发展前沿资讯，为投资、从业及各种经济决策提供理论支撑和实践指导。

中国区域发展数据库（下设 4 个专题子库）

对中国特定区域内的经济、社会、文化等领域现状与发展情况进行深度分析和预测，涉及省级行政区、城市群、城市、农村等不同维度，研究层级至县及县以下行政区，为学者研究地方经济社会宏观态势、经验模式、发展案例提供支撑，为地方政府决策提供参考。

中国文化传媒数据库（下设 18 个专题子库）

内容覆盖文化产业、新闻传播、电影娱乐、文学艺术、群众文化、图书情报等 18 个重点研究领域，聚焦文化传媒领域发展前沿、热点话题、行业实践，服务用户的教学科研、文化投资、企业规划等需要。

世界经济与国际关系数据库（下设 6 个专题子库）

整合世界经济、国际政治、世界文化与科技、全球性问题、国际组织与国际法、区域研究 6 大领域研究成果，对世界经济形势、国际形势进行连续性深度分析，对年度热点问题进行专题解读，为研判全球发展趋势提供事实和数据支持。

法律声明

"皮书系列"（含蓝皮书、绿皮书、黄皮书）之品牌由社会科学文献出版社最早使用并持续至今，现已被中国图书行业所熟知。"皮书系列"的相关商标已在国家商标管理部门商标局注册，包括但不限于LOGO（▐）、皮书、Pishu、经济蓝皮书、社会蓝皮书等。"皮书系列"图书的注册商标专用权及封面设计、版式设计的著作权均为社会科学文献出版社所有。未经社会科学文献出版社书面授权许可，任何使用与"皮书系列"图书注册商标、封面设计、版式设计相同或者近似的文字、图形或其组合的行为均系侵权行为。

经作者授权，本书的专有出版权及信息网络传播权等为社会科学文献出版社享有。未经社会科学文献出版社书面授权许可，任何就本书内容的复制、发行或以数字形式进行网络传播的行为均系侵权行为。

社会科学文献出版社将通过法律途径追究上述侵权行为的法律责任，维护自身合法权益。

欢迎社会各界人士对侵犯社会科学文献出版社上述权利的侵权行为进行举报。电话：010-59367121，电子邮箱：fawubu@ssap.cn。

社会科学文献出版社

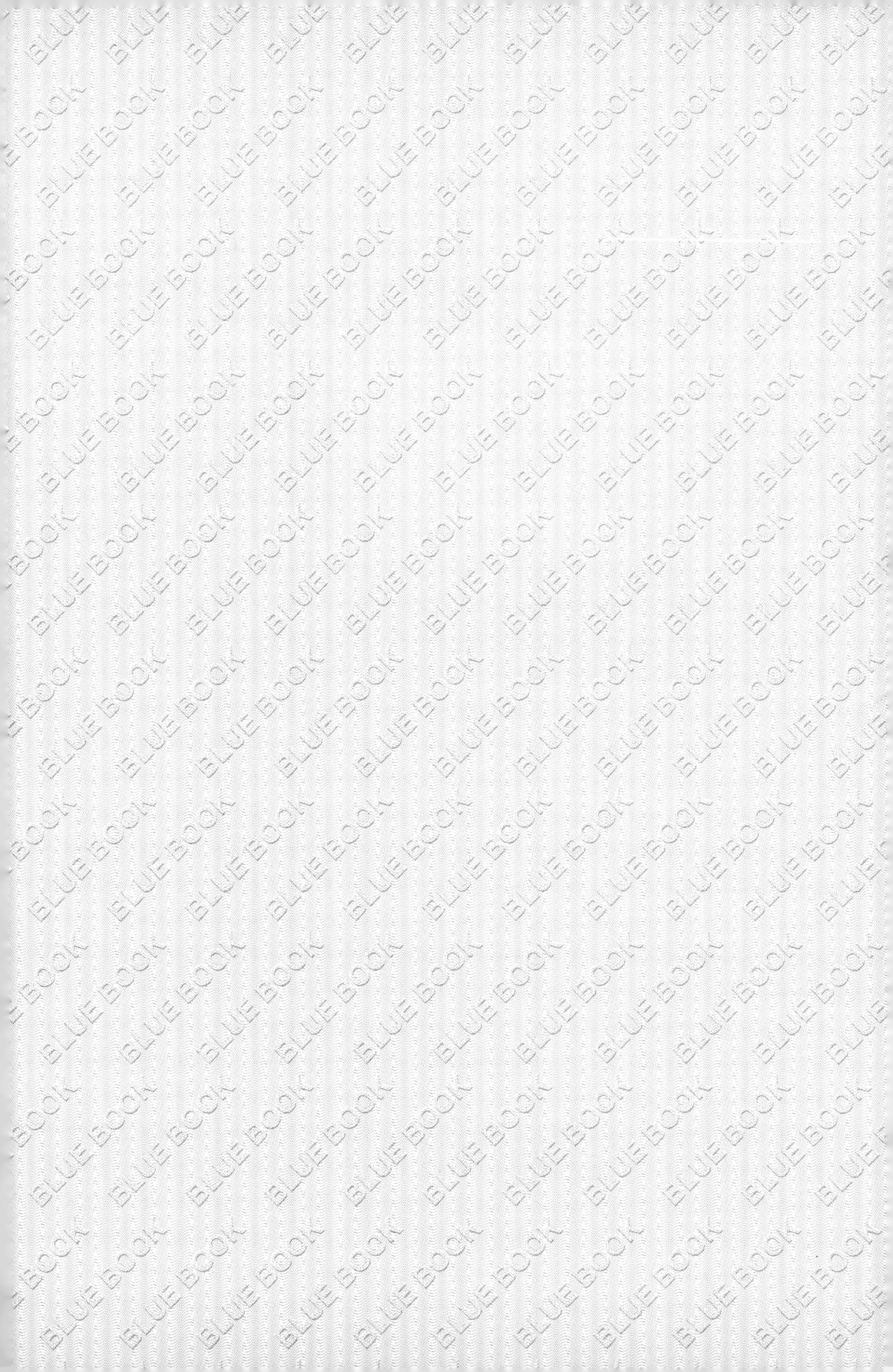